南开大学元素有机化学研究所五十年史录

李正名　李芳　主编

南开大学出版社

图书在版编目(CIP)数据

南开大学元素有机化学研究所五十年史录 / 李正名，李芳主编. —天津：南开大学出版社，2019.8
ISBN 978-7-310-05873-0

Ⅰ.①南… Ⅱ.①李… ②李… Ⅲ.①南开大学－元素有机化学－研究所－概况 Ⅳ.①O62-24

中国版本图书馆 CIP 数据核字(2019)第 181199 号

版权所有　侵权必究

南开大学出版社出版发行
出版人：刘运峰
地址：天津市南开区卫津路 94 号　　邮政编码：300071
营销部电话：(022)23508339　23500755
营销部传真：(022)23508542　　邮购部电话：(022)23502200
*
北京隆晖伟业彩色印刷有限公司印刷
全国各地新华书店经销
*
2019 年 8 月第 1 版　　2019 年 8 月第 1 次印刷
285×210 毫米　16 开本　38.75 印张　4 插页　517 千字
定价：218.00 元

如遇图书印装质量问题，请与本社营销部联系调换，电话：(022)23507125

贵宾题词

戴立信

1924年出生于北京，祖籍江苏句容。有机化学家，中国科学院院士，中国科学院上海有机化学研究所研究员、博士生导师。

早年从事金霉素的提取和合成研究。20世纪60年代进行有机硼化学和国防科研项目研究。80年代研究领域多在有机合成、金属有机化学，特别侧重于金属催化的不对称合成等。近期主要在高选择性有机合成反应，特别是不对称合成方面开展研究。

发表学术论文200余篇，中英文著作11本，授权中国专利13项。曾获得两次国家自然科学奖二等奖，何梁何利基金科学与技术进步奖，2014年中国化学会手性化学成就奖，2018年中国化学会终身成就奖、黄耀曾金属有机化学终身成就奖等奖项。曾任上海有机所学位委员会主任，中国化学会理事、秘书长，第19届IUPAC国际金属有机化学会议和第七届IUPAC国际杂原子化学会议主席等职。

现任两种国际学术刊物的编委、分析专家，上海市化学化工学会名誉理事长。共培养博士生38名，硕士研究生20名。

元素有机化学
　研究之重镇
农药化学研究
　发展之中心

祝南开大学百年校庆
元素有机化学所建所
　　已近花甲

戴立信 敬贺
2019年2月

程津培

1948年6月生于天津，原籍江苏灌云。1975年毕业于天津师范大学，1981年获南开大学硕士，1987年获美国西北大学博士，1987-1988年在美国杜克大学从事博士后研究。

1988年至今在南开大学工作，1991-1997年先后在犹他州立大学、杜克大学、香港大学做访问教授。

先后担任南开大学副校长(1995-2000)、国家科技部副部长(2000-2008)、天津化学化工协同创新中心副理事长(2012.8)、受聘为清华大学基础分子科学中心主任(2012.12)。现任国家教育咨询委员会委员、国家科技奖励委员会委员、国家科技图书文献中心理事长、欧美同学会副会长等职。2001年当选为中国科学院院士、第三世界科学院院士(TWAS)。2005年获得何梁何利科学与技术进步奖，2012年获中国化学会－中国石油化工股份有限公司化学贡献奖，2013年获中国化学会物理有机成就奖。

主要从事物理有机化学的研究，在化学键能量学和键能的实验测定、自由基取代基效应理论、NO亲合势和转移机理、NADH辅酶模型反应热力学和机理、叶立德热力学稳定性统一标度的建立和有机催化等方面做出了系统性的创新工作。在国内外学术刊物上发表论文300余篇。

无素有机
　　科研教学结硕果，
巨擘辟路
　　才俊驰骋迎百年。

程津培
己亥春月

侯自新

汉族，1941年8月出生于天津市，中共党员，全国人大代表。1967年南开大学数学系研究生毕业。曾任南开大学数学所所长助理、数学系主任、校长助理、副校长。

1995-2006年，任南开大学校长，南开大学滨海学院校长、董事长。2009年，受聘于海南大学，担任海南大学顾问。多年从事李群、李代数及齐性空间微分几何等方面的研究与教学工作。研究解决了一些长期未能解决的数学问题，如：明确给出了实半单李代数的Weyl群的结构，完满地解决了这个长期未能解决的课题；对半单齐性流形上凯勒结构及仿凯勒结构问题的研究也做出重要贡献。已在《中国科学》《代数学报》(Journal of Algebra)等国内外核心刊物上发表论文三十余篇。美国及德国的"数学评论"评论员。被聘为加拿大蒙特利尔大学名誉博士。

国家自然科学基金重点项目"李群及其表示理论"的项目负责人，也是国内这一学科方向的主要学术带头人。于1990年、1998年先后获国家教委科技进步奖，1992年天津市中青年授衔专家称号，2000年天津市教学成果二等奖。

以振兴中华为己任

迎百年校庆贺元宵节

己亥孟春　侯自新

龚克

1955年生于北京，博士，教授。1977年入北京理工大学学习，获电子工程学士学位并考取研究生。1982年由国家选派出国，在奥地利格拉茨技术大学获技术科学博士学位，1987年回国到清华大学任教。在清华大学工作期间，先后被评为副教授(1990)和教授(1994)，曾担任电子工程系主任、宇航中心主任、研究生院副院长、科技处长、副校长和微波与数字通信国家重点实验室主任、清华信息科学技术国家研究中心(原称国家实验室)主任。2006—2011年担任天津大学校长，2011—2018年担任南开大学校长。

因主持中国数字电视无线传输标准和微型技术试验卫星的研发等工作，获国家技术发明奖和国防科技奖等奖励。获聘俄罗斯宇航科学院外籍院士、国家高技术研发计划航天航空领域专家委员会专家(2001—2010)等。

现为中国新一代人工智能发展战略研究院执行院长，世界工程组织联合会(WFEO)主席。

学习元素所光荣前贤
发扬公能日新南开精神

为国为民 成志立业
做人做事 秉公尽能
惟实惟真 日新月异
如琢如磨 玉汝于成

龚克 己亥初春

钱旭红

1962年生,江苏宝应人,1978-1988年在华东理工大学获得工学学士、硕士、博士,1989-1991年在美国和德国从事博士后研究。1992年起历任华东理工大学讲师、副教授、教授、校长助理(1995)、副校长(1996-2000)、校长(2004-2015),现任华东师范大学校长(2018)。1997年入选百千万人才国家级人选,2000年获国家杰出青年科学基金,2000-2004年大连理工大学长江学者特聘教授。2003年被聘为绿色农药的国家973计划项目首席科学家,2011年当选中国工程院院士。

研究方向是有机化工,包括功能染料化学、绿色农药化学。曾任国家自然科学基金化学部专家咨询委员会委员、中国化工学会副理事长、亚洲及太平洋化工联盟主席、中国化学会理事。是英国皇家化学会会士、英国巴斯大学荣誉教授、英国女王大学荣誉科学博士、德国洪堡基金会中国学术大使。曾任美国化学会《中国化学快报》主编、中国工程院院刊《Engineering(工程)》执行主编、美国化学会期刊《农业与食品化学》国际顾问编委、中国绿色制造联盟专家委员会主任等。

苦难辉煌，
令人敬仰！

钱旭红

2019. 2. 20

目 录

贵宾题词 / 戴立信　程津培　侯自新　龚克　钱旭红	001
代序一　庆祝元素有机化学研究所成立50周年有感 / 周其林	017
代序二　祝贺《南开大学元素有机化学研究所五十年史录》出版 / 崔春明	020
前言 / 李正名	023
《春满人间》/ 玄镇爱	034
《累累硕果，生机勃勃》/ 王文丽	035
《爱所如家》/ 刘天麟	036

一、缅怀篇

深切怀念元素所创始人杨石先先生、陈天池先生等老前辈们

《杨石先传》选篇 / 杨光伟

求学清华学堂	007
海外赤子	011
执教西南联合大学	014
创办南开大学元素有机化学研究所	021
"文化大革命"的风雨	026
科学的春天	030
杨石先主要著作目录	036
杨石先年表	044
张伯苓校长任命杨石先为南开大学理学院院长（1928-1942年）	051
周总理任命杨石先为南开大学校长（1957年）	052
周总理任命杨石先为中国科学院河北省分院院长（1958年）	052

| 杨石先手稿 | 053 |

杨老在不同历史时期的文章（选编）

- 从事科学事业的人所应具的个性态度和习惯（1935） ⋯⋯⋯⋯ 054
- 在中国科学院学部成立大会上的发言（1955） ⋯⋯⋯⋯⋯ 057
- 为加速实现四个现代化努力做出贡献（1979）
  —— 谈化学的地位和任务 ⋯⋯⋯⋯⋯⋯⋯⋯⋯⋯⋯⋯⋯ 061
- 在南开大学建校60周年庆祝典礼上的讲话（1979） ⋯⋯⋯⋯ 068
- 难忘的教诲　光辉的榜样（1979）
  —— 回忆敬爱的周总理对我的教益 ⋯⋯⋯⋯⋯⋯⋯⋯⋯⋯ 076
- 毛主席的亲切关怀将永远鼓舞我们前进（1983） ⋯⋯⋯⋯⋯ 082

- 我所敬重的师长 / 唐敖庆 ⋯⋯⋯⋯⋯⋯⋯⋯⋯⋯⋯⋯⋯⋯⋯ 084
- 一代宗师 / 范恩滂 ⋯⋯⋯⋯⋯⋯⋯⋯⋯⋯⋯⋯⋯⋯⋯⋯⋯⋯ 086
- 杨石先光辉的一生 / 王文俊 ⋯⋯⋯⋯⋯⋯⋯⋯⋯⋯⋯⋯⋯⋯ 093
- 恩师杨石先在农药化学学科的学术思想及其重要贡献 / 李正名 ⋯⋯⋯ 114

陈天池简介 ⋯⋯⋯⋯⋯⋯⋯⋯⋯⋯⋯⋯⋯⋯⋯⋯⋯⋯⋯⋯⋯⋯⋯ 129

陈天池年表 ⋯⋯⋯⋯⋯⋯⋯⋯⋯⋯⋯⋯⋯⋯⋯⋯⋯⋯⋯⋯⋯⋯⋯ 133

陈天池主要论著 ⋯⋯⋯⋯⋯⋯⋯⋯⋯⋯⋯⋯⋯⋯⋯⋯⋯⋯⋯⋯⋯ 134

陈天池手稿 ⋯⋯⋯⋯⋯⋯⋯⋯⋯⋯⋯⋯⋯⋯⋯⋯⋯⋯⋯⋯⋯⋯⋯ 137

- 深深的怀念 / 金桂玉、邵瑞链、黄润秋、唐除痴、么恩云、刘天麟、
  　　　　　　王惠林、刘纶祖、韩嘉祥、董希阳、章大诩、柴有新 ⋯⋯ 138
- 师恩难忘　风范长存 / 王琴荪 ⋯⋯⋯⋯⋯⋯⋯⋯⋯⋯⋯⋯⋯⋯ 141

在创建元素所期间其他老前辈的简介 ⋯⋯⋯⋯⋯⋯⋯⋯⋯⋯⋯⋯ 144

二、忆战斗岁月　望灿烂未来
元素所老同志回忆录

元素所初创阶段的记忆 / 金桂玉 ⋯⋯⋯⋯⋯⋯⋯⋯⋯⋯⋯⋯⋯⋯ 151

元素所1962—1997年的一些回忆 / 彭永冰 ⋯⋯⋯⋯⋯⋯⋯⋯⋯⋯ 160

回忆元素有机化学研究所早期建设的历程 / 李正名 ⋯⋯⋯⋯⋯⋯ 167

元素有机化学所建设前后的回忆 / 王柏灵 ⋯⋯⋯⋯⋯⋯⋯⋯⋯⋯ 183

关于建所前后的回忆 / 杨华铮 ⋯⋯⋯⋯⋯⋯⋯⋯⋯⋯⋯⋯⋯⋯⋯ 187

情系元素所生物测定研究室 / 尚稚珍 ⋯⋯⋯⋯⋯⋯⋯⋯⋯⋯⋯⋯ 192

对元素所金属有机研究的期望 / 白明彰 ⋯⋯⋯⋯⋯⋯⋯⋯⋯⋯⋯⋯⋯⋯⋯⋯⋯⋯ 198

从对硫磷、久效磷到丙溴磷——元素所对我国有机磷杀虫剂工业的贡献
　　　　/ 唐除痴 ⋯⋯⋯⋯⋯⋯⋯⋯⋯⋯⋯⋯⋯⋯⋯⋯⋯⋯⋯⋯⋯⋯⋯⋯⋯⋯⋯⋯⋯ 201

回忆陈天池先生组织燕麦敌二号会战 / 孙致远 ⋯⋯⋯⋯⋯⋯⋯⋯⋯⋯⋯⋯⋯⋯⋯⋯ 205

发挥学科优势、面向经济建设、弘扬创业精神 / 方建新 ⋯⋯⋯⋯⋯⋯⋯⋯⋯⋯⋯⋯ 208

昆虫信息素研究组 / 刘天麟 ⋯⋯⋯⋯⋯⋯⋯⋯⋯⋯⋯⋯⋯⋯⋯⋯⋯⋯⋯⋯⋯⋯⋯⋯ 214

科研历程往事记 / 陈　彬 ⋯⋯⋯⋯⋯⋯⋯⋯⋯⋯⋯⋯⋯⋯⋯⋯⋯⋯⋯⋯⋯⋯⋯⋯⋯ 216

回忆在元素所学习生活的岁月 / 杨光富 ⋯⋯⋯⋯⋯⋯⋯⋯⋯⋯⋯⋯⋯⋯⋯⋯⋯⋯⋯ 223

对元素所研究生教学工作的回顾
　　　　/ 杨华铮、陈寿山、刘纶祖、李国炜、邵瑞链 ⋯⋯⋯⋯⋯⋯⋯⋯⋯⋯⋯⋯ 228

元素有机化学国家重点实验室建设前后的回忆 / 廖仁安 ⋯⋯⋯⋯⋯⋯⋯⋯⋯⋯⋯⋯ 233

　　　　附件：1985年国家教委主持专家组审议通过
　　　　　　　我国家重点实验室建设的申请报告 ⋯⋯⋯⋯⋯⋯⋯⋯⋯⋯⋯⋯⋯⋯ 240

师恩难报，友谊长存 / 高如瑜 ⋯⋯⋯⋯⋯⋯⋯⋯⋯⋯⋯⋯⋯⋯⋯⋯⋯⋯⋯⋯⋯⋯⋯ 243

不断学习 不断探索 不断进取 / 李金山 ⋯⋯⋯⋯⋯⋯⋯⋯⋯⋯⋯⋯⋯⋯⋯⋯⋯⋯⋯ 249

积跬步以致千里——我对金属有机化学实验室的追忆 / 孙丽娟 ⋯⋯⋯⋯⋯⋯⋯⋯ 252

名师教诲，受益终身 / 俞耀庭 ⋯⋯⋯⋯⋯⋯⋯⋯⋯⋯⋯⋯⋯⋯⋯⋯⋯⋯⋯⋯⋯⋯⋯ 255

一日为师，终生为父——记我在元素所这个摇篮里受到的教育和培养 / 胡笑形 ⋯ 258

元素所建所初期的研究生们及我同元素所的情缘 / 叶挺镐 ⋯⋯⋯⋯⋯⋯⋯⋯⋯⋯⋯ 263

怀念与感恩 / 陈金龙 ⋯⋯⋯⋯⋯⋯⋯⋯⋯⋯⋯⋯⋯⋯⋯⋯⋯⋯⋯⋯⋯⋯⋯⋯⋯⋯⋯ 274

三、基础信息

1962年—2012年主要信息

元素有机化学研究所和国家重点实验室大事记 ⋯⋯⋯⋯⋯⋯⋯⋯⋯⋯⋯⋯⋯⋯⋯⋯ 281

（一）元素所历任党政负责人一览表 / 彭永冰、金桂玉、李芳等整理
　　　　历届所长、副所长 ⋯⋯⋯⋯⋯⋯⋯⋯⋯⋯⋯⋯⋯⋯⋯⋯⋯⋯⋯⋯⋯⋯⋯⋯ 283
　　　　历届党总支（支部）负责人 ⋯⋯⋯⋯⋯⋯⋯⋯⋯⋯⋯⋯⋯⋯⋯⋯⋯⋯⋯ 285

（二）元素有机化学国家重点实验室历任负责人 ⋯⋯⋯⋯⋯⋯⋯⋯⋯⋯⋯⋯⋯⋯⋯ 287

（三）1986—2019年重点实验室学术委员会 ⋯⋯⋯⋯⋯⋯⋯⋯⋯⋯⋯⋯⋯⋯⋯⋯⋯ 288

（四）杨石先讲座教授奖牌及获杨石先讲座教授人员名单
　　　　/ 梁广鑫、计景成、李正名整理 ⋯⋯⋯⋯⋯⋯⋯⋯⋯⋯⋯⋯⋯⋯⋯⋯⋯⋯ 295

　　　　杨石先讲座教授奖牌 ······ 295
　　　　荣获杨石先讲席教授名单 ······ 296
　　　　授予杨石先讲座教授荣誉称号仪式 ······ 298
　　　　荣获杨石先讲座教授称号的专家照片（2005—2018） ······ 299

（五）元素所工作人员名单（1962—2018）
　　　　/ 彭永冰、金桂玉、廖仁安、李芳整理 ······ 301

（六）南开大学元素有机化学研究所学生名单
　　　　/ 李靖、李芳、金桂玉、廖仁安、钱颖整理
　　　　博士研究生名单（1981年—2012年） ······ 304
　　　　硕士研究生名单（1959年—2012年） ······ 327

（七）元素有机化学研究所（国家重点实验室）获荣誉奖情况
　　　　/ 金桂玉、崔春明、李芳整理 ······ 383

（八）历年科研项目、成果目录、专利 / 金桂玉、黄润秋、李芳整理
　　　　1979年—2012年元素有机化学研究所承担的纵向科研项目 ······ 384
　　　　1999年—2012年元素有机化学研究所横向科研项目 ······ 431
　　　　1964年—2012年元素所荣获国家科技奖部分奖状 ······ 456
　　　　应用研究成果 ······ 472
　　　　元素所部分专利目录（1985—2012） ······ 493

四、永恒的瞬间
部分老相片集锦

奠基人和老同志 ······ 509
元素所重要活动摘录 ······ 523
历届元素所领导 ······ 529
重点实验室剪影 ······ 534
对外学术交流 ······ 543
战斗在基层第一线 ······ 550
师生之情，毕生难忘 ······ 556

编后记 / 李正名 ······ 575

庆祝元素有机化学研究所成立50周年有感

南开大学元素有机化学研究所成立已经五十多年。1962年，在周恩来总理和聂荣臻副总理的关怀下，杨石先校长创办了元素所，这是我国高校第一个化学类专门研究所。很快，元素所就聚集了一支高水平的研究队伍，陈天池、高振衡、何炳林、陈茹玉、王积涛、周秀中等一大批知名专家教授加入到元素所，迅速形成了化学研究的高地。经过几年的努力，元素所的农药和元素有机化学研究已经在中国科技界产生了很大的影响。然而，正当元素所的事业蒸蒸日上之时，"文革"发生了，元素所的科研同全国科研机构一样被迫停止，不少教师也遭到了冲击，这样的教训实在使人痛惜。改革开放以后，元素所迎来了又一个发展的春天，研究队伍快速壮大，研究水平不断提高。现在，元素所已经成为我国有机化学和农药学研究的重要基地，并且在国际上也有一定的影响。

元素所秉承杨石先校长"繁荣经济、发展学科"的思想，坚持"服务国民经济和促进学科发展"的宗旨，从成立伊始就将元素有机化学和农药研究确定为主要研究方向。元素所在元素有机化学和金属有机化学等基础研究方面开展了系统的研究，取得了一系列的成果，推动了我国元素有机化学和金属有机化学等学科的发展。在农药研究方面，元素所更是成果辉煌。不论是在农药的创制理论研究、高效低毒新农药的开发，还是重要农药品种的生产工艺改进中元素所都做出了巨大的成绩，为我国农药工业的发展和国家粮食安全做出了自己的贡献。最近，习近平主席亲临元素所视察，是对元素所取得的成绩的最好肯定，是对全体师生的极大鼓舞。

经过几代人的不懈努力，元素所才有了今天的大好局面。前辈们在元素所的建设和发展过程中所表现出来的不畏艰难、勇于创新和无私奉献的精神是元素所的宝贵精神财富。感谢李正名先生和元素所的许多老同志，他们不辞辛苦，放弃休息，多方查找档案，撰写文章，编成了这本书，为我们留下了珍贵的第一手资料，使元素所的年轻教职工和学生有机会全面了解元素所的发展历程和光荣传统，这必将激发大家更加热爱元素所，更加努力地工作，把元素所建成世界一流的研究机构。

李正名先生希望我为这本书作序，谨以此感想代序。

周其林

2019年3月

周其林

1957年生于江苏南京,籍贯安徽无为

1982年毕业于兰州大学化学系

1982-1987年就读于中科院上海有机化学研究所,获理学博士学位

1988-1996年先后在华东理工大学、德国Max-Planck研究所、瑞士Basel大学和美国Trinity大学从事博士后研究

1996年起任华东理工大学精细化工研究所教授、博导

1997年获得国家杰出青年基金资助

1999年任教育部"长江学者特聘教授",转入南开大学工作

2004-2013年任元素有机化学研究所所长、元素有机化学国家重点实验室主任

2009年当选为中科院院士

2014-2017年任南开大学化学学院院长

2018年荣获"未来科学大奖—物质科学奖"

代序二

祝贺《南开大学元素有机化学研究所五十年史录》出版

值2012年10月南开大学元素有机化学研究所成立50周年之际，由李正名先生牵头、并组织亲身见证元素所建所和发展的老同志们开始编撰这本书。这是一本记录了元素所发展历史的书，是一部元素所老一辈人在非常艰难的条件下如何创业，如何把科研成果转化为生产力的奋斗史，为我们留下了非常珍贵的资料和记忆。

20世纪60年代初，杨石先、陈天池等前辈在国家的大力支持下，抓住机遇，筹划建立元素所。当时，我国科技还很落后，基本是一穷二白，在这样艰难的条件下，南开大学元素有机化学研究所于1962年建立，并很快聚集了一批知名的化学家，在很短的几年内得到了迅速发展，产生了很大的影响。改革开放以来，在国家的大力支持下，元素所又迎来了一个发展的春天，并相继在元素所的基础上组建了元素有机化学国家重点实验室和农药国家工程研究中心，成为我国有机化学及农药学研究的重要基地，为我国有机化学及农药学的发展做出了巨大贡献。

这本书汇集了许多老同志的回忆，具有非常珍贵的历史参考价值,同时也有新一代人对前辈的怀念和感恩。在本书的"基础信息"部分,附有截至2018年元素所教职工的姓名以及2012年为止曾就读于元素所的研究生名单。这是一本集回忆录及元素所重要资料于一体的珍贵作品,将会对元素所新一代人有莫大的激励作用。2019年初,习近平总书记视察了化学院及元素有机化学国家重点实验室,这对元素所人是一个无上的荣耀和鞭策,这将激励我们以老一辈创业者为榜样,奋发图强,再创辉煌。

  非常感谢李正名先生及其编撰团队几年来的努力。该书完全是自发组织起来编撰的,从2011年开始收集资料、约谈和访问,凝聚着老一辈人对元素所的深情厚谊以及对我们的期待和寄托,我谨代表元素所的师生对李先生及其团队的无私贡献表示敬意。

2019年3月

崔春明

1967年7月生,博士,教授,博士生导师

1990年毕业于西北大学化学系,1993年获南开大学化学系硕士学位

2001年获德国Goettingen大学博士学位

2001-2004年在美国加州大学伯克利(UC Berkeley)分校和UC Davis做博士后研究

2004年任南开大学教授

2007年获国家杰出青年基金资助

2013年被聘为教育部"长江学者奖励计划"特聘教授

2014年任元素有机化学国家重点实验室主任,元素有机化学研究所所长

2017年入选国家"百千万人才工程"

承担了国家自然科学委重点项目、973及基金委重大项目等多项科研项目。主要从事金属有机化学和主族元素有机化学的研究,包括稀土及廉价金属络合物合成及其在催化反应中应用;有机硼和硅卡宾相似体化学、多重键体系及有机硼和硅芳香和共轭功能分子的合成及性能研究。在Am. Chem. Soc. Angew. Chem. 等国际期刊发表SCI论文100余篇。现任 Applied organomet. chem. 副主编,Organometallics、《化学学报》《有机化学》期刊编委。现任天津市化学会副理事长,均相催化专业委员会委员。

前　言

为迎接南开大学元素有机化学研究所(简称元素所)2012年10月17日成立50周年节日的到来,元素所老同志们在2012年4月11日自动组织座谈会,要用实际行动协助领导庆贺元素所这个重要的节日。老同志们虽然年事已高,有些身体欠佳,但在座谈会上大家都踊跃发言。对20世纪60年代初杨石先、陈天池等同志在中央领导的大力支持下,为了南开科学事业的发展,紧紧抓住历史机遇,对全力以赴地投入到南开大学元素所的建所过程老同志记忆犹新。当时正值我国高校的研究设施和国际学术刊物面临外国的技术封锁,基本处在一穷二白的状态,在20世纪60年代初经济困难期间要将我国高等学校中第一个专业研究所建设起来是一项十分光荣和艰巨的任务。大家对以杨老为代表的前辈们不畏艰难、开拓创新的创举表示由衷的钦佩。我们老同志们在元素所都亲身参与和见证了建所的全过程。经过讨论大家认为应该及时总结南开元素所半个世纪的历史,这是我们义不容辞的责任,会后大家立即分工收集半个世纪以来元素所的各类信息。在随后紧张的100多天中争分夺秒,编写出《回忆战斗的岁月,展望灿烂的未来》的油印书稿,在2012年隆重举行建所50周年纪念大会上发给与会代表,并受到好评。

历史飞速前进,时间转瞬即逝,自2012年元素所50周年至今又过了7年，很多老同志身体状况已大不如前。至今还健在的老同志们认为如不及时将我们的亲身经历编写定稿并出版，我们曾经亲身的经历、经验、成绩、失误、教训、感悟等就会逐渐烟消云散，若干年后元素所历史就可能会形成一片朦胧甚至空白。

现介绍一下参与编写回忆录的人员情况。老同志有金桂玉、彭永冰、李正名、王柏灵、尚稚珍、杨华铮、黄润秋、廖仁安、方建新、唐除痴、白明彰、孙致远、刘天麟、陈彬、杨光富、陈寿山、刘纶祖、李国炜、邵瑞链、孙丽娟、高如瑜、李金山、么恩云、王惠林、韩嘉祥、董希阳、章大诩、柴有新等，还吸收了农药国家工程研究中心办公室李芳参加，原党支部书记李应峰还特地去南开大学电教室、档案馆寻找有关音像照片等。

我们先后采用约稿、录音、访问、调查等方式将在重要历史节点的资料收集并分类归档。由于对在元素所任职的各类人员和招收研究生等重要信息没有现成档案，彭永冰等不顾体弱多病自告奋勇，奔波于学校各个部门进行调查，终于在校档案馆张兰普老师的热心帮助下找到一些重要的线索。由于元素所经过"文革"的冲击人员变动很大，曾经被评为天津市先进单位的元素所档案室所积累的资料（包括元素所大事记录本等）在其后机构变动中陆续散失，给我们带来了不小的困难。金桂玉、廖仁安等从自己记事本中寻找启示。经过元素所办公室同志的大力协助，经过对不同资料反复核实，**确定了1962—2018年在我所工作过的人员名单为404名**，完成一件有重要意义的基础性任务。建所以来在我所做过毕业论文的同学名单也是大家所特别关心的，历届同学们在学习期间对我所科研工作做了很多贡献，毕业后他们在国内外不同岗位上继续做出了优秀成绩，为南开大学和元素所赢得很高声誉。同学们毕业后对元素所怀有深厚感情，和老师们经常保持联系。遵循杨老历来尊重人才的教导，我们一定要将历届毕业生的全部名单收集齐全以弥补这段历史空白，使各届毕业生早日"榜上有名""落叶归根"。李靖首先从研究生院找到1978年以来历届有机化学专业学生的纸质档案。但当时化学系和元素所都同时以"有机化学专业"为名各自招收研究生，而原档案中将两个单位的同学名单混淆在一起，并未记载任何导师的名字，因此得从校研究生院的大名单中挑选哪些是在元素所学习过的同学，这里给我们出了一个大难题，不得不采用"笨办法"投入大量的"手工作业"来解决它：李芳等不辞辛苦将上千条同学姓名分送元素所老同志逐一核对，经过大家耐心细致的核查，首次将元素所历届毕业生和各自导师的名单整理了出来。这里要感谢校研究生院和化学院研究生办吴利侠等老师所给予的密切配合和帮助。由此可以看到元素所50年来不仅做出很多优秀研究成果，在培养人才方面贡献也是十分显著。据此次统计，建所50年来(**1962—2012年**)元素所培养博士生、硕士生的总人数达到**1492名**之多！包含博士生428名、硕士生1064名。当看到毕业同学们的长长的名单时，大家都为元素所50年辛勤劳动的教学成果而感到无比自豪！令人高兴的是我所第一批研究生胡笑形(全国劳动模范)、叶挺镐(全国人大代表)、俞耀庭(我校分子生物研究所所长)等应邀撰写了他们早期在元素所研究生生涯的热情回忆——在南开优秀传统熏陶下，老师们忠诚地践行"立德树人"的教育理念，传授"允公允能、日新月异"的南开精神使他们终身受益，这些优秀的南开学子一再表示对元素所老师们的衷心感谢。他们回忆了当时艰苦环境下发奋学习的情景、立志为国争光的豪情壮志，使我们对早期研究生有了更生动的了解。

老同志们对元素所早期所承担的科研项目、成果、专利、获奖情况也进行认真的梳理。金桂玉自告奋勇不辞辛苦带头在校科技处、院科研办寻找有关材料的基础上，结合她在原管理岗位上自己保留的各类记录本，参考学校有关档案，费尽心血整理出一个比较完整的元素所技术档案。黄润秋、廖仁安、黄以炫等也陆续提供了补充材料，经过反复核实整理出来元素所建所**50年**承担的各级管理部门下达的**491项纵向科技项目**和**294项横向科技项目**具体名称，其中有**108项获得奖项**（国家级奖23项、省部级奖77项、学会级奖8项），取得国家（省）级技术鉴定的**应用性成果158项**，申请和授权**专利153项**，完善了元素所在这段历史时期科技活动的详细数据。

元素所早期的照片大部分散失，好不容易从各种渠道（包括个人保存）收集到一些珍贵的老照片，但很多都没有时间、地点和任何主题标注，将原来分散、大小不一的照片分类标注也是一个很大的挑战。很多所里重要活动、老课题组成员、各级研究生毕业和重点实验室活动照片大部分没有保存下来。图片中人物姓名标注也较困难，有时图像不够清楚，经常为了怕认错干脆空下姓名，失礼之处敬请原谅！岁月逐步磨淡了我们的记忆，有些照片的日期地点只能靠推测设定。在相片中还有些同志和同学虽然面熟但现在问谁也叫不出名字，也不知他们现在天涯海角何方，此情此景使人感到有些惆怅与无奈，希望有朝一日重逢叙旧岂不快哉。

我国家重点实验室在国家科技强国的地位和作用日益重要。2019年1月17日**习近平总书记**视察南开大学校史展览后直接到我国家重点实验室来指导，他在大型仪器室现场曾语重心长地对大家说：**"只有把小我融入大我，才会有海一样的胸怀，山一样的崇高。希望你们脚踏实地，在新的起点作出你们这一代人的历史贡献，成**

为南开大学新的骄傲"。 对我元素所和重点实验室来说，这是十分光荣的历史性时刻。我们一定要牢记习近平总书记对我校师生的殷切鼓励和谆谆嘱托。

为了追述我元素有机化学国家重点实验室的历史，这次在本书中大幅度增加了有关材料和图片，希望读者对其成长史有更多的了解，对重点实验室今后进一步开放国际化交流的使命给予更多的理解和支持。

上述各类历史资料的收集离不开很多老同志的艰苦劳动、点滴积累。对他们坚持不接受任何酬劳的奉献精神，在此谨致以崇高的敬礼！

在建所初期，元素所的同志们来自祖国五湖四海（含留苏4人，留德1人），都是当时组织精心选拔的思想先进、业务优秀、奋勇上进的有志青年，他们响应所领导提出的"向科学进军""以室为家"的号召，当时那种朝气蓬勃、风华正茂的形象令人印象深刻。由于大家努力拼搏，使南开元素所成为当时全校科研项目、成果获奖、科研经费均为最多的单位，多次获得国家部委（教育部等）授予的优秀（先进）科研单位等称号。

尊敬的创始人杨石先、陈天池和建所初期的老前辈们（何炳林、陈茹玉、王积涛、高振衡、余仲建、周秀中等先生）在创业中的身姿容貌历历在目，他们在建所历程中所显示出来的强烈使命感和敬业精神值得我们虚心地学习和继承。在当时条件有限的前提下带领我们奋力投入到元素所这样一个崭新单位的建设，同心同德按期完成了此项历史任务。

多年前，本人曾和新来元素所的一位"海归"博士谈起我所的建设历史，被问道："您说的杨石先是谁呀？"……这里不能责怪这位学者，而是我们这些老同志没有把南开元素所的故事讲好。至今南开元素所创始人杨老、陈天池和其他老前辈、老同志等55位已先后离我们而去了，令人唏嘘不已。时不我待，我们老同志必须抓紧时间完成元素所历史的进一步整理和出版，才能给后人一个完整的交代。参加本书编写的老同志深感重任在身。回忆元素所的过去除要求有客观性外，还需要有一定的激情才能反映建所时期的真切感受、生活经历和工作进展。为了表达对我所的怀念和敬意，元素所老同志玄镇爱、王文丽、刘天麟等老同志自愿提供精心创作的字画为本书添光增彩；为了收集珍贵的老照片，金桂玉、黄润秋、胡笑形、叶挺镐、程慕如、韩玉芬、孙丽娟、亓丽萍、樊星超等都主动热情地提供了很多资料，我们对上述同志的热心支持表示深切的感谢！

经过时光老人的洗礼建所时风华正茂的小伙子和姑娘们现今进入老爷爷老奶奶的耄耋之年，不少老同志退休后还多病缠身。由于历史条件的限制尚不能满足编写正规所史的前提条件，只能从老同志集体回忆的角度来追述，对之深感遗憾。

本书选编了原杨老秘书杨光伟老师编写的《杨石先传》一书（1991年由南开大学出版社出版）的部分内容。此书当时刊印很少，但对杨老的人生轨迹，对了解南开大学元素所的历史都不失为一本珍贵的史料，深信读者通过这些史料，可以对元素所奠基人杨老为我国科学与教育事业奋斗一生的高尚品格有更多的理解。

在各位领导大力支持下，经过不懈努力我们首次整理出**我所职工全部名单(1962–2018)、历届元素所和重点实验室领导班子名单(1962–2018)、历届研究生的名单(1962–2012)、科技项目清单(1962–2012)**和部分照片等重要的基础性资料。由于条件限制有部分材料仅能统计到2012年，希望后人不断补充完善。各位老同志根据亲身经历，回顾和总结了南开元素所的早期历史，在写稿过程自己也深受教育！

收集元素所创始人杨石先先生资料的过程，对我自己来说也是一个不断学习提高的过程。杨老一生都在忠实地实现他青年时代立志为中国"自强雪耻，富国强民"的理想。在他服务南开大学长达62年岁月中，他爱国、爱校、爱生的动人事迹感人至深：如在抗日期间冒着日军轰炸南开的危险组织全校师生远迁昆明，在西南联大十分艰苦的条件下坚持教学科研精心培养有志青年，在抗日胜利返校后接受进步思想积极护校迎接解放等。在各个历史关键时刻杨老不计个人安危，维护大局、勇于担当。在新中国成立初期南开办校条件十分困难之际，他勇于探索创新。早在1954年他就在全国性会议上主张为了提高培养人才的质量，在大学里教学与科研两者不可偏废，要以教学带动科研、以科研促进教学。1957年杨老参加中国科学院代表团访问苏联科学院，根据当时签订的中苏科技协议，苏联科学院将支援我国建立另一个同名的元素有机化学研究所，当时很可能建在北京。在中央领导的关怀下，在杨老努力争取下将此所建设在南开大学实属不易，南开化学从此走上快速发展的道路。由于元素所建成后成绩显著，以这个平台为契机在国家大力支持下，南开大学抓紧时机先后成立了元素有机化学国家重点实验室、高分子化学研究所、高分子化学国家重点实验室、分子生物学研究所、农药国家工程研究中心、天津市国家化学化工协同创新中心等，为南开大学化学学科培养大批高质量人才和提供大量教学科研成果奠定了基础。我们饮水思源，在此应该感恩党的"科教兴国"的英明战略，感恩杨石先先生的带头创业，感恩我们迎来的新时代！

杨老除了承担南开大学主要行政工作外，还在中国科学院、中国化学会、国务院科学规划委员会等重要机构中担任领导工作，根据国家发展的需要参与我国国家建设方案，为我国科教事业发展做出了重要的贡献。为此本书选编了杨老在不同时期发表的文章，从中可以更好地理解杨老不仅是我国德高望重的著名化学家和农药专家，也是一位卓越的教育家、科学家和科技战略专家。由于有了杨老率领一批老前辈的开拓和耕耘，首先建成了重要科技平台(化学学科是必须要有大量实验数据为支撑的基础理论学科，如果没有各种最先进的实验条件配备，学科建设将无从谈起)，这样才有条件集聚人才，逐步形成一个有规模有梯队的科技队伍，从中逐步涌现一批批杰出人才。回忆1958年8月13日**毛泽东主席**来南开大学化学系视察我们新建成的新杀虫剂敌百虫车间和离子交换剂实验室，1962年在**周恩来总理、聂荣臻副总理**亲自支持下批准元素所的创建，2019年1月17日**习近平总书记**亲自访问元素有机化学国家重点实验室，我们始终在党中央的支持和鼓励下亲身参与祖国科技事业的建设，能在今日祖国强大、国泰民安形势下，安心地在现代化平台上贡献自己的专业知识，对比当前不少国家社会局势动荡不已来说我们是十分幸运的。

从杨老的经历中可以看到，新中国成立后他是为数不多的多次受到**毛主席、周总理、邓小平、聂荣臻**等中央领导同志亲自接见的科技界代表性人物。从杨老文章中可以看到中央对他人品的信任、对他工作的积极支持，特别是批准了杨老在高校中建立第一个专业研究所，实现了他多年的夙愿。20世纪60年代初期在我国历史条件下南开元素所能被纳入到国家的科技规划中实属不易，我校科研工作从此发展较快，南开大学在国际舞台上开始初露锋芒，为今后争取早日建成21世纪双一流大学的宏远目标，成为国际学术界一个重要的教育和科研基地打下了扎实的基础。

我们要以先辈们忠诚的爱国精神与无私的敬业精神为榜样,为我国科技事业大发展的新时代做出新贡献。我们老同志见证了元素所的诞生和成长,大家共同战斗、休戚与共,曾为元素所和重点实验室的建设和发展贡献全部青春年华,历经沧桑,无怨无悔。今天喜看新一代才俊辈出,捷报频传,在各个新领域中研究成果不断涌现,正是"后浪超前浪""青出于蓝而胜于蓝"。2019年1月17日**习近平总书记**视察南开元素有机化学国家重点实验室并发表重要讲话后,被某些媒体称为"一个关乎国家命运的实验室",这可能是过誉之词,我们对此要保持清醒的头脑、谦虚谨慎的态度。因为实际上这在告诫我们重担在前、责任在肩,督促我们要以更高质量的劳动成果更大的步伐向新时代迈进!

由于杨石先老先生一生历经清朝、民国和新中国三个时代,时间跨度大,对许多历史性材料的了解是通过不少学校领导与学者(如刘景泉、梁吉生、杨光伟等)记载下的珍贵史料而知悉的。本书部分资料从中选编,在此对前人辛勤耕耘劳动成果表示真诚的感谢!

本书很荣幸地得到各位领导和著名专家馈赠题词,给了我们很大鼓舞。在这里对多年担任我重点实验室学术委员会领导岗位的戴立信院士,我校历届校领导程津培、侯自新、龚克等老同志们,长期支持我所的华东师范大学校长、南开大学杨石先讲座教授荣誉称号获得者钱旭红院士等致以最真诚的感谢!他们一直关心和帮助我们元素所和重点实验室的建设和发展。在本书编写过程中还得到学校原党委书记薛进文同志,现任党委书记杨庆山同志、校长曹雪涛同志、副校长陈军同志,校宣传部马长虹副主任,化学院张守民、计景成等领导同志对我们编辑工作提出的宝贵意见,在编写时遇到困难时正是他们的鼓励使我们坚定不移，砥砺前行。元素所周其林院士、崔春明教授、梁广鑫教授等领导和广大国内外校友也给予很多的关怀和帮助；南开大学出版社第五编辑室尹建国同志、李冰同志，排版中心谢芳周经理、董俊芳经理等也在出版过程中给予各种支持；谨在此一并致以最崇高的敬礼！

　　本书作为元素所一项有重要历史意义的编辑任务始终得到我所全体同志们的鼎力相助。特别是编辑后期得到金桂玉、彭永冰、李芳等同志的鼓励。本人在工作中虽不敢懈怠力求严谨，但由于资料匮乏和个人水平所限，恐仍有遗漏甚至错误之处，恳望大家给予及时的批评与指正。

李正名

2019 年 3 月 10 日于南开园

为了迎接元素所50周年大庆，2012年4月11日本书部分作者自动组织起来，启动编写元素所早期历史，以怀念前辈的开拓精神和历史贡献与后人共勉之

（左起：方建新、黄润秋、张岳军、李正名、白明彰、金桂玉、王玲秀、唐除痴、李应峰、廖仁安、李芳）

《春满人间》

该画由我所老同志玄镇爱教授创作

2014年荣获吉林全国少数民族美术书法展优秀奖、天津市美术馆优秀作品奖

原生测室王文丽主任为我所庆创作的精彩国画

刘天麟教授以酣畅书法表达老同志对元素所的深厚感情

一、缅怀篇

深切怀念元素所创始人杨石先先生、陈天池先生等老前辈们

杨石先(1897-1985)

1962年杨石先校长与陈天池教授合影

这里记载着著名化学家教育家杨石先同志光荣奋斗的一生。杨石先堪为学习楷模、人之师表。

方毅济

化学要为中国的经济繁荣学术进展做出更大的贡献

杨石先
一九八二年

《杨石先传》选篇

杨光伟

求学清华学堂

一辆驴车将他从一条土石道上送进了清华学堂。这是一处清朝皇室的赐园。"水木清华"的清华园景色迷人，园内林木荫翳，建筑古朴，听不到喧闹的市场声。杨石先好奇地观赏着这个蔚为大观的校园，他为自己能在这里开始追求他所期待的目标而感到高兴。

1911年4月1日，清华学堂正式开学。设高等科、中等科，"沿用美国高等初等各科教程，所有办法均照美国学堂"。这便是清华的开端。

清华学堂中等科的修业年限为3年，高等科为4年。课程都是为学生将来留学美国而特设的。方法是提倡自学、自习，借以使学生熟悉美国的教育风尚。中等科学习的课程分国学、西学两部。国学部设修身、国文、中国历史、中国地理等；西学部的课程为英语、数学、化学、物理等。杨石先对于国学部课程有较好的基础，但西学部的课程都是用英语讲授，这对他是完全陌生的。

当时清华学堂的年级是按英文水平分的，因杨石先从未学过英文,故被分在一年级。因此,有很多课程对他来讲只是复习,可以不必认真去读了。他把功夫都用在学习英语上。他问老师学习英语有什么好方法,老师告诉他主要是自学,有能力时要多读些英文版的文艺书籍,这样既能引起学习的兴趣,又能达到提高英文的目的。他按照老师的指导去作,在清华学习的7年多的时间里,他读遍了图书馆里所有的英文版的文艺书籍。

1911年10月10日,辛亥革命爆发,学校停课半年。辛亥革命后,清华学堂改名为清华学校。1913年留美学者周贻春先生任清华学校校长。周校长非常关心来自内地的学生,这些学生很多是从家塾出来的,缺乏良好的卫生习惯,对体育运动更是没有兴趣。这些从未远离家门的学生,觉得他是一位非常值得尊敬的长辈,大家都很亲近他。

杨石先因在学校长期刻苦学习,不注意休息和体育锻炼,身体变得很虚弱,面色苍白。同学们问起了他的身体情况。他说在天津时,日本大夫诊断是肺病,这就引起了同学们的担心,他们跑去报告了周校长。周校长不放心地对校医说:"请您再带他去城里的协和医院检查一下吧。"结果心肺未见异常,白血球也正常。这件事引起了周校长的注意,他开始发觉学生们的体质存在着问题。为使学生能有强健的体魄和朝气蓬勃的精神,他召开全校大会,"约法三章",采取了强制体育锻炼的方法。他提出每个学生必须晨起出操;规定下午4时锁闭教室、图书馆和宿舍,所有学生必须参加体育运动;晚上9时一律熄灯就寝。他对学生们说:"体育是完整教育所不可缺少的。"

一次周校长在荷塘边发现杨石先在看书而没有参加体育活动,便严厉地质问,"你为什么违犯校规?"他紧张得无言以对。周校长转而关切地说:"这样度过你的课余时间迟早会搞垮身体的。"又问:"你将来想干什么?"杨石先坦白地回答:"想当个科学家,用科学知识和技术救国。"周校长微微一笑说:"你的志向虽然很好,但恐怕难以实现。""为什么?""因为你不爱运动,身体得不到锻炼。像你这样病弱之躯,将来如何耐得劳瘁?学成也无法任事,何以救国?何况还有没学成就已半途夭折的可能呢!"

周校长的告诫给了杨石先很大的震动,他认识到锻炼身体与学习是同等重要的。从此,他积极主动地参加体育锻炼,渐渐地对打篮球发生了兴趣,当他进入高等科时,居然成为班里篮球队的队员了。

爬山也是杨石先少年时代最喜爱的一项运动。登山不仅可以锻炼体魄,而且还可以饱览祖国的壮丽山河,有时还要吟诵"登临纵目,正故国晚秋。天气初肃,六朝旧事随流水。但寒烟衰草凝绿……"这样的古人诗句来陶冶情怀。他曾登泰山观日出,爬黄山赏云海,也曾在云雾缥缈的庐山中迷失过方向。大自然使他的心胸变得开阔,性格变得坚毅。

清华的学习是繁重的,每天的提问,不定期的测验,例行的月考,使许多学生感到紧张和厌倦。但对杨石先来说,却也有过一段乐趣。为了能尽快地掌握英语,他与李权时(在解放前曾是我国著名的经济学家)等几个要好的同学订了个"君子协定",规定日常说话完全用英语,如果谁要违犯,就要罚一个铜板。后来由于学习上的不断进步,能享受这种乐趣的机会越来越少了。

1913年夏,杨石先中等科毕业,升入高等科。1915年夏,家道突然中落。辛亥革命后,他父亲急流勇退在友人的推荐下,到原籍安徽省屯溪市做厘金局局长。1902年黄河决口,在讨论抢险方案时,因与新任山东巡抚周馥发生分歧，便拍案进行争辩。

屯溪市是皖南一座历史悠久的古城，位于安徽省南端的屯溪盆地中央，新安江北岸。这里山环水抱，风景优美，为皖南山区茶、竹、木材主要集散地。厘金局每天收到大量税银。一次管钱的出纳拉肚子，税银未能按规定及时交到钱庄。护卫厘金局的士兵发生兵变，抢了厘金局的税银。为此他父亲拿出了多年积蓄，变卖衣物，求亲告友，进行赔偿。当时杨石先的母亲还在病中，长期需要人照顾，而妹妹杨允齐小。他父亲觉得无法看管，遂把母女送到他叔外祖家中暂住，而自己则只身赴北京，寄居在安徽会馆。因他父亲善长书写真、草、隶、篆，因此便在北京以卖文鬻字为生。

这一家庭的变化在他的思想上留下了深刻的烙印。一个美好完整的家庭忽然烟消云散，这对一个十几岁的孩子来说是非常痛苦的，同时让他认识到以后的一切只有依靠自己的努力了。好在他所在的学校都是公费。他利用业余时间为低年级学生补课，用这些微薄的收入来弥补生活中的不足。

对于这段生活，杨石先在《自传》中写道：

父亲有见解，亦有办事能力，但是没有专门学问，而又性情耿直下急，说话经常得罪人，在变乱的时代很难不遭受打击的。

家庭情况如此，国内外形势又如何呢？国内军阀专横，内战不息，民生凋蔽，外侮日亟。国际则德英争霸，欧陆风云紧急，日本野心勃勃，想乘机吞并东亚。整个局势，十分危殆，头脑稍为清楚的人都为之惶恐焦虑，深感不安。所以我在少年求学时代始终以最严肃的态度对待学业和锻炼身体，其余一概置之不问，以期自己学成之后负起重建家庭和复兴祖国的责任。当时以为中国最根本的问题是国内广大人民未受教育，不能发挥政治作用。而掌握政权的人又都是无良心的政客和无头脑的军人，互相勾结利用，既无政治经济常识，又不懂得科学技术的重要性，以致一切落后，无法抵抗，听人宰割。特别是科学，它是新时代教育的重要组分，为技术的源泉，如果中国不能掌握、发展，则永远不能脱离落后的地位。这亦就是教育和科学救国论的看法，自己对之深信不疑，绝未想到在帝国主义操纵下，可能是一条走不通的途径！

清华学校学业上的竞争是激烈的。杨石先入校时同级同学为一百七八十人，最后毕业时只有50余人。由于杨石先学习勤奋刻苦，各科成绩在班里都是名列前茅。1918年夏，他经过7年多的苦读，以优异的成绩完成了清华学校的学业，被选送去美国留学。

海外赤子

太平洋上风急浪高，杨石先怀着鹏程万里之志，乘"格利玛"号意大利邮船，经过20多天的颠簸到达了美国。杨石先此次是负笈求学，决心不虚此行。

因杨石先填报的志愿是学习农科，所以被分配到纽约州康奈尔大学。该校工科和农科俱享盛名，全校有学生三四千人，中国留学生也达四五十人。杨石先的清华校友茅以升已于一年前获得康奈尔大学硕士学位，转入匹兹堡桥梁工厂实习。不料，当时第一次世界大战尚未结束，美国在后期也正式参战。全国适龄男青年有高中毕业水准的都被征入军官后备大队去训练。后来，学校有名望的农学教授都被美国政府派往欧洲，去协助一些国家恢复农业生产，这使杨石先感到失望。他见学校由于重视第一次世界大战中研制毒气武器的重要性，从而使化学研究有了很大的发展，又考虑到学农将来只有到政府机关工作，而学化学回国后既可以在国防方面做些贡献，也可以搞化学工业，振兴民族经济。在小学时他就对化学产生兴趣。因此在学了一年农学后，呈请留学生监督，转入应用化学科。这是他一生中从事化学工作的开始。

在他学农的一年时间里，与学校农学院著名的植物学家贝雷建立了友谊。贝雷家里养了许多花草，这对杨石先来说有着特殊的兴趣。月季花原产于中国，可是移植到外国后，经过科学的培育，月季的物种遗传和变异现象给了杨石先很大的启示，致使他后来在生物碱、药物化学、植物激素、有机农药的研究等方面做出了卓越的贡献。杨石先在耄耋之年，对植物学方面的兴趣仍然不减，经常向晚辈们讲述古银杏树、雪松、马褂树、法国梧桐等树的习性和名称的由来等。

当时中国学生在美国的处境相当艰难。因为辛亥革命以后，中国政治依然腐败，内战不息。当日本提出企图灭亡中国的《二十一条》时，竟被袁世凯接受，使得美国舆论大哗，因而非常看不起中国人，称中国人为"劣等民族"，并经常有华人受到侮辱。当时有些华人在美国做苦工，美国人蔑视地称他们为"中国佬"。连理发美国人也不愿接待，竟说："可去有色人（即黑人）的理发店！"这些深深地刺伤了杨石先的民族自尊心。

有一次，杨石先与几名美国同学谈论起中国，一名美国同学问他："你们中国的土地比日本大多少倍，人口也比日本多好几亿，兵也有几百万，连年内战不休，为什么日本侵略你们却毫不抵抗，乖乖地把大片国土拱手让给人家？你们中国人自私自利，毫无爱国之心。"杨石先听了愤慨地说："侵略中国、瓜分中国的列强也有你们美国，你们美国不是跟在英国的炮舰后面高喊，'利益均沾'吗？中国政府腐败，但人民是不会屈服的。再过20年、30年，你们看看中国还是不是这个样！"他坚信中国人民一定会觉醒，中国总有一天会站起来的。过去他曾把美国当作理想的国家，从此这一幻想很快就破灭了。为了振兴祖国，为了长中国人的志气，一定要刻苦学习，在学业上要超过美国学生。因为杨石先学习勤奋，各门功课的成绩都是班里的前三名。当1922年春，杨石先在应用化学科毕业，取得了应用化学学士学位。在学习中，杨石先与很多教师建立了深厚友谊，他们都希望他留校作研究生。当时杨石先对他们讲："我想先去有机化学工厂，尤其是染料或者制药厂工作两年，取得生产经验后再来进行研究。"系主任将他推荐给一家染料公司，到一个分厂去当技术工人。当他在厂内工作后，发现美国大的厂家对黄种人十分歧视，特别在染料和制药方面有不少业务秘密，深恐泄漏，都不接收。杨石先的愿望无法实现，不得已入康奈尔大学研究院攻读博士学位。他估计读完学位约需2年半至3年。在学习和生活费用方面，由于自己的清华公费尚有一年半，成绩好还可再延长一年，而且导师又告之可以代申请奖学金或研究专款，所以他认为完成学位应无经济困难。美国社会的现实使他改变了去工厂学习的初衷。

在一年的学习中，一切进行得极为顺利。初步全面考试以及德文和法文考试都已及格，实验结果亦已完成一半。正当杨石先满怀信心在做后半部分的研究工作时，突然接到他母亲的来信要他回国。原来他外叔祖去世，大家庭分家，两位舅舅经济状况不好，母亲和妹妹不便继续寄居。他父亲的收入照顾自己尚有困难，何况还须要接济他祖母（他祖父已去世），所以只能要求他即日归国。因此杨石先不得不与导师商量，将已完成的研究结果写作硕士论文进行答辩。论文的题目是《酚醛肟的结构》，发表在1923年的美国化学会杂志上。杨石先回忆这段生活时说："在美国留学时,我几乎每天都是带着简单的午饭走进实验室,将近午夜才离去。我们的知识就是这样积累起来的。"他于1923年夏整装归国。

执教西南联合大学

1938年4月,北大、清华和南开在昆明组成国立西南联合大学。

联大由三校组成,集中了华北三个最高学府的人才,成为人文荟萃之地。因杨石先学识渊博,胸襟开阔,办事公正,深孚众望,被常务委员会任命为理学院化学系主任和师范学院理化学系主任。

联大初期,教师与教师之间,学生与学生之间,门户之见颇深,互相排斥,互不服气的事时有发生。当时三个学校的化学系主任在社会上都是有名望的,而且都各有不同的个性和学术见解,所以要当好联大的化学系主任是非常困难的。由于杨石先作风正派,办事公道,从不在背后议论别人,大家对他非常尊敬,所以化学系的风气很好,大家都能顾全大局相互谦让。

虽然面临经费短缺、设备简陋等困难,但在杨石先的奋力领导和组织下,全体师生员工群策群力,第二年(1939年)就把实验室因陋就简地建设起来了,学生们也都能做有机化学和物理化学等方面的实验。后来四年级的学生还可以进入实验室做毕业论文。

杨石先虽然担任联大的系主任工作,工作非常忙,但每天上午到办公室处理完工作后,便参加教学工作。他带头讲基础课,联大师范学院理化系的普通化学讲义就是他亲手编写的。他还讲授了有机化学和药物化学等课程。就是后来又兼任了联大的教务长,仍坚持讲课。

杨石先讲课深入浅出生动有趣，学生们都爱听他的课。在学生们对化学尚未有深入了解之前，上第一堂课时，他就先在黑板上画了两个很庞大繁杂的有机化合物的结构式。那是一种能治疗非洲黄热病的药物。他告诉学生们，就是因为德国的科学家能够合成出这样一种新药，给广大非洲人民带来幸福，也提高了德国在非洲的地位，说明科学研究可以促使国家的兴盛。在杨石先讲授药物化学课时，也是经常引用这些例子，反映了他把知识用以造福人类的奋斗目标。

他能把复杂抽象的化学课像讲故事那样讲给学生，引起学生的学习兴趣，给学生留下深刻的印象。如在讲有机化学时，他结合芳香族化合物讲了煤的综合利用和对一个国家的经济发展所产生的影响。他说：

1812年英国开始用副产品炼焦，将气体和液体收回作为炼焦的副产品。气体即是煤气，英国当时供给街道照明用，后来逐渐推广为家庭和工厂的燃料。液体为煤焦油，当时是一种废品，没有用途。英国煤气工厂对于煤焦油的处理感到十分苦恼，因为它是一种又黏又黑，气味很大，具有毒性而又容易着火的半流体，不能随便抛弃，最后只好将它运出港外投入海中。到19世纪50年代，德国基森大学一位青年化学讲师霍夫曼受英国政府的延聘，在伦敦皇家化学院讲学。他立即进行了煤焦油的研究工作。他的学生白尔金在从煤焦油内取得物质来合成金鸡纳霜的尝试中，无意地获得了一种紫色的染料。数年后霍夫曼被德国召回柏林任教，他将煤焦油的研究工作大规模地开展起来。1868年德国化学家葛雷伯和李伯门找出了天然染料"火鸡红"的化学分子结构，又从而进行以煤焦油产品——蒽合成这种染料。美国白尔金同时也进行此项研究，与葛李二氏不谋而合，采取同样的方法将其制成，但至专利局登记时，发现迟了一日，专利权已为葛李二氏捷足先得矣。这一发明为德国带来了每年800万美元的收入，使许多欧洲国家历来栽培茜草的都不得不改种其他作物了。

在那艰苦的年代，杨石先以他那渊博的知识和卓越的才华培育出了一大批优秀的人才。异日门墙桃李，如今个个争荣。现在活跃在我国化学界以及理、工、农、医领域的一些专家学者曾沐其教泽。如量子化学家唐敖庆，有机磷化学家胡秉方，生物物理学家邹承鲁，高分子化学家何炳林，农药化学家陈茹玉，无机化学家申泮文，金属有机化学家王积涛等都曾是他的学生。像杨振宁这样的著名学者也曾听过杨石先讲课。杨石先为我国人才的培养做出了卓越的贡献。

抗战后期，随着国民党在豫、湘、桂战场上的大溃退，不仅沦陷区遭到日寇的洗劫，就是在国民党统治区，由于官僚资产阶级均无情掠夺和压榨，使得百业破产，民生凋敝，物价昂贵，广大人民在死亡线上挣扎。

在当时的"最高学府"西南联大中生活的师生，为了生活竟有三分之二的人在外面兼差，担任了形形色色的工作。与杨石先同住在昆明西仓坡的闻一多教授，为了一担不涨价的糙米，也只好到昆华中学兼任国文教员。1943年唐敖庆的爱人从家乡来到昆明与他结婚，当时他们的生活很困难。杨石先知道后，先介绍他当家庭教师，后来又介绍他到中学兼课。通过这些额外的收入，免除了他一家的饥饿。

杨石先在昆明西仓坡住时，和他同住一排房子的是邱宗岳教授和闻一多先生。杨石先十分关心青年学生的成长，对他们学习和生活中的困难，总是尽力帮助解决。申泮文教授在《怀念严师杨石先教授》一文中说：

石先老师以他在化学系的卓越政绩，在1941年底又被选任为西南联合大学教务长，一直到抗日战争胜利，同时仍兼任化学系主任。在任教务长时全面管理联大的教学工作，所以昆明西南联合大学之办学成绩斐然，在百般困难的历史条件下培养出大批国内外知名专家学者，石先师是有贡献的，他的功绩是永志在联大师生心中的。

石先师虽然身是两级教学领导工作，但他仍以一位普通教师的身份坚持参加课堂讲授工作。在联大他教过化学系的一年级基础课普通化学，也曾给工学院学生开普通化学课……

我读到化学系四年级时，系里开了高等有机化学选课，由曾昭抡、钱思亮、朱汝华和杨石先四位名教授分头主讲，各讲自己专长的专题，每人一个学期，两年开完一轮。我限于时间只能听其中的一半，听了朱汝华教授讲授的甾体与激素化学专题和石先师的植物碱与天然产物专题。石先师在这门高年级选课中更突出地显示出他的精湛学识和高超讲课才能。我深深地记得，在讲植物碱的结构判定工作中，因那时还没有今日测定物质结构的精密物理仪器手段，石先师讲授中外有机化学家如何运用分解与合成两个方面的化学手段，巧妙地确定了植物碱的精细结构，并最后如何用全合成的方法人工制得了天然产物的复制品。讲得由近及远，由此及彼，一气呵成，极为精彩，引人入胜。我记得我的同班同学北大的唐敖庆就是最热衷于在课后盛赞石先师讲课精湛的一人。

在校的最后一年，我的经济状况又处于劣境。由于当时通货膨胀，国民党政府滥发钞票，以至生活费不断上涨。每月需三十几元才能维持最低生活水平，距我实际可能收入尚有十几元的差额。考虑再三，战战兢兢地向石先师汇报了我当时的困难并说明请求帮助的本意之后，石先师便开口安慰了我，说你有困难为什么早不来找我呢？于是石先师给我开了一张纸条，叫我每月到南开大学驻昆明办事处取10元补助费。这样，在石先师的如此关怀和帮助下我才能顺利地完成大学的学习任务。

那时大学毕业就等于失业，杨石先看到辛辛苦苦培养出来的人才无处录用，心里很痛苦。陈茹玉和于葆龙二位女同学大学毕业后，很难找到工作，心里很着急。杨石先听了她们的难处后，给她们写了推荐信，并且嘱咐说："我推荐你们到中央工业实验所去工作，路上不好走，你们俩做伴去吧。"

西南联大最早的教务长是个国民党分子，学生对他的意见很大。当时，教务长和注册课主任之间闹矛盾。在联大名义下招收的学生每年报备的手续都拖拖拉拉，有的竟迟了几年。学生毕业后拿不到文凭，找不到工作，杨石先对此很有意见，在教务会上他提出了批评。1943年，原来的教务长做不下去了提出了辞职。大家认为杨石先办事公正无私，便推选他兼任教务长。

西南联大对学生的学习要求是很严格的，教授给分很紧，因而学生的压力比较大，学习都很刻苦。但是国民党政府根本无暇关心教育，整个联大教育工作的进行十分艰难。1938年国民党组织部长陈立夫出任教育部长，教育环境更加艰苦，每年给学校的经费很少，对学生的奖学金及补助就更少了。穷苦的学生因营养不足，经常发生在考场上晕倒的事情。杨石先对此非常痛心，也很气愤，他多次向国民党政府反映，但毫无结果。1943年春，杨石先亲自从昆明到重庆去找国民党政府，去争取增加教育经费与学生的贷学金。他先去教育部找陈立夫，陈立夫推脱说："我们深感教育经费短缺，给各学校带来很大的困难，但经费是由财政部拨给的，我们尽量去争取，你也到财政部反映一下。"杨石先又去找财政部部长孔祥熙，孔祥熙也敷衍说："现在财政很困难，不过对你提出的要求，我们一定给予考虑。"结果杨石先白跑了一趟重庆。

做教务长还得去重庆近郊复兴关（原名浮图关、佛图关）的中央训练团受训。蒋介石自任训练团主任。杨石先向来不问政治，尤其对蒋介石的法西斯教育，更是厌恶和反感。教育委员会主任段锡鹏曾找到杨石先威胁说："你不参加三青团怎么做西南联合大学的教务长？"他很坦然地回答说："不是我自己要做教务长，是大家逼我的。等我把应该做的几件事作完，一年以后，你们可以再找别人来做教务长，到那时你们再动员他来参加三青团吧。"杨石先刚正不阿的精神受到西南联合大学大多数师生的赞佩，但却因此得罪了蒋介石和陈立夫等人。

何炳林教授在回忆西南联大时说："1946年，西南联大复校前，三校的一些青年教师议论过一些教授，对杨石先的评价是最高的，大家公认他正派无私，办事公道，事事以身作则，作风民主，团结同事，把满腔热血倾注到培养青年身上，把全部力量和智慧贡献给自己的祖国。"

即使在远隔重洋的美国，也不时能听到一些美籍华人对杨石先的热情赞扬。例如，李正名教授从美国进修回来时说："我在美国医学研究中心（NIH）举行的一次报告会上，遇见了一位头发灰白的老化学家蔡麟博士，当他知道我来自南开大学时，就情不自禁地谈起杨石先在西南联大时对学生谆谆诱导、严格要求的往事，并一定要我向杨老转致亲切的问候。"

著名的物理学家任之恭教授在追忆当年创建西南联大过程中所遇到的种种艰难时，详细地叙述了杨石先任劳任怨、艰苦卓绝地为中华民族培养未来科技人才的动人情景。任教授还说过，杨石先先生是他一生中最为佩服的有数的几位学者之一。

杨石先不仅是一位严谨的学者，也是一位慈爱的父亲。她的女儿杨耆荪在《追忆父亲》一文中说：

> 因我是长女，在进小学的时候，课余之后他经常耐心地讲解《古文观止》《唐诗三百首》等等名作，并指导练习大小字和背诵诗句。无论寒暑假，从不间断。后来我在学校重读诗词文章的时候，无形之中有了很多便利。喜爱的诗词文章，至今尚能朗朗背诵，就不得不归功于旧日父亲启发，培养兴趣的影响。

1982年，杨石先以望九之年重访故地。在昆明，那么多已近退休年龄的联大校友簇拥在他的身边，兴奋地回忆说："记得注册那一天，杨先生一一指点我们如何选好课。后来，为了增加学生贷学金，杨先生还亲自到重庆与财政部交涉。当时屡屡承先生为我们打算一切。"置身于西南联大旧址——昆明师范学院校园，使杨石先感到惊异的是，他已无法寻找留在记忆中的昔日生活的痕迹。联大是抗战时期的产物，一切都带有战时色彩，校舍分散、简陋、破旧。现在映入眼帘的却是高大的图书馆、教学楼和秀丽的校园。他来到一椽茅舍前，凝视着这唯一保留下来的以泥坯为墙、稻草做顶的联大教室，风趣地说："记得当时还有一种铁皮顶的教室。夏天泥地上长草，雨天铁皮顶奏乐，讲课要大声喊叫才行。"联大在这样艰苦的条件下培育出了像杨振宁、李政道这些蜚声于科坛的著名学者。联大在这样的条件下，为何能培养出那么多优秀人才？杨石先告诉大家："因为师生们都关心着祖国的前途命运。在整个联大期间，看不到对祖国明天丧失信心的情景。当时条件很差，但恶劣环境磨砺了大家的意志。同学们怀着中兴之志刻苦读书，许多人的论文是在茶馆里完成的。所以开茶馆当时在昆明已成盛业。"他举例说："就以化学系为例，我们想尽一切办法改善实验条件，有时冒着土匪打劫的危险到云南内地去买药。另外尽量多开一些高级的课程。联大学生毕业后到国外去，基础理论非常扎实，一旦掌握了先进的实验手段，便会在科学上获得成功。联大的许多教师，不论才学、品德都为人敬重，不愧是学生效法的榜样。"

在行将告别故地之际，他伫立在西南联大纪念碑前，无限感慨地说："联大经历过怎样一个历史时期啊！科学人才和革命志士的同时涌现，给联大的历史带来了殊荣。这种优良学风和革命传统，在新的历史时期依然可以激励一代新人！"

创办南开大学元素有机化学研究所

在党的正确领导下，在大办科研的伟大运动中，十二年科学远景规划只用了六年多一点的时间就胜利完成了。1962年2月至9月，我国十年科学技术规划会在广州和上海召开。杨石先也参加了我国十年科学技术规划会。根据出席全国科学技术规划会代表们的商议和经有关部门的推荐，杨石先于4月18日开始担任国家科委化学专业组组长和农药药械专业组副组长。1962年3月2日，周总理专程赶到广州，对在广州召开的全国科学工作、戏剧创作等会议代表作了《论知识分子问题》的报告。周总理在报告中进一步阐明了知识分子在社会主义时期的地位和作用，明确肯定了我国知识分子的绝大多数是"属于劳动人民的知识分子"。周总理还用自己的切身体会亲切地指出知识分子进行自我改造的重要意义及其途径。周总理的报告给杨石先很大的教育和鼓舞，多年来一直成为他勇往直前、奋斗不息的动力。

在科学规划会上，我国著名化学家付鹰、黄鸣龙等积极支持杨石先创办"元素有机化学研究所"。高教部的领导也在会上讲："全国有2/3的专家都在高教部门，他们的积极性没有发挥出来，高教部没有科研经费，故科研工作难以开展。"杨石先在"关于我国农药生产特别是磷有机农药生产的几点意见"的书面发言中讲道：

农药界的人士这次建议在南开大学建立一个农药研究室……在短期内做出大量成果，使我国农业生产得以早日过关，植保水平很快接近和赶上世界最先进的国家，我个人和许多农药研究工作者是抱有这样的信心的。

杨石先又在聂荣臻副总理面前表示说："若把这个所交给南开大学，给3年时间若拿不出成绩，可以砸烂我这块牌子。"会议决定在有条件的高等学校可以慎重地、有计划地建立一些研究机构。南开大学被认为有建所的条件，所以高教部首先批准南开大学建立南开大学元素有机化学研究所(以下简称元素所)。

同年9月的一个晚上，陈天池教授来到杨石先家，征求在建所初期应该抓什么工作。杨石先对他说："既然是个元素有机化学研究所，那么研究的面要广一点。但最近几年还是以农药为主要力量，要放得重一些，这样可以早点出成果。因此要抓住几个问题：一是上级领导对我们的要求很高，要尽快拿出科研成果来。二要设法找一批科研力量，是否可向高教部及国家科委反映一下，回国的留学生和研究生尽量给以照顾。三要定一些制度，使全所工作尽快走上轨道。"

同年10月，先后从应届毕业生中分配来专职研究人员21人，留苏生2人，留德生1人，大大加强了南开大学开展元素有机化学研究工作的队伍，这批新成员经过短期的训练后，便开始投入研究工作。

10月中旬，在周总理和聂荣臻副总理的亲切关怀下，在国家科委和高教部的大力支持下，杨石先以极大的热情正式建立了高等学校第一个化学研究的专门机构——南开大学元素有机化学研究所，他亲自兼任所长。建立研究所是他多年的夙愿，现在他终于有了自己的研究基地，可以为祖国的科学事业展示自己的才华，向世界科学的高峰进军。

10月底，杨石先与聂荣臻副总理在上海锦江饭店详细地讨论了元素所的规划。规划决定：首先要突出支援农业的特点，以适应国家大办农业的需要。先集中人力、物力，从有机磷化学开始进行农药研究，以后全面铺开，一直到其他元素有机化学方面的研究。后来，元素所的科研工作基本是按照这个规划进行的。根据第二次全国科学规划会议的决定，还定于1972年在南开大学建立化学农药研究所，因"文化大革命"的破坏未能实施。

元素所初建时，杨石先作了详细的科研规划，在"关于五年发展规模的说明"中，初步规划为元素有机化学研究所在4年内将逐步建立磷有机化学、氟有机化学、硅有机化学、硼有机化学、农药化学、理论有机化学、元素高分子化学及有机分析等8个研究室，4个辅助机构，即生物毒性活性测定室、玻璃工室、金工室及中间试制成品车间。专职研究人员将发展到150人左右。这样一个规模的研究所与中国科学院现有的研究所相比，是属于中型的。这些规划经杨石先的多年努力，基本上都实现了。

元素所建立以后，国家科委和高教部不但在科研经费方面给予了支持，而且在各方面都提供方便条件。原国家科委副主任韩光让国家科委为杨石先专门开一个户头，以便给予杨石先提供仪器设备的便利。1963年日本在北京的展览会上展出一台红外光谱仪,这是化学研究方面的重要分析仪器,各单位争着要这台仪器,杨石先给韩光写了一封信,韩光便将这台仪器批给了南开大学。1964年春,原国家科委九局局长赵石英来南开大学视察,对杨石先的研究工作很支持,说:"你们所的任务不仅要出成果,还要为亚非拉国家培养科研人才。实验大楼、仪器设备都要高标准,让学校提出一个建设元素所大楼的计划,报国家科委审批。"在南开大学党委的支持下,计划筹建一座11000平方米的元素所实验大楼。后因下达三线建设计划,才取消了这一计划。

南开大学党委对元素所的工作是很重视的,指示全校各处科室要给予全力支持。1965年建设中试车间时,找不到基建公司承担任务,党委书记臧伯平亲自去河北省第一基建公司接洽,要求他们承担任务,从而使问题得到解决。

1965年,高教部在北京举办高等学校科研成果展览会,元素所的农药在展览会上单独开辟了一个展览室,被列为重点项目。同年11月,国家科委在第662号《科学研究试验动态》上专门介绍了南开大学元素所研究的灭锈剂、除草剂、杀虫剂等几项农药成果。报道中说:

1962年,南开大学成立元素有机化学研究所,承担了"十年科学规划"的任务,在人员和仪器设备等方面得到了充实。建所3年来,在科学研究、提高教学质量及培养干部方面取得了初步成绩。在农药方面共合成了400多种化合物,从中筛选出小麦锈病防治剂、除草剂及杀虫剂3种新药剂。

小麦锈病防治剂——灭锈一号

小麦锈病是麦类的严重病害之一,严重影响小麦产量。1950年,全国因锈病，小麦减产三分之一。近年来，在我国主要小麦产区锈病也屡有发生，造成很大危害。因此，寻找高效、廉价的防锈剂，是我国农业战线上亟须解决的一个问题。

1963年，南开大学元素有机化学研究所研制成了灭锈一号。同年，经中国科学院微生物研究所温室测定证明，此药对小麦锈病具有良好效果……经过反复的田间试验，特别是经过今年23个单位进行的200多亩的田间试验证明，灭锈一号具有以下特点：

药效高，使用量少。

有内吸治疗作用。

对人畜毒性低，使用安全。

原料易得，收率高。

除草剂一号

除草剂一号是一种效力高、有效期长的除草剂。该所与20多个单位合作，进行了3年田间试验，证明它最适于旱田除草……棉花在整个生长季节内，需要锄草多次，但使用除草剂后，就不需锄草，只要耕松土两次即可。尤其是山区果树，在一年内锄草8次，还不如施药一次有效。这样大大节省了劳动力。

杀虫剂——有机磷-47

该所的同志们，在杀虫剂方面，也作了研究。有机磷-47，是一种新型有机磷杀虫剂，田间试验证明，它对抗性棉红蜘蛛、山楂红蜘蛛等害虫的杀除效能很好。每亩用药一两到二两时，杀虫效力达95%以上。其效能与国外常用杀虫剂"1059"相当，但对人畜的毒性，却比"1059"低5到10倍，价格也便宜。

此外，该所的同志们，还使已经经过田间小区试验的防锈剂——硫代五号、除草剂六号、杀虫剂有机磷-47，进入大田试验。

使20多种有希望的药剂，尽快走出实验室。

元素所成立虽然只有短短的3年，但是在农药研究方面却取得了一些突破性的进展。这除了说明党和政府对科研的重视外，还说明了杨石先等科学家在科学研究方面具有卓越才华与努力奋斗的精神。

周总理非常重视农药的研究工作和生产情况。1965年9月，杨石先出席由化工部和国家科委在杭州召开的全国农药科学技术工作会议。周总理当时正在中央开会讨论"三五"计划，在百忙中给杭州打电话问，能否在明、后两年农药生产实现100万吨。周总理对农药工作的关心给杨石先很大的鞭策，他决心要为祖国的农药事业做出更大的贡献。会议上进行科研分工，确定元素所以创制农药研究为主，并承担了我国"三五"规划中农药的部分研究任务。

"文化大革命"的风雨

在"文化大革命"期间，杨石先服从真理，却从不盲从谬误，殷殷以党和国家的教育事业、科学事业为念。为了保全国家大力投资建立的元素所，为了保存身边的科技队伍，为了顶住滚滚的逆流，他不屈服于政治压力，同各种邪恶的势力进行抗争，充分表现了一个老知识分子的高风亮节。

在"文化大革命"那风起云涌的时刻，杨石先受到党和人民的保护，受到周总理的关怀。1968年，周总理对调往天津的市委书记特意嘱托说："南开大学杨石先这些同志是搞科学研究的，要关心保护他们。"

南开大学的师生们都很尊敬他、爱护他，在"文革"初期，没有人对杨石先提出非议,校长办公室的同志们问他有什么东西要保管的?他说:"旧字画不要保管,一定要把我长期积累的几万张科研卡片保存好。"同志们就用战备箱替他保存起来。

随着林彪和"四人帮"对知识分子的迫害,杨石先先是被"下放"到化学系,后来又被"下放"到元素所杀菌组,当一名普通的组员。

1968年11月,风云突变,军宣队驻南开大学指挥部发出了清理阶级队伍的第一号《通告》,顿时南开大学变得人人自危,杨石先便被打成了"反动学术权威"。陈茹玉教授被长期审查。还有一位陈天池教授,在祖国刚刚获得解放时,便满怀对党对新中国的热爱从国外归来,积极参加了土改、镇反、整风、反右等一系列政治运动,在斗争中经受了锻炼,1954年光荣地加入了中国共产党。他以国家需要为己任,筹建了南开大学分析专业、物理二系,后来又参加了筹建元素所的工作。他在学术上有很深的造诣,是不可多得的人才,被迫害致死。

那些人荒谬地提出南开大学"叛徒成团""反革命成串"等耸人听闻的口号。周总理得知后气愤地说:"我了解南开大学,南开大学哪来那么多叛徒、特务、反革命?"他们才不得不偃旗息鼓。

批判,杨石先可以不去理会;劳动改造,他可以咬紧牙关。但是,要拆掉元素所的农药中试车间却使他义愤填膺,他用颤抖的手写出了他生平第一张大字报。他在大字报中说:"中试车间是国家拨款几十万元建起来的,农药放大样必不可少,你们把它毁掉,改为聚甲醛车间,糟踏国家财产,那是犯罪啊!……"尽管那时他回天无力,但也要进行抗争。当时有多少人能够理解他的苦心,又有谁还能想到中试车间将来还要为农药研究发挥它的作用。但杨石先坚信,严冬终将会过去,科学的春天一定会到来。

1971年，学校革委会的一个主任找他说："学校不是科学院，要研究所干什么？"杨石先以为这位领导不熟悉教育和科研工作，便解释说："世界上很多研究工件都是从学校搞起来的。"那位领导蛮横地说："我是主任，是办学的，不是科学院长，要研究所有什么用？"杨石先气愤地说："你说元素所没用，外面等着农药用。这不是学校要办的，也不是我杨石先要办的，是根据第二次全国科技规划会和全国农业会议精神，受周总理委托办的，国家花了那么多钱，又培养了这些人，你们拆了，我怎么向周总理交待？"这位主任自知理亏，只得另打主意。

有些人为了拆掉元素所，费尽了心机，给元素所"找婆家"不成后，便规定元素所的人只准出，不许进。又把元素所与化学系的一个专业合并，摘掉了元素所的牌子，没收了公章，卡掉了经费，使得元素所面临被搞垮的危险。杨石先对这些破坏科学工作、摧残科研事业的行径气得浑身发抖。他给周总理写了一份《请求保留元素所的报告》，这些人慑于周总理的威望，才只得罢手。

1972年，周总理提出关于加强基础理论研究的正确指示，着手解决被林彪、"四人帮"严重破坏的教育战线的问题，《光明日报》刊登了周培源同志关于加强基础理论研究的文章。《光明日报》征求杨石先的意见，他写信说："很好，周培源的意见很对，我还要补充一点，除了加强基础理论研究之外，也要加强实验工作。我们赶紧想法把仪器制造和试剂生产抓上去。"但是不久，"四人帮"掀起了所谓"反右倾回潮运动"，又把杨石先批为南开大学资产阶级势力回潮的总根子。

1974年，在推选第四届全国人大代表时，"四人帮"在天津的追随者把他们的一些帮伙拉为代表。周总理看了天津的代表名单后，指示天津市要增加革命知识分子的代表名额，才不得不把杨石先等补选为代表。1975年1月，在第四届全国人民代表大会期间，周总理抱病工作，并作了重要报告。杨石先听了周总理遵照毛主席提出的发展我国国民经济的两步宏图，要求在20世纪内把我国建设成具有四个现代化的社会主义强国的伟大号召，是多么欢欣鼓舞啊！

会议中，周总理利用休息时间来到天津代表团的休息室，同代表们握手交谈。杨石先看到周总理那消瘦的脸庞，心里很难过，对周总理说："我们全校师生员工都关心您的健康，让我代表他们向您问候。我带来了大家的心意。"周总理笑着说："我的病情现在好转了，已经基本控制住了，身体恢复了十分之八九。"杨石先听了后非常高兴。周总理接着说："向南开大学的同志们问好，将来有机会一定去看你们。"杨石先回校后向大家转达了周总理的问候，大家万分激动。

1976年1月8日，这是中国历史上的祭日，全国人民无限爱戴的无产阶级革命家周恩来总理逝世了。杨石先也陷入悲痛之中，他给一位过去的学生的信中写道："周恩来总理的逝世使我感到深切的悲恸。自解放以来，我和他打了20多年的交道，他非常爱护关心知识分子，启示我走上革命的道路，使我完全获得新生，更清楚地知道如何更好地为人民、为党工作。他并且帮助我解决不少具体困难，他学识渊博，见解高超，一下就抓住问题的核心，几句话就解决困难很大的问题，所以是我生平最钦佩、最爱戴的人。"他在给一位过去的学生的另一封信中写道："突然听到他逝世的噩耗，真使我痛哭并沉浸在悲哀之中。只能化悲痛为力量，努力在革命道路上前进，学习他的光辉榜样，彻底地为祖国的革命事业贡献力量，直至生命的最后一刻。"这些信除了说明杨石先对周总理的无限热爱，也袒露了一个知识分子对党和人民的赤胆忠心。

科学的春天

1977年8月4日至8日，是"十年浩劫"后我国的科学和教育工作拨正航向的重要时刻。邓小平同志复职后抓的第一件大事就是召集全国各地33位著名科学家、教授以及科学和教育部门的负责人开科教工作座谈会，研究如何把科研、教育搞上去。

8月3日，杨石先接到开会的通知后，遇上了天津十几年来罕见的大雨，南开园一片汪洋。马路上水没过了车轮，小汽车无法开出。直到中午，才从基建工地上拦截了一辆大卡车，杨石先蹚着水登上卡车，他的心中为之稍安。

邓小平同志虽然年逾古稀，历尽十年动乱的磨难，但依然精神矍铄。他坐下以后，对大家说："同志们好！我自告奋勇地管科学和教育，中央也同意了。赶超从何着手呢？就从科学和教育着手，听听大家的意见，向大家学习，外行管内行，总得要学才行。现在，请大家发言！"

这是一个畅所欲言的座谈会，三十几位教授和科学家控诉了"四人帮"残酷迫害科技人员的罪行，要求澄清教育战线17年究竟是红线还是黑线，有的人建议高等学校招生恢复考试制度；有的人呼吁关心、改善中年科技人员的生活待遇……

8月5日下午，杨石先怀着十分激动的心情，回顾了他从事教育科学工作60年的经历，畅谈了参加座谈会的感想。杨石先说：

在旧社会，我亲眼看到国民党反动派的腐败无能，国家被帝国主义任意宰割，外国人瞧不起中国人。那时，我总认为是中国的教育不发达，科学不发达。我三次到美国去学习，都是想改变国家落后的面貌。通过实践，特别是敬爱的周总理对我的教育，使我认识到，在国民党反动统治下，教育救国、科学救国的道路是走不通的。

解放后，党给我很高的荣誉，周总理对我进行了很多的教育，并指示要我搞科学研究。我总想尽毕生之力，为祖国的科学和教育事业做点工作。但是，在"四害"横行的时候，他们要取消我们的研究机构、拆散我们的科研队伍，设置重重障碍，使我们无法好好工作。我想到不能完成党和人民交给自己的任务，总感到很惭愧。

粉碎了"四人帮"，心情特别激动。最近又听到华主席关于召开科学大会的重要指示，今天又能亲自参加邓副主席召集的科教工作座谈会，百感交集，对祖国的前途充满着信心。

我们一定要更快地把科学技术搞上去。实现四个现代化，科学技术是关键，教育是基础。科学和教育一起抓，是非常正确的，二者有着很密切的联系。必须要有很强大的技术队伍，才能把科学技术搞上去。现在高等学校的科研力量占全国科研力量的三分之一，应当充分发挥这支力量的作用。

在发言中，杨石先就如何把科学技术搞上去，提出了以下建议：

(1)成立国家科委，统一管理和协调全国科学技术工作。各省、市、自治区也应当有相当的机构。(2)通过一定的方式选拔优秀科学人才。由于条件和所受训练、锻炼不同，有些人不适合搞科学，勉强搞也上不去。运动员、演员都可以选拔，为什么培养科学人才不能选拔呢？(3)要采取措施，把中年教师从繁琐事务中解放出来，充分发挥他们的作用。现在学校教学、科研的担子主要落在40岁左右的教师身上……(4)在中国驻美联络处设一个科学教育秘书。在美国的美籍华人学者很多，几乎每所大学都有，多的六七人，少的也有二三人。他们多数愿意为发展我国的科学技术做出努力。如果有科学教育秘书，可以进行必要的联系。

杨石先的这些建议得到了邓小平同志的肯定和赞扬，并指示有关部门采纳实施。

杨石先以一个老教育家、老科学家的忧国忧民的忧患意识，将多年积蓄在胸中的想法和意见，向党坦诚地说了出来，希望能引起国家的重视，使我国科研和教育工作能早日走上正轨。

当邓小平同志在会上要求迅速开展科技交流和恢复各种学术刊物时，杨石先当即说明中国化学会的几个刊物都大部分恢复，曾一再要求增加篇幅和期数，但均遭到出版方面的拒绝。由于纸张和排版等问题不能解决，《化学学报》积压了四五期，《无机化学》出了两年，现在面临停办的威胁。

邓小平同志认真地听着每个人的发言，8月8日上午，发表了著名的"八八"讲话，从对17年的评价问题，讲到大学招生制度的改革措施等。杨石先听了之后很受鼓舞。邓小平同志讲话的内容正是他梦寐以求的，像一股春风吹进了他的心田。回校后，他向助手和科研人员传达了邓小平同志的讲话精神，感到科学的春天到来了。

1978年3月16日，全国著名的科学家和科技战线的先进代表云集北京，参加十年动乱后全国第一个科学的盛会——全国科学大会，誓师向科学技术现代化进军。在人民大会堂隆重举行的全国科学大会的开幕式上，杨石先在主席台上就座，他兴奋地听取中央领导的讲话，心情正像郭沫若院长在大会开幕式上讲得那样："科学需要社会主义，社会主义更需要科学。看到今天这样喜人的情景，真是无比感慨和兴奋。"

在分组会上，杨石先回顾了自己前半生"科学救国""教育救国"

的遭遇；讲述了毛主席、周总理亲切关怀的难忘情景；控诉了"四人帮"摧残教育、摧残科学的滔天罪行；表达了他"要把科技工作搞上去，赶超世界先进水平"的豪情壮志。杨石先说："我们今后的科研发展方向是，在基础理论研究、国民经济重大问题研究和新科学技术研究的三方面中重点进行基础研究和国民经济重大问题的研究，也就是积极开展农药化学研究。"

在大会期间，杨石先因在"文革"期间那样困难的条件下取得重大研究成果而受到大会的表彰，得到党和人民的肯定，使他感到欣慰。

大会期间，方毅同志看了第180期简报，简报中写道：

天津代表团科技管理部门的领导同志和工作人员，在讨论贯彻落实大会精神时，结合天津实际提出了一些具体问题和建议。

一、为完成重点科研任务可为老科学家配好助手，可否在尽可能的条件下把分散在各地的专业人员集中起来，以迅速形成科研的攻坚力量。如老化学家杨石先教授主持的南开大学元素所由于"四人帮"的破坏，有许多位研究人员分散在各地，有的转业改行，有的搞了别的项目，他非常希望这些培养多年的科研人员再回到元素所来，这些科研人员也愿意回来继续搞本专业，这样就能较快地形成一支科研的攻坚力量，快出成果，多出人才。因此希望有关部门和地区给予大力支持，使这些科研人员尽快归队……

方毅看后，在会议期间找到了杨石先，让他列个名单。在方毅同志的帮助下，杨石先调回了申泮文、李毓桂等一批科研骨干力量。

在阳光明媚、群芳争艳的科学春天里，中国化学会1978年年会于9月11日在上海胜利召开。来自全国28个省、市、自治区的280多位代表和200多位列席代表云集在黄浦江畔，欢聚一堂。杨石先作为中国化学会的理事长，主持召开了化学界这个具有历史意义的盛会。

杨石先在关于学会工作的报告中，首先批判了"四人帮"对化学会工作的严重干扰、破坏；回顾了中国化学会成立以来取得的成绩；阐述了化学科学在自然科学中的地位和作用，指出数理化是同等重要的基础学科；对于化学科学发展中的问题提出了一些看法，指出化学科学今后的发展具有美好的前景。关于化学会的主要工作，杨石先概括了三点：一是开展学术交流活动；二是编辑出版学术刊物；三是开展科学普及工作。接着，杨石先表示：我们完全拥护党中央提出的"提高整个中华民族的科学文化水平"的伟大号召，决心加倍努力，老中青团结在一起，为实现我国四个现代化，为化学科学巨大发展贡献我们的力量。

9月18日上午，杨石先在上海科学会堂会见了参加会议的各省、市、自治区地方分会的负责同志和代表，和他们进行了亲切的交谈。

在拨乱反正的时刻，杨石先主持召开了中国化学会年会，对我国化学工作者的团结、学术交流和化学科学的发展，都起了很大的促进作用。

同年12月初，杨石先作为人工合成胰岛素总评议会的副主任委员（主任委员童第周住院）主持了人工合成胰岛素的总评议工作。会前，中国科学院副院长钱三强到北京友谊宾馆北工字楼看望杨石先等专家时对杨石先说："杨老，在化学界，唯有您能够孚众望。"人工合成胰岛素这项工作是我国科学家在生物大分子合成研究方面做出的卓越成就，走在了世界的前列。1965年我国化学家与生物学家合作，以集体的智慧，团结协作，首先合成了蛋白质——结晶牛胰岛素，为人工合成生命物质迈出了新的一步。杨石先的学生邹承鲁、钮经义等作为学术带头人参加了这项工作。钮经义曾撰文说：

> 20世纪60年代我们合成胰岛素的工作也深切地受到杨先生的鼓励和鞭策，对于我国能出现这样的成就，杨先生感到十分自豪。对于合成和鉴定产品的每一个环节，杨先生都要求我们一丝不苟，因而我们就能及时补足相应的数据，更加丰富了成果。这种严谨的治学精神是我们一直应该遵循的。

原子弹的爆炸成功，石油勘测取得的成就和人工合成胰岛素取得突破性的成果被视为中国60年代科学技术的三大成就。这三大成就是在聂荣臻同志主持国家科委工作期间完成的，所以参加人工合成胰岛素总评议会的科学家们希望见到聂荣臻同志。会后，聂荣臻、方毅等有关领导同志在人民大会堂接见了在京的我国著名科学家和与会同志。在接见中，聂荣臻同志特别地询问了杨石先的农药研究情况，并把他请到身边坐下，还特别关心地问杨石先工作中最大的困难是什么？聂荣臻同志的关怀使杨石先很受感动，决心在晚年为祖国做出更大的贡献。

杨光伟

1949年8月15日出生于黑龙江省方正县
1972—1975年 就读于南开大学化学系有机专业
1975—1978年 留校在南开大学团委任职
1978—1985年 任南开大学杨石先校长秘书
1985—2010年 任南开大学周报编辑
1991年编著《杨石先传》南开大学出版社出版
曾与人合作出书三本，并在《中国科学技术专家传略》《高校校报新闻学》《南开人物志》《南开校友通讯》《南开大学报》等期刊上发表文章约80篇。

杨石先主要著作目录

一、论文与著作

1. S. T. Yang and W. R. Orndorff. The Structure of Phenol\phthalein Oxime[J]. J. A. C. S., 1923(45)：1926-1933.(杨石先(杨绍曾), W. R. 奥恩道夫. 酚醛肟的结构[J]. 美国化学会会志, 1923(45)：1926-1933.)

2. S. T. Yang and T. B. Johnson. The Formation of Furo\α, β'\Diazoles From Acyl Imido Thiocarbonates and Acyl Pseudo\thioureas[J], J.A.C.S., 1932(54)：2066-2071.(杨石先(杨绍曾), T. B. 约翰逊. 从乙酰亚胺硫代碳酸酯和乙酰基异硫脲合成α, β'-呋二唑[J]. 美国化学会会志, 1932(54)：2066-2071.)

3. 杨石先, 谢秉仁. 2, 3-菲环麻黄素的合成[J]. 中国化学会会志, 1937(5)：35.

4. S. T. Yang. The Identification of Chinese Anti\malarial Plants[J]. Am. Pharm. Assoc. Sc Ed. 37(Ⅱ), 458-460.(杨石先. 中国抗疟植物鉴定[J]. 美国药物学杂志, 1937, 37(Ⅱ)：458-460.)

5. 杨石先, 李正名, 崔澂, 姚珍, 叶超然. 萘和苯的衍生物类生长素对植物插枝生根作用的初步报告[J].南开大学学报(自然科学),1957(4):132-147.

6.杨石先.关于植物生长素和刺激物质的化学研究问题[J].植物生理学通讯,1957(2):4-10.

7.杨石先.国内外农药发展的趋势[J].农药技术指导,1959(9):3-13.

8.杨石先,陈天池,李正名,李毓桂,王琴荪,颜茂恭,董希阳.有机磷杀虫剂的研究Ⅰ:0,0-二烷基S-烃基(取代烃基)硫(氧)甲基(取代甲基)二硫代磷酸酯的合成[J].化学学报,1959,25(6):402-408;中国科学,1960,9(7):897-906.

9.杨石先,陈茹玉,黎万琳,曹惠芳,何闵章,胡声闻,曹善耆.取代氨基二硫甲酸衍生物的研究;取代氨基二硫甲酸酯和次乙基-双-(氨基二硫甲酸酯)的合成[J].化学学报,1960(26):49-52.

10.杨石先.磷有机杀虫剂最近三四年来国外发展情况[J].农药技术报导,1961(1):30-41.

11.杨石先.磷有机杀虫剂对温血动物毒性表[J].化学通报,1962(1):31-38.

12.杨石先.农药的进展[J].中国农业科学,1962(1):49-53.

13.杨石先,陈天池,李正名,等.有机磷杀虫剂的研究Ⅱ:0,0-二烷基S-烃基硫甲基二硫代磷酸酯的合成[J].化学学报,1962,28(3):187-190.

14.杨石先,陈天池,王琴荪,李正名.有机磷杀虫剂的研究Ⅲ:0-乙基N,N-二乙氨基硫代磷酰氯的合成及其与硫氢化钠的反应[J].化学学报,1963,29(3):153-158.

15.杨石先.磷有机杀虫剂国际进展述评(1960-1963)(1963年全

国高校元素有机化学学术讨论会上的报告）[J].植物保护,1964,2(1):1-14.

16.杨石先.农作物害虫防治的新动向和发展(1964年全国农药会议上的报告)[J].植物保护,1964,2(2):1-9.

17.杨石先,陈天池,王积涛,林一.元素有机化合物化学//中国科学院编译出版委员会主编.十年来的中国科学(化学)(1949-1959)[M].北京:科学出版社,1963:421-467.

18.杨石先,何炳林,俞跃庭,林箐.聚丙烯醛的磷化反应[J].科学通报,1964(1):61-62.

19.杨石先,陈天池,李正名,黄润秋,唐除痴,王惠林.有机磷杀虫剂的研究Ⅴ：某些含萘环磷酸酯类型杀虫剂的合成[J].南开大学学报(自然科学),1964,5(2):59-64.

20.杨石先,陈茹玉,陈宗庭,陈其杰,任廷娴,司徒建成.肼基二硫代甲酸衍生物的研究Ⅰ：芳亚甲基肼基二硫代甲酸酯的合成[J].南开大学学报(自然科学·化学专刊),1964,5(2):79-85;高等学校自然科学学报,1965(6):550-556.

21.杨石先,陈天池,李正名,么恩云,刘天麟.有机磷杀虫剂的研究Ⅵ：类与拉塞昂杀虫剂合成中一些反应的探讨[J].南开大学学报(自然科学·化学专刊),1964,5(3):79-88.

22.杨石先,陈天池.中国农药化学的研究[R].亚非拉北京科学讨论会的报告,1964.

23.杨石先,李毓桂.含磷乙烯亚胺化合物的化学和应用[J].化学通报,1964(8):1-27.

24.杨石先.农作物害虫防治新的动向和发展[R].全国农药会议,1964.

25. 杨石先. 国外化学防治小麦锈病科学研究工作简介[J]. 化工技术资料农药专业分册, 1965(6): 12-15.

26. 杨石先, 陈天池, 李正名, 王惠林, 黄润秋, 唐除痴, 刘天麟, 张金碚. 有机磷杀虫剂的研究Ⅶ: 某些苯基对位取代硫代磷酸酯的合成[J]. 化学学报, 1965, 31(5): 399-412.

27. 杨石先, 陈天池, 王琴孙, 金桂玉, 邵瑞琏, 刘伦祖. 有机磷杀虫剂的研究Ⅷ: O-乙基N, N-二乙氨基-(或二)硫代磷酸钠的制备及其化学反应[J]. 化学学报, 1965(31): 406-412.

28. 杨石先, 陈天池, 陈庆华. 有机磷杀虫剂的研究Ⅸ: 某些含萘环硫代磷酸酯类型杀虫剂的合成[J]. 南开大学学报(自然科学·化学专刊), 1965, 6(2): 51-62.

29. 杨石先, 何炳林, 章一心, 李乃宏. 三卤化磷与含羰基高聚物的反应Ⅰ: 三氯化磷与聚甲基乙烯酮及甲基乙烯酮的共聚物的反应[J]. 南开大学学报(自然科学·化学专刊): 1965, 6(2): 111-121.

30. 杨石先. 处理棉花的化学药剂国外概况(1966)[R].

31. 杨石先. 国际除草剂最近的进展(1967)[R].

32. 杨石先. 1967年有机磷杀虫剂的新进展(1967)[R].

33. 杨石先. 有机磷化合物作为杀菌剂, 国际近几年来的新发展(1967)[R].

34. 杨石先. 有机磷化合物作为杀线虫剂国际近几年来的新发展(1967)[R].

35. 杨石先. 近年来有机磷杀虫剂文献初步总结(1967)[R].

36. 杨石先. 新的有机磷(杀虫剂、杀菌剂、除草剂)农药(1967)[R].

37. 杨石先. 国外杀虫剂进展[J]: 农药, 1972(3): 29-38.

38. 杨石先. 最近二三年国外农药研究进展概况[J]. 石油化工科技资料, 1975(1): 1-24.

39. 杨石先, 等. 国外杀虫剂研究进展[J]. 石油化工科技资料, 1975(2): 1-37.

40. 杨石先. 谈谈国际上农药的进展[J]. 化学通报, 1975(3): 38-46.

41. 杨石先主编. 国外农药进展(一)[M]. 北京: 石油化学工业出版社, 1976.

42. 杨石先, 何炳林, 俞跃庭, 林筼. 聚丙烯醛及其共聚物的膦化反应[J]. 高分子通讯, 1979(1): 8-18.

43. 杨石先, 李正名, 等. 含磷二硫物对水稻白叶枯病原菌构效关系研究简报[J]. 农药工业, 1979(3): 34.

44. 杨石先, 李正名. 近年来农药科研的进展和趋势[J]. 世界农业, 1979(4): 13-17.

45. 南开大学元素有机化学研究所编译. 国外农药进展(二)[M]. 北京: 化学工业出版社, 1979.

46. 杨石先, 李毓桂, 昆虫化学不育剂进展——兼论含磷乙烯亚胺化合物特性[J]. 农药工业, 1979(4): 5-10.

47. 杨石先, 陈茹玉, 李玉桂. 有机磷化学进展[J]. 有机化学, 1980(4): 5-15.

48. 杨石先, 陈茹玉, 刘准, 等. 多碳醇类化合物的合成[J]. 高等学校化学学报, 1980, 1(1): 66-69.

49. 杨石先, 陈天池, 李毓桂, 等. 有机磷昆虫不育剂的研究: N-乙撑亚胺基, 烷氧基(胺基, 取代胺基)磷酰胺与硫代磷酰胺类化合物的合成[J]. 高等学校化学学报, 1980, 1(2): 117-119.

50. 杨石先,黄润秋,么恩云. 2-(4-氯苯基)异戊酸合成[J]. 农药工业,1980,(5):3-11.

51. 杨石先,陈天池,陈庆华. 有机磷杀虫剂的研究Ⅸ:某些含萘环硫代磷酸酯杀虫剂之研究[J]. 高等学校化学学报,1981,2(1):55-62.

52. 杨石先,蔡一江. O,O-二烷基-S-[N-(2-噻唑基)氨基甲酰甲基]一硫或二硫代磷酸酯的研究[J]. 高等学校化学学报,1981,2(2):188-194.

53. 王琴荪,刘玉鑫,杨石先. 有机磷农药的光分解[J]. 农药,1981(5):1-7.

54. 杨石先,陈茹玉,史延年,等. 骆驼蓬草中活性物质的研究[R]. 第五届国际农药化学会议(日本京都,1982年8月).

55. 杨石先,黄润秋,陈宗庭,等. 肟醚类似除虫菊酯研究[R]. 庆祝中国化学会五十周年学术报告会论文摘要集,1982:203-205.

56. 李毓桂,陈茹玉,杨石先. 有机磷化合物的电子结构与成键[J]. 有机化学,1984(3):175-180.

57. 杨石先,陈其杰,王明德,等. 苯骈-1-氧-2-磷-3-氮杂环已烷衍生物的研究:2,3-二取代苯骈-1-氧-2-硫(氧)化磷-3-氮杂环已-4-(硫)酮的合成及结构分析[J]. 中国科学(B辑),1984(6):496-504.

58. 杨石先,李毓桂,刘晓皋,刘廷仰. 含磷杂环化合物的研究Ⅰ:2-硫逐-2-取代胺基(或烷硫基)-1,3,2-苯并二氧磷杂环戊烷化合物的合成[J]. 化学学报,1984,42(2):168-175.

59. 杨石先,李毓桂,王坚. 含磷杂环化合物的研究Ⅱ:1,3,2-苯并二氧磷杂戊环衍生物[J]. 化学学报,1984,42(4):353-357.

60. 杨石先, 李毓桂, 王坚. 关于苯并磷杂五环化合物的化学[J]. 有机化学, 1984(4): 271–274.

61. 杨石先, 李毓桂, 王坚, 刘廷仰, 曾金鸿, 郭杭州. 含磷杂环化合物的研究Ⅱ: 1, 3, 2-苯并二氧磷杂戊环衍生物[J]. 化学学报, 1984, 42(11): 1192–1199.

62. 杨石先, 李毓桂, 刘晓皋, 玄镇爱. 含磷杂环化合物的研究Ⅴ: 2-硫逐-2-取代苯胺基1, 3, 2-苯并二氧杂环的水解和热解[R]. 1984年全国元素有机会议.

63. 杨石先, 李毓桂, 刘晓皋, 罗大林, 张树德. 含磷杂环化合物的研究Ⅵ: 2-硫逐-2-取代苯胺基(或含氮杂环基)-1, 3, 2-苯并二氧磷杂戊环的研究[J]. 化学学报, 1985(43): 444–449; ACTA CHIMICAL SINICA, 1985(3): 210–216.

64. 杨石先, 陈茹玉, 武振亮, 郑巧兰, 史延年, 刘准, 张春香. 骆驼蓬中活性物质的研究[J]. 植物生理学通讯, 1987(1): 18–21.

二、译著

1. [英]D. F. 希斯著. 杨石先, 张宗炳, 冯致英, 等译. 有机磷毒剂(抗胆碱酯酶物质及其有关化合物)[M]. 北京: 化学工业出版社, 1965.

2. [德]G. 希拉台尔著. 杨石先, 李正名, 金桂玉, 等译. 新磷酸酯类杀虫剂的进展[M]. 北京: 化学工业出版社, 1966.

3. [日]江藤守著. 杨石先, 张立言, 冯致英, 等译. 有机磷农药的有机化学与生物化学[M]. 北京: 化学工业出版社, 1981.

4. 杨石先, 译. 合成乐果的新路线[J]. 农药译丛, 1964(1): 28.

5. 杨石先,李毓桂,译. 用化学药剂实现昆虫两性不育[J]. 农药译丛,1964(3): 24–27.

6. 杨石先译. 国外科学(第二集·国外农药发展动向)[M]. 北京:科学技术文献出版社,1970.

摘自《杨石先纪念文集》,南开大学办公室编,南开大学出版社,1999

杨石先年表

1897年　1月8日（清光绪二十二年农历十二月二十六日）生于浙江省杭州市，祖籍安徽怀宁。

1902年　入家塾读书。

1903年　离开杭州祖父母家，随父（杨嘉辰）、母（高婉贞）及弟弟（杨继曾）至山东济南，入家塾读书。

1907年　随父母迁居天津，并考入天津民立第二小学高小二年级读书。

1910年　4月1日考入清华留美预备学堂读书，接受中等和高等教育。

1918年　6月从清华留美预备学堂毕业，被选送去美国留学，在康奈尔大学先学习农科，一年后转入应用化学科学习。

1919年　被选为美国化学会会员。

1922年　1月于康奈尔大学化学科毕业，获应用化学学士学位。

1923年　7月因家庭经济困难，只好中断博士学位学习，以完成的一部分博士论文答辩，获有机化学硕士学位，归国。

8月被聘为天津南开大学教授。

1928年　兼任南开大学理学院院长。

1929年　9月再次赴美学习，在耶鲁大学研究院任研究员，进行杂环有机化合物的研究。

1931年　6月获耶鲁大学有机化学博士学位，被推选为美国"科学研究工作者荣誉学会"会员。取道英国，在欧洲大陆考察两个月，经苏联于"九一八"事变前两天回到天津。

1937年　7月24日从南方赶回天津，与黄钰生教授一起疏散学校人员和图书仪器。

7月29日南开大学遭受日寇轰炸，率领学校留守人员到青龙潭（现在水上公园）避难。

7月30日南开大学继续遭受日寇轰炸和焚烧，留守人员全部撤离学校，到英租界避难。

9月赴长沙参加由北京大学、清华大学和南开大学合组长沙临时大学的筹建工作。

10月，被任命为长沙临时大学化学系主任。

1938年　1月由于长沙又遭日机轰炸，长沙临时大学决定南迁昆明，改称西南联合大学，负责筹建新校舍工作。

4月任西南联合大学理学院化学系主任，兼任昆明师范学院理化系主任。

1941年　兼任北平中央研究院通讯研究员。

1943年　6月任西南联合大学教务长。

1945年　5月第三次去美国，在印第安纳大学任访问教授兼研究员。

1947年　由于出色的研究工作，被推选为美国"化学荣誉学会"会员。

12月谢绝美国印第安纳大学的挽留和劝阻，返回祖国。

1948年 2月任南开大学教授兼教务长,代理校长。

12月10日拒绝教育部命令,做出不迁校的决定。

12月13日研究护校措施。

12月21日教育部电令南飞,遭拒绝。

1949年 1月迎接天津解放,将南开大学完整地交给人民。

5月任南开大学校务委员会主席。

9月作为教育界代表参加第一届全国政治协商会议。

10月1日登上天安门城楼,参加中华人民共和国开国大典,受到毛泽东主席的接见。

1950年 4月任天津市人民政府委员。

6月任中国科学院专门委员。

同月参加全国高等教育会议。

8月在北京参加全国科学工作者会议。

12月任中国教育工会天津市委员会主席。

1951年 9月29日在北京怀仁堂听周恩来总理作"关于知识分子的改造问题"的报告,参加思想改造。

11月任民主促进会中央常委。

1952年 11月任南开大学副校长。

11月29日,南开大学举行盛大集会,热烈庆祝院系调整胜利结束,在会上作了题为"新南开大学的成立和它的任务"的报告。

1953年 4月任天津市人民政府文化教育委员会副主任。

9月参加高教部在北京召开的全国综合大学校长会议。

11月任天津市民主促进会负责人。

1954年 1月17日当选为天津市人民代表大会代表。

6月在《科学通报》上发表题为"发挥科学潜力积极开展高等学

校研究工作"的文章,提出了高等学校应办成教学和科研两个中心的观点。

7月任中华全国自然科学专门学会联合会天津分会主任委员。

9月当选为第一届全国人民代表大会代表,并在大会上作了发言,发表在《天津日报》(1954年9月17日)。会议期间受到周恩来总理的接见,同周恩来总理进行了长时间的谈话。

11月20日参加南开大学科学研究委员会举行的第一次会议,指出:"科学研究委员会的成立是为了协助校长从政策、方针上领导科学研究工作。"

1955年 1月任天津市人民委员会委员。

5月任中国科学院数理化学部委员、化学组组长。

同年,参加国务院召开的制订十二年科学远景规划的讨论。

1956年 2月参加我国十二年科学远景规划的编制会议,任综合组组长。会后,根据国家科学远景规划的需要,开始从事农药化学的研究工作。

3月被任命为国务院科学规划委员会委员。

8月18日参加民主促进会第一次全国代表大会。

8月任中国化学会第十八届理事会理事长。

12月当选为天津市第二届人民代表大会代表。

同年,任中国科学院长春应用化学研究所学术委员会委员。

1957年 4月29日任南开大学校长。

7月任国务院科学规划委员会化学组组长。

8月作为中国人大代表访问芬兰代表团团员访问芬兰。

10月作为中国科学院科学技术代表团成员访问苏联。

1958年7月被选为河北省人民代表大会代表。

8月13日毛泽东主席视察了南开大学，视察了杨石先和化学系师生办起来的"敌百虫"和"马拉硫磷"两个农药车间。中午受到毛主席的邀请在正阳春饭庄与毛主席同桌用饭，毛主席对高等教育做了重要指示。

11月任中国科学院河北省分院院长、河北省科学工作委员会副主任。

同年，任中国科学院化学研究所学术委员会委员。

同年，当选为第二届全国人民代表大会代表。

1959年 3月作为团长率领中国科学院、中国化学会、中国化工学会代表团赴苏联参加第八届门捷列夫化学会。

5月，任中国化学化工学会副理事长。

7月任中国科学院河北省分院元素有机化学研究所所长。

1960年 3月31日加入中国共产党。

同年，苏联派科学院代表团访华，我国成立相应的中国科学代表团，为我国化学方面的代表。

1961年 2月参加中央召开的重点高等学校校长会议。

1962年 2月参加我国第二次10年科学技术规划会和全国农业规划会议，分别担任化学组组长、植保农药组副组长。

9月当选中国化学会第十九届理事会理事长。

10月在南开大学建立元素有机化学研究所，兼任所长。

同年，当选为第三届全国人民代表大会代表。

1963年 3月8日任中华人民共和国农业部科学技术委员会委员。

6月参加科学技术发展规划工作会议。

1964年 8月出席在北京召开的亚非拉科学讨论会，为我国代表团领导成员。在会上作了"中国农药化学的研究"的报告。

1966年 4月参加人工合成牛胰岛素评议工作。

1969年 受"文革"影响，在河北省接受"改造"。

1972年 12月当选为天津市第一届教师代表大会代表。

1975年 1月当选为第四届全国人民代表大会代表。

1977年 8月参加邓小平同志主持召开的有33位科学家、教育家参加的座谈会。

同年，出席天津市第二届教师代表大会。

1978年 2月24日，当选为第五届全国人民代表大会代表及第五届全国政协委员会常务委员。

3月出席全国科学大会，获"在科学技术工作中做出重大贡献的科技工作者"奖状，他在元素所主持研制的10项科研成果也获全国科学大会奖。

9月11日在上海主持召开中国化学会1978年年会，当选为理事长。

12月初以副主任委员的身份主持了人工合成胰岛素总评议会。

12月13日受到聂荣臻同志的接见。

12月底在广州参加国家科委化学组工作会议，当选为化学组名誉组长。

同年，任《农药工业译丛》主编。

12月30日被党中央任命为南开大学校长。

1979年 7月当选为中国民主促进会中央委员。

9月任《高等学校化学学报》主编。

10月17日主持由国家有关领导人参加的南开大学成立60周年纪念会。

1980年　3月24日当选为中国科学技术协会第二届全国委员会副主席。

9月在《人民教育》上发表题为"对教育工作的几点意见"的文章。

10月17日和日本爱知大学访华团久曾神升校长分别代表两校在《有关学术、教育交流协议》和《1981年度合作交流计划》上签字。

1981年　3月当选为天津市科协第二届委员会名誉主席。

3月28日与美国坦普尔大学代表团签订了合作交流计划。在家中会见坦普尔大学代表团成员牛满江教授。

10月经中央同意，免去校长职务，任南开大学名誉校长。

1982年　任中国化学会名誉理事长。

1983年　当选为第六届全国政协常委。

7月在天津受到邓颖超同志的接见。

11月任民主促进会第七届中央委员会顾问。

1984年　任《中国大百科全书》总编辑委员会委员。

1985年　2月19日在天津因心脏病逝世，终年89岁。

选自《杨石先传》，杨光伟编著，南开大学出版社，1991

张伯苓校长任命杨石先为南开大学理学院院长(1928—1942年)

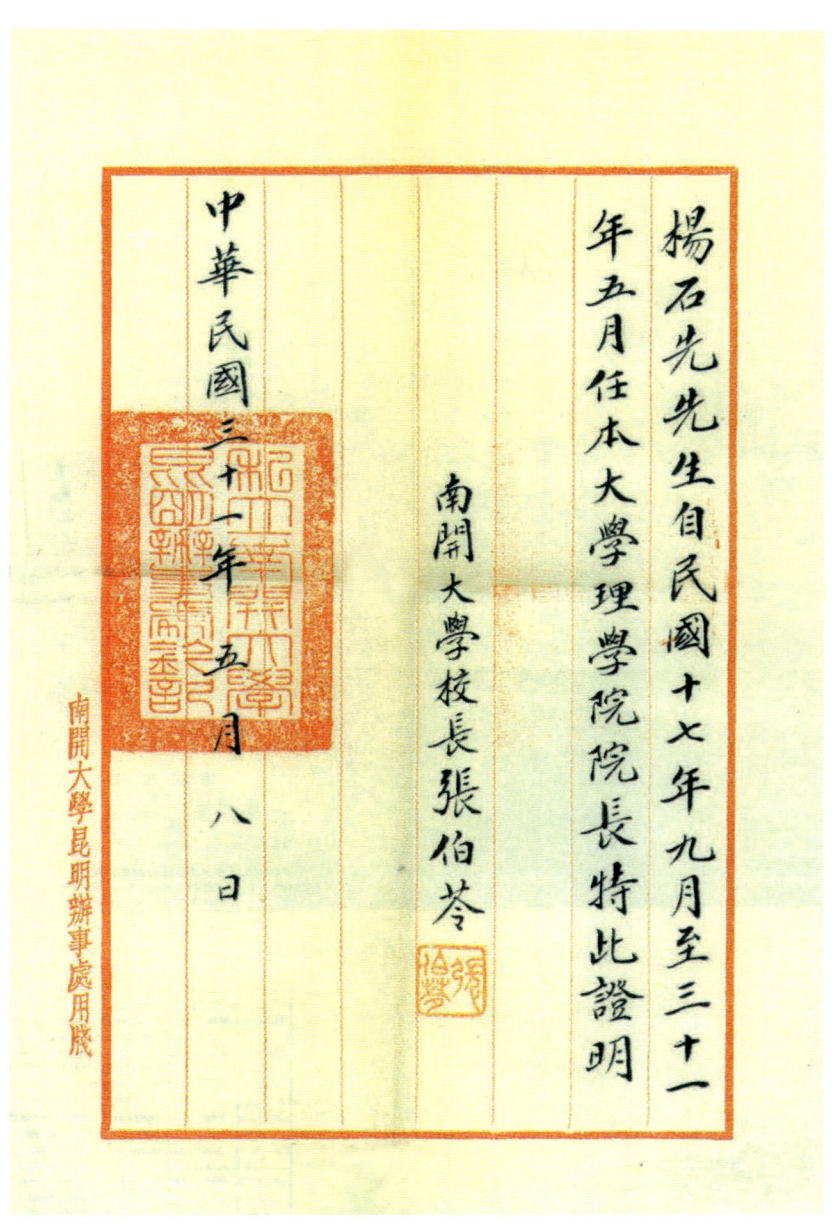

周总理任命杨石先为南开大学校长（1957年）

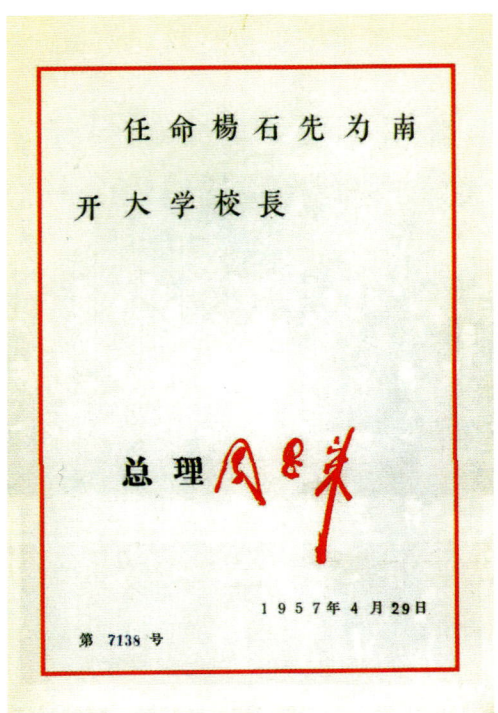

周总理任命杨石先为中国科学院河北省分院院长（1958年）

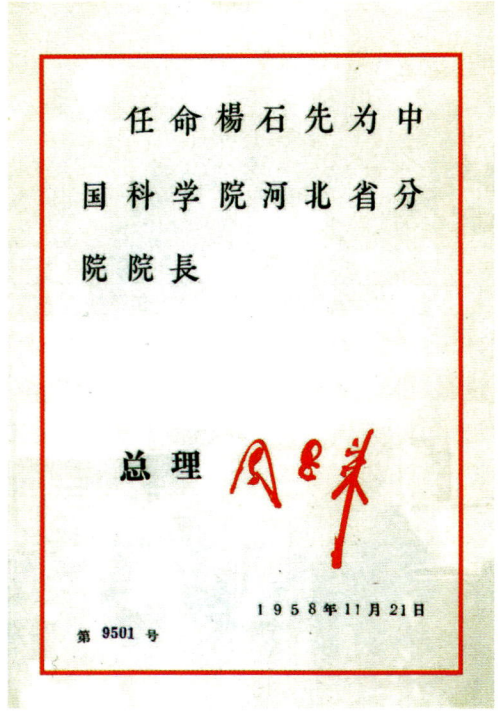

杨石先手稿

杨石先致柳亚子函

摘自《杨石先纪念文集》，南开大学办公室编，南开大学出版社，1999

杨老致李正名的亲笔信(1981)

杨老在不同历史时期的文章（选编）

从事科学事业的人所应具的个性态度和习惯(1935)

现代的文化是科学的，是科学所改造成的，已属不容置辩的事实了。马尔芬曾分析文化之因子为三：曰知识，曰权力，曰组织。欧美近百年来科学昌明，故知识的范围日广，种种新学识为前人所未梦见者，固不待论，即舍量而言质，今日所知者亦较往昔更为精确。如古时希腊说天地间万物是水火气土四种元素所成，现在我们知道有九十多种元素，而水火气土均非元素，所以知识由于科学进步而发展日广日精。第二，是权力。权力就是指人类所能利用的力量。现在有火车轮船飞机征服距离，可以四海一家，用热能电能化能可以媲美化育，这就是以科学的力量来驾驭自然。所以权力也因科学进步而日增。再说组织。应用科学的方法，不独可以使知识成为有系统有效力的组织；而用于处理人群的关系，也可以影响到社会的各种组织。例如宗教，从前是迷信的，现在不是一定迷信的了。政治由君主专政到民主，所以社会组织也因为科学发展而日益完善。文化不得离开上述三点。我们中国文化是没有科学的，所以落后。所以当中西文化接触时，我们常常失败。失败之后，亦自知不如人，而思取人之长以补我之短。但当时未认清科学之真面目,而以为西方之优点在于机器军械,有了机器军械就可以强国,所以设江南制造局与马尾船厂,又送学生出国学习机械制造。其错误是以科学只为技术。等到甲午之役失败后,才知道徒有枪炮之无用,又以为西方之优点在于政治制度,所以提倡立宪及民主,其错误是以科学只为组织,故终未能收富强之效。近二十年来科学之真面目始渐显著,然而仍没有握着科学的中心而忽略了两点,就是科学方法应用的普遍性,与提倡科学研究之重要。

我们要知道,第一,科学的方法,不独可以应用于科学本身,而可以应用于一切事物。第二,科学是永远进化的,必须提倡研究而后可以发展。知近索远,由旧知新,直到今日,中国方有真正觉悟,政府一方面提倡科学化运动改变民众思想为治标之办法,一方面奖励大学学生从事科学事业,做根本之解决。

诸位在高中将次修业升入大学,即须选定学科以作毕生之事业。大学里面的理农工医各科,一方面是政府提倡,一方面是社会实在需要(如现在开发西北,就大感觉到人才的缺乏,工程学校的学生还未毕业,就被人聘请好了),当然有甚多愿从事于科学事业的人。

既然我们要研究科学,就必须要知道从事科学事业的资格,这资格就是个性、态度和习惯。个性是人生来就有的,但是态度和习惯需要经过训练,方可得到,各种科学需要的本不完全相同,不过是以共同性质作标准来说一说。

个性所需要的条件有七:

(一)诚实——科学是去求真实的,所以必须实在准确,不可马虎。

(二)要有相当的好奇心——有好奇心才能去追求一切,千万不能把事情全视为很平淡。

（三）精确——眼、尺、计算全要正确。

（四）敏捷——要有眼光，分别出要紧、不要紧，这大半是天生的。

（五）勤劳——要有恒心，不贪懒，永久去努力，即资质略钝亦无关紧要。

（六）忍耐——许多事往往不得立刻有效，要经过很久的时间才能，所以必须要有忍耐性，不可只图目前的利益。

（七）勇敢——要不怕牺牲不怕困难。

我们具有以上的特性，只是有成为科学家的可能性，谈到效果还要看自己努力与否。至于态度方面有四点：

（一）客观——只就事实观察，不可有我怎样或对于我怎样的思想，这样遇事，没有成见才可靠，成见是最大的毛病，科学家不应有。

（二）审慎——审察谨慎，与武断相反，事实未完成，要各方面观察清楚，不可骤下断语。

（三）坚决——坚决在表面上似乎和审慎相矛盾，其实并不然，坚决是在事实看清楚后要果断，不可犹疑不决。

（四）进取——不要以为前人做到最好，要知道科学是永久进步的，如此才能有新智识、新方法产生。

习惯方面也有四条：

（一）要有观察的习惯——永久要有观察的习惯，才能多得材料，多得进步。

（二）要有问难的习惯——对于别人或自己下的论断，要批评、反驳，这样才能找出毛病，得知结果正确与否。

（三）要有独立的思想及行动——推断事务，不可取决于他人，要能自己独立去创作。

（四）实行——有些人理智明知事实之正确，而实行时则变了理智不能支配，像外国人迷信13为不吉之数就是一例。

以上种种资格，并不是不完全具有就不能成为科学家。奥斯华作科学名人传，分科学家为两类，一类是天才的，一类是力学的。天才的贡献不见得比力学的好，比力学的多，况且中国现在各种事业还在起首，而好多学问上研究是带有地域性的，故材料是非常多。就是在没有地域性的学科，如物理、天算之类，我们亦无须忧虑发明皆为前人搜尽，因为现在可用的仪器方面也比从前精利得多，我们可以利用之而有更好的贡献。

并且我们要知道，以前中国在物质文明上的贡献实在太少，现在我们所享受的一切都是外国人发明，我们要从今着手去研究，也使外国人受我们同样的恩赐。

（刊登于1935年《南开女中校刊》，转载自《杨石先文选》第3-5页，刘景泉主编，南开大学出版社，2017）

在中国科学院学部成立大会上的发言(1955)

我们热烈地讨论了郭院长、张副院长的报告，中国科学院五年计划纲要，以及吴副院长关于物理学数学化学部的报告。最初对某些问题有些不同的看法，但经过研究和自由争论，观点渐渐趋向一致。最后我们一致同意并且拥护以上的报告。这里值得特别提出的是，苏联科学院代表团团员达纳那耶夫通讯院士以及苏联顾问拉菲柯夫同志都参加了我们的会议并发表了意见。苏联科学院的先进经验以及他们个人在科学组织工作方面的丰富知识给了我们极宝贵的指导和帮助，使我们对不少问题有了明确和一致的认识。

根据苏联科学先进经验，大规模的科学研究分科学院、高等学校、产业部门研究机关三部分来进行。为了使科学研究为生产服务，同时又能丰富和发展本门科学，征服自然，就必须要组织起来进行分工合作，才能收到最大的效果。这里，我完全同意和拥护郭院长报告中所提出的分工原则：科学院主要的应该是研究基本的科学理论和解决对国民经济具有重要意义的关键性的科学问题，生产部门的科学研究机构主要应当解决生产中的实际技术问题，高等学校的研究部则根据其具体条件研究基础的科学理论或实际生产中的科学问题。

由于我个人从事高等教育工作多年，现在又被推选为中国科学院学部委员，因此想就高等学校和科学院合作的问题发表几点意见。

首先，我认为高等学校和科学院有共同性也有联系性。科学院是专门从事科学研究的机关，高等学校则是一方面教学，一方面研究，而且我们已逐渐认识到教学和研究不是对立的，而是一件事物的两个方面。这就是两个机关的共同性。同时，中国科学院有许多人是从高等学校转过来的，例如目前233名学部委员中就有90多名是高等学校的同人，占1/3以上。高等学校中也有不少科学院的同志在兼课和设置专业，这就使我们两个机关联系起来了。

其次，两方面的合作不但是互相有利，而且也是完全必要的。从科学院角度来看，科学研究人员太少，只有两千多人，高等学校则有三万人，其中能做科学研究以及将来可做研究的至少有一万人，潜在力量很大。科学院要扩大研究队伍，来和高校共同负担国家任务，同时还要填补学科及地区分布的空白点，培养科学研究的新生力量，这些都可以从大学得到帮助。所以科学院要领导全国科学研究，高等学校应是组织领导的第一步，也是重要的一步。另外一方面，从高等学校角度来看，高等教育部根据苏联顾问的建议，号召大家继续开展科学研究工作，可是很多教师从未做过研究，因此如何开展研究，特别是研究的经验、图书仪器设备、专门课程的计划、学生生产实习、研究论文等方面，科学院都可以给予很大的帮助。同时，过去高等学校的主业是从事教学或编讲义，学术气氛不浓，现在开展科学研究可以大大加强学术气氛，真正成为高等学府。

那么，双方的合作是不是就没有问题了呢？据我个人了解，有些同志还存在一些顾虑，而我认为这些顾虑都是不必要的。科学院方面有人认为高等学校潜在力量虽大，但要组织指导也很艰巨，可能要影响研究所本身的工作，科学院拿出的多，得到的少，不合算。而且高等学校领导的看法和我们不一致，组织高等学校的力量，他们疑心大，因此科学院就认为时机没有成熟，等一等再看。这种情况开始可能会有的，但逐渐会愈来愈少。我们从国家全面观点来看，要把全国科学研究组织起来，总要付出相当的代价和努力才能收到效果。组织科学研究是国家的共同事业，更不应该计较哪个单位得的多，哪个单位得的少。而工作的艰巨性也不必看得过分严重，因为高等学校一万人并不是一下子全部做研究，可以有重点、有步骤地开展，具体办法我后面还要提到。至于高等教育领导方面，固然有部分人看法和我们不一致，但也有一部分是和我们看法相一致的，我们应该极力地争取统一认识，采取暂时放一放的态度是不够正确的。高等学校方面也有不少顾虑，例如怕科学院把水平高的教师拉走，又顾虑科学研究要挤时间，影响学校的教学和行政工作；有的同志看到高等学校常常强调教学第一，研究应该结合教学，因此就认为未必能做出很多成绩来。这些看法我认为都是不正确的。因为国家使用干部要看他在什么地方发挥作用大，如果他适宜于科学研究，在科学院可发挥更大作用，就应调到科学院工作；如果在学校也可以做研究，同样发挥作用，也可以留在学校，反之亦然，不应怕拉走。当然，之所以有这种想法和目前高等学校的师资不足、水平不高的情况也有关，但一定是可以随着力量的发展而逐步得到克服的。关于工作的时间问题，根据苏联经验，教师有工作量和工作日的制度，矛盾是可以解决的。

目前，高等学校中科学水平高的人有不少是担任校院长、教务长、总务长等行政职务的，往往有许多行政事务工作，应该训练行政干部来分担；社会工作也如此，各项工作都要抓积极的、前进的以及学术威望高的教师来担任，因此造成兼职过多的情况，长期发展下去损失很大。因为中国的科学人才太少了，应该让他们空出一定时间来从事科学研究。至于教学第一、研究结合教学这种提法，我认为是不够全面的。可能开始时有部分人由于教学不熟悉进行教材编写工作，以后也不会全部人都去进行这方面的研究。目前全国14个综合性大学也提出有计划、有步骤、有领导地开展研究工作，有不少学校举行科学讨论会检查研究工作的结果。事实证明，研究题目是多种多样的，结合教学、研究教学法及编写教材只是一部分而且也是不大一部分。研究题目很多是从生产实习中来的，有些是和产业部门或研究所合作的，总结苏联先进经验在中国推广的结果的，以及总结劳动模范的生产经验提高到理论水平的，也有参加学术思想批判斗争的。从实际情况的分析中可以看出，高等学校的研究题目是形形色色的，绝不是专提教学。另外，我们更应该认识到教学不应和研究工作对立起来，而是一件事的不可分割的两个方面，科学研究做得好也必然会提高教学水平。

最后，我建议组织高等学校的科学研究可以分两步走：第一是调查了解研究力量的情况，加以分析。例如某一学校有哪些方面的潜在力量，每个人的力量也应做具体的了解，他是初级的或是有经验的人才，要做出精确的估计。第二步，科学院应和他们建立联系，可以从小的工作开始，制订短期的试行计划，经过一两年再将力量正式组织到科学院的计划中来。这样，由点到面就可以逐渐形成全国科学工作网，也就可以利用高等学校的力量作为空白地区的据点，为我们成立工作站或研究所打下基础。

我相信只要我们科学院和高等学校团结起来，我们一定可以完成国家交给我们的光荣任务。为了新中国科学事业辉煌的未来，请让我预祝科学院和高等学校的全体同志大团结！预祝大家在科学事业中对祖国的社会主义建设做出更多更大的贡献！

*1955年6月1-10日中国科学院隆重举行大会(北京)，对外宣布各学部的正式成立，杨石先被任命学部委员兼化学组组长后的发言（转载自《杨石先文选》第21-23页，刘景泉主编，南开大学出版社，2017）

为加速实现四个现代化努力做出贡献(1979)
——谈化学的地位和任务

全国科学大会以来，广大科技工作者积极响应党中央的号召，投入了新长征的行列，为实现毛主席、周总理的遗愿，把我国建设成为现代化的社会主义强国，努力贡献力量。我国科技事业正呈现一派春光灿烂、百花齐放的喜人景象。作为基础学科的数学、物理学、化学、生物学、天文学和地质学，在我国科学技术蓬勃发展的这个新阶段,正日益显示着它们各自的重要作用。这里我仅就化学这门基础学科的地位和它在实现四个现代化中的作用谈一些看法。

化学在自然科学中的地位

简单地回顾一下化学的历史,可以看到,化学是在炼金术和医药化学实践的基础上发展起来的。但是,它发展成为一门科学,则是在它摒弃了燃素学说,并用原子论作为自己的理论基础之后。也就是说,化学自从作为一门科学起,便把探索物质世界在原子这一层次上的运动规律作为自己研究的对象。随着化学研究向纵深发展,通过大量的科学实验,证实了世界上的各种物质都不过是由化学元素周期表中百来种元素的原子所构成。大至无垠宇宙中的巨星,小至用显微镜也看不到的分子,无论是无生命还是有生命的物质世界,都没有例外。通过研究物质的组成及其变化规律,不仅逐步揭露了生命物质以至星际分子的奥秘,而且合成了成千上万的新化合物,以及有生物活性的蛋白质、核酸等。19世纪,在化学研究的基础上还建立了以同样名称命名的重要工业部门——化学工业,它以生产出的千变万化、丰富多彩的物质材料贡献于人类社会。从原子能利用、空间科学技术和电子计算机技术到现代化工农业生产和人类生活的各个方面,更是无处不用到化学和化学工业所提供的各种材料。由此可见,化学与四个现代化的实现,有着异常密切的关系。1976年,美国化学会会长 G. T. 西博格教授,在该会成立一百周年之际,发表了以"化学——我们进步的关键"为题的一篇文章。从某一角度来看,这个说法也不算夸大。

当然,化学这门学科的发展过程,是与许多其他学科的发展交融着的，特别是与物理学和数学的发展以及它们的研究成果在化学上的应用交织在一起的。如果说19世纪初的原子论使化学科学进入了一个新时代，那么，在发现X射线、放射性、电子等基础上揭开原子内部奥秘的近代物理学，又使化学发展进入了一个新阶段。随着量子力学应用于化学，出现了一个新分支学科——量子化学。

原子论指明，原子通过化学键组成分子，进而组成各种物质。量子化学理论则表明，各种不同的原子的性质，都是原子核和绕核的电子之间的相互作用的结果。由于电子的波动性，这种相互作用产生了每种原子所特有的个别结构。同时，原子中的电子可以用不太高的能量（几个电子伏特）来激活，从而使原子发生化学变化。而化学键也是由于原子核和电子之间特殊的运动状态所决定的。所有这些认识，都极大地丰富了人们在原子层次上对物质结构的认识。这些认识的来源，是由于物理、数学的部分成果运用于化学并由大量化学实践进行总结、提高和验证的结果。但是，能不能由此得出结论说：化学可以归结为物理学、数学？30年代后出现的量子化学使化学变成应用物理的一门学问？电子计算机的出现，致使化学实验只是为了验证一下计算结果而已？我们的回答是："不能。"

在原子层次上来研究的物质世界是很复杂的。单有原子论和量子论的理论解释并不意味着能对客观世界的全部现象的理解。理论来源于实践，又用于实践，指导实践，并通过实践得到检验、纠正，而发展。原子论来源于研究物质组成的实践，它指导人们深入认识到物质的原子层次。然而，通过对物质化学结构研究的更广泛实践，又发现了各种为原子论难于解释的键结构现象，从而又发展产生了量子化学理论。目前，处于初期阶段的量子化学理论虽已能说明不少化学结构，然而也不能包罗万象，有如对较重元素的相对论效应以及用电子密度表示能量的正确泛函,还有待于解决。并且新的实验结果还将会不断出现。这就是说,它也还要通过"实践——理论——实践"而得到发展。如果对化学科学的实践与理论加以割裂,片面地强调一方,那么将会对化学发展带来不良影响。

至于谈到对一般化学物质,以至生命物质和地球内部物质世界的研究和探索,如果没有化学与其他基础学科的共同配合协作,就更无法进行了。比如说,最近发现一种铂的有机络合物可以治疗癌症,甚至对晚期的癌症也有效,但是这个铂的络合物有两种手征性异构体,有效的只是其中的一种,另一种则无效。关于这种结构和性能,单凭物理、数学的概念和计算机技术是无法预测到的。再从另一方面的实例说,在物质世界中,存在着结构复杂的巨大分子,由原子的组合、再组合,一个组合叠加在另一组合上,从而形成特有的超结构。这种超结构分子具有大量的原子核和相应数量的电子,由于原子核重得多,它们占有明确位置,而电子则在核间分布,形成原子核定位的波结构,产生了所谓"分子建筑"。"生命的螺旋"——脱氧核糖核酸分子特有的双螺旋形结构,就是一例,它能解释遗传现象。这种特殊的化学结构和性能也不是物理和数学预测到的,而是根据现代立体化学的规律推测出来的。

总之,化学的研究对象是自然科学总的研究对象的一个构成部分,占有一个应有的地位。它作为一门基础学科,尽管与物理学、生物学等兄弟学科相互交融和渗透,并由此产生许多新的边缘学科,但是,随着现代科学技术的发展,化学不是被代替、被削弱了,而是得到加强、发展了。各门基础学科针对自然界各种不同运动的基本规律的探索和研究,规定了它们各自的地位和作用,它们相互配合协作,相互促进发展,形成自然科学奔腾前进的洪流,对任何一门基础学科的地位和作用有所夸张或贬低，都将不利于科学事业的发展和四个现代化的实现。

化学在实现四个现代化中的作用

化学作为基础学科，在广泛联系实际的基础上，不断地提出新思想、新概念、新理论，不断分化出新分支学科，直接推动生产和科学技术的发展。据统计，到1976年，人类认识的化合物总数已达500万种，世界上每年发表的化学化工文献多达40万件，而且继续以年率8.5%的速度迅速增长。如此大量实验资料的积累，不断带来新的理论突破，促进了化学的迅猛发展。随着化学深入渗透到其他基础学科和许多生产技术中，又衍生着各种化学的新的分支学科以及和其他学科交界的边缘学科，如地球化学、宇宙化学、生物化学、分子生物学、工业化学、农业化学、医药化学、环境化学等，现在这些领域已经蓬勃发展起来，在科学和生产上起了关键的作用。它们都是化学理论和方法在各方面的应用。化学科学的繁荣大大促进了若干基础科学和应用科学的发展，并为国民经济许多生产部门的发展打下了深厚的理论和技术基础。

在我国，本世纪末要实现农业、工业、国防和科学技术的四个现代化，化学在这里要发挥多方面的作用。

在农业现代化中，我国农产品单位面积的产量比起世界先进水平要差几倍，按人的劳动生产率来比，要差几十倍。在这里，农业机械化是一个关键，而化肥、农药的使用则是另一个关键。比如，先进的农业耕作技术中有一种免耕法，可以大大节约劳动力，提高生产率，但免耕法需要合适的除草剂，而且不同的杂草要求不同的除草剂，并且这种除草剂本身最好又是肥料。此外，也还需要适用的杀虫剂、杀菌剂和植物生长调节剂。植物生长调节剂有时可使农作物产量成倍地增长。目前，80%左右的农药使用在南北美、东西欧、苏联和日本，我国农田面积很大，作物品种繁多，现有的农药品种和数量都远远不能满足需要，因此一定要大力开展研制高效、低毒以至无公害的农药。

在工业现代化中，化学对开发能源，提供金属和合成材料，提供农业化学品以及染料、医药、表面活性剂等各种化工产品的作用，在我国都还发挥得很不够。而在今后20年，化学工业在世界上还将以更高的速度向前发展。据预测，那时生产的化工产品的半数将是现在还没有的新产品，特别是各种合成材料。如果说现在使用的合成材料与金属材料之比为1∶3，那么今后20年将至少变成3∶1。现在90%的合成材料集中在美、日、西德、意、英、法六个国家，我国生产的合成材料无论从数量、质量以及品种、价格上都不能满足需求，需要加强研究。在合成化学方面，它的基础研究工作，为研究天然产物的化学结构、性能以及人工合成天然产物和各种新化合物的合成，奠定了厚实的基础。我国首先用人工方法合成牛胰岛素，就是一项突出的成就。化学催化，是合成化学的又一个重要理论基础，其中也包括模拟生物催化，例如模拟生物固氮。在催化研究工作上，我国有不少较为先进的成果。化学的各分支学科如有机化学、无机化学、高分子化学、石油化学、分析化学、物理化学、环境化学、化学工程学、辐射和放射化学等，都应结合我国工业生产的需要和学科的长远发展方向做出创造性的工作。

在国防现代化中，为了发展我国的空间技术和各种战备武器，我们一定要加强各种特殊的结构材料和高能燃料等的研究。在这方面特别具有战略意义的是信息技术和核技术,最新的发展方向之一是采用化学分子记录。化学分子记录的容量可能比现有的计算机容量大数百万倍。

在科学技术现代化方面,我国要求在本世纪末在各个科学领域内要能拥有最先进的科学实验设备,在技术上有重大创造,在理论上有重大突破,能有一批赶超世界先进水平的科研成果。化学学科一定要努力达到这些基本目标。化学在开展研究的过程中,一定要注意各个新的学科分支的研究发展,如量子化学、结构化学、生物无机和生物有机化学、光化学和激光化学、固体化学和最新的物理化学研究技术等。只有这样,才能使我们中华民族对人类做出较大的贡献,使我国无愧于拥有现代化社会主义强国的称号。

化学的展望

马克思主义告诉我们,人类最基本的实践活动是生产活动。人们从事政治、文化、科学等活动,首先必须吃饭、穿衣、居住。随着生产力的发展,人们不断提高认识世界和改造世界的能力,为自己创造出更加完善的生存条件。目前人们面临的一个中心问题,就是需要研究如何有效和合理地利用丰富的自然资源,以获取能源,生产食物,以及按照需要合成和制备各种材料;同时研究如何利用和处理废料,变废为宝,化害为利,提供洁净、卫生的环境,以适应人类的生存和不断增长的需要。在这方面,化学不失为一个具有无限潜力的科学领域。当前研究的中心课题是:用太阳能由水制氢;将一氧化碳或二氧化碳还原,以合成燃料并生产食物;把反应缓慢的氮转化为氨和肼等关键化合物。这是重大的具有战略意义的研究方向，世界各国许多实验室都在开始攻关。可以这样说，本世纪最后的四分之一时间内，是一个化学家大显身手的时代，是一个振奋人心的时代。

由此可见，要在化学上赶上和超过世界先进水平，我们需要做的事太多了。其中最主要的是培养一支宏大的、又红又专的化学科学技术队伍。这支队伍要对化学的地位和任务有明确的认识，对化学研究有巨大的热情和踏实的干劲，不畏艰险，善于学习，巧于实践，敢于创新。为此，我们要加强学校中的化学教育，开展各种形式的化学普及活动，注意培养青少年化学的爱好，并从中选拔人才。我们要有世界第一流的化学科学技术专家和第一流的科研成果，使我国在世界科学中放出更加灿烂的光辉！

让我们与广大科技工作者一起，树雄心，立壮志，勇攀高峰，赢得新长征的胜利！

（转载自《化学通报》1979年第一期）

在南开大学建校60周年庆祝典礼上的讲话(1979)

今天，我们怀着十分喜悦的心情，在这里隆重集会，庆祝南开大学建校60周年。我代表全校师生员工向莅临这次大会的各位领导、来宾表示热烈的欢迎和诚挚的感谢！向为了我校的发展而付出辛勤劳动的全校师生员工、外国专家、留学生及各届校友，表示亲切的慰问，并致以热烈的节日祝贺！

南开大学是一所具有悠久历史的学校。它是由爱国教育家严范孙先生和张伯苓先生于1919年创办的，到现在已经有了60年的光荣历史。在这60年中，南开大学经过漫长而曲折的历程，发生了巨大的革命变化,如今已成为一所令人瞩望的全国重点大学了。60年来,南开大学对于我国近代科学和文化教育事业的繁荣和发展,做出了应有的贡献。新中国成立后的30年中,南开大学在学校建设的各个方面,取得了显著的成就,为今后的发展奠定了良好的基础,在社会主义革命和建设中发挥着越来越大的作用。今天,在我国一个新的发展时期正在展开的时候,我们回顾既往,展望未来,在欣慰之中,深感任重而道远。

南开大学是敬爱的周恩来同志的母校,有着光荣的革命传统。周恩来同志于1919年9月作为首期学生进入南大。为了拯救国家、改造社会,他在南开大学和南开中学积极传播马列主义,创办了觉悟社,出版了《觉悟》杂志和《天津学生联合会报》,领导了天津的五四运动,唤起青年和社会各阶层群众开展了反帝反封建的英勇斗争。周恩来同志在五四时期的革命实践,开创和培育了我校的光荣革命传统。

20世纪30年代,由于日本帝国主义对中国的侵略,引起了全国人民的同仇敌忾。在这个年代里,南开大学始终是中国共产党领导下的天津历次抗日救国运动的中坚。因此,1937年7月,南开大学便成了日本帝国主义毁灭我国文化教育机构的第一个目标。但是,敌人的侵略气焰吓不倒我校师生,相反,他们的抗敌精神却因此而愈益奋励了。1937年10月,南开大学与北京大学、清华大学迁往长沙,合组临时大学;后又迁往昆明,成立了名噪一时的西南联合大学。西南联大作为和反动势力搏斗的"民主堡垒",在我党的领导下坚持开展了八年轰轰烈烈的抗日民主运动,沉重打击了国民党的反动统治,为抗战胜利做出了宝贵的贡献。

1946年南开大学回津复校,广大进步师生在中共天津地下党组织领导下的反饥饿、反内战、争民主、争自由的斗争中，又用自己的鲜血，继续谱写了战斗的诗篇，并终于迎来了中国历史的新纪元——新中国的诞生！

南开大学不仅具有光荣的革命传统，而且还具有优良的学风。在长期的办学实践中，南大很早就形成了自己的以严格的基础理论教学和严谨的科学训练而著称的传统。同时，南大是非常重视科学研究的，对教学和科研二者之间不可分离的关系也早有认识。远在1927年我校就创办了在学术界颇有影响的经济研究所；1933年又建立了应用化学研究所，从而成为国内大学从事科学研究的先驱。但是，在那黑暗的旧中国，教育和科学作为反动政府装潢门面的一个点缀，根本不被重视。当时南大的一些师生和所有进步的知识分子一样都是空怀"教育救国""科学救国"的壮志而无法实现，却又不知中华民族的真正出路在哪里。

1949年10月1日，党领导下的人民革命取得了伟大胜利，毛主席宣告了新中国的诞生。从此，南大也获得了新生，进入了历史发展的新时代。新中国成立后，党对教育和科学事业非常重视，毛主席和周总理对我校的发展特别给予了亲切的关怀。1950年，毛主席亲自为我校题写了校名。1958年，毛主席又亲临我校视察，并指示我们："高等学校要抓住三个东西：一是党的领导，二是群众路线，三是把教育和生产劳动结合起来。"敬爱的周总理也先后于1951年、1957年、1959年三次重返母校视察，详细了解了学校的教学、科研和师生的生活情况，并在全校师生员工大会上发表了重要讲话。他殷切期望："南开在新的时代要有新的校风，有新的教学重点，要保证质量，真正能够很好地为社会主义服务，为将来的共产主义服务。"毛主席和周总理对我校工作的亲切关怀和重要指示，给了我们以巨大的鼓舞和鞭策,并为我们办好社会主义大学指明了前进的方向。在党的关怀下,新中国成立后南大进行了一系列教学改革,全面贯彻了党的教育方针,经过17年的艰苦努力,已逐步发展成为我国的教育和科学研究体系中的骨干力量之一。但是,由于林彪、"四人帮"的摧残、破坏,我国的高等教育几乎被毁灭。加之地震灾害和天津市揭批林彪、"四人帮"运动的拖延时日,我校所受损失更为严重。林彪、"四人帮"两个反革命阴谋集团被粉碎后的三年中,特别是通过贯彻党的三中全会精神,我们在认真落实党的知识分子政策和其他各项政策,对"文化大革命"遗留下来的各类问题进行清理的基础上,及时地实现了工作重心的转移,使我校重新走上了健康发展的道路。

过去的30年,我校尽管曾一度遭受林彪、"四人帮"的干扰破坏,走过一段艰难曲折的道路,但是,在党的教育方针指引下,广大师生员工战胜了困难和挫折,使我校在发展规模和教育质量、科研水平的提高上都有了显著的进步。和解放初期相比,在校学生现已增加了3.6倍,教师增加了5.5倍,建筑面积增加了8倍,图书馆藏书增加了11倍,仪器设备价值增加了150倍。30年来,我校为国家培养了大学毕业生15000名,研究生350名。他们现在已成为各条战线的骨干力量,其中不少人已成为知名专家、学者,为社会主义革命和建设做出了积极的贡献。30年来,我们还在数学、光学、理论物理、有机化学、元素有机化学、高分子化学、农药化学、昆虫学、植物遗传学等方面取得了一批重要的科研成果。1978年全国科学大会上,我校有28项科研成果受到表彰。今年又有3项科研成果获天津市一等奖,11项获二等奖,另有5项作为协作单位获二等奖。在社会科学方面,我校的明清史研究、经济学研究长期以来在学术界具有一定的地位。日前召开的我校第九届科学讨论会，共宣读了293篇学术论文，这是对我校一年来科研成果的一次检阅。另外，为了适应教学、科研和师资培养工作需要，我校现已建立了元素有机化学、数学、分子生物学和经济、历史5个研究所以及12个研究室，充实、调整了科研队伍，使专职人员达到300多名。今年我校还建立了学术委员会，开展了中外学术交流活动，邀请了17位外国专家来校讲学，多次派遣教师参加国际学术会议，并且与美国明尼苏达大学、印第安纳大学、西密执安大学和南斯拉夫的斯科普里大学初步建立了校际联系。南开大学在旧中国虽有其一定的地位，但只有在新中国成立后，在中国共产党的领导下，才能获得如此迅速的发展，才能真正走上为人民服务的正确道路。

缅怀过去，感奋有加。现在我们正处在一个伟大转折的历史时期。建设现代化的社会主义强国，必须造就一支宏大的知识分子队伍，极大地提高整个中华民族的科学文化水平。高等学校既是教育中心，又是科学研究中心，不仅要为国家培养更多的高质量的又红又专的人才，而且还要创造更多的高水平的研究成果。这是新时期赋予我们的历史使命，是党和人民寄予我们的殷切期望，也是全校师生员工共同的心愿和责无旁贷的任务。为了尽快把我校建设成为教育和科研中心，今后我们必须在以下几个方面做出更大的努力。

一、继续开展真理标准讨论，端正思想路线

粉碎"四人帮"之后，党中央完整、准确地贯彻执行党的教育方针，彻底批判了"两个估计"，推倒了压在教育战线上的两座大山，广大师生员工倍受鼓舞。特别是党的三中全会以后，随着真理标准

的讨论，林彪、"四人帮"在教育战线推行极"左"路线所造成的窒息空气，进一步被打破，我校教学、科研工作出现了生机萌动的局面。但是，我们现在思想还不够解放，步子迈得还不大。林彪、"四人帮"长期禁锢所造成的思想僵化、半僵化，仍然是当前我校教学、科研工作的主要障碍。因此，我们要通过学习叶剑英同志的国庆讲话来带动真理标准讨论，以极大的力量解决思想路线问题。叶剑英同志的讲话是我们肃清极"左"流毒，端正思想路线的强大武器。在学习讨论中，我们要大力提倡解放思想，联系实际，用讲话的精神来指导我们总结30年正反两方面的经验教训，来解决学校的路线是非和各种实际问题，来统一全校师生员工的思想和行动。各级领导干部要带领广大群众认真学习和深刻领会这个讲话的精神实质，并以它为武器，深入批判林彪、"四人帮"的极"左"路线，正确认识党的路线和政策，争取做解放思想的促进派，做安定团结的促进派，做四个现代化的促进派，加快我校"两个中心"建设的步伐。

二、全面贯彻党的教育方针，努力提高教育质量

办好一个大学，主要体现在培养学生的质量上。我们的质量标准，就是使学生在德、智、体几个方面都得到发展。鉴于"四人帮"根本否定智育所造成的严重恶果，我们要坚决把德、智、体几方面的比例关系调整好，坚持以教学为主的原则，同时，又必须重视对学生进行思想政治教育和指导好学生锻炼身体。我认为，全面贯彻党的教育方针，强调抓好智育，扎扎实实地提高教育质量，这在当前来讲是完全符合实现四个现代化多出人才、快出人才需要的。

提高教育质量，必须首先提高教师的水平。我们要继续采取在

职学习、脱产进修、出国培养等多种方式,其中主要的还是结合教学、科研任务来逐步提高我校的师资水平。对学术造诣精深的老教师,要积极为他们配备助手,充分发挥他们的业务专长及对中青年教师的传帮带作用。我们要经过两三年的努力,使大部分讲师的业务能力达到指导研究生的水平,使青年教师能胜任教学、科研的基础工作。办好学校的关键主要在教师。我们要坚决贯彻执行党的知识分子政策,充分调动广大教师的积极性、创造性,在党的领导下,依靠他们搞好教学和科研工作。这里我特别指出,要注意发挥中年教师的作用。他们中的许多人具有较高的教学能力和学术水平,长期以来为教学和科研做出了重要的贡献。我们要采取有力措施帮助他们进一步提高业务水平,同时要逐步地妥善解决他们的工作条件和生活问题,使他们能专心致志地从事工作。

提高教育质量,还必须认真抓好课堂教学工作,配备有经验的教师担任基础课教学,提高基础课的理论教学和实验的质量。要改进教学法,以进一步调动学生的学习积极性,引导学生勤于思考、善于掌握科学的学习方法,培养自学的能力和习惯,提高他们的认识问题和解决问题的能力。同时,还要逐步加强实验室、图书馆、资料室以及电化教学、计算、低温、生物、分析五个中心站的整顿和建设,为提高教育质量创造条件。

三、执行"百家争鸣"的方针,提高科学研究水平

高等学校是国家科学研究的重要基地。根据国家需要和我校条件,今后的科研方向,理科应以基础科学为主,兼顾应用科学和新兴科学技术;文科应同时兼顾理论、历史、现状三个方面。在科研工

作中,要努力做到:选准方向,坚持下去,做出成绩,形成特色。要不断扩大教师队伍中的科研编制,并逐步使更多的从事教学工作的教师兼搞部分科研工作。要努力实现实验装备和手段的现代化,今后要有计划、有重点地建设元素有机化学、现代光学、化学结构分析、分子生物学实验室,使它们尽快赶上或接近世界先进水平。

执行"百家争鸣"方针,发扬学术民主,是科学研究工作中一个十分重要的问题。科学的生机在于独立思考。只有独立思考,才能在前人成果的基础上不断地有所发现,有所发明,有所创造,有所前进。我们提倡独立思考,就是鼓励师生本着探求真理的精神,解放思想,开动机器,以促进科学的发展。在科研工作中,我们要鼓舞不同学派的独立研究,组织各种不同学术见解的报告会、讨论会,以活跃学术空气。在学术讨论中,一定要坚持"三不主义",特别要注意区分政治问题、世界观问题和学术问题,一时难以区分的,应首先按学术问题对待。如果我们在科研中,真正按照党的方针政策办事,广大师生的积极性和才干就会充分发挥出来,我校科研工作生动活泼的局面就会形成。

同志们,在新的形势下,我们要继承南开大学的革命传统和优良学风,发扬前辈校友追求真理、勇于实践的革命热情,渴望祖国富强的爱国热忱和勇于攀登科学高峰的进取精神,在我校"两个中心"的建设中,争取更大的光荣。让我们在党的三中全会精神指引下,在天津市委和教育部的领导下,同心同德,奋发努力,为把南开大学办成教育和科研中心,为在本世纪末把我国建设成现代化的社会主义强国而奋勇前进!

(转载自《杨石先文选》第189—193页,刘景泉主编,南开大学出版社,2017)

难忘的教诲 光辉的榜样(1979)
——回忆敬爱的周总理对我的教益

从1976年1月8日那个悲痛的日子至今天，敬爱的周总理离开我们已经整整三年了。这三年来，我们的党和国家发生了重大变化。我拿起十一届三中全会公报，更加怀念周总理。每当回想起周总理生前对我的亲切教诲和殷切期望，我就有了无限的勇气和力量。周总理是我的尊师良友。

1949年秋天，我作为教育界的代表参加了全国第一届政治协商会议，商讨建国大策。会上，我荣幸地见到了久已闻名的党的杰出领导人周恩来同志。他就坐在我们面前。他那和蔼的笑容，风趣的谈吐，给了大家极深刻的印象，我们的紧张情绪一下子消除了。就在这次大会上，由于周总理深入细致的思想工作和组织工作，特别是他对党的统一战线政策的身体力行，广泛团结各阶层人士的模范行动，赢得了广大知识分子及各界人士对共产党的无限信任和拥护。

政治协商会议闭幕以后，在1949年10月1日开国大典上，我作为教育界的代表登上天安门城楼观礼，周总理把我介绍给毛主席说："这是天津南开大学负责人，老科学家杨石先同志。"周总理工作那样繁忙，对我们却这样熟悉，使我深受感动。

1951年秋天，在知识分子思想改造运动中，为了更好地贯彻党的知识分子政策，发挥广大知识分子在革命和建设中的作用，周总理以政务院的名义，在怀仁堂会议大厅召集部分文教界、科技界知识分子开会。我作为天津的代表也参加了。会上，周总理用他参加革命前后思想感情的变化及参加延安整风运动思想改造的切身体会，向我们深入浅出地论述了知识分子思想改造的必要性。给我印象最深的是，周总理特别指出："知识分子的思想改造，光有民族立场还不行，民族立场也可能发展成民族主义，甚至堕落为法西斯主义。要彻底改造，一定要从民族的立场转变到无产阶级立场上来。"周总理的话，有如阳光照亮了我的心。我开始重新认识自己，过去几十年来，我茫然四顾，不知所向。周总理的一席话，为我指出了一条光明的大道。

回忆在我的青年时代，军阀连年混战，帝国主义列强蹂躏着中国的土地，灾难深重的中华民族在水火中挣扎。作为留学国外的中国青年，备受歧视和侮辱。他们骂我们是"劣等民族""中国佬"，我忍无可忍，决心努力学习，走"科学救国""教育救国"的道路。回国之后，我埋头业务，梦想实现自己的愿望。但几十年过去了，一事无成，我又陷入失望之中。中国的希望在哪里？中国的前途在何方？正在我彷徨、苦闷之时，祖国解放了，给我们带来了新生。

我过去走的道路为什么行不通呢？我带着这个问题去见周总理，向总理倾诉了这个百思不得其解的问题。周总理亲切地对我说："你那'教育救国''科学救国'的想法是行不通的。国民党反动派只是把你们当作装潢门面的点缀品而已，根本不把你们放在眼里，更谈不上听取你们的意见，发挥你们的作用。关键在于政治，在于社会制度。你不是在国民党统治下搞了23年教育工作吗？救了国没有呢？你不是搞了多年的科学研究，在国内搞不了，又多次出国去搞，你的科研成果究竟发挥了多大作用呢？蒋介石、国民党这帮人能使教育和科学发挥作用、为全国人民谋利益吗？即使你们科学家有了很大发明创造，他们想的不过是他们自己怎么从中捞点好处！"周总理认真而又严肃地说："我们社会主义国家所希望的是一心为人民服务的科学家，思想不彻底改造是不行的。现在中国共产党掌握了政权，教育科学事业必然要突飞猛进地发展，你可以拭目以待。"周总理的话像春风驱散了我心中的迷雾，豁然开朗。今天回想起来，深深感到总理对我们知识分子寄予了多么大的期望呀！

我永远不会忘记，1954年9月下旬在第一届全国人大期间，周总理在办公室接待我时对我的帮助和教育。当时受党和人民的信任，我兼了20多种职务，还在本校担任教学和培养研究生的任务，简直忙得无法应付。在工作压力下，我处理不好各种关系，总想把更多的精力用于科研。我去找周总理，周总理在百忙中接待了我。我向周总理诉说了自己的看法和要求，周总理一直耐心地倾听着。

我对周总理讲："我现在兼职太多，重点应该放在哪里？"我又说："我不是搞行政的，是搞科研的。我不是共产党员。大学是培养人的重要地方，总得派个懂得党的方针政策的人来接替工作。"周总理听完，站起来走到我的面前，亲切地向我解释说："我们建国不久，有许多事情需要做，而现成的人手很少，没有人可以派。如果我还可以派个大学校长的话，我早就给他比大学校长更重要的事去做了。有好些人可以多做些事，有才干的人为什么不能多做些事？当然兼两三个职还可以，兼二十多个就太过分了。"总理询问了我兼职的情况后，帮助我安排说："在学校你就不要搞教学了。教了二三十年书，你就没有得力的学生、得力的助手？可以叫他们去教。学校的行政事务是不是找个老党员、有行政能力的，再找个老教师，有威望、能办事的，你就叫他们做校长助理。头半年自己抓得紧些，叫他们经常汇报。过半年后，能称职，你就可以推荐他们做副校长，大部分事就不必经常过问了，叫他们汇报就可以了。这样你的行政工作不就减轻了吗？"周总理又说："你既然兼科学院数理化学部委员、化学组组长，你自己也几次到国外去搞研究工作，今后应该把力量集中到这方面来。为什么呢？因为我们国家在这方面队伍很小，力量很薄弱，尽可能地加强这方面工作。"周总理又说："你能担任许多职务是人民推荐的，我不能来个命令。你自己要有个交代，做一段时间，找出接替人选，推荐给群众，说明自己有困难，群众是通情达理的，可以叫别人接替这些工作。"周总理的头脑是这样清晰，处理问题是这样明了，使我如释重负，心情顿时开朗舒畅了。我按照周总理的安排去做，果然各项工作处理得比较妥善，我的研究工作也能够顺利进行。

1956年，我参加了周总理主持召开的我国第一个十二年科学发展远景规划的制定工作。在农药规划的讨论中，大家说，最近二三十年农药发生了变革，从无机农药、生物农药发展成为有机农药，尤其是有机合成的研究工作在农药发展中起着主导作用。当时研究规划的同志们说，农药的研究工作交给农业院校，他们接受不了，要交给有机力量比较强的单位。他们要求南大接受这项工作。那时总理一再号召大家："要勇于接受国家任务。"我响应了周总理的号召和大家的要求，接受了农药研究任务。周总理对我说："你先找几个人工作二三年，先不要向国家伸手要钱、要人。你们做了工作，国家自有安排。"按照周总理的指示，回校后，我动员了陈天池和陈茹玉两位教授，我自己也带头参加。我们三个人每人带着一个助手，开始了有机农药的研究工作。

1958年，在国民经济"大跃进"时期，我国的科学研究工作出现了新高潮。我们和化学系的师生一起，遵照毛主席"教育必须为无产阶级政治服务，必须同生产劳动相结合"的教导，建起了"敌百虫""马拉硫磷"两个农药车间。8月13日，伟大领袖毛主席曾到这两个车间视察，并做了很好的评价。

在毛主席科研路线指引下，在大办科研的伟大革命运动中，十二年规划只用了六年多一点的时间就胜利完成了。1962年，我又参加了在周总理主持下召开的第二次全国科学规划会议。根据第二次全国科学规划会议和全国农业规划会议精神，受周总理的委托，我们筹建了元素有机化学研究所。周总理指示要把农药研究和元素有机化学研究都搞起来，填补我国科研的空白。但是，由于林彪、"四人帮"反革命修正主义路线的破坏，元素所几乎被他们搞垮。"四人帮"在天津的那个死党疯狂地叫嚷："南大是大学，不是科学院，要研究所干什么？把那些人都调出来！"我气愤地说："元素所不是学校要搞的，也不是我杨石先要搞的，是根据国家第二次科学规划会议，受周总理委托搞的。你们说没用，农民等着用农药。国家用了几十万元投资，培养了这些人。你们要把它搞掉，我怎么向周总理交代？"紧接着副所长陈天池被迫害致死，经费被卡掉，人员只准调出，不准调入，流失骨干力量达四分之一。元素所的牌子被摘下，公章被没收，元素所被打成"土围子"。林彪、"四人帮"给我们造成了无法弥补的灾难。

1975年，第四届全国人民代表大会期间，周总理抱病工作，并做了重要报告，我又亲耳聆听了周总理遵照毛主席指示提出的发展我国国民经济的两步宏图，要求在本世纪内把我国建成全面实现四个现代化的社会主义强国的伟大号召。我为毛主席、周总理展示的这幅宏伟蓝图激动得难以抑制。周总理这种为无产阶级革命事业鞠躬尽瘁的无产阶级革命精神，给了代表们很大教育。会议中，周总理还利用休息时间，到天津代表组的休息室里来，跟每个代表握了手，谈了话。我看到周总理瘦削的面庞，心里很难过，对周总理说："我们全校师生员工都关心您的健康，让我代表他们向您问候。我带来了大家的心意。"周总理笑着说："我的病情现在好转了，已经基本控制住了，身体恢复了十分之八九。"我们听了都非常高兴。周总理接着说："向南开大学的同志们问好。将来有机会一定去看你们。"回校后，我向大家转达了周总理的问候，大家激动万分。大家天天盼着能再见一见周总理那慈祥的笑容，再听一听周总理那亲切的声音。万万没有想到，万恶的病魔过早地夺去了周总理的生命，那次见面竟是我们最后的诀别。

在我们深切地纪念周总理逝世三周年的时候，党的十一届三中全会公报发表了。党中央决定，从今年起，全党工作的着重点和全国人民的注意力转移到社会主义现代化建设上来。这一英明的决定，是伟大的历史性转变，体现了亿万人民的共同心愿，也体现了周总理等老一代无产阶级革命家的遗志。今天，在党中央领导下，已经开始了这一伟大的历史性转变。我们是多么欢欣鼓舞啊！周总理如果在天有灵的话，那么也会含笑九泉了。

我现在已年逾八旬，能够参加实现四个现代化这一当前最伟大的历史任务，感到十分高兴和快慰。但是，我看到被林彪、"四人帮"摧残了的教育事业和科研事业还没有很快得到恢复，看到我工作过几十年的周总理母校距离重点校的要求还相差很远，想到周总理托付我的农药化学所还没有建成，心中又十分焦急和不安。我要以周总理为光辉榜样，为人民鞠躬尽瘁，为无产阶级革命事业奋斗终生。

（转载自《天津日报》，1979年1月8日）

毛主席的亲切关怀将永远鼓舞我们前进(1983)

在毛主席诞辰90周年即将到来的日子里,回忆起我几次见到毛主席的幸福情景,缅怀他老人家对教育事业和教育工作者的亲切关怀,心情格外激动。

1949年9月21日,第一届全国人民政治协商会议在中南海怀仁堂召开。我作为教育界的代表出席了这次筹备建国的大会,聆听了毛主席的重要讲话。会议闭幕后,我又荣幸地被邀请参加开国大典。10月1日那天,我怀着百感交集的心情与各界代表一起登上了天安门城楼。我终生难忘这次见到毛主席的情景:他身着黄绿色呢制服,在党和国家其他领导人陪同下,迈着稳健的步伐登上城楼。当毛主席走到我的面前时,在他身旁的周总理不假思索地介绍说:"这是天津南开大学负责人,科学家杨石先同志。"毛主席紧紧地和我握手说:"感谢你在教育、科学工作上付出了辛勤的劳动。"在这即将揭开祖国历史发展新纪元的庄严时刻,毛主席竟如此亲切地慰问我,激动的心情使我难以抑制。这不仅是我个人的幸福,应该说这是毛主席对所有教育、科学工作者的热忱关怀、鼓励和信任。在隆重的开国大典上,毛主席向全世界庄严宣布:"中国人民从此站起来了!"听着这震撼人心的声音,望着那冉冉升起的第一面五星红旗,我仿佛从一个黑暗的旧世界,迈进了一个光明的新世界!

我是一个在旧中国生活了大半辈子的知识分子,经历了几朝弊政,目睹了祖国积弱不振的苦境。新中国的成立,终于使我有机会用自己的知识报效国家了!

新中国成立后,根据国民经济发展的需要,我悉心观察着世界农药研究的发展趋向,并承周总理之意,接受了研制有机农药的任务。以后又在有机磷化学研究的基础上,开展了元素有机化学的科研工作。1958年,我们遵照毛主席的指示,建起了"敌百虫""马拉硫磷"两个农药车间,探索教育与生产劳动相结合的途径。在这里,我曾有幸接待过毛主席的视察。虽然25年过去了,但往事如在眼前。

1958年8月13日上午10时许,毛主席在河北省委负责同志陪同下来到南开。毛主席在第一教学楼北端下车后,没有休息,径往化学系各工厂参观。在"敌百虫"车间,毛主席连连询问,"生产的是什么,有什么用?""在这里工作的是学生还是工人?"并对我们说:"要讲实际,科学是反映实际,是讲实际的道理。"毛主席视察时,还和正在参加生产劳动的同学进行了亲切的谈话。视察后,他邀请我去正阳春用饭。当时陪餐的还有省市领导同志,但和毛主席同桌用饭的只有我和天津大学前校长张国藩同志。这充分体现了毛主席对科学、教育工作者的关心。吃饭时,毛主席谈笑风生,并不时给我们让菜,他那样的亲切、体贴,使我很受感动。席间,毛主席向我们指示说:"高等学校要抓住三个东西:一是党的领导,二是群众路线,三是把教育和生产劳动结合起来。"毛主席的这一指示,对高等学校的发展和建设至今仍有重要的指导作用。

回顾既往,我仍然觉得毛主席就在我们面前,他的谆谆教诲和亲切的关怀将永远鼓舞我们前进。

(转载自《南开大学报》第144期,1983年12月22日)

我所敬重的师长

唐敖庆

杨石先先生是我国著名的教育家和科学家,是我国化学界的老前辈。他不仅以渊博的知识和严谨的学风受到人们的尊敬,也以心胸开阔、为人正直受到人们的敬重。

在抗日战争时期,石先师长在昆明西南联大担任化学系主任,后来兼任教务长。当时抗战艰难,教育工作更是困难重重,但是他以坚定的信心和顽强的毅力从事教育救国工作。

那时我在西南联大化学系读书,毕业后留校任助教。石先师长教过我高等有机化学。我和我的同班同学都很爱听他的课。他的课备课认真,内容丰富,讲解清晰,富有启发性。从他的讲课中我们深受教益。当时教师分属北大、清华和南开三校。石先师长律己严,待人宽,以身作则,团结全系师生,努力办学,给我们留下了深刻的印象。

石先师长不仅关心我们青年教师在业务和品德上的成长,也很关心我们的生活。1943年,我的爱人从家乡到昆明与我结婚。当时我们的生活很困难。石先师长知道后,先是介绍我当家庭教师,后来又介绍我到中学兼课。通过这些额外收入,免除了我一家的饥馁。

石先师长不仅对我如此,对所有青年教师都是这样关怀备至。

新中国成立后,石先师长心情舒畅,以充沛的精力在党的领导下从事教育和科学工作。由于他在化学界享有崇高声誉,在一些全国性的会议上,他往往担任化学方面的领导。1956年制订"十二年科学规划"与1962年制订"十年科学规划",他都是化学组的组长。他办事认真,一丝不苟,积极贯彻党的方针政策,发扬学术民主,领导我们搞好化学的长远发展规划。那时参加化学规划的人们中,卢嘉锡同志和我算是比较年轻的。石先师长常常要我们多做一些汇总整理的工作。我想,这也体现了他培养后进的心愿。

如今,石先师长在我国教育和科技战线奋斗了六十余年,在培养人才和研究成果上做出了卓越贡献。真是教泽广布,硕果累累。他的强烈的事业精神为我们所钦佩。他永远是我们学习的榜样。

(转载自南开大学办公室编,《杨石先纪念文集》,南开大学出版社,1999:47-48)

唐敖庆

(1915.11.18-2008.07.15),江苏宜兴人,物理化学家,中国现代理论化学的开拓者和奠基人,被誉为"中国量子化学之父"。

1940年毕业于西南联合大学化学系,1949年获美国哥伦比亚大学博士学位,1955年被选聘为中国科学院院士,1958年6月加入中国共产党。

专长物理化学和高分子物理化学,特别是量子化学。有关分子内旋转、高分子化学反应统计理论、配位场理论、分子轨道图形理论及分子轨道对称守恒原理等研究成果,均受到国家奖励。其中,与其研究集体关于"配位场理论"的研究,共发表学术论文260多篇;与其研究集体合作出版《配位场理论》等8部学术专著。

一代宗师

范恩滂

从1948年第一次听恩师杨老的课——药物化学,后来又在他的指导下做毕业论文,到1960年在他的直接领导下,在校长办公室工作;再到1979年又在他的直接领导下,在元素有机化学研究所工作,前后将近四十年,亲聆恩师的教诲,他的道德文章、言谈举止给了我极大、极深的教育,使我受益终身。

杨老为南开大学倾尽一生心血,他时刻关心着学校的一切。杨老心中有一个明确的办学目标:把南开大学办成一所有一定规模,有一批高水平的著名教授,培养出高质量的学生,不断取得高水平的学术研究成果,为国家建设和社会发展做出贡献的研究型的知名学府。为此杨老六十多年如一日地奋斗不息。这个过程是极其艰苦、曲折、复杂的。抗战时,南开被日寇炸毁,这是对杨老的极大打击。新中国成立后南开获得了新生,然而在全盘照搬苏联模式的院系调整后,南开实质上被削弱了。它名为综合实为文理大学,只有三千多学生的规模,剩下调整后的数、理、化、生、文、史、外、经几个老专业和一条狭长的校园。杨老心中甚是不快。杨老反对照搬苏联模式,多次向国家领导,特别是高教部反映,不被采纳,杨老随即保持沉默，不再与外人道及。杨老对许多事情都是如此，有意见就提，有想法就说，直抒胸臆，没有掩盖，从来反对"风派"，也不做"歌德派"；意见被否定、被拒绝，就保持沉默，不再公开议论。由此可见杨老作为一位大科学家的正直、坦诚与严谨。

院系调整到"文化大革命"之前的十余年，杨老奋力工作，力图使南开发展壮大起来。杨老一贯重视教学工作，从抗战前的南开教授、到抗战中的西南联大的系主任、教务长；新中国成立前南开的代理校长，到新中国成立后南开的副校长，杨老始终站在教学第一线，而大部分时间是教基础课。他主张教学一定要严格，要打好基础，掌握基本技能和语言工具，知识面要宽，适应性要强，独立工作能力要强，学生一出校门就能适应国家社会之所需。至于更高质量的人才则必须经过研究生阶段的培养，所以他历来力主扩大招收研究生的数量，使之保持在一定的规模。

不过，新中国成立后的一个很长时期内杨老亲自抓得更多的是培养和引进学术带头人以及科研工作，这是战略性的根本措施，也是实现杨老办学目标的根本措施。

杨老认为办一所学术水平高的知名学校，必须有较齐全的学术水平高的学科；而要建设这样的学科，无论新老，都必须有几位站在学科前沿的学术带头人，否则就谈不上高水平。所以远在抗战以及抗日战争胜利后在美国做访问学者期间，杨老即有计划地着手为南开的化学、物理、生物等学科培养学术带头人，一方面派他的学生赴美留学，学成后回校；一方面延聘国外留学生来校任教，其中以化学系成效最大，比如何炳林、陈茹玉院士。院系调整后，杨老继续抓紧这方面工作，陆续聘请了一批学有专长的教授。同时，积极向高教部争取留苏生的名额，尽可能多派青年教师留学苏联；并且争取聘请苏联专家来校。这就大大增强了各学科的实力,新学科也逐步建立起来,学校的规模、实力、水平日益扩大、加强、提高。

杨老还特别重视科学研究,可以说新中国成立后南开的科研工作完全是在杨老的规划、组织、推动下开展起来的。

新中国成立前,思源堂里第一个身穿白大褂忙碌于实验室中的是杨老。在他的带动下,化学系的教师纷纷起来搞科研。院系调整后有一种观点,认为教学和科研有矛盾,似乎二者不可得兼,似乎高校培养学生就是教学。经过一番争论后提出来一个要以"教学为主"。杨老不同意何为"主"、何为"辅",坚决主张高校应该是"教学、科研两个中心"。杨老认为即使为了提高教学质量也必须搞科研。多年一本老讲义,怎么提高?培养研究生更无从谈起。他认为高校不搞科研根本办不好;高校教师不搞科研根本不能胜任、不合格。

由杨老倡议,早在1954年学校就成立了科学研究委员会,以计划来推动科研工作。1955年,杨老主持校务会议通过《关于开展学术上的自由讨论和批评的决议》以活跃学术研究。同年又召开全校性南开大学第一届科学讨论会,杨老做了重要讲话。从此,科研工作有计划、有组织地蓬勃兴起,学校向着"两个中心"迈进。

这一年,杨老被选为科学院学部委员兼化学组组长。次年,杨老亲自参加了我国第一个科学规划的制订;同时,他不断地在各种会议上讲话,在报刊上发表文章论述高校开展科研的重大意义和方针、方法。他明确指出国家有三支科学生力军:一是科学院,二是高等院校,三是企业的研究部门,其中以高校实力最雄厚、学科最齐全。当时高校教师有三万多人;而科学院只有两三千人;企业的研究部门更是凤毛麟角。所以他力主院校密切合作,重大项目共同攻关,一定要充分调动和发挥高校科研方面的积极作用。他又指出高校应该从事科研工作有三个方面：一是基础理论问题；二是国民经济中的重大问题；三是新科学技术问题。对基础理论的研究绝对不能忽视放松。这些远见卓识，今后仍有指导意义。

最有深远影响的是元素有机化学研究所的建立。20世纪40年代后期，杨老将其原来的研究方向药物化学转到当时新兴的农药化学和元素有机化学方面。自20世纪50年代中期起，经杨老的组织发动，化学系很多教授和重要骨干教师都参与了这两个方向的研究，有机农药、磷、氟、硅、硼以及金属有机化学逐步全面发展起来。在周恩来总理和聂荣臻副总理的关怀和支持下，1962年正式建立高校化学学科第一个研究机构——南开大学元素有机化学研究所。其间，杨老几次出访苏联，与那里的科学院签订合作协议，请那里的专家来校合作进行研究。杨老为了开辟农药和元素有机化学研究领域，建立研究所，殚精竭虑，宵衣旰食，投身实验，奔波异国，终于取得重大突破，获得一系列丰硕科研成果。

然而好事多磨，正当杨老率领一批年轻研究人员在崎岖的科研道路上不断前进时，史无前例的"文化大革命"开始了，仅仅三年多艰难而又光辉的办所历程戛然而止。杨老只有默然长叹。1968年，不学无术、以整人为业的"宣传队"进校。它不仅召开全校大会两次批判杨老，给杨老戴上几顶"帽子"，给杨老以极大的人格污辱和精神迫害，还要摧毁杨老毕其心血创造的事业。先是要拆掉农药中试车间；继而摘掉牌子，砍去经费，搞什么所系合并，意欲彻底拆毁元素所。杨老对批判的污辱保持沉默，而对这些摧残科研事业的倒行逆施，怒不可遏，先是不顾个人安危贴出他的第一张大字报，坚决反对、严词斥责拆掉中试车间；后又上书周总理，申诉保存元素所。经过奋不顾身的较量，正义终于战胜邪恶，元素所得以免遭毁灭。

1978年，科学的春天到来。杨老在中央的座谈会上力陈教育、科研的重要性，应当采取的重大振兴措施。在学校，杨老大力推动学校和元素所的恢复和拨乱反正工作。然而，杨老已届耄耋之年，颇觉精力不足，特别是副所长陈天池教授在"文化大革命"中被迫害致死，使杨老深感失去最得力助手之痛。

1979年，杨老在北京开会，约我用饭，席间杨老让我回校帮助做元素所的管理工作。我当时真是思绪万千，心情复杂之极。我很激动，很感动，因为恩师对我很关心、很信任，何况我在校外浪迹多年，现在可以回到母校为恩师效力。我又很惶恐，我深知自己的才识不足，力不胜任，如果搞不好、搞不下去，会影响杨老和元素所的声望。我不禁悲从中来，有些伤感。我和恩师没有见面已八个寒暑。面前的恩师虽仍思维敏捷，谈锋仍健，但经过"文化大革命"的磨难，已不复当年的神采奕奕，而是满头灰白，面容消瘦，显出老态。我不禁想起批判会上的杨老，闭口无言，昂然而立，但眼光凝重。我不知他在一片狂噪的喧闹声中想什么，是对邪恶势力的鄙视，是对缺乏人生阅历、被愚弄的青年的怜悯，还是对历经劫难的南开园历史沧桑的感慨？现在阴霾散去，光明重现，暮年的恩师，壮心不已，还在努力冲刺，真是鞠躬尽瘁，令我万分感动。那顿饭我也不知道是怎样吃完的。最后，我下决心遵照恩师的嘱咐，尽一切可能做好我这个过渡人物应做的一切工作，让可以接班的人尽快接上班。

在元素所工作的阶段，杨老和我谈的、要我做的最多的工作是怎样解决人才断层问题。杨老早就预感到这个问题的严重性，改革开放一开始，他立即派骨干研究员到国外进修。我到元素所时，金桂玉教授刚去德国，李正名院士去美国农业部的手续正在办理。杨老提出六个字"派出去，请进来"，让我赶快搞个大致的计划，争取几年内将所内的主要骨干轮流派到国外做访问学者,进修一至两年,以开阔眼界,具体了解世界先进水平。为此,所里办了几期英语辅导班,也办了计算机普及班,辅导班每期座满;普及班则听众寥寥无几。杨老亲自给国外写信联系和推荐;对失去联系多年的学校,想方设法重新建立联系。杨老又指出这只是权宜之计,根本的办法是多招研究生。经过培养,择优送到国外继续攻读学位深造,成为科研骨干的后备力量。但当时生源极少,直到有了正规大学毕业生后才得以扩大招生名额。可是一些研究生和青年教师出国后回来的很少,"断层"依旧,这是始料不及的。杨老还多方联系国外的老朋友、老学生,请他们回国帮助教学、科研,定居加拿大的姚玉林教授就是这样在元素所工作两年的。

杨老办学,一生都在培养学生、研究生、骨干教师、学术带头人,可以说就是一切围绕抓人才,办所依然如此。尤其他在晚年,面对人才断层危机,更是尽了最大力量去解决这个严重问题。这是对我们后人的重要启示,这个危机正是当前亟需予以正确解决渡过的。

元素所的建立、成长、发展,标志着南开大学在农药化学、元素有机化学的研究在国内领先地位的形成。如今元素所已经发展到有了国家重点实验室和国家农药工程中心的新阶段。饮水思源,人们对我国农药化学、元素有机化学的先驱者、奠基人——杨老倍加崇敬。

杨老有许多人们应该认真学习的思想、品德、作风。比如杨老在1980年率先提出辞去16项兼职;翌年又率先提出辞去校长职务,刊诸报端,引起全国反响,这为选贤与能,提携后进,知老而退,做出了表率。

杨老对学生、晚辈关心照顾,鼓励帮助,提携奖掖,无微不至,这类事不胜枚举。虽然有人反映杨老不苟言笑,比较严肃,不好接近，实际上，杨老心是热的，比如申泮文院士调回南开大学，杨老给予很大的支持和帮助，先以元素所的名义调回，并尊重他个人意愿再定其工作去向。又如"文化大革命"后，杨老将因种种原因散落在全国各地的10名科研骨干人员列出名单，经方毅副总理批准逐个调回学校。杨老对许多学生、晚辈（其中包括我的同学、同事）调动工作，推荐出国留学，推荐提升学术职务，推荐担任领导工作，乃至介绍工作、解决工作和生活中的种种问题，都给以及时的支持帮助。杨老的学生满天下，大家对这位德高望重的老师无不抱以最大的尊敬。

杨老为人谦虚、诚恳，与朋友交，以信义为重，善于团结人，所以他的知己很多。每届化学学会，在众多的化学精英中，大家总是公推他为理事长，无人能代之。

杨老备尝得天下英才而教育之乐和执教鞭生涯之清贫；饱经攀登科学高峰之艰辛和攻克难关、获得丰硕成果之喜悦。他最懂得教育，最懂得科学，最懂得人才之难得。所以，他最尊重教育，最尊重科学，最尊重人才。他是大教育家、大科学家，是人们永远怀念的一代宗师。

（转载自南开大学办公室编，《杨石先纪念文集》，南开大学出版社，1999：130—132）

范恩滂

(1927—2008)，男，天津人，1948年加入中国共产党。1950年毕业于南开大学化学系，同年留校任教。历任教务处副处长、校长办公室副主任等职。"文革"结束后，历任南开大学元素有机化学研究所党总支书记、副所长，统战部部长。1984年至1987年任南开大学副校长。

杨石先光辉的一生

王文俊

一

杨石先是我国著名教育家、化学家,曾用名杨绍曾,远祖为蒙古族人,姓浣颜不花,1897年1月8日生于杭州一个没落封建官僚家庭,祖籍安徽怀宁。

杨石先从小聪明、文静,被认为有念书的天资。所以祖父给他这个家孙取名绍曾,意思是继承曾祖父的事业。其曾祖在清朝做过四川学台、国子监学官、翰林院学士。后来杨石先认识到这个名字的封建含义,当他在南开大学任教时,又从报纸上发现有和他同名同姓者,故以号石先为名。

杨石先五岁进家塾,先是识字,背《千字文》,继而背《四书》,背不熟,就要遭到训斥、罚跪。家塾教育在杨石先幼小心灵中,留下了暗影。

杨石先祖母能文善诗,而且略通医术,讲究养生之道,活到104岁高龄。祖母性情温和,而又处事干练。她每天教儿媳和小孩子们念书习字、背诵诗词。由于祖母态度和蔼、亲切,不施加压力,杨石先学起来觉得很有趣，比在家塾里的教益大。

杨石先的家，在杭州城里的横河桥边。这是一座古老的宅第。

据说，明朝时，这座房子的主人因与"东林党"人有瓜葛，全家遭到杀害。此后，这房子便被荒置，成了"凶宅"。杨石先祖父任浙江候补知府时，由北京迁居杭州，因一时没找到合适的房子，硬是买下了这处宅院，一住就是三十多年。结果，"鬼"没敢闹，他反倒升了官，做了嘉兴知府。这个传说，给杨石先留下了不迷信鬼邪的深刻记忆。

杨石先从小喜爱花草。童年时，每逢清明时节他都跟随母亲到龙井为外祖父母扫墓。往返途中，他总要多少次地跳下轿来，采集路边的花草，如果不是母亲不断地催促，他会忘情于大自然。回到家以后，他的第一件事，就是忙着把轿里的花草拿出来，让大人帮他栽到院子里。杭州有个风俗，每当旧历年节，家家户户都用兰花供祖。所以年节临近，许多乡下人就挑着满筐花草进城来卖。家里每年要买不少的鲜花，什么水仙、梅花、兰花，一盆盆、一簇簇。他最喜欢兰花。祭祖之后，他舍不得扔掉，总是要大人帮他栽种起来，而且每天都忘不了看看它们，给它们浇浇水。家里人都说他是个"养花迷"。

杨石先喜欢花草，而他弟弟调皮，爱玩棍棒。有意思的是，在他们那么小的时候，父亲根据他们不同性情、爱好，十分"轻率"地为他们预言了未来。父亲说："将来让绍曾学农，弟弟好动，长大学工"。想不到，这话真的为他们后来终身从事的事业确立了目标。

他6岁时，离开杭州，到了济南。当时，他父亲在山东任职，决定把家眷接来，以便加强对两个儿子的教育和培养。11岁时，他又随家迁津，考入了天津民立第二小学高小二年级。在这里，他第一次接触化学。每次化学课老师都为同学们做演示实验,从玻璃仪器的安装,到氢气、氯气、硫酸之类的制备等等,一年里做了四五十个。到高小三年级,他又观看了几十个声、电、光、磁方面的物理实验。这些实验为他展现了一个崭新而又神秘的世界。他多么渴望能够洞悉其中的奥秘啊!

二

1910年,杨石先的蒙学时期结束了。他先报考了天津南开学校,而后又去报考了刚刚成立的清华留美预备学校。这所学校是美国利用"庚款"的一部分兴建的。它既不收学费,又免缴膳宿费,而且将来还可以出国深造,这就给追求未来的青少年以某种指望。

清华留美预备学校的招生除按各省摊缴"庚款"的多少选送学生外,另在北京直接招考三百名。考试那天,贡院学部考棚拥塞着数千人。入学的竞争是非常激烈的。杨石先对他的考绩既不沮丧也不乐观。回津后,他接到了南开学校的录取通知。数月后,清华留美预备学校也录取了他。这使他喜出望外。

一辆驴车把他从一条土石官道送进了清华园。这是一处清朝皇室的赐园。园内林木荫翳,建筑古朴,听不到喧闹的市声,恐怕当时没有一个学校具备比清华更适宜的学习环境了。除去1911年因辛亥革命爆发,学校遣散学生,宣布停课半年外,他总共在这里度过了难以忘怀的8个年头,接受了完整的中学教育及初级的高等教育。

清华留美预备学校设中等、高等两科,各修业四年,课程都是为学生将来留学美国而特设的。方法是提倡自学自习,借以使学生熟悉美国的教育习尚。对中等科学习的课程,杨石先都有较好的基础,但课程都用英语讲授，这对他却是完全陌生的。为了学好英语，他和几个要好的同学订了个"君子协定"，约定日常会话完全用英语，违者罚1个铜板。每到星期日，他们常常带着罚得的十几个铜板，跑到校外去买炒花生米，一饱口福。这个别出心裁的主意督促了他们的学习。后来，由于他们学习上不断进步，能享受这种乐趣的机会越来越少了。清华的学习是繁重的。杨石先还必须用比别人更多的时间去攻读英语。他常常抱着字典吃力地看英文书籍。经过一年多的努力，他差不多克服了外语上的障碍。随着英文水平的不断提高，他常常几天读完一本书。8年里，学校图书馆不少英文文艺书籍的借书卡上，都留下了他的名字。但这种枯燥刻板的生活和过度的劳累，却悄悄地然而严重地损害了他的健康。他经常咳嗽，一患感冒就很不容易治好，体质渐渐地虚弱下来。

辛亥革命后，周诒春先生做了清华校长。他非常关心内地来的学生。这些学生多来自家塾，缺乏良好的卫生习惯，对体育活动更无兴趣。周校长常常深入学生中间，或把一些学生叫到他的办公室，除了检查学业外，还要闻闻他们口中有无异味，问问是否经常洗澡，大便通不通，参加不参加体育活动。这些从未远离家门的学生觉得他是一位非常值得尊敬的长辈，大家都很亲近他。

一次，杨石先病倒了。周校长带他去见美国神父校医鲍尔伯。校医为他检查后，又送他到协和医院透视。杨石先不由得紧张起来，当他走出暗室时，听到神父说"孩子，感谢主保佑"，他才松了一口气。

这件事引起了周校长的关注。他开始发觉学生们的体质存在着问题。为此，他与学生们"约法三章"，采取了强制体育锻炼的办法。他让每个学生必须早晨出操；午后4点关闭教室，所有学生必须参加体育活动；晚9点一律就寝。他对学生们说："体育是完整教育所不可缺少的"。杨石先长久以来养成了不好动的习惯，常常逃避上述约束。一次周校长到操场巡视时，发现他躲在僻静处看书，便严厉地质问："你为什么违反校规？"他紧张得无言以对。周校长转而关切地说："这样会把身体搞垮的。"又问："你将来想干什么？"杨石先说："当个科学家，用科学技术救国。"校长微微一笑："你的志向虽然很好，但恐怕难以实现。""为什么？""因为你不爱运动，身体得不到锻炼。像你这体格，将来如何耐得劳瘁，学成也无法任事，谈何救国！"

周校长的告诫给了杨石先很大的震动，从此便强制自己参加体育锻炼。起初不过勉为其难，慢慢地领略到它的益处，后来竟至乐而不倦了。爬山是他最喜爱的一项运动，国内名山爬过很多。假期，他常和同学相约去登山旅行。他曾经登泰山观日出，爬黄山赏云海……

杨石先从小立志要成为一个科学家，做一个对国家有用的人。但生活对他并不格外宽厚，他曾遇到了外语的障碍、病痛的困扰和神父的诱迫，如果不是为了追求一种崇高的理想，单是这些就足以使他垂头丧气了。但他凭着拯救祖国的赤子之心，经过8年的寒窗苦读，终于以优异成绩完成在清华的学业。1918年夏，他告别了祖国赴美留学。

三

美国康奈尔大学是一座学术优良的学校。杨石先进入该校最负盛名的农科学习。康奈尔大学很重视大学部的教学水准，一些初等课程常由著名教授讲授。但是后来，学校有名的农学教授大都被派往欧洲，帮助恢复那里遭到第一次世界大战破坏的农业。杨石先并未因此感到十分沮丧，他决意另辟蹊径。他看到，化学在人类生活中的地位越来越重要；他受到的植物学教育又使他发现，农业的进步也是和应用化学的成就分不开的。于是，第二年他决定改修化学。

他身在异邦，常常为祖国的衰弱而忧虑。念及祖国的前途，越发使他刻苦学习。他经常是带着简单的午餐走进课堂、图书馆或实验室，将近午夜才离去。他的各门功课总是班里的前三名。1921年，他取得应用化学学士学位后，进了研究院。1923年，当他只差一年读完博士学位时，忽接家书，得知父亲失业，在北京安徽会馆靠挂牌子卖字度日，全家生计无着。由于家境变迁，他只好接受导师的建议，用完成的部分论文通过了硕士学位考试，启程回国。

回国途中，他在船上与清华同学李济相遇。李在哈佛大学取得博士学位后已受聘于南开大学，后来成为著名的人类学及殷墟考古学专家，1980年逝世于台湾。李问："有没有接洽任何机构？""已有人推荐去浙江大学。"李介绍说："南开大学张伯苓校长办学出色，他那里正缺化学教授。"当时的南开大学经费支绌，教员缺乏，首届毕业生仅有12人，远不是一个学府胜境。但是，杨石先经过一番考虑，还是选择了待遇虽微薄但受政府势力影响较小的私立南开大学，作为他潜心追求"教育救国"道路的起步之地。

不久，杨石先在北京家中完婚。他的夫人刘崇瑜是其清华同学刘崇铉的妹妹，毕业于华南女子师范学院。她能诗善画，柳体字写得很漂亮。除抗战期间，她在家馆教过英文和国文外，一直在家料理家务。有了这个贤内助，才使杨石先得以集中精力于他的事业。

在南开，杨石先和邱宗岳教授通力合作，担负着全校化学课的教学工作，深得校方信任和学生爱戴。1929年，他得到学校资助，再次赴美深造。张伯苓校长对他说："你是南开享受教师学术休假制的第一个人，出国期间的工资照发。"他在耶鲁大学任研究员，进行杂环化合物合成的研究工作，因成绩出色被推选为美国"科学研究学会"荣誉会员。1931年，他在获得化学博士学位后，取道欧洲，访问了许多著名学府。在德国，他谢绝了诺贝尔化学奖获得者威朗教授的挽留，于"九一八"事变前二日，经西伯利亚回国，继续在南开大学执教。

在教学中，杨石先要求学生严格却不苛求，待人平易但绝不容忍学习懈怠。他非常关心学生，尽量缩短师生间的距离，使学生能够对学习的内容有深入的了解。一位美籍华裔学者回忆他20世纪30年代的大学生活时曾写道："南开大学不仅是一个教育组织，而且是一个大家庭。师生间的距离可以说没有。杨石先老师的化学课对我说来，并不是本系课程，但是他对每个学生单独的关切，过了几十年的长远时间，还是历历在目。"杨石先与学生间的这种融洽关系充分体现了后来为人称道的南开的一种优良校风。

20世纪30年代的南开大学已略具规模。但是如何使化学系成为国内学术优良的系科之一呢？他认为：南开化学系的基础尚感薄弱，如果各学科平行发展就无法和一些著名大学相比，应搞出自己的特点来，争取在几年时间里使之为人刮目相看。他经过缜密的分析、比较，提出以有机化学为重点的发展方向，并得到系主任邱宗岳教授的支持。其后，他们陆续从国内外聘请了多位专长有机化学的教授来任教，这就使南开大学化学系后来形成自己的优势和特色奠定了最初的基础。

化学是实验的科学。杨石先不仅非常重视基础理论的教学,而且很早就注意到对学生实验操作能力的培养。因为他在美国留学时,兼管过实验室工作,曾亲眼看到有些中国留学生疏于实验操作,以致常常用饭费赔偿损坏的仪器,结果不得不忍痛改换专业。他常常以此告诫学生,只在读书方面下功夫而忽视实验能力的训练是不行的,因为任何理论和假设都必须通过实验来验证,真正的知识是从实验中获得的。为此,他亲自从国外购买仪器,不断完善实验设备,并经常到实验室指导学生做实验。40年后,他针对教学和研究工作中不重视实验的时弊,又多次重申上述主张。由于他的努力倡导和躬亲示范,重视学生的基本科学训练已成为南开几十年来师承的传统,并在国内化学教育领域中有着很大影响。

四

1937年卢沟桥事变后,战火蔓延天津。当时日寇经常到学校窜扰,情势十分危急。时值暑假期间,校内仅有少数师生。张伯苓校长当时正在庐山开会,杨石先和黄钰生秘书长便组织师生做撤退准备,把大部分图书和少量贵重仪器装箱运往英租界。7月29、30两日,日寇飞机、大炮对南开大学进行野蛮轰炸。他们不顾个人安危,冒着硝烟炮火,指挥师生乘小木船往学校附近的苇塘、稻地里疏散。轰炸之后,木斋图书馆、秀山堂及部分教职员宿舍均遭兵燹之祸;他家也被日军洗劫。当他撤离学校时,除身上一套单衣和一架照相机外,其他财物几乎荡然无存。

1937年8月28日,北大、清华、南开在南京筹组长沙临时大学。他与南开经济研究所方显廷教授闻讯辗转南下。在火车上,由于他执意不改寻常装束，化装成商人模样的方显廷一路上像老头子般喃喃抱怨，结果反倒遭到了日军盘查。到了秦皇岛，他们搭上一艘挪威籍运煤船南航厦门，再经陆路到长沙，立即投入临大筹组工作。后由于南京失守，日寇沿江西上，长沙遭到轰炸，三校继而迁滇，更名西南联合大学。1938年2月，300名联大师生在黄钰生先生率领下由湘步行入滇，开始了中外教育史上罕见的长途迁徙。杨石先则与北大经济学教授秦瓒、清华建筑学教授王明之，分别代表三校并理文工三科，先行入滇安排有关建校事宜。他们乘一辆吉普车，另带两卡车物资，在西南崇山峻岭间的简陋公路上颠簸了十几天。一次，他们的车在悬崖边一轮悬空，险遭不幸。4月，黄钰生在一位东北军师长的协助下，率队胜利抵达昆明。杨石先等前往拓东路会馆迎接步行团。当时闻一多已蓄起近尺胡须，曾昭抡浑身长满了虱子，黄钰生声言欲刻"行年四十，步行三千"的图章以志。后来，当杨石先回想起这段艰难的经历，不无感慨地说："联大师生怀着救国救民的理想走到一起，在颠沛流离中出色办学，成绩得来不易。国家振兴，仍需此种精神。"

西南联大时期，杨石先被推选为理学院化学系和师范学院理化系主任，1943年任教务长。当时，因为张伯苓校长长驻重庆，专心致力于南开中学的建设，所以杨石先和黄钰生便共同代理南开大学在西南联大的事务。在学者名流荟萃的西南联大，他之所以为人推崇，既是由于他的学识，同时也是由于他的思想品格和作风。他办事公道，以身作则。当时理学院在昆明城北门外，工学院在西南迤西会馆，两院间没有交通工具，许多教授不愿去工学院上课，杨石先推甘就苦，亲自去上课，大家见系主任带了头，谁也不再推诿了。

杨石先器重人才，奖掖后进，对每一个好学的学生都非常爱惜，总是以极大的热情为他们指导求知的门径。

化学家蒋明谦教授谈过这样一段经历：1941年他考取公费留美生后，曾分别给三位导师写信，但只得到杨先生的回信，而且是十多页的长信。信中对如何选择学校、导师、课程，乃至行装、旅程、礼节等都给予详尽的指导。他说，杨先生教我先到规模较小的大学，这里接触导师机会多，便于熟悉美国大学的教育习尚，打好深造的基础。然后必须到一个规模宏大的学校学习，那里著名教授多，学术水平高，可以开阔眼界。如长期停留在比较小的大学，眼界受到局限，难于了解学术发展趋势及当代科学发展的主流。蒋明谦教授谈起这段往事总是怀着感激的心情。他说："杨先生学识渊博，对欧美著名化学家比较熟悉，能对他们的学术水平有恰当的评价。我按照他的指导，先后到马里兰大学药学院和伊利诺伊大学化学系学习。在伊利诺伊，我对基团负性发生了兴趣，导致我后来提出诱导效应指数。杨先生的指导和帮助，给我铺平了通向专业的道路，使我能够在学术思想上有一定的见解。我愿将杨先生诲人不倦的精神世代相传下去。"

杨石先不仅关心学生和青年教师在业务和品德上的成长，也非常关心他们的生活，对那些经济拮据的青年，经常给予热诚的帮助。无机化学家申泮文一度就是靠着他的资助才渡过了停学的危机。一个夜晚，申泮文含着眼泪找到杨石先家里："杨先生，我家不在沦陷区，没有我的助学金，可是家里又没钱供给我。我念不下去了。"杨石先沉思了一下问："你每月需要多少钱？""每月有十元就够了。"于是杨石先提笔给他开了张便条，告诉他："每月到南开办事处从我的月薪里支取吧！"然而，在当时物价飞涨的艰难岁月里，他自己不得不靠典卖衣物补贴家用。他对青年教师也是这样关怀备至。量子化学家唐敖庆就曾受到杨石先的照拂和成全。他在一篇文章里披露："1943年，我的爱人从家乡到昆明与我结婚。当时我们的生活很困难。杨老师知道后，先是介绍我当家庭教师，后来又介绍我到中学兼课。通过这些额外收入，免除了我一家的饥馁。"可见，当时他之所以深孚众望确系品德高尚，堪作楷模的结果。

1982年，杨石先以望九之年重访故地。在昆明，那么多已近退休年龄的联大校友簇拥在他的身边，兴奋地回忆说："记得注册那一天，杨先生一一指点我们如何选好课。后来，为了增加学生贷金，杨先生还亲自到重庆与伪财政部交涉。当时屡屡承先生为我们打算一切。"置身于西南联大旧址——昆明师范学院（现为云南师范大学）校园，使杨石先感到惊异的是，他已无法寻找留在记忆中的昔日生活的痕迹。联大是抗日战争时期的产物，一切都带有战时色彩，校舍分散、简陋、破旧。现在映入眼帘的，却是高大的图书馆、教学楼和秀丽的校园。当他来到一椽茅舍前，他许久打量着这唯一保留下来的以泥坯为墙、稻草为顶的联大教室，风趣地说："记得当时还有一种铁皮顶的教室。夏天泥地上长草，雨天铁皮顶奏乐，讲课要大声喊叫才行。"不论是谁，站在这历史遗迹前，总会要问：联大在这样条件下，为何能培养出那么多优秀人才？杨石先告诉大家："因为师生们都关心着祖国的前途命运。在整个联大期间，看不到对祖国明天丧失信心的情景。当时条件很差，但恶劣环境磨砺了大家的意志。同学们怀着中兴之志刻苦读书，许多人的论文是在茶馆里完成的。所以开茶馆当时在昆明已成盛业。"他举例说："就以化学系为例，我们想尽一切办法改善实验条件，有时冒着土匪打劫的危险到云南内地去买药。另外尽量多开一些高级的课程。联大学生毕业后到国外去，基础理论非常扎实，一旦掌握了先进的实验手段，便会在科学上获得成功。联大的许多教师，不论才学、品德都为人敬重，不愧是学生效法的榜样。"在行将告别故地之际，他伫立在西南联大纪念碑前，无限感慨地说："联大经历过怎样一个历史时期啊！科学人才和革命志士的同时涌现，给联大的历史带来了殊荣。这种优良学风和革命传统，在新的历史时期依然可以激励一代新人！"

1945年，抗战胜利前夕，杨石先赴美考察教育，在印第安纳大学做访问教授兼研究员，从事一种中国植物抗疟要素的化学性能的研究工作，由于他的出色工作被推选为美国"化学学会"荣誉会员。1947年，当他准备回国之际，该校化学系主任兼研究院院长挽留他说："你们国家正在打仗，华北就要成为战场。您可以把家眷接来，在这里从事研究工作。我们非常需要像您这样有才干的人。"杨石先毫不迟疑地说："我们国家更需要人，我要把我的知识奉献给祖国。"他毅然放弃了优越的研究条件和生活待遇，踏上了归途。回国后，他始任南开大学教务长，后任代理校长职务。当时，正值国民党反动派发动内战时期，政治日趋黑暗，教育景况惨淡，在津复校时期的南开大学正处于艰难竭蹶之中，这使他痛感到"教育救国"的夙愿难以实现了。

1948年冬，天津近郊响起了临近解放的隆隆炮声，一些人相继南去，而杨石先谢绝了几次的劝行，期待着新生活的开始。

五

春天回到了祖国大地。1949年1月天津解放。9月，杨石先作为教育界的代表出席了第一届全国人民政治协商会议。10月1日他参加了开国大典。在天安门城楼，周恩来总理把他介绍给毛主席。

握着毛主席的手，他的心被一种难以言喻的感情所激荡。处在新中国诞生的伟大时刻，聆听着毛主席发出的"中国人民从此站起来了"的庄严宣告，他心潮澎湃，情不自禁地眼中滚动着热泪。这个在旧中国生活了大半辈子的知识分子，经历了从清朝末年到蒋介石反动统治的弊政，亲眼目睹了积弱不振的中国的苦境。在旧社会，他痛感到国家的危亡、民族的耻辱，曾怀着书生的梦幻，三次远渡重洋，刻苦求学，以寻找救国的出路而不可得。新中国的诞生，将会使他梦寐以求的理想变成现实，他可以用自己的知识报效国家了。

新中国成立后，杨石先担任了南开大学校委会主席，1957年任校长职务。在党的教育下，特别是在周总理的亲切关怀下，他不断取得思想上的进步。1951年9月，他听取了周总理在接见京津部分知识分子时所做的长达6小时的报告。他被周总理严于解剖自己的纯洁党性和光明磊落的共产党人胸怀所感动，增强了改造旧思想的自觉性。1954年9月，应杨石先的请求，周总理在中南海西花厅单独接见了他。这样的机会使杨石先得以表示许久以来对周总理的崇高敬意，并更多地聆听他的教益。交谈不拘形式，他们从南开今昔谈起，犹如故友重逢。这种亲切的气氛，使杨石先觉得以琐事相扰的不安心情顿时平静了下来。他向周总理汇报了工作。当他讲到一直为兼职过多而困扰，请求帮助解决的时候，总理爽朗地笑了，仔细地询问他都担任了什么职务，重点放在哪里，工作负担怎么样？杨石先一一回答，然后说："我不是搞行政的，又不是共产党员。大学是培养人的重要地方，总得派个懂得党的方针政策的人来接替工作。"总理亲切地向他解释说："建国不久，许多事情要做，一时没有人可以派。有才干的人为什么不能多做些事？当然二十几个兼职太过分了。"然后，总理具体地指导他安排各项工作，说道："你教了三十多年书，你就没有得力的学生、助手？可以叫他们去教。学校的行政管理可以找个有威信、能办事的老教师和一个懂政策的老党员来帮助你，叫他们做校长助理。头半年自己抓得紧些，叫他们经常汇报；半年后，能称职的，你就推荐他做副校长，大部分事你就不必经常过问了。这样你的行政工作负担不就减轻了吗？"总理又说："你担任的许多职务是人民推荐的，我不能来个命令解除。你可以继续做一段时间，找出接替人选，推荐给群众，说明自己有困难，群众会接受的。"总理接着指出："你是科学院学部委员、化学组组长，应把精力集中在科研工作上。我们国家科研队伍很小，力量很薄弱，应尽可能地加强这方面工作。"然后总理语气深沉地问他："过去你曾有过'教育救国''科学救国'的想法。你教了几十年书，搞了多年科研，国内搞不了，多次到国外去搞，救了国没有？国民党反动派只是把你们当作装门面的点缀品，根本谈不上发挥你们的作用。现在呢？时代不同了，中国共产党将为知识分子提供'用武'的广阔天地"。听了总理的话，他感到豁然开朗，心情舒畅。后来，他遵照周总理的指点一一去做，在吴大任副校长协助下，学校行政工作果然处理得比较妥善，科研工作也能够顺利进行。党的关怀和期望，激励他不断取得政治上、思想上的进步。1960年3月21日，他终于光荣地加入了中国共产党。

杨石先主持学校工作期间，他自觉接受党的领导，积极支持党在教育方面的许多改革，不论做任何工作总是倾注着自己的全部感情。他服从真理，却不盲从谬误。他是用科学家的严谨态度从事学校领导工作的。新中国成立初期，各大学外语课均以俄语取代英语。他当时就指出，这是一种非常狭隘的做法，将来必定会由于语种的偏狭造成我国科学发展上的极大缺陷。同时，对于一个时期里，高等教育忽视质量，盲目追求数量的做法，他表示过极大的忧虑。他说："大学培养的学生，其质量高低决定着学校工作的成败。没有质量的数量是虚假的。"他非常赞赏老南开重视教学质量管理、坚持高标准培养目标的好传统。为了继承这个传统，纠正当时忽视教学质量的倾向，他积极支持制订了《南开学则》。

杨石先一向坚持认为高等学校应担负教学和科研的双重任务。1954年他就指出"高等学校是国内具有最雄厚的科学研究后备力量的机关""应发挥科学潜力积极开展研究工作"。他经常强调，同时注重教学和科研是南开大学的优良传统。他说："南开大学很早就认识到科研的重要性。在新中国成立前尽管它是一个规模不大的私立学校，却有一个经济研究所，一个应用化学研究所，开国内大学从事科研之先河。"

此时，他坚信并遵循周总理的正确指示，把自己的主要精力放在科学研究方面。通过长期观察，他发现国际上农药研究有从无机农药、植物性农药向有机农药过渡的趋势，于是他首先在我国倡导并实践有机农药化学研究的方向，开始合成一系列新植物激素。1956年，他从磷酸酯类结构的改变会带来生理作用的变化这个特点出发，又着手研究当时国内尚属空白的有机磷化学。同年，他参加了周总理亲自主持的我国第一个科学技术发展规划的制订工作。为适应我国农业发展的需要，他受周总理的委托，毅然放弃了从事几十年的药物化学研究，接受了农药研制的光荣任务。1958年，毛主席到南开大学视察了他和师生办起的"敌百虫""马拉硫磷"两个农药车间，对他们的工作给予了很好的评价。这一年，他当选为中国化学会理事长。1962年，在参加我国第二次科学技术发展规划和全国农业规划会议后，他又一次受周总理委托，创建了我国高等学校第一个化学研究机构——南开大学元素有机化学研究所。继有机磷化学研究后,又开展了有机氟、有机硅、有机硼、金属有机化学等新领域的研究工作,填补了我国化学学科中的一个又一个空白。杨石先以他渊博的有机化学、无机化学、药物化学和园艺学等方面的学识,带领着科研人员,经过数以百计的实验,研制出磷32、磷47、灭锈一号和除草剂一号四种农药,并且获得了国家科研奖。

新中国成立后的17年里,杨石先为党的教育科学事业呕心沥血。在他的领导下,经过全校师生员工的努力,南开大学无论在规模上,还是在教学和科研水平上,都得到了空前的发展和提高,从而成为我国教育和科学研究体系中的骨干力量之一。

六

"文化大革命"犹如一场突如其来的冰雹打在一片绿油油的庄稼上,这场灾难几乎毁灭了南开大学。

"文化大革命"初期,当罪恶的矛头危及杨石先的时候,周总理立即指示说:"南开大学杨石先等同志是搞科学研究的,要关心、保护他们。"根据总理的指示,校长办公室问他有什么东西要保管,他说:"旧字画不要管它,请把我长期积累的几万张科研卡片保存好。"在那场浩劫中,尽管搞科研已成为一种罪名,但他仍以研究工作为念。动荡、纷扰不安的生活并没能使他的科学思索停顿。到了1968年冬,形势愈发险恶,"国民党残渣余孽""南大特务集团总头子""资产阶级反动学术权威"的诬陷之词,铺天盖地地向他飞来。后来,他的校长职务也被不明不白地撤掉了。周恩来知道后,气愤地说:"我了解南开大学。南开大学哪来的这么多叛徒、特务、反革命!"由于周总理的保护,才使杨石先免于成为冤案的牺牲品。

周总理一次次给予他的亲切关怀,使他感激涕零,他能回报的就是不辜负总理的重托,倾注全部精力搞科研。

杨石先性格内向、含蓄、蕴藉。他平时言语不多,才情不外露,喜怒也不常常溢于言表。他总是尽力使自己的心弦静止下来,以至不发出一点儿声响。当他被赶到集体宿舍坚持"三同",被送往农村接受"改造",他无不默默地听命调遣。就是当他的房前甬道布上了鹿砦,卧室墙壁被凿穿,"武斗"中投掷的燃烧瓶,在他家的门窗前爆炸的时候,他仍能压抑着满腔的愤怒,执着地伏案工作。但是,当闻听农药中试车间要被砍掉、车间楼板被砸、反应釜遭到破坏的时候,他忍无可忍,拍案而起,厉声喝道:"简直胡闹,岂有此理!"他用颤抖着的手写了一张大字报,指责毁掉中试车间是对人民的犯罪。在学校、在天津,受"四人帮"极左思潮影响或控制的一些领导人还规定元素所科研人员只准出不准进,还强行收走公章,摘掉元素所的牌子。杨石先奋力抗争,但是,他们说:"学校不是科学院,要研究所干什么?"杨石先针锋相对地予以严词斥责:"世界上很多研究工作,都是学校搞起来的。你说元素所没用,外面却急等着农药用,你知道不知道?元素所不是我杨石先要办的,它是根据国家的需要,受周总理的委托办起来的!"他浑身抖动,把手攥得紧紧的:"国家花了那么多钱,广大农民急着要农药,可你们却千方百计要拆元素所。你们对得起谁?叫我如何向周总理交代!"他殷殷以党的科学事业为念,冷对猖狂,蔑视强梁,充分表现了一个老知识分子的高风亮节。这不禁使人想起,1945年杨石先书赠西南联大法学会题词中所写"青松在东园,众草没其姿。凝霜殄异类,卓然见高枝"的诗句。经霜青松更高洁,不正是他不屈服于政治压力的高尚品格的写照吗！

20世纪70年代初，我国水稻产区发生了白叶枯病，每年因此减产约百分之十，个别地区减产高达四五成。白叶枯病传染起来非常可怕，特别是遇上暴雨和大风，一天之内可使成千上万公顷水稻枯黄。为防止蔓延，常常不得不放火将病稻烧尽。有一个资本主义国家研制成功一种防治水稻白叶枯的农药，但对我国进行严密技术封锁。为了攻克白叶枯病，在"四人帮"统治垂死挣扎的形势下，杨石先指导他的助手们在遭受创伤的实验室里不屈不挠地进行着研究工作。他为了查阅文献资料，不管风雨寒暑，是资料室里仅有的几个人中来得最早、走得最迟的一个。他们经过一年多的奋战，做了近百个合成物，试验了十几条路线，终于研制出了防治水稻白叶枯病的新农药——叶枯净。

七

"四人帮"覆灭，祖国昂然进入了一个新时期。1977年8月初，邓小平副主席复职后抓的第一件大事是召集三十位全国著名的科学家、教育家开座谈会，研究如何把科研、教育搞上去。杨石先被邀请参加了座谈会。他在会上提出了四点建议：一、恢复国家科委，以统一规划、指导、协调全国科技工作；二、在我国驻美国联络处（当时中美尚未正式建交）设一位科学教育秘书，以适应即将开始的两国科技教育交流的需要；三、通过一定方式选拔优秀科技人才，保证科技队伍后继有人；四、采取措施，使中年教师从烦琐事务中解放出来，充分发挥他们的骨干作用。邓小平同志肯定和赞扬了他的建议，并指示有关部门采纳实施。

看到几乎被"四人帮"毁灭的教育、科学事业开始萌动着生机，杨石先感受到精神解放的无比欢悦。"但得夕阳无限好，何须惆怅近黄昏。"年逾八旬的杨石先满怀信心地开始着手医治"文化大革命"给元素所造成的创伤。

元素所由于进行的是应用课题的研究，虽然受到的破坏不像基础研究那么大，但是，骨干大都被调走，而且十几年间所里几乎没有获得新的研究仪器，许多已有的设备被损坏。他经过多方筹划，在短短的两三年时间里，相继调回了一些科研骨干，收回了农药中试车间，争取联合国贷款从国外购置了先进仪器设备，建立了毒理室、激素组和剂型组，健全了农药科研体系，积极指导该所科研工作的恢复和发展；并且还亲自译书，亲自培养研究生，人们无不为他的奉献精神所感动。

但是，他所面临的问题绝不仅是这些，科学本身，即农药的发展趋势问题又摆在了他的面前。20世纪70年代末期，出现了一种将农药与环境保护对立起来的有害观点，认为植物的病、虫、草害将由生物防治取代化学防治，致使在我国农药产量还不能满足需要的情况下，造成几十种农药停产的现象。基于对世界农药领域发展趋势的长期观察和研究，杨石先对解决农药污染问题持乐观态度。他坚信，化学给人类带来的困扰，最终也将依靠化学来解决。他在讲述"现代的化学农药"的一个报告中，明确指出：化学防治在任何国家中至今都是重要的植物保护手段，而且仍在发展之中；环境问题的提出使化学防治手段受到冲击，确是一件大好事，使我们考虑如何战胜污染，保护环境；包括化学、生物在内的综合防治才是植物保护唯一正确的方针。正是由于他不断地给予科研工作以权威性的指导，才使元素所成功地研制出杀虫剂、杀菌剂和除草剂等十几种新农药，为促进我国农业的发展做出了重大的贡献。

1979年杨石先重新被任命为南开大学校长。这一任命可以说是众望所归。因为南开大学当时最感欠缺的东西正是威望高的校长。复职后,他对校党委为贯彻党的十一届三中全会精神而开展的各项工作都积极拥护,热情支持,坚决贯彻,从而使得南开大学能够及时地完成工作重心的转移,教学科研工作逐步走上正轨。

为了办好南开大学,他全神贯注于自己的工作,每天从不午休,连续工作十几小时。对于一个时年83岁的老人来说,这简直是令人难以置信的。在他任职期间,他反复思考的是教师队伍的建设问题。他感到,当时一个突出问题是后继乏人,缺乏成熟的中青年教师。培养新的人才,刻不容缓。他说,要弥补十年浩劫在人才方面造成的损失,将是一个极为艰巨的任务。目前应由老教师承担起培养新教师的任务,同时要遴选优秀毕业生留校当教师,要派遣师生出国训练,要从国外引进人才。他非常重视现有教学、科研人员的业务进修,并带头培养研究生。同时,他还积极探索和寻求和国外一些著名大学建立学术交流的机会。凡是和他略有接触的人都会看到,他是怎样不避繁难地亲自处理国外函件,亲自接待外国来访者和叮咛即将出国进修的师生。在南开大学恢复开展国际学术交流的最初阶段,几乎所有出国进修和留学的师生都曾得到过他的直接关怀和帮助。许多著名外国专家应邀来校讲学也都是由他亲自做出安排。可以说,在开创南开大学国际学术交流活动新局面方面,他在很大程度上起了推动作用。

当时,杨石先除担任南开大学校长一职外,还是第五届全国人大代表、第五届全国政协常委、中国科协副主席、天津市科协主席、中国化学会理事长,其本兼各职多达十六项,工作的繁重是不言而喻的。以常人来说，有了他这样的成就和高龄，本来可以颐养天年了。但根据党的事业需要，他不顾年迈多病，总是奋勉自励，竭尽所能，从不度过一天的悠闲岁月。人们无不为他这种强烈的事业精神所感动。更为可贵的是，1980年，他响应党中央的号召，从党的长远利益考虑，为了使年富力强的同志早日走向领导岗位，又率先提出了辞去校长职务的请求，在全国高教战线产生了很大的影响。1981年，中央接受了他的请求，并任命他为南开大学名誉校长。

1985年2月19日，德昭学界的一代宗师、我国科坛巨星杨石先与世长辞。南开大学万名师生怀着眷念和钦敬的心情和他告别。党和国家领导人邓颖超、聂荣臻、方毅，全国政协、民进中央、中国科协、中国科学院、教育部、化学工业部、中央统战部以及著名科学家周培源、华罗庚、金善宝等300多个单位和个人发来唁电，对他的逝世表示沉痛的哀悼，深深地感念他对发展我国的教育和科学事业所做出的贡献。

（转载自南开大学办公室编，《杨石先纪念文集》，南开大学出版社，1999：21-37）

王文俊

1941年生。1965年南开大学中文系毕业，留校工作先后担任团委、党委办公室干事，校长秘书，校长办公室副主任、主任，南开大学秘书长，南开大学副校长等职。

恩师杨石先在农药化学学科的学术思想及其重要贡献

李正名

摘要 杨石先先生一生献身于我国的教育事业与化学学科的发展，在62年中为我国培养了无数高质量的科教人才。他除了长期担任南开大学校长之外，还创建了我国大学第一个专职研究所，即元素有机化学研究所。他率先开展了我国元素有机化学与农药化学的科学研究所，即元素有机化学研究所。他率先开展了我国元素有机化学与农药化学的科学研究，领导了元素有机化学国家重点实验室的建立，是我国元素有机化学和农药化学的奠基人和开拓者。他倡导用有机化学的专业的专业知识，科学和系统地开展农药化学研究，组建队伍获得20项科研成果，发表上百篇科学与论述性论文，为我国开展自主创新农药研究事业做出重要贡献。在农药化学学科的学术思想中，他强调要弄清该学科的交叉性、系统性和内在规律性，倡导要学习国际先进经验，要结合国情自主创新，要为国家经济服务，要对世界农药科技做出贡献。他毕生对人才培养给予了特别的重视，为我国科技事业持续发展做出了重大贡献。

附注：为庆祝2011年联合国国际化学年，应我国《化学进展》主编王夔院士邀请为纪念我国元素有机化学和农药学科创业的老前辈杨石先生撰写的专文。原文刊登于《化学进展》2011年第1期13页–18页。

Important Contribution and Academic Thoughts on the Pesticide Chemistry Discipline by Yang Shi-Xian

Li Zhengming

Abstract Professor Yang Shixian devoted his whole lifetime to the advancement of China education and chemistry discipline. During 62 years, he fostered numerous high-quality specialists in the field of science and education. He was the president of Nankai University for 28 years, during which he founded the first research institute among Chinese Universities then to carry research activites in elemento-organic chemistry and pesticide chemistry in China and was acknowledged as the founder and explorer in these disciplines. He advocated to utilize the knowledge of organic chemistry to explore scientifically and systematically the research in pesticide chemistry. He organized a research team to accomplish 20 profects, published hundred papers. He made important contribution in the innovation of new agrochemical bio-active candidates. He emphasized to learn from the advancement of interaction of diversified disciplines internationally. His extraordinary devotion during his entire career to rear young qualified specialists to sustain our science and education in China has been highly appraised.

Key words pesticide chemistry; pesticide innovation; elemento-organic chemistry; academic thoughts on pesticide research; environmentally benign pesticides

Contents

1. Introduction of outstanding achievements

2. Founding of pesticide chemistry discipline in China

3. Academic thoughts on pesticide chemistry

3.1 Pesticide innovation is a typical cross-discipline and systematic task

3.2 Academic thoughts on pesticide research

3.3 Advocating the concept of green pesticides

4. Paramount emphasis on the construction of a science & technology team

5. A model for persistent learning

（一）业绩简介

杨石先先生(1897—1985)是我国著名教育家和杰出化学家,曾先后担任南开大学理学院院长(1928—1937)、西南联大教务长和化学系主任(1938—1947),任南开大学校长和主要负责人达28年之久(1957—1985),跨越我国各个重大历史时期。不论时局怎么艰苦辛难,杨老始终孜孜不倦地为我国的高等教育事业和化学学科的发展呕心沥血,辛勤耕耘。他对祖国发展事业的衷心热爱,在工作中谦虚谨慎、兢兢业业、严于律己、客观公正的崇高品质令人肃然起敬。他对晚辈人才的爱护、培养和提携在学术界广为传颂。他培养的几代优秀学生遍及国内外，桃李满天下。被誉为中国农药化学和元素有机化学的奠基人和开拓者[1]。

杨老历任中国科学院数理化学部委员，化学组组长。先后于1956年、1962年两次参加制定我国重大科学技术长远规划，为我国科技决策献计献策做出了重要贡献。1957年参加中国科学院赴苏科技代表团。1962年创建我国高校中第一个专职化学研究机构——南开大学元素有机化学研究所（简称元素所），开拓了我国元素有机化学和农药化学的研究领域。1985年在他的关怀下，南开大学元素有机化学国家重点实验室的申报被批准建设。1995年根据杨老关于"经济繁荣，学术发展"和搞农药研发要"小配套、大协作"的遗训，国家批准南开大学成立农药国家工程研究中心。由于杨老高瞻远瞩、德高望重，他对我国的科技事业和对南开大学的诸多重大贡献业绩永存。一生的杰出贡献很难在此短文中予以概括。他对我国早期元素有机化学研究进展已有专文总结[2]。以下仅就他对南开大学农药化学学科方面的贡献作介绍。

（二）创立我国农药化学学科

杨老在西南联大工作时，所承担的教学和行政任务十分繁重，在当时十分艰难的条件下坚持开展有关抗疟药物常山化学合成的研究。据杨老谈，他从小对植物学很感兴趣，早在解放初期考虑到我国是一个农业大国，经过慎重思考，根据国家的需要决定将自己的药物化学研究方向转到农药化学。解放初期，在当时的历史条件下，我国农药化学研究一片空白，抗美援朝期间急需的666、DDT都不会生产。1953年为了探讨我国粮食增产的科学方法，在十分简陋的实验条件下杨老开展植物生长刺激剂研究，1957年他的第一篇研究论文发表在南开大学自然科学学报（创刊）上[3]。1958年杨老为了满足新建的天津农药厂急需上马重点项目，组织了一批年轻教师战斗了40个日日夜夜，在国内首先完成了我国第一个有机磷杀虫剂"对硫磷"的合成工艺，并交付该厂使用。当时杨老领导在南开大学创建的"敌百虫""马拉硫磷"两个车间也首次生产出我国当时急需的杀虫剂产品，填补了我国的技术空白，并于1958年8月13日光荣地接受了毛主席的亲莅视察。60年代初为了筹备元素所的成立，杨老先后邀请了一批苏联专家来所讲学，其中有Kabachnik、Mastrukova等院士和专家，对我国有机磷化学的发展起了重要的推动作用。后来还有Martinov、Gefter等有机氟化学、有机硅化学等专家来所讲学，当时全国大学不少进修教师来到南开大学听课，对我国元素有机化学的学科建设和传播起了推动作用。在建设元素有机化学研究所的当年，还专门成立了第一研究室（农药化学），为我校的农药学科起了奠基作用。1966年"文革"开始后元素所被迫摘牌解散，形势十分危急。1971年杨老不顾自身安危，在南开大学贴出第一张大字报《请求保留元素所》，同时亲自写信给周总理，使得该所得以幸存下来。1978年3月杨老出席全国科学大会，他所主持的10项农药科研成果荣获全国科学大会奖。同年，根据中央的部署，杨老开始分批选派中青年教师出国深造，为我国的化学和农药学科培养了一批人才，后来这些人才都成为各单位的领导和科技骨干。在杨老领导下，南开大学有关农药研究成果：如有机磷32号及47号、灭锈一号、除草剂一号、大豆激素、矮健素、螟蛉畏、燕麦敌、叶枯净、多霉净、久效磷新工艺、氯氰转位技术等课题曾先后获得全国科技大会奖、国家自然科学奖、国家科技进步奖、国家发明奖等部级以上的奖项20余项[4]，为南开大学有机化学学科与农药学科于90年代成功申请为全国重点学科和博士点打下了扎实的基础。

杨老一生对化学学科的发展十分关心。他曾写道"我从事化学工作已60年了，我对化学还有深厚的感情。希望化学还是不断有新的发明创造，在赶超世界水平上作出我国独特的贡献"[5]。在农药学科方面的学术思想和观点也很精辟[6-8]，在今天看来还有很大的前瞻性。本文试将杨老在农药化学学科的重要贡献与其学术思想概述如下。

（三）对农药化学学科的学术思想

1. 农药创制是一个典型的交叉学科和系统工程

在杨老启动农药化学研究的20世纪50年代，北京农业大学黄瑞伦教授在国内早已开展了卓有成就的农药研究，但侧重点是从农学的角度研究农药在实际应用中的一些重要基础理论问题。杨老作为一位在有机化学和药物学方面有很高造诣的专家，开展农药化学研究，从发挥有机化学专业创制我国具有自主的知识产权的视角来开展工作。在1962年成立元素有机化学研究所时，他在《谈谈农药问题》[9]中强调"农药不能脱离现代科学技术水平而单一发展，它是一个综合性极强的学科，涉及的面很广，如有机化学、农业化学、植物、动物、昆虫、真菌、细菌、病毒、土壤、医药、农林渔牧、生化、化工等"。因此在建所初期他坚持要有搞生物的人才参加，先后设立了生物测定室、有机分析室、剂型室、毒理室和中试车间等。诚然在这里有机合成追求的目标是寻找有新的具有特殊生物活性的新结构分子，在农药创新中起了关键的作用，但杨老高瞻远瞩从一开始就把农药研究看作是一个系统工程来发展。在"搭架子"的阶段即能注意农药学科的跨学科、跨专业的特点，说明他对我国开展农药科学的正确判断。这对后来南开大学解决了很多国家农药重大攻关中的技术难题和为启动农药创制工作打下扎实的基础。在当时国家召开的科技会议上，杨老还多次呼吁由政府成立一个跨部门、跨专业的国家级农药管理委员会来协调在生产和研究这中出现的很多交叉性的复杂问题。在今天看来也有很好的指导意义。

多年来国际公认"农药创制"风险高（分子设计命中率小于几万分之一），投资大（1~2亿美元／每个创制产品），周期长（十年以上），难度与创新医药相比有过之而无不及。国际上新农药创新一直由美、日、德、瑞士等少数发达国家垄断。长期以来我国在农药创制工作基础的十分薄弱，缺少自己主打的创制产品。自50年代起杨老很清晰地看到我国和国际水平存在着的这种巨大差距，却对我国的农药创制前景十分憧憬，1962年杨老号召我们："走中国自己的农药发展道路——赶上和超过国际先进水平，创制我国所需要的更多更好的新农药。"他在《全国十年科学规划会议报告》中指出："我们一方面走中国自己发展农药的道路，另一方面还要吸收外国先进的经验——力争在最短期间内赶上和超过国际先进水平，创制我国所需要的更多更好的新农药，促进我国农业现代化的早日实现。"1964年在北京举行的首届亚非拉科学讨论会上杨老在《中国农药化学的研究》中写道[10]："我们完全有信心在化学农药的研究上作出有益的成果，不仅在解决国内病虫害防治的主要问题上，并且将对提高世界农药水平作出一定贡献。"

1982年杨老在任中国化学会名誉理事长时给全国化学会的题

字为"化学要为中国的经济繁荣、学术进展作出更大的贡献",近年中央号召科技工作者为国家重大需求和国家科技前沿发展服务中更加科学地明确了这个指导思想,并已将"农药创制"项目列入《国家中长期科学和技术发展规划纲要(2006—2020年)》,近年在国家的大力支持下开始出现一批志士仁人,特别青年科技人员,开始做出了不少新农药创制的科技成果,杨老为我国毕生奋斗的农药创制事业正在逐步变成现实。

2. 农药研究的自主创新

在1964年杨老在我国当时的历史条件下提出了农药科研四条原则[10]:

①在国内外已有的科学研究成果的基础上,密切结合我国实际,使研究成果尽快地服务于农业生产。

②贯彻理论联系实际的方针,是科学研究在踏实可靠的基础上稳步发展。

③充分利用我国资源,使我国农药科学研究工作具有本国的特色。

④组织分工合作,充分调动业务部门的力量,共同完成国家所制定的农药任务。

杨老还针对农药科研提出三项任务:

①选择国际上成效卓著而有适合我国情况的若干农药品种迅速投入生产。

②整理国内的"土农药",加以鉴定,分析和找出有效成分以便测定结构和进行合成改造之用。

③在现有的基础上结合我国的具体情况,进行创新性的探索工作,试图制出崭新的具有优良性能,特别是高效低毒的农药。

在众多场合中杨老一再呼吁要从战略上看,创制自己的农药是我们要坚持的方向。但要考虑国情和我国的实际情况,要创仿结合、抓紧开发新产品的新工艺、对国际上有苗头的研究成果要提前开发、要考虑使用后对环境和天敌生态的影响、要重视天然植物源的活性结构优化、要向"无公害农药"和"第三代农药"的"崭新领域"发展[11-12, 16]。

在具体工作中,他积极鼓励开拓在当时国内还很少开展的除虫菊素,昆虫信息素,非抗胆碱酯酶性杀虫剂,内吸性杀菌剂。异噻唑杂环等新课题。还亲自部署了甘肃地区的天然植物骆驼蓬草中具有植物激素活性结构的鉴定和研发[13-14],支持了内蒙古地区的娃尔藤碱天然植物活性结构的研究。

1964年杨石先教授通过和当时苏联科学院涅斯米扬诺夫院长签订了在元素有机化学领域的全面合作,先后开展了有机磷化学、有机氟化学、有机硅化学、有机硼化学、有机金属化学等合作课题。杨老鉴于当时国内对磷化学研究基础少,而磷化学和生命科学关系密切,亲自指导了磷化学的研究并解决了其分离提成的关键难题,重点是阐明有机磷化学的杀虫活性和分子结构之间的构效关系。研究了当时国内外大量使用的高毒高效杀虫剂3911的结构改造问题。杨老带领助手先后合成了上百个新结构,经过生物筛选,找到了P32和P47的杀虫活性(对棉红蜘蛛、棉蚜等有很高活性,药效与当时进口的1059相当,但对人畜的毒性要低5~10倍)。此成果曾获1978年全国科技大会科技新产品奖。在有机磷化学的基础研究中经过严格基本功锻炼的科研人员,后来承担了新杀虫剂"久效磷"的新工艺攻关任务，很快地解决了关键技术，协助国内两大农药厂建立了生产车间，供应全国。在杨老鼓励下，有机硅和有机锡等研究也研发了一些很有开发前景的新的农药结构分子。在杨老指导思想的引导下，元素所勇于承担国家重大攻关项目，如高难课题溴氰菊酯、粉锈宁、高效氯氰菊酯转位技术、叶枯净、螟蛉畏等，均获得同行好评，推动了我国的农药生产水平的提高，产生了数亿元的经济效益。1988年杨老带领的团队在有机磷化学的基础理论成果也获得了国家自然科学奖(二等)[15-20]。

3.倡导绿色农药的概念

杨老对国际农药研究的最新动向十分关注，1971年在评论当时美国卡尔逊写的《寂寞的春天》时提出"要用一分为二的观点来观察事物，综合防治的道路是植保农药今后发展必然的道路"。同年在《批判现代植物保护与农药发展中的一些形而上学的观点》中提出"我国是社会主义国家应是关心人民群众的生命安危，毫无疑问今后农药发展的方向必须坚持高效低毒(包括低残毒)这一点，使植保农药永远沿着健康正确的路线向前发展"。1979年杨老在《国外农药进展(二)》一书的前言中写道："除采取必要的防止污染的措施外，人们还希望合成一些无公害的农药。通过不断的研究探索，近年来出现了继无机农药、有机农药之后的所谓第三代农药，第三代农药的出现显示出很强的生命力。可以预料今后会有较快的发展，从而开辟出农药的一个崭新领域"[21]。这些学术观点对当时我们科研工作方向都有很重要的指导意义。

据统计，自1959年到1979年期间，杨老先后写了《国外农药发展的趋势》《谈谈国外农药发展的趋势》《加快农药科研的步伐》等20多篇有关农药科研的指导性文章，平均每年一篇，对我国农药科研的同行起了重要的引领和借鉴作用。综述内容涉及有机磷化学、元素有机化学、杂环化学、天然产物等领域，覆盖了植物激素、杀虫剂、昆虫不育剂、杀菌剂、杀病毒剂、除草剂等研究方向。杨老在农药化学领域发表了84篇论文，论述性文章22篇，编著（译）作6部。在担任校长和其他16项兼职的情况下，还能以如此的热情和精力进行研究和编写工作，他对科学事业的不懈追求和敬业精神是我们永远学习的榜样。

（四）十分重视科技队伍的建设

杨老不仅是一名出色的科学家，还是我国一位十分著名的教育家。杨老较早提出"科学研究人员的培养和提高是战略任务，提高科学研究人员的水平是提高科学研究工作的重要关键"。敬爱的聂荣臻元帅曾经评价杨老为"学者楷模，人之师表"，中科院原院长卢嘉锡院士称杨老为"勤于育才，善于相才"。杨老在长期的教学工作中，以他的高尚的品德、渊博的学识，严峻的治学精神在我国不同的历史时期，以无比的热情，培养了一代又一代的青年学子，使他们成长为我国各条战线上的骨干和栋梁，如较早期的著名学者唐敖庆、蒋明谦、邹承鲁，殷宏章、钮经义、胡秉芳、申泮文、何炳林、陈茹玉等院士。申泮文院士在谈到杨老对他一生的培养和影响时，使他无比激动，他回忆杨老在西南联大的讲课"极为精彩，引人入胜——更突出地显示他的精湛学识和高超讲课才能"。著名物理学家任之恭教授在美国曾对作者详细叙述了杨老在西南联大十分艰苦的环境中任劳任怨，精心培养我国未来科技人才的动人情景，一贯作风正派，办事公道，他强调说杨老是他一生中最为钦佩的几位学者之一。定居在国外的化学家蔡麟博士，情不自禁地谈起杨老在西南联大时对学生谆谆引导、严格要求的往事，使他终身受益。1946年，南开大学刚从昆明迁回天津，杨老积极从美国分批动员了一批学者回国充实化学系的师资力量，大大增强了南开化学学科的教学实力。在筹建元素所的初期，杨老从各重点大学调来应届大学生外，还从全国重点职校招聘了一批毕业生，对后来元素所生测室、分析室、中试车间的建立起了十分重要的作用。在60年代初杨老还往教育部动员当时从苏联、德国回国的留学生来元素所工作，还积极争取名额送元素所两名青年学者到苏联科学院进修。元素所科技人员在"文革"中被迫改行到全国各地的人才，也被杨老陆续找回。在"文革"后期不顾自身的安危，积极为在"文革"受到不公正待遇的有机磷专家陈天池教授平反。在70年代末，在邓小平同志创导的"改革、开放"的大好形势下，积极推动往国外派送访问学者，为元素所的持续发展费尽了心血。杨老一生（包括他的学生们）培养了无数高质量的各种专门人才，为祖国的现代化做出了重要的贡献。

（五）永远是我们学习的楷模

至今杨老离开我们已有26年头了。自从1978年我国改革开放以来，我国农药科技的综合实力和其他战线一样已发生了翻天覆地的变化。我国的农药产量已达世界第一，年产值已达2000亿元（2010年统计），其中有一半出口到世界各地。在各级领导大力支持下，我国的农药科技已从长期的"以仿制为主"逐步转到"以创制为主"

的战略部署,从南开大学校园毕业后走向全国的一代代优秀人才,正在各条战线大显身手,一展风采,为我国农药科技赶上世界水平不断取得可喜成果。杨老预言的"走中国自己的农药发展道路,赶上和超过国际先进水平,创制我国所需要的更多更好的新农药"的时代已经到来。杨老自1923年受聘为南开大学教授到1985年去世,在南开大学辛勤工作62年之久,他的一生是全心全意、鞠躬尽瘁、勤恳敬业,为我国的教育和科学事业无私贡献的一生。他培养的不同时期的学生正在祖国大地为中华民族的崛起努力工作。我们要牢记杨老的光辉业绩,以他为榜样,克服一切前进中的困难,为我国的农药科技事业和工农业现代化做出更大的贡献。

参考文献

1. 中国科学技术协会.中国科学技术专家传略·理学编·化学卷1[M].北京:中国科学技术出版社,1993:150-163.

2. 杨石先,陈天池,王积涛,林一.元素有机化合物化学 // 中国科学院出版委员会.十年来的中国科学·化学(1949—1959)[M].北京:科学出版社,1963:421-467.

3. 杨石先,李正名,崔澂,姚珍,叶超然.萘和苯的衍生物对植物插枝生根作用[J].南开大学学报(自然科学版),1967(4):4-10.

4. 杨光伟.杨石先传[M].天津:南开大学出版社,1991.

5. 杨石先.漫谈四个现代化中的化学[J].现代化,1979,1(5).

6. 李正名.杨石先先生与南开大学农药学科[J].农药学学报,2009,11(Z1):72-74.

7. 李正名.杨老的教诲永记心头 // 南开大学办公室.杨石先纪念文集[M].天津:南开大学出版社,1999:104-107.

8. 南开大学办公室. 杨石先纪念文集[M]. 天津：南开大学出版社，1999.

9. 杨石先. 谈谈农药问题[N]. 人民日报，1962-12-04.

10. 杨石先，陈天池. 中国农药化学的研究[R]. 北京：亚非拉北京科学学术讨论会，1964-08-14.

11. 杨石先. 我对《农药工业译丛》的期望[J]. 农药工业译丛，1979(1).

12. 杨石先. 前言 // 南开大学元素有机化学研究所. 国外农药进展(二)[M]. 北京：化学工业出版社，1979.

13. 杨石先，陈茹玉，武振亮，郑巧兰，史延年，刘准，张春香. 骆驼蓬中活性物质的研究[J]. 植物生理学通讯，1987(1)：18-21.

14. 杨石先，陈茹玉，史延年，等. 骆驼蓬中活性物质的研究[R]. 日本京都：第五届国际农药化学会议，1982.

15. 杨石先，陈天池，李正名，李毓桂，王琴荪，颜茂恭，董希阳. 有机磷杀虫剂的研究Ⅰ：O,O-二烷基S-烃基(取代烃基)硫(氧)甲基(取代甲基)二硫代磷酸酯的合成[J]. 化学学报，1959，25(6)：402-408；中国科学，1960，9(7)：897-906.

16. 杨石先，陈茹玉，黎万琳，曹惠芳，何闵章，胡声闻，曹善者. 取代氨基二硫甲酸衍生物的研究：取代氨基二硫甲酸酯和次乙基-双-(氨基二硫甲酸酯)的合成[J]. 化学学报，1960，26(1)：49-52.

17. 杨石先，陈天池，李正名，李毓桂，董希阳，高绍仪，董松琦. 有机磷杀虫剂的研究Ⅱ：O,O-二烷基S-烃基硫甲基二硫代磷酸酯的合成[J]. 化学学报，1962，28(3)：187-199.

18. 杨石先，陈天池，王琴孙，李正名. 有机磷杀虫剂的研究Ⅲ：O-乙基N,N-二乙氨基硫代磷酸钠的合成及其与硫氢化钠的反应

[J]. 化学学报, 1963, 29(3): 153-158.

19. 杨石先, 陈天池, 李正名, 王惠林, 黄润秋, 唐除痴, 刘天麟, 张金培(碚). 有机磷杀虫剂的研究 VII. 某些苯基对位取代硫代磷酸酯的合成 [J]. 化学学报, 1965, 31(5): 399-406.

20. 杨石先, 陈天池, 王琴荪, 金桂玉, 邵瑞链, 刘纶祖. 有机磷杀虫剂的研究 VIII: O-乙基 N,N-二乙氨基硫代磷酸钠的制备及其化学反应 [J]. 化学学报, 1965, 31(5): 406-411.

21. 杨石先. 今后我们努力的方向——在1978年全国农药毒性和残留研究工作会议上的发言 // 南开大学校史研究室. 杨石先文选 [M]. 天津: 南开大学出版社, 2017: 105-107.

陈天池简介

陈天池(1918—1968)

陈天池教授，1918年7月4日出生。浙江诸暨人。分析化学家。自幼6岁进入诸暨县店口镇紫北小学，1930年考入杭州市崇文中学，1933年考入江苏省省立上海中学高中，1936年考入北京燕京大学化学系。七七事变后，陈天池于1937年8月返回家乡任小学教师。1938年1月，他再次离开家乡，绕道长沙、桂林、贵阳等地辗转到达昆明，于当年9月考入昆明西南联合大学化学系二年级。他生活困难，得到他的同乡邱宗岳老师(后南开大学化学系主任)的接济。他发奋勤学，由于基础扎实、成绩优异，特别是数学成绩突出，1941年，他西南联合大学毕业后留校任邱宗岳的助教，辅导物理化学和统计热力学课程。

由于陈天池工作认真负责，后任当时西南联大理学院化学系主任杨石先助理之一，负责处理同学学籍、课程安排和学生工作。当时还负责传达学校各种有关事务给化学系其他教授曾昭抡、黄子卿、高崇熙、朱剑寒、严仁荫、张青莲等。抗战时西南联大教学条件极为困难，教学设备简陋，粉笔定量供应，教材只靠老师讲课学生记笔记；实验室中没有自来水，靠学生拎水桶打水，加热靠电炉，用的试剂如盐酸是黄的，酒精是棕色的，要预先处理；此外，助理还要管理试剂采购、库房出纳和有关教学工作。自1941年陈天池毕业后先后担任助教和助理共达五年。

1946年陈天池考取了留美公费生，在路易斯安那大学获理工博士学位。1949年陈天池在科罗拉多大学任研究员。他在美国加入了世界科学工作者协会，多方了解新中国，坚定了他回国的决心。

1950年9月，陈天池应老师杨石先的邀请回到祖国，前往南开大学任教。

1951年，陈天池先后参加了西南地区的土地改革运动和"三反""五反"等运动，深受教育。从这年起，他参加了马列主义夜大学，注意思想改造，将立足点逐步移到工农方向，愿把自己才学奉献给劳动人民，成为一名无产阶级战士。1954年陈天池加入中国共产党。

当时正值高校进行院系调整工作，国家急需矿物分析人才，他毅然放弃自己的有机化学专业筹建了化学矿物分析专业，开设了定性和定量分析等课程。后来根据国家需要又筹建了应用化学专业，出色地完成了国家下达组建南开大学物理二系的任务。1956年周总理亲自领导制订"中国十二年科学技术发展远景规划"时,南开大学校长杨石先接受了研制有机农药的任务。中国虽然是个农业大国,但当时农药的科学研究和产品生产几乎是空白。为了解决国家需要,陈天池决定全力参加到农药化学的学科建设中去。

1956年中央发出向科学进军的动员,陈天池当时参加筹建"有机二室"(元素有机化学研究所前身),提出"以室为家,人人为我,我为人人"的口号,建立起互帮互学的科研集体。在高校科研中,他提出老青结合、建立科研团队、与有关单位开展协作的建议,为南开大学元素有机化学研究所的创建提供了很好的基础。

1958年,毛主席亲临南开大学视察,杨石先和陈天池陪同参观了当时国内技术空白的敌百虫车间。毛主席视察后很为高兴,主张教学要面向生产,科研要与生产结合。1959年,杨石先考察苏联后,开始筹办元素有机化学研究所(简称元素所)。作为杨石先得力助手的陈天池全力以赴进行艰苦的创建工作,除了从国内外积极引进人才外,在实验条件方面,研究所装备了国内大学尚没有的红外光谱仪、气相色谱仪、配套磨口有机合成仪等,为兄弟学校和有关企业提供高质量技术服务,为元素所后来的发展奠定了扎实的基础。

根据当时中苏科技合作协议,陈天池教授积极开展磷酸酯类结构研究,深入地研究了一硫代(酮式)磷酸酯类、一硫代(醇式)磷酸酯类、二硫代磷酸酯的各类学反应,对有机磷杀虫剂、有机磷杀菌剂、有机磷除草剂等结构中的互变异构现象、水解动力学及反应机理等进行了基础理论研究,为中国生产有机磷农药打下了理论基础。以他为主研究的"有机磷活性物质与有机磷化学"1986年获国家教育委员会科技进步奖一等奖,1987年获国家自然科学奖二等奖。他曾任南开大学党委委员、化学系副主任、分析化学教研室主任、元素有机化学研究所党总支书记兼常务副所长,中国化学会第二十届理事会常务理事兼副秘书长等职。

由于他工作努力,成绩突出,于1959、1960、1962和1963年连续四次被评为河北省、天津市科教积极分子、劳动模范,并出席了全国文教群英会,成为当时全国著名的化学教授。

在"文革"中,陈天池受到了强烈冲击,不幸于1968年12月20日被迫害致死,时年仅50岁。80年代得到组织上全面平反,肯定了他的爱国情操和对我国化学事业的重要贡献。

陈天池英年早逝,他短暂的一生曾在JACS、中国化学会会志、化学学报、化学通报等发表论文23篇。

(南开大学化学院陈友安撰文,李正名补充)

陈天池年表

1918年7月4日　　出生于浙江省诸暨县。
1936—1937年　　就读于燕京大学化学系。
1938—1941年　　就读于西南联合大学化学系。
1941—1946年　　任西南联合大学化学系助教。
1946—1948年　　赴美国路易斯安那大学研究院深造。
1948—1949年　　任美国佐治亚州大学研究所助理。
1949年　　　　　在美国路易斯安那大学获博士学位。
1949—1950年　　任美国科罗拉多大学研究院研究员。
1951—1968年　　任南开大学化学系教授、分析化学教研室主任、副系主任。
1960—1962年　　任南开大学物理二系总支书记兼系主任。
1962—1968年　　任南开大学元素有机化学研究所总支书记兼副所长。
1963—1968年　　当选为中国化学会第二十届理事会常务理事兼副秘书长。
1968年12月20日　逝世于天津。

陈天池主要论著

1.孙承谔,唐敖庆,陈天池.The Relation between Atomic Radii and Densities[J].中国化学会志,1943,10(1):19-21.

2.孙承谔,陈天池.The Relation between Atomic Radii and Critical Temperature[J].中国化学会志,1944,11(1):118-119.

3.孙承谔,陈天池. The Relation between Atomic Radii and Mole Refractions[J].中国化学会志,1944,11(2):121-124.

4.T. C. Chen, W. T. Sumerford. Some Esters of 2-Trichlorol-1-(p-chlorophenyl)-ethanol as Potential Insecticides [J].J. Am. Chem. Soc.,1950,72(11):5124-5125.

5.T. C. Chen, W. T. Sumerford. The Synthesis of Some Simple and Mixed Ethers as Contact Insecticides[J]. J. Am. Chem. Soc.,1951,73(10):4694-4696.

6.陈天池,叶率官.含砷有机化合物在无机分析中的应用Ⅰ:磷氨基苯砷酸作检定与测定少量金(Ⅲ)的试剂[J].化学学报,1957,23(6):474-479.

7.陈天池,陈其杰.扑打杀(E838)及其类似物的合成[J].农药技术报导,1959,1(2):38.

8. 杨石先,陈天池,李正名,李毓桂,王琴荪,颜茂恭,董希阳.有机磷杀虫剂的研究Ⅰ:O,O-二烷基S-烃基(取代烃基)硫(氧)甲基(取代甲基)二硫代磷酸酯的合成[J].化学学报,1959,25(6):402-408;中国科学,1960,9(7):897-906.

9. 杨石先,陈天池,等.新合成的二硫代磷酸酯衍生物[J].农药技术报导,1959,1(9):50-51.

10. 杨石先,陈天池,李正名,李毓桂,董希阳,高绍仪,董松琦.有机磷杀虫剂的研究Ⅱ:O,O-二烷基S-烃基硫甲基二硫代磷酸酯的合成[J].化学学报,1962,28(3):187-199.

11. 陈天池,陈其杰.有机磷杀虫剂的研究Ⅳ:扑打杀类似物的合成[J].化学学报,1962,28(3):191-194.

12. 杨石先,陈天池,王琴孙,李正名.有机磷杀虫剂的研究Ⅲ:O-乙基N,N-二乙氨基硫代磷酸钠的合成及其与硫氢化钠的反应[J].化学学报,1963,29(3):153-158.

13. 杨石先,陈天池,李毓桂.阿赛昂与乐果衍生物的合成[J].化工技术资料:农药专业分册,1963(4):67.

14. 杨石先,陈天池,李正名,等.有机磷杀虫剂的研究Ⅵ:类马拉赛昂杀虫剂合成中一些反应的探讨[J].南开大学学报(自然科学·化学专刊),1964,5(3):79-87.

15. 陈天池,李正名.近年来有机磷化学及其应用的发展[J].化学通报,1964(6):321-328.

16. 杨石先,陈天池.中国农药化学的研究[R].北京:亚非拉北京科学学术讨论会,1964-08-14.

17. 杨石先,陈天池,李正名,等.有机磷杀虫剂的研究Ⅴ:某些含萘环磷酸酯类型杀虫剂的合成[J].南开大学学报(自然科学),

1964, 5(2): 59-61; 高等学校自然科学学报, 1965(4): 328-332.

18. 杨石先, 陈天池, 李正名. 有机磷杀虫剂的研究Ⅶ: 某些苯基对位取代硫代磷酸酯的合成[J]. 化学学报, 1965, 31(5): 399-406.

19. 杨石先, 陈天池, 王琴荪, 等. 有机磷杀虫剂的研究Ⅷ: O-乙基N, N-二乙氨基一(或二)硫代磷酸钠的制备及其化学反应[J]. 化学学报, 1965, 31(5): 406-412.

20. 〔德〕G. 希拉台尔. 新磷酸酯类杀虫剂的进展[M]. 杨石先, 陈天池, 李正名, 等, 译. 北京: 化学工业出版社, 1966.

21. 杨石先, 陈天池, 唐除痴, 等. O, O-二乙基二硫代磷酸酯工业品中副产物的分离和鉴定[J]. 农药工业, 1966(1): 28.

22. 杨石先, 陈天池, 李毓桂, 高金生. 有机磷昆虫不育剂的研究: N-乙撑亚胺基, 烷氧基(胺基, 取代胺基)磷酰胺与硫代磷酰胺类化合物的合成[J]. 高等学校化学学报, 1980, 1(2): 117-119.

23. 杨石先, 陈天池, 陈庆华. 有机磷杀虫剂的研究Ⅸ: 某些含萘环硫代磷酸酯杀虫剂之研究[J]. 高等学校化学学报, 1981, 2(1): 55-62.

陈天池手稿

南开大学化学系 元素有机化学研究所 有机磷研究
室成立以来有机磷杀虫剂研究中化学部
分工作的小结

(甲) 研究工作的内容

研究室的主要任务是结合和间夹叶生产的需要创制新型有机磷杀虫剂，在探索过程中，接触到各种化学问题 主也进行了研究。兹将我们所研究过的问题 按报告数型分数简单小结如下：

(一) $\begin{matrix}RO\\RO\end{matrix}P(=S)-S-CH_2YR''$ 型化合物

3911是一个内吸性能好, 有广谱杀虫效力的高效有机磷杀虫剂, 但它对哺乳动物的毒性甚大, 故在农业生产中虽无法作为拌种剂未使用 只能用于浸棉。我们研究的目的是合后以3911结构为例作适当改变有关化学基团合成一系列化合物通过生物测定，筛选出能保存3911优良杀虫性能 但对哺乳动物毒性减低的杀虫药剂，同时总结这一数型的杀虫剂中化学结构与昆虫毒性间的规律性，为找寻今后寻找具有高效低毒的有机磷杀虫剂工作提供理论基础。

我们自1959年起先后合成了一百余种化合物, 其中70余种数据较全, 而绝大部分均为新的化合物, 并初步进行了它们对四食物虫的毒性试验, 兹将研究结果分述如下：

(1) 合成工作：

1. O,O-二烷基 二硫代磷酸的合成.
$$P_2S_5 + 4ROH \longrightarrow 2(RO)_2P(=S)SH + H_2S$$

反应按一般文献记载的方法进行

2. $\begin{matrix}RO\\RO\end{matrix}P(=S)SCHR'YR''$ 型化合物的合成

$$\begin{matrix}RO\\RO\end{matrix}P(=S)-SH + HCHO + R''YH \longrightarrow \begin{matrix}RO\\RO\end{matrix}P(=S)-SCH_2YR''$$

深深的怀念

金桂玉　邵瑞链　黄润秋　唐除痴
么恩云　刘天麟　王惠林　刘纶祖
韩嘉祥　董希阳　章大翃　柴有新

二室资料室里存放着一份1967年6月陈天池先生写的有机磷研究室工作小结，三十年后手稿已经发黄，但陈先生工整有力的字迹仍跃然纸上。那时正是他身处"文革"逆境被隔离反省时期，从这份长达六十二页的手稿中，从他对研究室课题设计到思路的深刻分析和各课题组实验数据的精确论证中，我们看到了一位党员科学家报效祖国的赤子之心和对科学事业的执着追求。我们深深地被他的无私奉献精神所感动，深深地怀念他。

回想1962年建所初期，陈天池先生作为所的领导，还具体负责有机磷室（二室）的科研工作。他是一位造诣很深、洞察力敏锐的化学家，对研究室的发展有一套设想和计划。他认为从长远来看，要发展有机磷学科必须加强基础研究，但最初几年还要以农药为主，以解决国家之急需。他很早就提出农药研究要突出创新的指导思想，所以在课题安排上他一方面为创制高效低毒农药开展了硫代磷酰胺酯、硫代膦酸酯、含萘环磷酸酯、亚砜类磷酸酯的研究，另一方面分配部分专题组着重进行有机磷化合物互变异构现象、水解动力学以及反应机理的探讨。他还十分重视科学技术为国民经济服务的方向，他带领二室的全体同志一起到天津农药厂等工厂，深入车间，调查了解生产情况，对工厂提出的有普遍应用价值的化学课题如二硫代磷酸酯中性油的分离鉴定等组织专人进行研究。由于陈先生卓越的科研组织领导才干，调动了大家积极性，有机磷室的研究工作卓有成效地开展起来，很快研制成功新型农药有机磷杀虫剂P32和P47，荣获国家科委新产品二等奖。陈先生知人善用，他领导下的研究室有很大的凝聚力，全室青年人朝气向上，苦干钻研，经常试验到深夜，每次全国学术会议都提交不少高质量的研究论文，为元素所在全国有机磷化学领域中的领先地位奠定了基础。

陈天池先生本人是位又红又专的科学家，他也十分重视德才兼备人才的培养。他处处以身作则，无论身兼书记、所长、系主任工作多么繁忙，他还是经常去资料室查阅文献，了解国际最新动向，并制成卡片。他时常到实验室听取汇报，掌握工作进展，及时给予指导和把关。为使青年人打好坚实的科研基础，他要求我们每人选修必要的课程和外语，并参加考试，不得旁听了事。刚分配来的大学生要做有机磷关键中间体的合成实验训练，只有当产物收率和度量都达到指标后方可开始科研，他还建立了读书报告制度，有计划安排每个科研人员，了解学科前沿写出报告以培养综合分析能力。他本人更是身先士卒，带头示范。陈先生对青年人的培养还十分善于启迪，提出问题让大家去思考和探究，使大家学会科学研究的方法和本领。他大胆放手让青年人负责组织专题研究和参加全国会战，到实际工作中挑重担和锻炼。多年后，原有机磷研究室的很多同志已经成为元素所的学术带头人和业务骨干，我们再一次感受到早期培养他们的陈天池先生精心育才的一番苦心。

　　陈天池先生为人正直诚恳、待人宽厚，他经常和大家交流思想，热心助人，多次为有病的青年教师和家属慷慨解囊，排忧解难。我们都还记得，他白天和大家切磋讨论科研难题，深夜还到实验室看望大家；卫生大扫除时，他和大家一起擦玻璃，节假日里，他又和留校的同志一起联欢郊游。他是一位严师，要求大家业务上不断进取、多出成果；他又是一位和蔼的长者，不时叮嘱大家做完实验"多活动""睡足八小时""多吃红枣加强营养"……至今陈天池先生的音容笑貌还历历在目，他的举止言谈我们还记忆犹新，可惜他不幸于1968年"文化大革命"期间被迫害致死，时年才50岁。陈先生英年早逝使我室失去了一位有机磷学科的领路人，使我们大家失去了一位学问渊博、爱护后学的好导师，每当我们想起他都十分悲痛。陈先生走了，但他创造的有机磷室和研究工作仍由我们这些后学者在继续和发展，他的爱国敬业精神，他的高尚品德以及他的关怀和影响将永远留在我们心中。

师恩难忘 风范长存

王琴荪

陈天池先生离开我们整整卅年了。他的音容笑貌经常出现在我的梦境中，他循循善诱、诲人不倦的情景至今难忘。1958年，我作为先生第一个研究生，聆听他的启迪和教诲，使我终身受益。几十年来，我工作和学术上取得的成绩和进展都是和先生早年指导和培养分不开的。

陈天池先生是位又红又专的教授，他既有作为领导者的魄力和胆识，又有专家的博学和严谨。当时，他主持的有机磷室有很大的凝聚力，他强调要"以实验室为家。人人为我，我为人人，建立既有统一意志又有个人心情舒畅的生动活泼的科研集体。"室内青年人多，工作热情高，常常自觉工作到深夜。陈先生在忙完系里和总支工作后也来实验室和大家一起讨论科研问题和交流思想。他精心育才，对每个学生的长处和短处都了如指掌，根据个人的特点分配任务，所以能很好地发挥大家的聪明才智，那时有机磷室大多数同志出身于非劳动人民家庭，作为共产党员的陈先生从不歧视我们这些"出身不好"的人，根据德才兼备的原则，工作上同样委以重任，使大家能心情愉快，勤奋地工作与学习，在当时的政治环境下，他不顾来自"左"的压力，千方百计为培养人才创造学习和研究条件，可见他的远见卓识，能做到这点是难能可贵的。回想起来，南开元素所有机磷室从60年代开始就不断取得重要成果，不少项目还得到国家和部委的奖励，又培养了一批有机磷化学的教授和学术带头人，使南开元素所成为全国有机磷化学的主要研究单位，作为研究室创始人之一的陈天池先生功不可没。

陈先生的品德和为人有口皆碑，我们全家谈起先生来都很感激。原来我爱人和孩子在杭州，两地分居。每到临近寒暑假时，先生总关怀地要我将工作告一段落，写好小结，提前几天回家，以避开火车客运高峰。先生为我爱人的调动，亲自到人事部门陈情和催办，经两年努力，终于将她调来我校，使我们全家团聚。但来津后，孩子因不适应北方水土，得重病住进儿童医院，出院时要支付近两百元医疗费，这相当于当时我们夫妇近两个月的收入。我们正发愁，先生得知后慷慨地将他的未到期的定期储蓄交给了我。我拿着这存折感动得不知说什么好。

先生去世时才50岁，他的英年早逝使我失去了一位好导师，我深感痛惜，非常怀念他。每想起他毕生对祖国科研和教育事业的奉献精神和对我的谆谆教诲就会激励我继续努力向前。

1998年12月20日

王琴荪

1934—2007，汉族，出生于上海市，江苏吴县人。

1956年南开大学化学系本科毕业，1961年毕业于南开大学化学系研究生，留校在化学系任教。1962年元素所成立参加有机磷研究室，1976年调到分析室。1984年公派美国加州大学做访问学者，1993年应法国Franche-Comte大学讲学。

1993年晋升为教授，博士生导师。元素所国家重点实验室学术委员会委员，分析室主任。

多年从事现代分离分析方法的研究，在计算机辅助色谱最优化条件的选择研究取得优异成果，多次得到国家自然基金，博士点基金的资助，在国际刊物发表近40篇论文，1993年获国家教委科技进步二等奖。

带领分析室开创"农药全组分的分析方法的研究和应用"的研究方向，在20年中积极承担国内外农药登记的"农药的全组分析"项目达230项，涉及农药品种达130多种。曾担任两届国家农药标准化委员会的副主任委员，享受国务院特殊津贴。

在创建元素所期间其他老前辈的简介

一室主任：陈茹玉

（1919.9.24—2012.3.11）女，福建闽侯人。1946年10月任南开大学化学系助教。1948年赴美留学，在印第安那大学分别获得硕士学位和博士学位。1956年2月回到祖国。曾任南开大学化学系教授，有机化学教研室副主任，元素有机化学研究所农药室主任、副所长、所长等职务。曾多次获得国家自然科学奖及国家教委颁发的科技进步奖。

二室主任：陈天池

（1918.7.4—1968.12.20）男，浙江省诸暨县人。1946年，陈天池考取了留美公费生。1949年，陈天池到科罗拉多大学研究院任研究员。1950年9月应他的老师杨石先教授的邀请来到南开大学。曾任南开大学化学系教授、分析教研室主任、化学系副主任、物理二系总支书记兼系主任、元素有机化学研究所党支部书记兼副所长、南开大学党委委员等职务。

| 三室主任：王积涛 |

（1918.1.20—2006.1.24）男，出生于江苏苏州。1936年考入南京中央大学农学院。七七事变后转入东吴大学。1939年入西南联大，1941年获理学学士学位，并留校任教。1945年进入美国密执根大学研究院学习，1947年获理学硕士学位。后转入美国普渡大学，1949年获普渡大学研究院哲学博士学位。1950年，毅然返回祖国，投身于南开大学教育和科研工作。1977年11月任元素有机化学研究所所长，长期担任南开大学化学系副主任。

| 四室主任：周秀中 |

（1924.3.10—）男，出生于湖南省常德市。于1947年考入湖南大学。1951年毕业后，由于成绩优异被保送至北京大学化学系作研究生。1953年秋到南开大学化学系任教。历任南开大学化学系副主任。专于有机化学，对元素有机硅及金属有机化学较有研究。长期为化学系讲授有机化学。1961年受高教部委托，修订了综合大学《有机化学教学大纲》，并编写其使用说明书，分发各院校供有关教学人员参考。

五室主任：高振衡

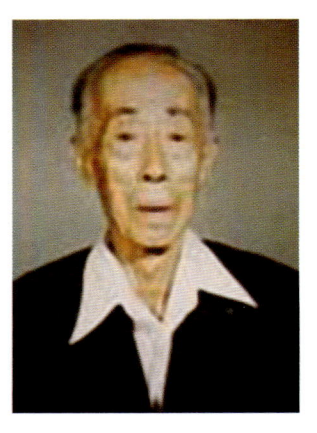

（1911.6.21—1989.11.14）男，物理有机化学家。祖籍浙江绍兴。1930年考入清华大学化学系，1934年毕业后留校任教。1937年七七事变后，他辗转到昆明任教于西南联大。1941年赴美国从事有机化学研究工作，1946年获美国哈佛大学研究院博士学位。同年他应著名化学家杨石先教授的邀请，怀着报效祖国的满腔热情，放弃了优越的生活待遇和良好的工作条件，回到南开大学任教授。1980年11月被选为中国科学院学部委员(院士)。

六室主任：余仲建

（1924.8-1994.1）男，1947年毕业于北京大学化学系。著有《有机化合物系统鉴定法》《现代有机分析》等名著。在国内首创有机分析专业，曾任全国色谱学会副会长、天津市色谱学会会长。获得国家教委颁发的"从事高校科技工作40年成绩显著"的荣誉证书。

七室主任：何炳林

（1918.8.24—2007.7.4）男，高分子化学家和化学教育家，长期从事教育工作，为国家培养了大批高分子化学科技人才，并在功能高分子的研究方面做出了贡献。其中最重要的是开创并发展了中国的离子交换树脂工业，发明了大孔离子交换树脂，并对其结构与性能进行了系统研究。何炳林是我国离子交换树脂工业的开创者，被誉为"离子交换树脂之父"。获得国家自然科学二等奖(1978)，国家教育部科技进步一等奖(1999)等奖项。

二、忆战斗岁月 望灿烂未来

元素所老同志回忆录

元素所初创阶段的记忆

金桂玉

南开大学元素有机化学研究所(简称元素所)自1962年10月成立至今(2012年)已经整50年了,它经历了筹建、初建创立、"文革"劫难、科学的春天及快速发展的历程。

南开大学校长杨石先教授是著名的化学家、教育家,是教育界的泰斗、化学界的宗师。他一向坚持认为高等学校应担负教学和科研的双重任务,早在1954年他在《科学通报》上发表文章就指出,"高等学校是国内具有最雄厚的科学后备力量的机关""应发挥科学潜力积极开展研究工作"。1956年杨老参加了由周恩来总理亲自领导的我国十二年科学技术远景规划的制订工作,并在会上作了《化学科学与国民经济的关系》的报告,周恩来总理和很多与会代表都极为重视。我国是一个农业大国,粮食生产在国民经济中占有主要的地位,为适应我国农业发展的需要,杨校长受总理委托接受了从事农药研制的任务,他回校后,遵照总理"你先找几个人工作二三年,先不要向国家伸手要钱、要人,你们做了工作,国家自有安排"的指示,与陈天池和陈茹玉教授商量,由杨老牵头提议安排他俩进行农药研究,两位教授欣然应允,然后带领他们身边几名年轻助手和做毕业论文的学生开始了有机磷农药的研制，当时大家的积极性很高，很快研制成功了当时最新推出的优秀有机磷杀虫剂敌百虫、马拉硫磷，并办起了生产车间。1958年毛主席到南开大学视察了杨校长带领师生们办起的两个农药生产车间，对他们的工作给予了很好的评价。敌百虫、马拉硫磷的研制成功推动了有机磷农药的工业生产，在农业生产中起了重要作用。

1957年11月杨老作为中国访苏科学技术代表团成员访问莫斯科，认为苏联正在开展的元素有机化学是具有很强生命力的一门新学科，将在国民经济和国防建设上发挥巨大的作用，联系到有机磷化学研究已在南开大学开展并取得进展的现实，杨老产生了建立一个专门机构从事元素有机化学研究的设想，为此，他首先组织高振衡教授、何炳林教授、王积涛教授和周秀中教授带领年轻助手们分别开展了有机硼化学、高分子化学、有机氟和有机硅化学研究，为建所奠定了基础。与此同时，1959年杨老邀请苏联的磷、氟、硅的专家卡巴契尼克、马斯特留柯娃、马尔丁诺夫等前来讲课，促进了杂原子有机化学的教学与研究。

1962年4月杨老出席全国十年科学规划会议，为落实科学发展纲要，加速我国科学事业的发展，中央决定在高校建立独立的科研所、室，教育部具体落实决定在全国范围内第一批建立18个科研所(室)，其中包括南开大学元素有机化学研究所，杨老以他的远见卓识为元素所的起步、成长、壮大做了总体设计，杨老的得力助手陈天池教授为创建元素所倾注了全部心血，遵照杨老的指示进行规划，制订发展路线，从人力、物力以及各种规章制度做好了充分准备。

在周总理和聂副总理的亲切关怀及国家科委和教育部的大力支持下，在杨老创导的化学系科学研究成绩的基础上，1962年10月我国高等学校第一个化学专职研究机构——南开大学元素有机化学研究所宣告成立。杨石先校长亲自任所长，陈天池教授任党支部书记兼副所长，主持实际工作，高振衡教授任副所长。建所时有兼职、专职人员39人，设七个研究室，第一研究室为农药研究室（陈茹玉教授任室主任）、第二研究室为有机磷研究室（陈天池教授任室主任）、第三研究室为有机氟研究室（王积涛教授任室主任）、第四研究室为有机硅研究室（周秀中教授任室主任）、第五研究室为有机硼研究室（高振衡教授任室主任）、第六研究室为分析室（余仲健副教授任室主任）、第七研究室为元素有机高分子化学研究室（组）（何炳林教授任室主任），刚成立时的所址就是原化学系第一教学楼一层及二层的部分实验室，1964年搬到原属华北分院的元素楼，占用三分之一，1965年华北分院撤销，我所拥有了大楼。

元素所成立后，科研工作有序而卓有成效地开展起来，按照杨老向聂荣臻副总理汇报得到肯定的元素所规划，首先要突出支援农业的特点，以适应大办农业的需要，先集中人力、物力开始农药研制开发，开展有机磷农药研究，逐渐铺开到其他元素有机化学方面的研究。

研究内容有：

1. 农业急需品种的研制开发，大力开展具有生物活性有机化合物的合成及磷、氟、硅、硼有机化合物的合成。

2. 研究具有生物活性有机化合物及元素有机化合物的结构与性能的关系。

3. 研究元素有机化合物的反应及反应机理。

4. 开展元素有机高分子化学研究。

研究耐高温，防燃烧的含磷有机玻璃及塑料，耐高温的有机硅漆，含硼耐辐射塑料，结合任务开展本学科基础理论研究。

农药室分除草和杀菌二个组。"除草剂一号"是1957年开始研制和创新化合物,是当时重点研究课题,元素所成立后,经化合物的活性筛选,小试合成路线的选择,化学分析方法的建立,工业化放大,直到在天津农药实验厂中试生产,在湖南、湖北、山东、河北、京津地区的两年大面积田间试验,生测除草组同志在农村蹲点。这些工作对于年轻的元素所同志来说是属于开创性的探索,任何一个过程都是第一次尝试,虽然获得了成功,但因为"文化大革命"开始,这一新产品最终夭折。

1966年初国家第三个五年计划开始不久,国家急需除草剂防治西北地区的野燕麦,该杂草与小麦同属在西北地区危害严重,造成小麦减产30%～50%。一般野燕麦长在西北的高寒地区,野燕麦与小麦、青稞作物难分辨,只能靠农妇跪在地上拔除,长年下来伤害了农村妇女的身体健康。当时,我所与沈阳化工研究院接受了国家任务,为了尽快取得成果,两单位研究人员决定各自发挥特长,合作分工完成任务,我所负责寻找合适品种并进行小试研究及室内试验,沈阳院则在我们工作的基础上,开展工艺设备及流程的研究,在不到两年的时间里,完成了燕麦敌一号及二号的研究,并在青海省电化厂投产。我所生测室同志在西北与当地农民同吃同住,生活条件极端困难,还要克服高原反应的情况下,发挥了卓越的精神,完成田间试验、应用研究和推广任务,除上述两个除草剂研制开发外,还完成了三取代硫脲的合成,硫脲衍生物的合成及其氧化及均三氮苯衍生物的研究。

1963年我国发生了大面积的小麦锈病,生测室杀菌组立即组织人力,选择品种,探索合成路线,很快合成出灭锈一号,在河北农大进行了初筛,效果很好,继而在天津市化工一厂及大连的化工厂进行了放大样,生产了上百公斤的产品。随后在天津、河北、山西等地进行大田试验及推广应用，当时天津市科委十分重视，成立了指挥部，对防治工作给予支持。同志们齐心协力，在治理小麦锈病上取得了胜利，1965年在市科委主持下通过了小试鉴定。灭锈一号的进一步开发也因"文化大革命"而中断，此外杀菌组在这期间还研制了硫代5号。

有机磷研究室在杨校长和陈天池教授的直接领导下，由他们的助手李正名和王琴荪老师带领我们刚入所的年轻人分两个组开展有机磷杀虫剂的创制及有机磷化学反应研究。磷32磷47是1959年合成的O, O-二烷基S-烃基(取代烃基)硫(氧)-甲基(取代甲基)二硫代磷酸酯系列化合物初筛出活性最佳的两个化合物，元素所成立后，在生测楼尚未建成前，生测室杀虫组同志建立了简易实验室，用田间采集的蚜虫、红蜘蛛及棉铃虫测试其生物活性，还到大连一个蔬果园做杀螨的田间试验，它们的进一步开发也因"文化大革命"的开始而中断。

完成的研究工作还有含萘环磷酸及硫代磷酸酯类杀虫剂的合成；某些苯基对位取代硫代磷酸酯的合成；类马拉塞昂杀虫剂合成中一些反应的探讨；含磷乙酰亚胺化合物的化学与应用；O-乙基N, N-二乙氨基(或二)硫代磷酸钠的制备及其反应；有机磷化合物的互变异构及水介动力学研究等。

陈先生十分重视科学技术为国民经济服务的方向，他带领二室的全体同志一起到天津农药厂调查了解该厂的生产情况，对工厂提出的有普遍应用价值的二硫代磷酸酯中性油的分离鉴定这个课题，组织专人进行研究。

有机硅研究室在周秀中先生领导下首先进行了乙炔的硅氢化反应和有机硅氢化物对烯丙基硅化物的加成反应。在研究1-(二甲基氯硅烷基)-3(甲基苯基氯硅基)丙烷的某些反应时,合成了含有Si-Si键的五元环及含有Si-A-Si(A=O,S,NR)键的六元环状有机硅化合物。有机硼研究室开展了系列芳香硼酸酯的合成及异(硫)氰酸硼酯的制备及其反应研究,探索了带有烯基硼酸酯的聚合反应及产物的抗辐射性能。

分析室的工作主要针对我所开展的农药及元素有机化学研究建立各种元素的分析方法,如卤素氯与溴、碳、氢、硼、氟、硫等。在仪器设备方面,受到国家科委和教育部重视与支持,我们得到了当时其他高等学校所没有的高档仪器。如国家进口两台核磁共振仪,给元素所批拨了一台,还有红外光谱、气相色谱、紫外光谱和顺磁谱仪,成立了仪器组。分析室和仪器组的同志们加班加点,认真学习,反复试验,精心安装、调试,顺利完成各项工作,为合成室提供分析及测试数据。

上述各室取得的研究成果,在我校1963年召开的直属高等学校首次有机化学讨论会上均作了报告,受到兄弟院校的好评,也得到了上级领导和有关方面的注意。建所初期我国经济还比较困难,粮食供应不足,粮食产量因病虫草害而减产,加之当时元素所科研人员较少,战线不宜过长,1963年底杨老与陈天池先生商议决定对元素所机构设置做进一步的调整,裁并了有机氟、有机硼室,进一步充实加强农药研究室,杨老提出了"小配套,大协作"的方针,就是元素所要配套设置生物测定室和农药车间,使元素所能独立较快地完成前期开发工作,再与协作单位合作进行大田试验及中试和产业化,达到快出、多出成果的目的。

1963年至1965年三年内,元素所继续吸收许多来自本校及各校的回国留学生、研究生、大学与中专毕业生来所工作,除化学专业外,增加了生物学、农学、植保及化学工程等专业的生力军,元素所的编制达121人。

1964年先后开始了生测楼和多功能车间的建设,在各级领导的全力支持下,1965年两大工程胜利完成。生测楼是一座建筑面积800平方米、建有三个花房的二层试验楼。生物测定室设杀虫组、杀菌组和除草组,各组逐步建立和完善了各种测试方法、供试材料的培养和昆虫的饲养。在生测楼尚未建成前,生物活性的筛选与测定实际上已与生物系昆虫、植物生理及植物病理教研室的老师在生物系相关实验室进行,使元素所的年轻人也得到了培养。多功能车间建筑面积约900平方米,车间安装有500升、100升、50升的反应釜及反应流程所需的各种配套装置,可以适应不同结构化合物,不同批量样品的保质保量的优质提供,车间内还建有两个实验室,可试验解决放样过程中出现的问题。

建所时在行政管理后勤保障方面设置了办公室、库房、维修室、玻璃室和资料室,行政和后勤人员工作热情很高,各司其职,认真负责地为科研做好规章制度的建立、人员招聘、后勤保障及物资供应工作,为元素所科研的快速发展做出了他们的贡献。

杨老和陈天池教授自建所开始,始终十分重视人才的培养,他们器重人才、鼓励上进,对元素所的每一个青年同志都非常爱惜,以极大的热情指导他们、帮助他们,希望青年人早日成才,独当一面。在工作中杨老和陈天池教授对青年人严格要求,鼓励大家勤奋工作和学习,工作和实验要细致认真,坚持实事求是。陈天池先生要求二室的每个青年选修必要的课程和外语,并参加考试,还建立专题报告制度,有计划安排每个人查阅文献,了解学科前沿,写出总结并作专题报告,培养我们的综合分析能力。陈天池先生要求全所青年以实验室为家，人人为我，我为人人，建立既有统一意志又有个人心情舒畅的生动活泼的科研集体，青年人朝气蓬勃，苦干钻研，在全所形成很强的凝聚力。

1964年初，学校接受天津市的任务派遣人员参加宝坻区的"四清"任务，元素所被列入前往参加。全体人员去参加了40天的农村劳动锻炼，返所后大家又投入热火朝天的科研工作。1965年9月，我们元素所又被派遣去河北沧县史楼公社参加同贫下中农同吃同住同劳动的"四清"劳动锻炼，科研工作基本停止。

从建所到1965年短短三年，元素所农药研究方面取得了重大进展。1965年教育部在北京举办高等学校科研成果展览会，元素所的农药在展览会上被单独开辟了一个展览室，列为重点展室，展示了旱田除草剂——除草剂一号，小麦锈病防治剂——灭锈一号，杀虫剂磷32、磷47，1964年它们获得国家计委、国家科委、国家经委新产品二等奖。经过三年多的建设，元素所无论在人员队伍、设备和工作开展等方面都具备了相当规模，其仪器设备之先进达到了当时国内最好水平。

金桂玉

女，1935年8月20日生于江苏省常州市武进县。1961年毕业于德国德累斯顿工业大学化学系，同年加入中国共产党。1962年5月分配来南开大学从事教学与科研工作，1990年任教授，1993年评为博士生导师。曾任元素有机化学研究所副所长，南开大学副校长，南开大学党委委员、元素有机化学国家重点实验室主任及学术委员会委员。1979-1981年及1991年在德国勒根斯堡大学化学药学系有机磷化学研究室进修及高访。

在元素所从事农药化学和有机磷化学的研究及农药品种的研制与开发，曾负责或参加承担国家重点科技攻关项目、国家自然科学基金项目等。曾获全国科学大会奖，国家自然科学二等奖，国家教委(部)一、二、三等奖，天津市科技进步三等奖，化工部攻关成果奖，国家教委优秀成果奖及光华科技基金奖。发表研究论文近百篇，获专利五项，培养硕博士生24名，合作译著及编著各一部。获天津市优秀教师，天津市三八红旗手，南开大学优秀教师、优秀党员等称号，1992年获国务院特殊津贴。

元素所 1962–1997 年的一些回忆

彭永冰

1962年9月我从中国科学院河北省分院调到南开大学元素有机化学研究所,刚报到就投入了建所的准备工作,在陈天池教授的领导下配合王柏灵同志做一些具体工作。

元素所于1962年10月份建立,为什么建这个所以及建所的某些条件在李正名、金桂玉和杨华铮等同志所写的文章中已有叙述。我这儿只想将1962年建所至1978年完全恢复科研工作及随后至我退休(1997年)所经历过的部分我了解和做过的往事,凭我的记忆写出来,让元素所的同志们有所了解,尤其让后来在元素所工作的同志了解元素所建立以来走过的艰苦历程。

经过杨老勇往直前、奋斗不息才建立起元素所。元素所是当时中国高校中仅有的两个研究所之一(另一个是清华大学的原子能研究所),而且是中苏友好条约中援助建设项目之一。因而国家科委和高教部在建立元素所上下了大功夫,投入了大量的经费购买大型仪器设备。早在建所前杨石先校长、陈天池教授就在化学系有机教研室搭建起元素有机所的各个研究室的雏形并开展了一些研究工作,这些研究室的学术带头人及科研骨干就成为元素所的基本队伍。

1962年10月元素所一宣布成立，人才、设备、资金就能配套到位，及时开展工作。1963年第一台核磁共振光谱仪到所（这是当时天津市唯一的一台），红外光谱仪，紫外光谱仪等都陆续地送到元素所大楼，当时这些珍贵的仪器在国内是很稀有的。为了尽快保证科研工作的开展，以元素所党支部为核心的领导小组专门研究指派专人负责这些仪器的管理和使用。当时最重要的就是核磁共振光谱仪，需要选择认真、细心、又有工作能力的同志专人负责。该同志甚至于需要改行去掌握这些重要设备，所领导最终选择了李国玮同志来管理核磁共振光谱仪。李国玮同志是吉林大学化学系毕业，考上王积涛教授的研究生，1963年毕业后留元素所工作。他服从元素所领导的安排，一直在60兆核磁共振光谱仪上干到退休，他毫无怨言地认真完成了全所测定工作的任务。

与此同时国家教委和学校领导又在科研业务人员配备上给予了大力的支持，给了相当的名额，充实了研究室的工作。刚建所时就分配来一批南开大学、北京大学、武汉大学毕业的1962届大学生，之后又招进一批1963届、1964届、1965届、1966届等的大学毕业生。教委还调入几位从国外毕业回国的高学历人才，这些同志都成了元素所在科研工作中的骨干，他们大都晋升为博导和教授，成为各研究方向的学术带头人。所里还先后招进了一批中专和高中毕业生，后来1971年所里自己又培养了一批技工班学生。这些同志的到来，既加快了元素所研究工作的进展速度，又活跃了元素所的文化生活。其中不少同志还是学校运动会、联欢会的主力。当时元素所同志间和睦相处，助人为乐的气氛很浓，大家都为在元素所工作感到自豪，所以干劲十足，兢兢业业，真有一番要为我国农药的创新干出一番事业的决心。

杨老向党中央领导表示，计划在南开大学建立两个研究所（一个是元素有机化学研究所，另一个是（有机）农药研究所），人员增至300人，所以一直在向这个方向拼搏努力。但由于1966年"文化大革命"的干扰，元素所一直未能达到这个人数，这两个研究所的愿望当然也未能实现。后来在杨校长和李正名院士等的不断努力下，南开先后建立了元素有机化学国家重点实验室和国家农药工程研究中心，才实现了杨老的愿望。

正当元素所一切安排逐渐就绪，大家都憋着一股劲蓬勃开展科研工作的时候，1964年初学校接受了天津市派遣人员参加宝坻县的"四清"任务，元素所是科研单位，当时没有教学工作，于是前往农村参加了40天的劳动锻炼和"四清"运动的政策宣传，完成任务后回到元素所。1965年9月元素所又去河北沧县史楼公社协助当地的工作组开展"四清"，一下去就是9个月，全所同志分别被分配到各个村，白天参加集体劳动，晚上参加"四清"运动。全所同志们表现出吃苦耐劳的精神，圆满地完成了任务，受到当地公社和学校领导的表扬。

1966年6月，"四清"结束，同志们都以急切的心情希望回校开展科研工作。没想到当时的"文化大革命"已经开始，回到学校见到的却是满园的大字报，学校的教学行政秩序很快就乱了起来，元素所的科研工作实在无法进行。整个学校处于一片混乱之中。

1968年工宣队、军宣队进驻南开大学。因为杨老是全国知名的化学家，对国家是有很大贡献的，在学校批斗大会上让杨老坐在主席台旁听批斗，陈天池在台下接受教育。陈天池同志人品高尚，从来就没经受过这种委屈和打击。遗憾的是他最后含冤去世。

陈天池同志是天津市劳模，南开大学党委委员，杨老最得力的助手。他为人正直，工作兢兢业业，一丝不苟，是一位又红又专的科学家。他关心周围的同志和学生，是我们学习的榜样。因为工作的需要他先后在系里多次服从调动，工作都干得很出色。在元素所期间他很辛苦，用了相当多的时间出去开会。从国外开会回来向全所同志们做学术报告，启发大家要为国家奋发图强，要做国家的栋梁。对我们的教育很深刻，真可惜这么年富力强（50岁）的领导和专家竟离开了大家。我们真舍不得，至今还非常怀念他，终生难忘。

紧接着1969年元素所又被当作先遣队，被派遣去河北省顺平县腰山镇过三关（户口关、生活关、劳动关）。因为元素所人员年轻，在学校各方面又显眼，让元素所的人先去腰山站住脚。在工宣队的督促下全体元素所的人员去了腰山。1970年元素所同志们去腰山一年多后刚撤回来，又有一些同志被派遣去"后河峪"五七干校劳动锻炼，一去就是半年。当时以"四人帮"为首的干部认为知识分子是"臭老九"，都是应被劳动改造的对象。

1973年邓小平同志重新恢复职务，他提出要抓科研，抓生产。于是元素所才有机会开始搞点科研，根据国家科委的指示1974年以元素所为主谈单位或主要成员，先后多次派部分同志去北京参加技术座谈，和外商交流农药品种，了解国外农药生产的行情，探讨农药研究的技术，对我们的农药研究和生产有很大的启发。这时期我们也接受了几届化学系工农兵大学生毕业论文的任务，科研工作又有了生机。

但1975年"反击右倾翻案风"之后，邓小平同志1976年初被撤职，元素所又经历了一场严峻的考险。学校革委会派了五人小组进驻元素所，要取消元素所，将其合并到化学系，尤其看中了元素所的农药中试车间。当时的化学系负责人已将元素所的图章没收，停止对外使用,就等宣布撤销元素所的指令。工作组找元素所党支部核心领导小组成员谈话(集体和个人的均有),又找元素所工作人员谈话做思想工作。可元素所领导成员和同志们一致反对这种做法,抗拒撤销元素所。这样,元素所才得以勉强保留下来。时隔不久又遇1976年7月唐山大地震及其余震,对天津市威胁挺大,元素所大楼的结构也受到一定的影响,需要进行维修,有的同志离津避难,科研工作又面临中断。

总之,在"文革"期间元素所经历了种种磨难,当时学校革委会前后两次决定要撤销元素所,只是在杨校长和所里全体教职工全力反对、抵制和申诉下才得以保留。元素所1962年10月成立,1963年逐步开展研究工作,至1976年"文革"结束,十四年中真正开展研究工作的时间加在一起也不过是断断续续六年时间,在这十四年里我们一直在为元素所的生存和发展而奋斗,其道路是何其艰难。

直到1977年中央决定恢复邓小平同志的工作,从此以后元素所才真正走上科学研究的正轨道路。

1977年8月,邓小平主持召开"科学和教育工作座谈会",杨老是被邀参加座谈会年龄最大的科学家。据说杨老从天津动身去北京的那天,正下着大雨,街面上大量积水,汽车无法通过,这样的重要会议无论如何也不能错过,无奈之下联系了一辆工程车,此车车轮巨大,底盘很高,此时已80多岁高龄的杨老乘坐工程车,冒雨前往天津站赶往北京参加会议。邓小平同志在1978年3月18日召开的"全国科学大会"上做了极为重要的讲话,特别指出要尊重知识,尊重人才,知识分子是工人阶级的一部分,科学技术是第一生产力。有了党中央这些指示,我们更有了努力的方向,元素所的科研和教学工作才又蓬蓬勃勃地走上正轨,当年就开始招收硕士研究生,1981年开始招收博士研究生。从此元素所踏入了迅速成长、发展的正常轨道。为了尽快提高元素所的科研水平，中央还特批杨老从全国各地调入一批学有专长的同志到元素所工作，同时元素所又派了一些同志先后去国外进修。

元素所的规模越来越扩大，合成人员下厂是常事。生物测试人员下乡亲自做实验，剂型加工的同志亲自下车间干活，分析测试同志也下厂参加中试培训。元素所同志们为农业的发展鼓足干劲，文章不断增加，农药品种被生产使用也增多，得奖的项目数量加大。仪器设备也越来越先进，如90兆、300兆、600兆核磁共振光谱仪，四园单晶x射线衍射仪，核磁共振仪，色质联用仪，自动电磁搅拌器，高水平的电动旋转蒸发仪等。为了开发创新农药还引入了计算机辅助分子设计系统，这些都给科研工作带来了极大的帮助，给元素所带来了春天的气象。

这些年来元素所招收了一大批硕士和博士生，也承担了化学系多届本科生来所做毕业论文的任务。研究生的课程由元素所的老师自己讲授。有的博士和硕士生出国深造，他们已经成为国内该领域的骨干，有的已升教授、总工。青年人的成长说明元素所后继有人，作为元素所的老同志真感到欣慰，深深感到当时的努力没有白费。我们该做的已经做了，而且是应该这样做的。

彭永冰

女,1936年11月20日出生于四川省乐山市

1951-1954年四川乐山一中高中学习

1958年9月大学毕业于南开大学化学系有机化学专业

1958年10月至1962年10月河北省科学院原子能所工作

1962年10月调进南开大学元素所工作

1989年元素所党总支副书记

1996年晋升教授

回忆元素有机化学研究所早期建设的历程

李正名

一、20世纪50年代南开化学系的情况

1948年我在苏州东吴大学高中毕业后申请到美国埃斯金（Erskine）大学奖学金赴美就读，后来由于国际局势剧变，1953年大学毕业后当即回国，去北京教育部报到被国家分配来到南开大学。经校领导研究安排我担任杨石先校长的科研助手，后为其研究生。1956年研究生毕业留校协助杨校长的科研工作。当时我校化学系老师很少，约15名，本科生约40名。1956年党中央号召向科学进军，杨老在全国会议倡议大学在开展教学的同时也要开展科研工作，以提高教学质量。记得当时化学系实验设备条件十分简陋，由于遭到外国经济封锁，很多国际期刊和专业书都没有，基本仪器药品都买不到，各种国产玻璃仪器也很少，例如反应瓶的安装要将橡皮塞打孔后插玻璃管再用橡皮管连接，实验室内没有煤气而用酒精喷灯加热等。

二、元素有机化学所的筹建

当时作为科研助手，我负责杨老的科研小组活动，小组成员还有刘增勋（化学系刚毕业生），董希阳（高中毕业生）。在当时药品仪器都十分匮乏的条件下，1954年杨老决定开展新型植物生长调节剂的研究，所得到的系列新结构分子没有任何仪器鉴定，只好将样品送到上海有机化学所请当时刚回国的黄鸣龙先生用他带回的一套碳氢分析仪进行分析，终于证明了我们预期结构是正确的，才总结成文刊登在当时刚创刊的《南开大学学报（自然科学）》上。继解放初期杨老动员他的学生王积涛、陈天池博士自美国回到南开后，1956年杨老又成功地动员他的学生何炳林、陈茹玉博士突破各种障碍回到南开，也给陈天池和陈茹玉教授配备了助手王琴荪和杨华铮，这样杨老再把我们几个青年教师组织起来，成立了有机二室（以杨老为首的5位有机教授和其助手们）这样一支队伍，地址选在现在的综合实验大楼（前称第一教学楼，原为二战日军驻津伤兵医院）二楼东北角的两间实验室里开始研究工作。1958年我国"大跃进"期间提出科技"超英赶美"的号召，当时化学系接到天津市下达提供有机磷杀虫剂1605的新生产工艺的紧急任务，经过我们有机二室青年教师30个日夜艰苦奋战（当时吃睡都在实验室，大家表态"不完成任务坚决不回家"）终于攻克关键技术完成任务。现在回忆当时朝气蓬勃的战斗热情犹激动不已。

在中央领导的支持下，1957年杨老参加了我国首次"科技十二年发展规划讨论"，将在南开大学成立研究所和开展有机农药的设想提出了书面建议。

1957年11月份杨老参加由中国科学院院长郭沫若组团访问苏联科学院,经和苏联科学院院长Nesmyannov院士签订两国科技友好合作协议,其中有一项邀请苏联科学院仿照莫斯科元素有机化学元素研究所的模式在我国筹建一个同名的研究所。经过杨老申请后,中央批准在南开大学建设。苏联科学院从1959年后陆续派来专家:有机磷化学专家Kabachink院士、Mastrukova研究员(后升为院士)、有机氟专家Gefter、有机硅专家Martinnov等。我们还输送了青年教师张正德和胡庆美去莫斯科元素有机所学习有机磷化学,派李致远去学习有机氟化学的实验技术。1958年天津市成为河北省省会,同年11月21日敬爱的周总理下令(第9501号文件)任命杨石先为中国科学院河北省分院院长负责实施分院筹建任务。当时杨老积极提出建设理工学科前沿10个专业研究所的方案,适逢我国经济困难时期,杨老的申请书没有获得当时河北省领导的及时响应,而全国各重点省市都积极投入筹建中国科学院分院,建成后对当地人才规划、技术平台和科技发展都起了很大的推动作用。天津市和河北省错过了我国科技发展史中的一个至为重要的机遇,至今仍感十分惋惜。

三、元素有机化学研究所的创建

1962年科学院和教育部重视杨老开展中苏科技合作的建议,批复同意南开大学建设我国高等学校第一个专职研究所——元素有机化学研究所,当时领导班子经商量同意将1962年10月17日(南开校庆日)定为我元素所创建日期。按照两国协议要安排苏联专家来所工作,当时元素所尚为一片空白,杨老将原有机二室青年教师全部调入元素所的同时,从尚未批准成立的中国科学院华北化学研究所筹备处抽调骨干(如白明彰、彭永冰、陈寿山、王玲秀等)，紧急从全国各重点大学挑选优秀应届毕业生(如黄润秋、唐除痴、李广仁等)十余人，又陆续从全国选调了一批优秀中专生作为实验骨干(主要是生物和化工专业)。这样很快地组成了三十多人的科技队伍并成立了领导班子。当时研究所的建制为：

所长：杨石先校长兼，党支部书记兼副所长：陈天池。

元素所设有七个研究室：

第一研究室为农药研究室，陈茹玉教授任主任；

第二研究室为有机磷研究室，陈天池教授任主任；

第三研究室为有机氟研究室，王积涛教授任主任；

第四研究室为有机硅研究室，周秀中副教授任主任；

第五研究室为有机硼研究室，高振衡教授任主任；

第六研究室为分析室，余仲建副教授任主任；

第七研究室为高分子化学研究组，何炳林教授任主任；

后来又增设剂型组，俞耀庭讲师任组长；

办公室：王柏灵(主任兼支部副书记)，顾雅佩，陈文华。

当时元素所在很短的时间内就搭建了起来，但创建元素所时没有落实研究场地，适逢当时中国科学院河北省分院筹备处在南开大学校内刚建成一座4000平方米的新实验大楼。杨校长当时兼任中科院河北分院院长，决定暂借一半新大楼给元素有机所使用。后来由于河北省资金短缺决定撤销中科院河北分院的筹建方案，元素所才能全部使用这新建的实验大楼(现称石先楼)。经过艰苦努力元素所的机构、人员和工作场地总算有了着落，杨老接着又从科技部和教育部争取到启动经费。此时大家工作积极性和主动性非常高。建所前后有四位苏联专家相继来讲学，我所也开启了有机磷、硅、氟、硼化学各领域的研究工作。按照教育部要求南开大学主办了一次全国性的元素有机化学培训班由苏联专家负责授课，全国重点大学都派骨干教师前来参加，对提高我国高校有机化学的教学科研水平起了很大的推动作用。由于当时外国技术封锁，我们和国际开展学术交流机会基本停止。1964年杨老在我国主办的首届北京亚非拉科学大会上做了一个大会报告，使参会的外国代表知道南开大学有一个新成立的元素有机化学研究所，扩大了我所在国际上的学术影响。当时杨老还招聘了一批在苏联和东欧留学归来的青年才俊（如苏联留学生张正德、谢庆兰、邱孝培、冯愈强，德国留学生金桂玉等），来所后他们都成为后来的科研骨干。从上可以看到杨老历来对培养人才、聚集人才极为重视，始终坚持千方百计地把优秀人才吸引到南开大学来，为我校化学学科发展奠定了扎实的基础。1964年国家计委赵石英局长来校考察后提出在南开大学成立国家亚非拉研究中心的方案，地点在南开大学原农场区，计划建设面积为1万平方米，并做了大量的准备工作。杨老又相继提出南开大学将建设两个专业研究所（元素有机化学所和农药研究所）的发展规划。由于后来"文化大革命"的原因都未实现，十分遗憾。1962—1964年领导安排元素所老师赴宝坻、沧州等地参加"四清"运动，以及下乡支援农村建设等社会活动，杨老认为这些活动应积极参与，但是科研任务不能长期中断，要求大家在本职岗位上努力多出成果。

四、元素所的低潮时期

1966年"文革"开始后南开园相继出现了极"左"思潮影响的群众性运动，学校教学秩序一度十分混乱，在当时形势下工宣队进驻我校积极执行极"左"政策，使南开元素所正常的教学科研秩序受到了很大冲击。杨老被诬告为反动学术权威，他的同事被说成是"帮凶"，为此要求大家揭发。陈天池当时任校党委常委、常务副所长，竟被扣上种种莫须有的"罪名"，在工宣队不断威胁下被迫害致死。在当时形势下所里出现所谓"野草"和"卫东"两个群众组织，大闹派性，所里正常工作全部停顿，大家惶惶不可终日，对元素所的前途十分担忧。当时校革委会在杨老毫不知情的情况下，派来个薄某某自称为杨老研究生，代表校革委会宣布接管元素所的领导权，传达领导指示要求元素所立即解散，把元素所的牌子取下，办公室的公章也拿走了，还计划将人员、实验室、仪器设备分别划拨给化学系、物理系、生物系。所里老同志纷纷发言坚决反对此项拆散元素所的荒谬决定，抗辩说这个所的成立是我们敬爱的周总理和聂副总理亲自批准创建的，却受到了无理的训斥。在建所初期杨老为有利于科研成果转化曾提出"小配套，大协作"的策略，为元素所建设了一个完整的放样车间。工宣队来后车间被强制性夺走挪作他用。在当时十分恶劣气氛下杨老不顾个人安危，在思源堂墙上公开贴了一张大字报"还我车间"，还给周总理写信要求保留元素所，在大是大非面前以大无畏的精神对极"左"路线解散元素所的错误行为进行了严正的批判。杨老大义凛然的立场使得当时的校革委会受到极大的震撼，虽想对杨老意见压制但投鼠忌器，对撤销元素所的整个计划也不敢贸然执行，原先瓜分元素所的方案宣告流产。杨老严正立场力挽狂澜地对挽救元素所的生存起了最为关键的作用。如果当时的极"左"政策得逞，元素所一旦解散能否恢复就很难说了。

随着整个形势的发展，南开大学被迫停止招生，当时校革委会还决定让元素所全体人员迁到河北省腰山镇安家落户历时一年多。这场"文革"风波导致元素所工作长期停止、人才流失、设备荒废,整个教学科研处于停滞状态,损失甚巨。

五、元素所再次重生

1976年10月"四人帮"被彻底粉碎后中央形势迅速好转,1977年邓小平同志复出后不久就召开了全国科教战线座谈会,全国有三十几位老专家参加,杨老受到了特别邀请参加了这次对我国具有重要历史意义的会议。杨老开会回来后十分兴奋,告诉我们我国科教事业有救了。1978年随着国内形势继续好转,杨老决心把"文革"中元素所流失的人才陆续找回来,亲自写信给聂荣臻元帅和方毅副总理,得到批准后从全国调回了16人,申泮文院士、李毓桂、张金碚等就是那个时期从山西、兰州、广东等地调回元素所的。鉴于"文革"的影响我所科研队伍几乎断档,杨老根据国家有关政策,抓住时机加速组织我所科研骨干去国外访问进修。短短两年之内元素所先后送出去十几位同志,金桂玉去了德国,王序昆、尚稚珍、高如瑜等相继去了美国,我去了美国国家农业研究中心任访问学者,1982年我接到杨老的召唤立即回所工作。从元素所发展历史来看,杨老一生在不同阶段始终都以为国家培养人才为他最重要的使命,使得早期元素所的创建和成长得以在重重艰难条件下持续地发展起来。

六、元素所新的建设高潮

1984年国家实施科研体制的改革,决定在高校和科学院成立国家重点实验室,全国第一批10个申请名额已满。当时杨老身体欠佳,待我校知道消息时申请时机已错过。杨老即亲自给教育部黄辛白副部长写信,陈述南开元素所建立的由来和所承担的任务,并派我们立即去教育部汇报,争取补报国家重点实验室的机会。当时李正名、金桂玉、杨华铮、史延年等奉命多次向教育部、科技部进行口头和书面汇报,得到教育部科技司袁成琛司长等领导的大力支持,最后获得了国家计委的批准,终于入选国家重点实验室补充名单。杨老虽于1985年仙逝,未能亲眼看到1986年我重点实验室的挂牌成立和开放,但他在南开元素所争取国家重点实验室的过程中起了十分关键的作用,对这点历史我们要永远铭记在心。我们缅怀杨老为南开大学科教事业呕心沥血尽力奋斗的精神:元素所从一开始的创建,到国家重点实验室的建立,都离不开杨老的开阔视野和高度的责任心。杨老教导我们要重视团结各类优秀人才,坚持我国重点高校以教学与科研并重等观点,都是符合我国高校发展历史规律的。当时科技部每年拨给元素所一定科研经费,由于国外封锁买不到先进的仪器设备,从全校大局出发杨老将年底结余资金,主动拨给学校修建南开大学的"大中路"为柏油路,一时传为美谈。杨老对人才培养的着眼点不仅局限于南开大学,多次强调我们是为了国家培养人才的。当时元素所有一位负责核磁共振仪的林老师曾被杨老送往美国进修两年,他回国后由于家庭长期两地分居要求调往北京。杨老曾对我说:"虽然该同志的调走对元素所是一个损失,但我们是为国家培养人才的,不仅是为南开大学。他去北京大学可以解决长年分居的问题也可为兄弟院校发展提供支援。"他宽阔的胸怀使我深受教育。在"文革"中我所负责人陈天池先生被造反派以莫须有的罪名迫害致死后,他的家属处境困难,杨老不惧安危义无反顾地为陈天池的平反努力奔走。经过多次努力最后陈天池的冤案得到彻底平反,杨老坚持真理、尊重人才的高尚品格值得后人学习。杨老在建所初期披荆斩棘、坚忍不拔地进行各种筹建工作,到临终前还一直为争取国家重点实验室而操劳,后人会记住元素所有今天的发展得益于前辈们的无私奉献精神。在1992年教育部要元素所考虑申报成立国家农药工程研究中心的时候,当时元素所学术委员会曾为此进行热烈讨论。根据杨老原来的建设另一个农药研究所的构思和他曾倡导农药学科需要"小配套、大协作"的思路,经过反复讨论和征求校领导的意见后决定向国家计委提交申请书。1993–1996年期间李正名、金桂玉、杨华铮、张岳军积极组织编写材料去国家计委高技术司多次答辩,在国家计委马德秀司长等大力支持下最后得到国家批准。在创始人杨石先先生总体规划思想的指导下,元素有机化学研究所—国家重点实验室—农药国家工程研究中心的发展三部曲历经各种考验,在校领导的大力支持和我所全体职工团结一致努力争取下,终于完成了元素所在不同发展阶段的历史使命。正好像先驱者播种了一颗种子,在党的科教兴国政策培养下得到了阳光和营养,逐步健康地成长起来了。当新一代的接班人继往开来继承了元素所的光荣传统,我们坚信元素所将继续面向世界科技前沿、国民经济主战场、国家重大需求方向开拓创新,培养出国家急需的高质量人才和做出无愧于时代的新贡献。

七、永不褪色的记忆

1.杨石先先生终生无私献身于我国科教事业,除了坚持敬业诚信、爱护人才、爱憎分明、敢于担当等原则外,经常教导我们要做一个有理想的人。他曾说过"高尚的理想能够产生巨大的动力。就拿我们这些老知识分子来说,哪一个不是在青年时期就立下报国的志向?哪一个不是在孜孜苦读中度过自己的青春?"他从小就树立起为祖国崛起而努力奋斗的崇高思想,更好地诠释他德高望重人格魅力的来源。

  2. 在20世纪50年代国内各大学经过院系调整,原来大学所设置的理工农医等多学科体制分家为单学科性大学。对解决当时国家建设的人才迫切需求起了一定的积极作用,但从长远发展来看有很好学术基础的大学不搞科研对提高人才质量来说是不利的。从1954年起杨石先就提出高等学校应该成为教学和科研两个中心的思想,并在南开大学首先提倡要结合教学,结合生产开展科研工作。1963年提出"高等学校必须以教学为主,在搞好教学工作的前提下,积极开展科学研究工作。教学和科学研究是两种不同的工作,但两者内在联系是相辅相成互相促进的"。1955年提出"我们在科学研究为国家社会主义建设服务的总的目标下,在紧紧结合教学、结合国家建设与人民生活需要的方针指导下,努力地开展科学研究工作"(《杨石先文选》)。1982年提出"化学要为中国的经济繁荣、学术进展做出更大的贡献"(为中国化学会成立50周年题词)。1984年提出"科学技术必须面向经济建设"(为天津理工学院题词)。可以看出杨老强调对教学与科研并重,科研对教学和经济建设的相互促进的指导思想很好地掌握了辩证法,符合我国高校发展的规律。

  3. 杨老自1923年至1985年在南开大学工作62年,在1949年至1981年担任我校主要领导岗位达32年之久。他为南开事业毕生尽心竭力,鞠躬尽瘁,死而后已。1985年尊敬的奠基人杨石先先生病逝后其子女来找所领导,根据杨老生前遗愿将他的全部存款(一万九千余元)作为党费交给组织。杨老一生清廉自律、公私分明,对自己要求十分严格，个人生活极为俭朴，表现出杨老作为一名老党员的高尚情操。杨老在突然听到周总理逝世的噩耗时真情流露地写道："只能化悲痛为力量，努力在革命道路上前进，学习他的光辉榜样，彻底地为祖国的革命事业贡献力量，直至生命的最后一刻"。杨老的一生忠实地执行了他的誓言，是我们永远学习的典范。

在1986年10月4日由当任校长母国光教授根据杨老遗愿隆重举行杨石先骨灰布撒仪式，由家人将杨老的骨灰小心翼翼地撒在八里台校区马蹄湖畔，依偎在周总理纪念碑前。这悲壮感人的场面使人无不动容肃然起敬！这里寄托着杨老对终身为之奋斗的南开大学的深厚感情和殷切期望。杨老是毕生为祖国科教兴国、教书育人、鞠躬尽瘁、死而后已的光辉榜样，是南开大学和南开元素所最为珍贵的精神财富，时刻提醒我们作为新时代知识分子，永远不要忘记对祖国教育事业所承担的重要责任和历史使命。

4.中央领导题字经过：在1985年筹建元素有机化学国家重点实验室的过程中，我从杨石先先生的秘书杨光伟同志处获悉，他与聂荣臻元帅的秘书陈克勋同志相识，考虑到聂帅主抓全国科技规划，还曾亲自批准我所的创建计划，我当即请小杨与之联系能否请聂帅给刚成立的元素有机化学国家重点实验室题字，如能如愿将大大鼓舞全体师生的士气，当时还想聂帅太忙不太可能如愿吧。不料聂帅知悉后慨然答应，由他的秘书陈克勋同志将他的亲笔题字送到所里。聂帅的题字字体清秀、功底深厚。后来才知道当时聂帅身体欠佳要坐轮椅才能活动，在这种情况下为我重点实验室的成立亲自题字，体现了党和国家对我们全体同志的深切关怀，使人十分感动。聂帅题字的事情就传开了，学校有关部门马上找到我们将此珍贵题字上交给学校保管。三十四年前聂帅的题字已被刻制在一块展板上放在六教一楼大厅里展示,它标示着革命老前辈对我所全体师生的殷切期望。在1995年筹建南开大学农药国家工程研究中心之际,我在北京参加中国工程院大会,遇见首届中国工程院院长朱光亚院士,众所周知朱院长是我国两弹一星的主要功臣之一,在主抓我国的核科技自主创新方面居功至伟。在一次参加工程院活动时我提出请他给我校刚成立的"农药国家工程研究中心(天津)"题字的请求,朱院长豪爽地答应了下来,不久后他就叫秘书送来他的题字。他写的字体字型很大(高宽均为20厘米),苍健浑厚、铿锵有力,这样就不用再行放大制作了,现在已挂在伯苓楼五楼的墙面上展示。每看到朱光亚先生题字时,更深刻地领悟到他的爱国精神和自力更生的亲切教导,鼓励我们克服一切困难、自主创新,为祖国的富强昌盛不懈努力。后来这一珍贵的手稿墨迹也上交给学校保管。现在以上两位国家领导人已驾鹤西去,他们都曾为祖国的科技事业做出了伟大功勋,他们的亲笔题字永驻我所是我们全体人员的光荣。我们要虚心学习他们,不断地提高思想觉悟和业务水平,为我国早日建成一个社会主义富强国家而不懈努力。

5. 天南大一次成功的合作:天津大学和南开大学历史上关系源远流长,校区又邻近,两校的传统化学与化工学科均在全国学科评审中一直处在前列。在教育部大力支持下,多年来为了发挥两校的优势合办了跨学校跨学科的"分子科学与工程专业",充分利用两校讲课与实习、图书与设备等资源,考入此新专业的同学允许在两校交叉上课和进行毕业论文,毕业时可同时授予两校的毕业证书,创造了一种崭新的教学模式,此新专业的毕业生受到用人单位的热烈欢迎。因此两校老师交往很为频繁。2002年春季开学后不久,在获悉各大学都在忙着申请国家实验室的项目,天津大学王静康院士曾来找我，要我陪她一起去市科委打听有关申请消息。记得当时科委马其慧副主任热情接待并介绍了有关申请程序。返校后我们立即向各自校长汇报。两校领导也积极向中央有关部门反映争取。在侯自新校长指示下，我和王院士一起将共同编写国家实验室的申请材料送到市科委。不久后收到市委副书记邢元敏同志的指示，告知经市领导研究将积极向中央推荐并创造条件基础。不久后获悉市委决定建设1万平方米的两校化学化工联合科技大楼，并责成天津规划院、设计院等召开天南大联合会议，我曾多次代表南开大学参加此筹建协调会议并积极提出建议。新联合大楼的地点定在两校校区之间。整个建设自2004年开始到2006年完成，两校化学化工专业教师进驻该楼。虽然当时申请国家实验室没有成功，但其后为两校申请"天津化学化工协同创新中心"创造了十分有利的条件。2012年经过两校联合申报终于获得中央部门批准"天津化学化工协同创新中心"正式成立。天津市委领导对天南大的学科建设十分关怀，积极帮助加快两校的发展，开创了我国两个理工为主的大学不同专业紧密合作的先河。

6. 元素所是我国有机合成全磨口合成仪的诞生地：在20世纪50年代起由于外国封锁，我们缺乏有机合成研究所需的专用仪器。原实验室各种玻璃仪器都是天津玻璃仪器厂供应非标准口的手工产品，做实验时要临时将橡皮管与玻璃管连接起来。由于质量差往往导致各种事故的发生。在元素所成立初期，苏联科学院派有机磷专家Mastrukova来我所讲学，带来了一套进口的14号全磨口半微量合成仪（一共20多件）。工欲善其事必先利其器，我们就向她借来参考。我所分析室青年教师王琴荪心灵手巧，经潜心研究后和天津玻璃厂技术人员反复磋商，终于制成各种模具并进行生产。记得当时我所对所有合成人员都分发一套新研制成功的整套半微量合成仪,这样各种零配件均可根据需要随意搭配,接口十分严密,大大提高了实验操作水平。随后王琴荪又与厂里继续研制出19号全磨口中量合成仪并成功地量产。这样就大大地提高了我们的研究水平和防范了很多安全事故。当时元素所是国内最早配备全套磨口合成仪的单位。其他高校和研究所闻讯后都来天津订购,这样标准磨口合成仪就从元素所逐步扩散到全国。经过多年生产现今已成为天津热门的科仪出口商品了。全套标准磨口合成仪研制成功对我国有机合成技术来说是一次有重要意义的技术革新。

7. 译名的困惑:在元素所建设初期,有一个具体的技术细节困扰着我们,我们新成立的元素有机化学研究所当时是作为苏联科学院建在莫斯科的元素有机化学所的姐妹单位而建设的,在当时历史条件下也是中苏科技友好合作的一个示范项目。

从学科建设来看元素有机化学的名称在英美日等国家中是不存在的和不被认可的。时间到了1964年,杨老领导的科研工作应邀要刊登在英文版《中国科学》,需要准确翻译元素有机化学研究所的英文名称。杨老要我尽快提出恰当的译名,我当时也困惑此译名怎么称呼才合适。后来受到我国拉丁拼音字母的启发就采用拉丁文中性词尾的处理办法,译成Research Institute of Elemento-Organic Chemistry,其中的Elemento-经过杨老同意后就成了我所对外正式译名一直沿用至今。

8. 安全事故的惨痛教训:1995年3月6日元素所发生了一次历史上最大的安全事故,南京某大学药化专业陈某某博士来元素所做陈茹玉教授的博士后,在二楼某北屋用1000 mL的三口瓶里违反操作规定装满了800 mL的甲苯和反应原料,更严重的是违反了基本常识用电炉直接加热。他在下午五点离岗回家，在当晚六点多其实验室开始着火，火势通过大楼电线从二楼很快地窜到四楼，所有电线设备全部烧毁，整个元素所立即陷入彻底黑暗之中。该博士后实验室内所有设施被烧得荡然无存，灾情惨重，元素所其他实验室遭受的损失也很严重。作为全校的特大事故，我作为元素所主要负责人受到学校罚款处分并负责向观众现场讲解，检讨这次火灾的惨痛教训。这次安全事故若不是我市消防救火车队的及时抢救，元素所有毁于一旦的危险。我们一定要将3月6日发生重大事故作为永远记住的惨痛教训。元素所今后对任何实验都要始终保持警钟长鸣，制定最严格的安全思想教育、实验安全学习培训班和不断完善最严厉的安全监督检查制度，为我校化学学科高质量的发展保驾护航。

9. 元素所最为珍贵的财富：在编写杨老的光辉业绩时，我对他强烈的爱国主义精神、忠于党的教育方针和科技路线、不畏逆境、坚持真理、爱才惜才、善于团结、敢于担当、鞠躬尽瘁等优秀品质深受教育。回忆以前与他老人家相处之日，有幸聆听他的教诲，愈发感到有责任将他的感人事迹公之于世。在我国迅速发展的新时代，将来元素所的职工、建筑、仪器设备等规模可能不断地更新与扩大，但我们元素所以杨老为代表的老一辈高尚的理想情操和为我国科技事业无私奉献的精神是南开元素所最为珍贵的传家宝。元素所的后人有责任把老一辈的精神财富薪火相传，让元素所代代新人坚持我所优秀传统，为中华民族的伟大复兴做出新贡献！

李正名

男，1931年出生于上海市。南开大学讲席教授，有机化学与农药化学专家，中国工程院院士。1953年毕业于美国欧斯金大学获化学学士学位，1956年毕业于南开大学化学系硕士。1980-1982年美国农业部研究中心访问学者。曾任南开大学元素有机化学所所长、国家重点实验室主任、化学学院副院长、农药国家工程研究中心主任、天津市科协副主席等职。

长期从事有机合成，农药化学、生物活性分子设计及构效规律研究。承担国家"六五"到"十三五"国家科技攻关，国家863、973计划，国家自然科学重点基金等项目，均通过国家验收。曾获国家自然科学二等奖、国家科技进步奖一等奖、国家技术发明二等奖、天津市科技重大成就奖和其他国家或省部委级科技成果奖14项，荣获天津市劳动模范、国际纯粹与应用化学联合会资深代表、日本农药学会外国科学家荣誉奖、中国农药工业建国60周年突出贡献奖、南开大学"良师益友"奖等荣誉称号。指导研究生168名（含博士生66名）、发表论文670篇、编著4本、授权专利17项。

元素有机化学所建设前后的回忆

王柏灵

时间：2011年12月6日(周二)上午9:00—11:00
地点：北村4号楼403(王柏灵家中)
人员：王柏灵、金桂玉
记录：李芳、边强

时代背景

1956年国家提出了"向科学进军"的口号，受政治运动干扰，1957年反右派、接着三年自然灾害，导致未落实。六十年代初抓科学发展，当时对全国做了个调查后，主要的科研人员分布在：(1)中国科学院系统，(2)企业中的科技人员，(3)高等院校中。

将重点院校集中起来，高等院校由教育部管，就由教育部具体落实，在高校组织科研中，教育部分批进行了，第一批建立18个研究室(所)，其中就包括南开大学元素所，觉得我们条件比较好、比较成熟，把我们列入在了第一批。具体落实是在1962年。

建所起因

选择南开的因素是：

(1) 1958年杨老去苏联考察，当时苏联有个元素所，而且已经在开始这方面的工作，回来后受启示，开始在化学系组织大家做这个研究，开展这方面的工作。后来在高教所成立。

(2) 1962年10月召开了一个专职研讨会，正式决定元素所的成立日期定在1962年10月17日（缘由是成立时没有一个具体的仪式，就定在了南开大学校庆这一天作为所庆的日子）。

受到学校的重视，杨老当时亲自担任所长，陈天池担任副所长，高振衡担任副所长，王柏灵担任办公室主任、党支部副书记。

建所思想

杨老的工作安排都是结合当时的国情，国家的需要和发展。由于当时国家对农药的需求，把有机磷作为了一个方向。

人员结构

当时人员比较少，其中专职24人，兼职10多人，设有7个室：

第一研究室为农药研究室，陈菇玉教授任室主任；

第二研究室为有机磷研究室，陈天池教授任室主任；

第三研究室为有机氟研究室，王积涛教授任室主任；

第四研究室为有机硅研究室，周秀中教授任室主任；

第五研究室为有机硼研究室，高振衡教授任室主任；

第六研究室为分析室，余仲建教授任室主任；

第七研究室（一个研究组），为元素有机高分子化学研究室（组）。

建所力度

杨老亲手抓元素所，受到大家好评。受到教育部重视。

(1) 1963年日本工业展览会，其设备先进。展览后，展品留在了中国，大家都抢仪器，当时教育部要来了红外光谱给元素所。

(2) 1965年高校科技科研展览会，推荐元素所参加，当时是办公室筹备，在北京化工学院展览，由金桂玉带着两个毕业生去讲解，因受"文化大革命"的干扰，具体到什么时候结束不详。

(3) 1964年杨老在《人民日报》上发表文章《谈谈农药问题》，谈了农业的重要性，农业的增产需要。科委让杨老去汇报工作，而且时间比较紧急，限定第二天就上北京汇报，当时由于杨老出差，后来决定由王柏灵和陈其杰去汇报，当时安排住的友谊宾馆（说明非常地受重视）。印象最深的就是单独为我们两个人放了一场电影，关于农业的情况。回来后，九局局长赵石英来了解情况，接着科委副主任张有萱来视察。意识到国家将元素所列为重点单位，正式名称叫"杨石先项目"。

实验室建设

刚成立元素所时没有实验室，当时是借了华北所楼的1/3使用，1964年才全部接管。但是在仪器上，配备了大量设备仪器：(1) 核磁共振（日本进口）全国只有两台，一台给军委卫生部，另一台给了元素所。(2) 其他设备：顺磁、色谱、紫外等仪器陆续到位，也是全国首列。还组织大家来所参观仪器。

当时国家被封锁，只能从日本进口的，价钱高，当时2台核磁仪相当于30车国光苹果(0.16元/斤, 30吨)，当时国家无外汇。

研究思路

杨老提出的方针："小配套，大协作"。

农药高效低毒，涉及部门多，周期长，设立生测室。

1964年开始在湖南洞庭湖杨林寨国家农场做试验，试验除草剂一号（孙锡治、孙君英、杨金来、杨秀凤），青海燕麦敌二号、山西杀菌剂灭锈一号。

1922年，邱宗岳来到南开担任化学系主任。1923年杨石先来到南开。当时杨老提出集中力量做一项，当时邱老赞同，两人商量集中做哪一方面，互相推让，最后决定重点搞有机化学。

"四清"、"文化大革命"

1966年上半年才回来，"四清"活动，接着"文化大革命"。

元素所形势大逆转，陈天池受迫害逝世。

工宣队要解散元素所。

培养人才

金桂玉老师从所里出去当的副校长、博导、教授，出国深造。

院士：李正名等。

新提的有机化学人才：程津培、宋礼成、周其林……

杨老在人品、学识、能力方面都是非常卓越，对元素所付出了一生的心血，在人品、学识、能力都是大家的榜样。

编者注

元素所第一届党支部副书记兼办公室主任王柏灵先生曾亲自经历了元素所早期的艰苦建设过程，对元素所的人才建设、科研条件、管理制度等方面曾协助杨老、陈天池教授作了大量的有益和基础性的工作。他对元素所的成长和发展始终十分关心。2011年12月由于他眼睛患病，不能阅读和写作，只能采取专人录音。此文为根据他的录音整理而成。我们十分感谢他在身体欠佳情况下，还努力追思回忆了宝贵的元素所的历史史料，给了我们很大的鼓励和帮助。

关于建所前后的回忆

杨华铮

鉴于我国是一个农业大国，粮食生产在国民经济中占有重要地位，1956年杨校长受周总理委托从事农药研究。同时，国际上有机磷在农药中的应用已有很好的效果。何炳林和陈茹玉教授在1956年受杨老的邀请回国工作，他们从美国回国前已做好开展农药研究的工作。做毕业论文时，许多同学的论文选题就是有关农药的创制研究。有机磷、氟、硅、硼等杂原子有机化学的研究刚开始，杨老就邀请苏联研究有机磷、氟、硅的专家(如玛斯特留科娃、马尔丁诺夫等)前来讲课，为今后从事杂原子有机化学教学与研究奠定了较好的学科基础。同时，吸引了其他高校的多位老师前来参加学习，如华中师大的张景龄、武汉大学的卓仁禧等。他们都成为我们后来开展工作中积极的支持者。

当时系里对教授的研究工作非常重视，为每位教授都配有研究助手。有机磷杀虫剂是当时最新推出的最优秀的杀虫剂品种，在农业生产中将有重要的作用，但是我国尚未开展研究。1958年"大跃进"时期，杨老组织一些教授开展了有机磷杀虫剂的研究，我们一批年轻人也从各自导师的实验室出来，集合在当时的第一教学楼二楼，开展有机磷杀虫剂的研究。题目来自于与苏联的合作项目——从事合成E-059的类似物(O, O-二乙基-S-(2-乙硫基乙基)硫代磷酸酯)、甲硫基乙基衍生物的研究。年轻人(包括李正名、王琴荪、李毓桂、车镜影、陈其杰、潘家杏、杨华铮等)的积极性很高，每天的工作时间高达十多小时，许多人也因为对中间体的剧毒性认识不足而中毒(实际是芥子气的衍生物)，皮肤上长了许多好像烫伤的大水泡。这就是元素所有机磷研究室的雏形。

1958年，杨老随毛主席访问苏联，与苏联科学院元素有机化学研究所达成合作协议，回国后中国决定建立元素有机化学研究所。同年正值"大跃进"年代，中国华北科学分院成立，在其旗下建立了华北分院的元素有机研究所，并建成现在的元素有机化学所的大楼，研究人员以一批退伍军人和大学二年级学生为主体，依托于化学系的技术力量，当时成立了农药、有机磷、有机氟、有机硅、有机硼等研究室，室主任分别是陈茹玉、陈天池、王积涛、周秀中和高振衡教授，我们一批年轻人也就成了当时华北所的兼职研究人员，其实该所与学校在行政上是分立的单位，没有直接关系。不久该所在三年经济困难时期取消。之后在杨老的积极争取下，在与中科院的竞争中，1962年国家终于批准在南开建立了第一个研究所——元素有机化学研究所。

建所初期，所长是杨石先(兼)，副所长是陈天池，办公室主任是王柏灵，干部有陈文华、顾雅佩。当时建有七个研究室：第一室农药室(主任陈茹玉)、第二室有机磷室(主任陈天池(兼))、第三室有机氟室(主任王积涛)、第四室有机硅室(主任周秀中)、第五室有机硼室(主任高振衡)、第六室分析室(主任余仲建)、第七室剂型室(主任何炳林)。科研工作人员主要是来自当年的大学毕业生，分别有来自南开大学的邵瑞链、么恩云、刘天麟、刘以寅、张僧佑、李广仁、陈金龙等,武汉大学的曾强、唐除痴、贺水济、李复信,北京大学的王惠林、方仁慈、黄润秋、王真等,还有一批来自化学系的兼职教师:李正名、陈其杰、李毓桂(1965年去兰州大学,"文革"后调回)、杨华铮、王琴荪、刘燕华、翟宝英、黄熙亮,及来自生物系的兼职教师尚稚珍、孙菊英等。1963年继续吸收了许多应届大学毕业生,如刘准、刘纶祖、李树正、高如瑜、李国炜、山之芳等,华北所转来彭永冰、陈寿山、王玲秀等,以及回国留学生谢庆兰、金桂玉、邱孝培,还吸收了许多中专有关专业的毕业生,如孙锡治、杨金来、杨秀凤等,他们都成为元素所以后研究工作中的骨干,发挥了重要的作用。当时的所址就是第一教学楼,直到1964年才向华北分院争取到现在元素所大楼的三分之一。1965年后华北分院取消,我们元素所拥有了整座大楼。

　　元素所成立后,秉承杨老的"发展学科,繁荣经济"的建所宗旨,科研任务与国家实际需要紧密结合,而在研究工作实施上则是采用比较节约的"小配套,大协作"的策略,即是基本的研究条件我们自己要逐渐具备,但也要尽可能有效地利用社会资源,加强与兄弟单位的合作,形成优势互补,才能最大化地取得成果。"除草剂一号"是1957年开始研制的自行创制的新品种,是当时重点研究课题。自元素所成立后,经化合物的活性筛选,小试合成路线的选择,化学分析方法的建立(当时分析仪器很少,只能采用化学分析法来分别测出产品和杂质的含量),工业化放大,直到在天津农药实验厂中试生产,在湖南、湖北、山东、河北、京津地区的大面积田间应用试验。这些工作对于年轻的元素所来说,是属于开创性的探索,任何一个过程都是第一次尝试。虽然获得了成功,并获得了国家新产品发明二等奖的荣誉，只可惜"文化大革命"的开始，这一新产品也终究夭折。当时所里同时研制的"灭锈一号"，经山西、河北等省应用，取得了很好的效果。此项成果与二室研制的磷32、磷47，也分别获得国家新产品发明奖。这是元素所成立后获得的一次重要奖项。

  1966年正值国家第三个五年计划开始不久，国家急需高效除草剂防治西北地区的野燕麦，该杂草与小麦同属，在西北地区危害严重，使小麦减产30%～50%。一般野燕麦均长在西北的高寒地区，野燕麦与小麦、青稞等很难分辨，只能靠农妇跪在地里人工拔除，长年累积下来，她们的身体健康受到了伤害，患了严重的妇女病、关节炎病。元素所与沈阳化工研究院接受了国家的任务，为了尽快取得成果，两单位的研究人员决定发挥各自的特长，合作完成任务。元素所负责寻找合适品种并进行小试研究及室内试验，化工研究院则在元素所工作的基础上，开展工艺设备及流程的研究，最终在不到两年的时间里，完成了燕麦敌一号及二号的研究，并在西北地区完成建厂和生产。这里要指出的是这种大协作精神，值得称赞，这不仅表现在所里不同的研究组的协作，更是跨单位的协作，才能充分发挥各自的特长，很好地完成了任务。这里还要特别提出来的是，元素所负责生物活性测定的同志，他们在此项任务中发挥了卓越的艰苦奋斗精神，不仅生活条件极端困难，同当地农民同吃同住，还要克服高原反应，才能完成田间应用的研究和推广任务。特别是女同志孙菊英、杨秀凤、程慕如等，更要遵守当地的风俗，吃饭不能与男性同桌，只能在厨房里吃的习俗，但是她们都勇敢地坚持下来，很好地完成了生物活性验证和新药的推广工作。此项工作得到当地党委的充分肯定，认为是知识分子服务于工农的典范。

杨华铮

女，1936年12月27日出生于浙江省杭州市，1957年毕业于南开大学化学系后留校。1963年起专职在元素所工作至2007年退休。1988年任教授，1984-1985年在日本京都大学农药化学研究室做访问学者，回国后率先在国内开展农药结构与活性定量关系的研究。获国家自然科学二等奖、教育部科技进步二等奖、天津自然科学二等奖、天津市教学成果一等奖、化工部攻关成果奖以及光华科技基金奖等十余项，发表论文近三百篇。参编或主编著作十余部；公开专利十余项，多项已授；还有不少项目通过鉴定和投入工业上应用。多年来共培养硕博士生64名。获全国教育系统劳动模范、全国工会先进女职工、国务院特殊津贴获得者、天津市授衔专家等称号。

情系元素所生物测定研究室

尚稚珍

1962年，伴随元素有机化学研究所的创建、发展、辉煌的历程，生物测定研究室也应运而生。1961年生物系主任肖采瑜教授突然给我一个任务：他说杨老接受中央指令，准备创建元素有机化学研究所，研制新化学农药的开放和应用研究，元素所需要创建生物测定实验室，以及培养人员。我无条件地服从需要，就在杨石先校长和陈天池所长的指导下，全力以赴，从事该领域的启程。

由基建开始，跑遍全国有关单位学习，参考农科院张泽溥先生的生测室、华南农学院赵善欢的昆虫毒理室，结合我们的实际任务，制定方案，成龙配套，付诸实施。同时，陈天池所长从四面八方，择优引进杀虫、杀菌、除草方面的植保或生物专业的研究人员。在大家共同努力下，终于1965年崭新的实验室和三大温室的硬件，大功告成！可惜，因"文革"而不能及时运作，直到70年代政治形势改变后，我才能回到心爱的研究园地。生测室的诞生、完善、发展，也是自己的成长过程，更是同脉相承的见证人，按需要成立杀虫、杀菌、除草、激素、毒性，五组50人的团队，也就成为我们的新家。

有了这么好的试验基地，迫不及待的是创建软件，我们按不同专业，建立生物活性筛选程序：以室内初筛、复筛和温室盆筛，配合化学合成数以百计的化合物进行汰选，一旦发现有活性苗头的化合物，就及时放大样，进入田间小区或大田试验。以药效决定取舍。这样的程序，生物科技研究人员，好似探索者，又像裁判员、指挥员，我们跟着化学同事和合成的化合物，不分主次，坚持团结合作，共同奋斗！

由室内跑到田间，在室内不但要研究筛选活性测试方法，还需要解决不同对象的生物试验材料，终年不断地反馈试验情况。

例如：杀虫剂要培养蚜螨、蚊蝇、蟑螂及粘虫、玉米螟、二化螟、棉铃虫等重要害虫的人工"大量饲养方法"；杀菌剂要培养农业病害的多种细菌、真菌病源；除草剂更要选育田间各种杂草，才能保证试验材料不断，争取时间及速度，并以不漏筛、不误筛为原则，研发新农药才有曙光！

在平凡的岗位上，付出辛勤的劳动，使全所不断获得国家新产品发明奖，在除草剂1号、灭绣1号、磷32、磷47等品种，生测室都立下汗马功劳。

实践出真知，由于我们超前建立各种筛选模式、程序、生物测定技术和方法。许多同行前来学习或取经，接受培训的人员纷至沓来，使我们有了与大家沟通、互教、互学的提高机会。理论与实际结合，大家都认同此领域研究大有可为。南开元素所在农药界也算领军的单位，例如：国内外各类学术会议上，大家的成果也日新月异、蓬勃发展，诸如：燕麦1号、燕麦2号、硫代5号、螟蛉畏、菊酯、有机磷旋光异构物等等小试、中试产品持续出台，都是化学、生物、分析与植保配套协作的结果。记得在一次全国农药会上，元素所多人作了学术报告后，听到同行们议论：南开元素所的"杨门女将"和他们的"大协作小配套"的设备，及多学科发展水平，好厉害啊！这正是杨老、陈所长等领导的英明，全面规划"建所育人"的体现，所以誉满全国的成果不断涌现。

记得在螟蛉畏的实验时，室内解决了"二化螟害虫的人工饲养方法"，筛出了具有活性的沙毒素类化合物，及时走出实验室，和江苏农科院"大协作"，到大田蹲点进行防治水稻重要害虫二化螟的盆栽和小区试验。在南京烈日当头汗流浃背的高温酷暑，似淋浴湿透全身，站在稻田里，下面踩着泥，有蚂蟥吸着腿部的鲜血，整天施药、查虫。为了确定药效，老教授林郁先生做出了榜样，他不怕苦不怕累，亲自带领我们下田，传授技术和经验。500多盆的药效，他检测速度快而准，一半都是他判断的结果。在确定初效后，建议我们当年进行小区试验，不要延误到来年。因此，在所领导大力支持下，迅速组织力量合成螟蛉畏等新型化合物，开展小区试验。第二年，又在苏北、广东两地进行大田示范试验。最终仅用两年时间就在镇江通过中试鉴定，杨老命名为"螟蛉畏"，成为防治水稻害虫的高效杀虫剂第一例！

后来合成同志去看大田药效，问我"你们为什么选择苏北盐城，这样贫苦的地方做试验？"那里的生活水平的确很低，每天晚饭只喝稀粥，有时还能吃出蚊蝇，正是因为他们没钱打农药，造成虫害严重，这样才可以证明我们的药效好不好。后来他们说："原以为你们生测的人，总出差去大城市好地方，居然蹲点的地方这么苦！"我跟着农药跑，去落后贫困地区试验、通过下乡耳闻目睹，感觉和老乡的生活条件对比，要好得多，吃这点苦算什么！

我一年里总有一半时间，在农村接受教育，一举两得，一路走来，也是自己成长、成才的宝贵阅历。这正是元素所同事们意气风发，团结合作，干劲十足，为国家多做贡献、争得荣誉而奋斗的过程，全所的奋进，硕果累累，誉满全国，那也真是我难忘的黄金年代！

1979年，当与美国建交和开放后，校长杨老和陈茹玉先生，高瞻远瞩，深思熟虑，以教育家的战略、策略，大力提拔培养人才，让大家准备走出国门，进修提高。于是元素所同事们纷纷争先恐后地脱产学习外语。第一批送出李正名、王序坤二位赴美。第二批，杨老曾直接对我说：你们50年代毕业的人，需要先行深造，才能够建立不同层次的学术带头人。美国康奈尔大学(杨老的母校)既然有接受访问学者的意向，就批准你马上出发。我因自己的英语能力毫无准备，还不知道是否能行，犹疑不决。杨老说：争取时间，出去后结合情况，边干边学边准备，回来你们才可以承上启下。就在老一辈这样赋予重任和亲切的鼓励下，又由华南农学院赵善欢院士的推荐和帮助联系后，于1980年11月赴美成行，那时候我确实心情激动而紧张，不知道将要面临什么样境地？信心不足，可是面对难得的机会，告诫自己要知难而进，有压力就有动力，在科技战线上，再启程！再出发！

　　回顾这一年半的进修历程，对于50岁的我，充满了人生极大挑战，作为访问学者，其过程和结果是：大开眼界，学有所获，满载而归！例如：科研合作的课题是"研究杀虫剂作用机理与多功能氧化酶关系的活性探索"，以此酶测定有关化合物的方法、仪器，无论在使用高压液相色谱、气谱分析的仪器，其理论、或是测试手段，对我都是首次、跨学科陌生的过程。我就甘当小学生，不耻下问，在干中学，在学中干，拓宽思路，提高自己的研究实力，不怕不会，就怕因循守旧和没有钻研的耐心，这个历程，有成功、有失败、有感悟、有进步！后来，美国朋友问我：你们来自南开的访问学者，为什么不知道上下班？周末也不休息或旅游？整天呆在实验室忙碌14个小时之多，待遇低又不给加班费，不理解为的是什么？我告诉他们，在国内领导教育我们要"以室为家"。参观了美国杜邦公司开发农药的生物活性筛选过程,他们80年代就用计算机指导,不仅用宏观整体生物,而且用微观局部组织为试材,所以加倍提高了活性筛选测定的质量、数量的效率,深感我们设备、人力、技术的差距。为了赶超先进,求知若渴地学习,必须争分夺秒,既是我们的传统,也是重任,更是所领导的培养与期待,为了建设高水平的研究所,我们人人有责。

再回首,领导总是以任务来激励自己向前奋进的故事,感激之情,师恩难忘!由美国回来后,申泮文副所长了解了我的进修情况,就晋升我为副教授,并要求招收硕士生。1990年,陈茹玉教授任所长,又提升我为教授,更是以重担激励前进,不久被升为博导。当时,压力很大,自己没得过博士学位,如何能胜任?面对现实,是进是退?又是领导给予信任、鼓励,让我作为访问教授二次出国,赴美国州立麻省大学昆虫系与殷之铭教授合作,探讨如何培养博士生,如:课程的开设、课题的选择、导师的职责和培养方法、师生的互动以及应具备的科研条件。1993年,半年后归来,有了信心和动力,就和研究生一起克服困难,为他们创建"生物化学和电生理实验室",以杀虫作用机理为导向,以生物化学酶系为靶标;以生物物理电生理的神经传导和触角电位,作为检测拒食活性和性外激素的行为活性,建立新型筛选模型,创新指导应用。我的第一个博士生,徐建华的博士论文,就获得《农药学报》杂志的十大优秀论文奖之一,他学以致用,现在美国已是副教授。深深感悟到建设过程也是自己提高的过程,有所领导的支持作后盾,购置我由国外拷贝的仪器资料:进口超速离心机、高速匀浆器、铜质屏蔽室、电子显示器、多功能恒温水浴等等必需的设备。使博士生了解农药系统工程,涉及各种手段和能力,跨学科向着未知方向,好奇地研究,知难而进,以加速生物测定的发展,开创新思路和实践,更上一层楼。在这样的殿堂,任务虽然艰巨,可印证了只要自己干一行就喜欢一行的专业,只要勤奋努力,就能为生测添砖,只要付出,就能够得到公平回报!

没有元素所的发展壮大辉煌的50年,没有老前辈的言传身教、培养、扶持、鼓励,我也不可能成为南开大学的教授、博导。我72岁退休,人生业务轨迹,真正起点是50岁,在生测基地上,我有限的奉献,而受益匪浅!

退休后总觉得自己虽然尽力,还有很多事没有做完,在感恩之余,愧对先贤的期盼、厚爱,这是我的遗憾!

目睹元素所的今天和未来,有先辈为教育科技打好的基础,传承元素所的建业精神,精英辈出,后继不乏人才,自有后来人!成果累累,无比欣慰!相信南开大学元素所与时共进,再创辉煌,誉满全球,一定能实现!也是我的最大期盼!"我是爱元素所的"!

尚稚珍

女,1930年生,天津市人。南开大学元素有机化学研究所教授、博导。1954年毕业于南开大学生物系昆虫专业,1962年调入南开开学元素有机化学研究所,1980-82年在美国Comell(康奈尔)大学,作为访问学者,1993年1-7月,作为访问教授,与州立Massachusetts(马萨诸塞)大学,进行科研合作。原任生测室主任、副主任。为天津市昆虫学会理事长、农学植保学会常务理事,兼国家、省、部级重点实验室学术委员等多种职务。发表学术论文70多篇,其中十多篇获优秀论文奖。多次参加国际国内重大学术会议。培养博士、硕士研究生10名。参与编辑及主审《植物化学保护》《昆虫毒理学》《杀虫剂药剂的毒理和应用》《天津产物及其类似物(英文版)》等专著,为跨学科的教学与科研做出了应有的贡献。1990年享受国务院专家特殊津贴,2003年退休。

对元素所金属有机研究的期望

白明彰

1951年我毕业于南开化学系，回想在校的四年时间里，杨老身为校长，但每周都要上讲台授课，例如有机化学、药物化学、农药化学，这三门课我都上了，而且我的毕业论文也是杨老指导的。杨老讲课认真、细致、明了，可见其备课也花了工夫。没有课本和讲义，全靠记笔记（当时其他课程的课本都使用美国课本，或老师留下参考书籍，讲课内容只能靠笔记）。

1977年底，我调回南开元素所，分配我到金属有机研究室，上面提到我的毕业论文就是杨老指导，题目是"消毒药麦他芬的合成"，这是一种有机汞化合物，这也许是巧合，二十多年后又回到金属有机方面。

1978年初，当时的科学院物质结构研究所所长卢嘉锡先生（后来的中国科学院院长）、吉林大学校长唐敖庆先生、厦门大学教授蔡启瑞先生三人联合发起一个"化学模拟生物固氮"研究协作组。卢嘉锡先生专门到南开来，邀请南开派人参加这个全国性研究组，合成他自己设计的"固氮原子簇模型"。由于我到南开不久，还没有明确的课题，而其他人都不但有自己的课题，而且大部分都有一定的成果，研究所领导就派我参加，由王积涛先生作为名义牵头人，具体工作由我和下面几个人来做。我没有选择的余地，只好承担下来。"固氮原子簇模型"是一类含钼的原子簇化合物，属于金属有机范畴。参加这个研究小组，每一年或两年召开一次全国性会议。卢嘉锡先生、蔡启瑞先生、唐敖庆先生这三位全国知名的化学家，每次开会他们都要出席，他们的治学态度、认真精神，真是令人钦佩。特别是唐先生，那种和蔼可亲、平易近人的态度，非常令人钦佩。当时他眼睛的视力大概只有0.1，纸面上的字必须有核桃大小才能看得见。主持会议时，他不能做记录，只是把每人的报告都记在脑子里，最后做总结时，他不但把每人的发言都概述一遍，还要做出评论。

如上面所说，这个题目实在太难搞了。上海有机所的陆熙炎等人退出卢先生的研究团队，我也随之退出，但是我的研究方向还是离不开有机钼这个方向。全国固氮研究协作小组又维持了两年，没有得出有意义的成果，也就不了了之。很巧1985年学校派我去日本东京大学做访问学者，研究题目也是有机钼化合物的固氮研究。

1984年，我得到一个信息，说有机锗具有抗癌等多种生理活性，所以我就改变研究方向开始做有机锗的研究准备工作。在全国我们是研究有机锗最早的。以后不久全国掀起有机锗研究热潮，每年或隔一年都有有机锗全国性的会议。由于在国内我们首先研究有机锗，南开元素所也就成了全国主要研究单位之一。2006年我和一位朋友受日本有机锗的发明者之一的柿本纪博博士的邀请赴日考察有机锗的应用研究，发现日本有机锗的研究非常活跃，特别是在应用方面不但用于抗癌方面，在普通商店中都有锗的各种保健品出售。

1988年我从元素所退休后，对所里的金属有机研究方向和进展不太了解，据我的理解，金属有机研究有广阔的前途，虽然主族金属元素有机物研究已经很多，有很多重要的应用，例如有机铝作为合成高分子催化剂，有机锡在杀虫方面的作用，四乙基铅作为汽油添加剂虽然已经不用，但它的应用维持了八九十年也是一个了不起的成就。上面说的有机锗和有机硼都有很广的用途，但主族金属元素有机化合物发展空间已经很有限，过渡金属元素有机物的研究依然有广大领域没有发掘，这类化合物大部分是空气敏感物质，有的化合物在空气中几分钟甚至几秒钟就分解，例如我在东京大学做的研究就是有机钼和氮的化合物转化为有机钼和甲醇的化合物，前者在氮气氛中是一种纯黄色的晶体，但通入氩气将氮气置换后，马上变成鲜红色的甲醇化合物，非常有趣。已故的卢嘉锡先生一直梦想得到空气中的氮气能固定在钼原子上，这个梦想已经实现，但目前只能在实验室中的氮气氛中才能看到，是一种非常不稳定的化合物，不能拿到空气中，更不能被植物吸收，但随着研究的深入，也许有一天会被实际利用（豆科植物之所以能利用空气中的氮，就是因为其根瘤菌中含有钼，能将空气中的氮固定在其上，被植物吸收）。

白明彰

男，1926.2 出生于山西太谷县南洸村
1947.10－1951.6 就读于南开大学化学系
1951.7－1952.2 天津化学厂研究室
1952.2－1952.7 河北省工业学校教员（石家庄）
1952.8－1956.3 北京医学院 助教
1956.3－1958.8 内蒙古医学院 讲师
1958.8－1977.2 内蒙古农牧学院基础部 讲师
1977.12－1987.12 南开大学元素所 副教授、教授
1985.4－1985.10 日本东京大学金属有机化学进修
1987.12－1988.6 南开大学元素所 教授

从对硫磷、久效磷到丙溴磷
——元素所对我国有机磷杀虫剂工业的贡献

唐除痴

对硫磷（1605）、久效磷和丙溴磷是我国不同时期的三个重要的有机磷杀虫剂品种，前两者是20世纪60年代至90年代为我国粮棉的丰收做出重要贡献的大吨位杀虫剂品种，后因毒性较大目前已被禁用。丙溴磷是90年代初在国内投产的低毒不对称有机磷杀虫剂品种，目前还在大规模生产。

早在元素所建所之前的1958年，为配合天津农药厂的建厂，杨老手下的农药研究小组合成了对硫磷、马拉硫磷和敌百虫，为天农的生产提供了初步的工艺路线。此后一段时期马拉硫磷和敌百虫成功地在国内得到大规模的生产，而对硫磷由于中间体氯化物工艺不过关而受到限制。对氯化物的生产，国内两位农药界的老前辈杨石先校长主张从五硫化二磷来合成，即五硫化二磷路线；而天农的张立言厂长主张从三氯硫磷来合成，即三氯硫磷路线。1966年初化工部采用了两位专家的意见，决定以两个会战形式来确定最佳的合成路线。在天津由张立言先生主持由天津农药厂和沈阳化工研究院参加对三氯硫磷路线的试验；在武汉葛店化工厂由肖同智总工（因为他看好杨老的五硫化二磷路线，所以愿意在他们厂进行会战）主持五硫化二磷路线的实验。参加武汉1605会战的单位除葛店化工厂和南开元素所之外，还有湖南化工研究所和安徽化工研究所，后来华中师大化学系和武汉大学化学系也参加了部分工作。

1966年4月，主持元素所工作的陈天池副所长委派我作为领队与李乃宏及化学系的赵学庄老师（当时考虑让赵老师参与五硫化二磷的工艺研究）带领化学系1966届毕业班学生康召文等8人去武汉参加会战。会战工作很快开展起来了，而"文化大革命"随后也轰轰烈烈地在全国展开了。大概是三个月后的7月，学校召回学生参加"文革"，于是我们也回到吵吵闹闹、大字报遍地的校园。会战工作虽然受到"文革"运动干扰，但始终未能停下来。我们于当年9月与李乃宏、化学系周作祥老师（替换原来的赵学庄老师）一同去武汉，学生已不能再去了。一年以后从五硫化二磷经硫化物再到氯化物的小试工艺路线基本完成。我和李乃宏离开会战回到学校。刘天麟与元素所车间的几位工程技术人员李金舟、张吉元、李忠先等参加后期中试为主的会战工作。经两年多时间会战工作完成，1969年通过国家验收。天津三氯硫磷路线的会战未取得预期成果。此后我国生产氯化物的路线均采用五硫化二磷的方法，一直沿用至今。由氯化物衍生的多种有机磷杀虫剂主要是1605也得到大规模的发展，取得了很好的经济效益和社会效益。

久效磷是防治棉花害虫的优良品种，大概是1970年前后，国外已有商品出现，杨老及时了解到这一信息，并建议在国内组织生产。当时青岛农药厂正在小规模生产膦胺，它和久效磷属同系产品，使用同一个中间体——亚磷酸三甲酯。所以生产久效磷的关键是解决亚磷酸三甲酯的大批量生产问题。1969年元素所派李正名和魏玉清到青岛农药厂进行调研并准备组织对亚磷酸三甲酯的攻关。1970年大概是春夏之交时节，我、邵瑞链、朱兰惠和李金舟一起去到青岛参加由青农为主，有元素所和沈阳化工研究院参加的三甲酯生产工艺改进的攻关。经一年多时间使三甲酯的生成规模得以扩大，收率有所提高。后为久效磷的投产创造了条件。1971年在元素所实验室组织了久效磷的小试工艺研究。"久效磷"这个中文商品名大概也是在这时由我们给商定的（由于它对棉花害虫有较长的有效期而得名）。参加小试工作的有沈阳院的一位闫姓同志和青农的程友新。元素所除我和邵瑞链之外，还有好几位，已记不太清楚，好像有李广仁、金桂玉、董希阳、韩嘉祥、柴有新等。小试完成后接着在青农开展中试研究，主要由青农和元素所来做。对中试做出较大贡献的主要是李克东、李广仁、董希阳、金桂玉、韩嘉祥等同志。中试后久效磷正式投产，当时这一新品种受到棉农的广泛欢迎，得到很好经济和社会效益。青岛农药厂也因此产品而日益壮大发展起来。在后来的久效磷工艺改进、副产物分离鉴定工作方面元素所也做了大量的工作。久效磷后来获1978年全国科技大会奖和1984年化工部优秀科技成果奖。

丙溴磷由于磷原子上连有三个不同的基团而具有不对称性，这与传统对称的有机磷杀虫剂不同，合成起来也比较困难。20世纪90年代初期以丙溴磷、丙硫磷为代表的新型不对称有机磷杀虫剂在国外已有小规模生产，生成方法不得而知。国内有些研究单位和生产厂家也都很关注这类品种的生产，但都没有好的方法。大概是在1992年前后，我与刘纶祖商定以二甲胺为去烷基化试剂，然后在磷原子上引入丙硫基,这一关键步骤在丙溴磷的合成中取得成功。小试完成后,我们将此技术独家转让给青岛农药厂,在青农共同进行了中试后,很快投入批量生产。与此同时,我们也申请了中国专利。但过不多久国内已有多家用我们的路线生产丙溴磷,据说技术是来自某化工研究院。更有趣的是江苏武进一个农药厂的副厂长还提着一袋人民币找到我家,希望用那些钱买丙溴磷工艺技术的报告。我当时拒绝了,因为我们对青岛是独家转让。叫人感叹的是中国专利真有中国特色,它不但不能保护你的知识产权,还能起到免费推广新技术的作用。丙溴磷后来不但成为国内应用较大的品种,也是中国出口农药的重要品种之一。2000年丙溴磷获国家教委科技进步三等奖。

元素所在我国有机磷杀虫剂工业方面的贡献绝不只有以上三个品种,还有许多工艺改进的工作和一些较小品种的研制生产工作,只是以上三个品种在国内影响较大、生产规模较大、经济和社会效益较为突出而已。

唐除痴

男,湖南邵东人,1962年毕业于武汉大学化学系,然后分配来南开大学,1962年11月元素所建所后一直在该所从事教学与科研工作。有幸晋升为教授并被遴选为博导,于2003年退休。合著的专著和教材有《有机合成中的有机磷试剂》(1992)、《有机磷化合物》(1996)、《农药化学》(1998)和《不对称反应中的有机磷试剂》(2012)、发论论文150余篇,申获专利6项,获国家自然科学二等奖,国家教委(部)科技进步一、二、三等奖,天津市自然科学二等奖各一项,曾获天津市优秀教师称号。

回忆陈天池先生组织燕麦敌二号会战

孙致远

"文革"动乱,所内科研工作完全停滞,1967年初,中央提出"抓革命促生产"。陈天池先生进入"三结合小组",主抓科研,他立即满腔热情地投入工作。其中一项就是抓"燕麦敌二号工业化",因为此前,我所一室已合成燕麦敌二号,并提供样品,生测室除草组多位同志在青海等地长期蹲点试验,获得很好效果,农民的呼声很大,引起青海省科委高度重视。陈天池先生恢复工作不久,找我面谈,希望我抓燕麦敌二号的工业化研究,我勇敢地接受了这个任务。他两次派我赴西宁与青海省科委谈判,协调过程中沈阳化工研究院也参与进来,这样很快成立了由青海科委牵头,由元素所、沈阳化工研究院和青海省化工研究所组成的会战小组,该小组由陈天池先生主持。1967年夏在陈先生的直接领导下,三方人员在所内集中,研究攻克燕麦敌二号工业化的关键技术"氧硫化碳"的工艺。曾强提供了缩合小试技术。在炎热的夏天,陈天池先生不仅组织领导会战组,参加实验方案的讨论,并亲自参加试验操作,每天上下午都到实验室,有时天热,汗流浃背,始终如一坚持,我心目中的大教授如此放下架子、刻苦,我深受感动。为加强力量,他又把赵忠华调入会战组。经过3个月左右,我们成功地突破氧硫化碳技术,并完成燕麦敌二号小试工艺条件实验,为工业化设计提供依据。1968年我和袁凤荣赴沈阳,进行"燕麦敌二号工业化"工艺设计。我们负责提供工艺方案。到沈化院后情况发生变故,天津小试期间来所收集数据,负责设计的刘先生、钱珊娜先生因不能干扰运动和设计的人员不宜太多而不让参加设计。这样设计、出图的任务主要落在了朱正芳、袁凤荣和我身上,沈化院设计室给予指导,我们一边研究方案,一边学画图。约3个月完成了设计任务。后经青海省科委批准设计,决定投资在电化厂组建装置。1970年我、赵忠华、林孝元赴青海电化厂与沈化院王律先、朱正芳进行中试研究,历时6个月,顺利完成中试。随后燕麦敌二号批量生产,进入市场。

1968年我们会战进入设计阶段时工宣队进校,陈天池先生又被隔离审查,不幸年底就离开了我们。他再也不能回来参与会战工作,但他开创的这项工程,我们坚持到最后,并顺利完成。我想这是对陈天池先生最好的纪念。

1965年我到元素所,我心目中陈天池先生是领导、权威、教授。但是没有什么机会和他直接交往,几乎没有正面和他说过一句话,和王柏灵先生有上下级之交,工作上有一些接触。1966年"文革"动乱开始,陈天池所长和王柏灵主任被隔离审查,记得在专人监督下,他们二人每天上下午坐在所值班室旁一间屋子里反省、学习,不能自由活动。我们亦无所事事,当时我毫无戒备的情况下,经常和陈、王二位先生聊天,告诉他们校内运动的消息和动向。这是我真正和陈、王二位先生的接触,他们开始知其我。我猜想:这就是陈天池先生"三结合"后出乎意料找我抓会战的潜在原因,我一直非常感激他对我的信任。由于参加"燕麦敌二号工业化"会战使我一生受益,是我第一次从小试、设计、中试全过程的学习和实践,为我后来众多项目的工业化研究奠定了相关知识和专业的基础。

回忆陈天池先生上述往事,作为我对他的怀念。

2012年4月12日

孙致远

男,1940年生,甘肃民勤人,教授。

1960—1965,北京石油学院炼制系,就读基本有机合成专业。

1965—2001,南开大学元素有机化学研究所从事科研。

1993年通过考试国家公派到美国马里兰大学(UMBC)学术访问两年半。1998年南开大学学术委员会直接审批晋升为教授。

曾从事农药、医药研究及引进国外农药、医药新品种的研究;新型核苷酸合成和光致变色材料合成。发表论文40多篇(国外8篇)。分别参加和负责小试、中试或工业化项目31项。成功合成一些新的稠环核苷酸,破解日本研制某光致变色材料的化学结构和合成方法,获得多项国家、省部级奖励。

发挥学科优势、面向经济建设、弘扬创业精神

方建新

南开大学元素有机化学研究所（简称元素所）是在老一辈革命家周恩来总理和聂荣臻副总理的亲切关怀下，在国家科委和高教部的大力支持下，由著名化学家杨石先教授亲自创建的我国高等学校第一个研究化学的专门研究所。自1962年建所至1993年，元素所经历了艰苦创业、十年劫难和迅速发展三个阶段。建所初期，全所仅有24名专职研究人员，几间实验室。经过三十年发展，元素所已拥有一名学部委员，7名博士生导师、17名教授、65名副教授及高级工程师，共计150多名教职工，建立了有机化学博士后流动站，有机化学、农药学两个博士点及两个硕士点，建成了化学、分析、生测三所实验楼及一个中试车间，配备有先进的科学仪器设备。自1987年以来，经国家计委批准，以南开大学为依托、元素所为基础、相继组建了"元素有机化学国家重点实验室""国家农药筛选组"，现正同有关单位合作筹建"国家农药研究工程中心"。目前，元素所已形成机构配套、设备先进、具有跨学科开展学术研究和高科技研究的科研集体。

元素所建所三十多年来，我所将学科建设同国民经济建设紧密结合起来，在教学和科研上都取得了显著的成绩，到1993年为止，

共为国家培养了2名博士后、28名博士生、236名硕士生；元素有机化学国家重点实验室共接待了60多名校外高、中级客座访问学者和一名外国访问学者；全所先后承担国家重大攻关项目11项、国家自然科学重大基金和重点基金10项，部、委及天津市重点项目29项，一般基金项目23项；开展了有机磷化学、有机金属化学、有机硅化学、有机分析化学、农药及农药制剂化学、有机杂环化学、天然产物化学等多学科的学术研究及应用研究；先后在国内外各类学术刊物上发表1000多篇研究论文；出版专著19部、译著16部；完成国家急需研究课题110多项；获国家发明专利权40余项，获国家及部委级应用科研成果奖11项，国际发明及国际博览会银牌及铜牌各一项。1990年，元素所被国家教委命名为"全国高等学校科研工作先进集体"，元素有机化学国家重点实验室被国家计委、国家教委及中科院联合表彰为"优秀国家重点实验室"，1992年，重点实验室又被国家教委评为"全国高等学校实验室工作先进集体"。

建所三十多年来，元素所科研工作之所以能取得优异的成绩，最根本的一条是全所职工始终遵循杨石先教授提出的"繁荣经济，发展学科"的指导思想，坚持把科研工作与国民经济建设紧密结合起来，主动适应国民经济建设的需要，大力发展应用性基础理论研究的基本原则，积极推动高科技研究，不断把科研成果推向社会，加速科研成果转化成生产力，为国民经济建设服务。

在科研工作中，全所职工发扬了艰苦创业的精神，建所之初，就做到不等、不靠、不向国家伸手，在当时科研条件及科研设备尚不完善的条件下，积极主动地开展基础理论和应用课题的研究，在短短的三年内，在农药研究方面就取得了一些突破性的进展。1965年，高教部在北京举办高等学校科研成果展览，我所的农药研究在展览会上独辟一室，列为重点展室，展出了灭锈一号、除草剂一号、杀虫剂磷47等多个农药新品种，并获国家新产品二等奖。

有机磷农药是国际上一类重要的农用化学制剂，十年浩劫期间，元素所的几位老专家受到冲击和迫害，元素所的牌子被摘走，公章被没收，经费被断绝，中试车间被分出去，许多科研人员下放农村劳动，在这股逆流中，杨石先教授不顾个人安危，同广大科研人员团结一心，顶住了要元素所下马的巨大冲击，坚持科研的大方向，积极开展有机磷化学的基础理论研究和应用课题的研究。由于杨老远见卓识以及众多科研人员长期的努力，使我所在有机磷农药研究方面有了迅速的发展，到目前为止，先后成功地开发出久效磷、多硫磷、甲基1605、亚磷酸三甲酯、胺草磷、草甘磷、特丁磷、三苯基磷、克菌壮、三磷锡等多个有机磷新农药及有机磷化学品，其中久效磷在1978年全国科学大会上获全国科学大会成果奖。目前，久效磷、草甘磷已成为我国农药的骨干产品。产品的开发，给生产厂家带来了显著的经济效益，仅久效磷，协作厂每年就创利税1000多万元。任务带动了学科的发展，使我所在有机磷化学和有机磷农药化学、有机磷立体化学、有机磷配位化学、有机磷杂环化学以及有机磷化合物的结构与生物活性定量关系等学术研究领域均取得重大进展，达到该学科领域国内领先地位及国际先进水平，使有机磷化学成为国内具有优势的学科，其中四项基础理论研究曾先后获得国家自然科学二等奖，国家教委科技进步三等奖、二等奖及一等奖。

高学术水平促进了高科技的研究与开发，加速了高科技成果的产业化，元素所科研人员从有机磷化学开始，然后全面铺开，逐步发展到有机金属、有机硅、立体有机、有机杂环、有机农药及制剂、生物有机、天然产物等化学领域的研究，以及用计算机辅助农药分子设计、化合物的结构与生物活性关系的研究，使我所逐步发展成具有多学科协同作战的研究集体。

三十年来，我所科研人员发挥学科优势，敢于攀登科学高峰，不断向科技研究课题挑战，取得了多个高科技研究成果，产生了重大的经济效益和社会效益，其中，高效氯氰菊酯的研究与开发就是一个典型的例子。氯氰菊酯的研究与开发是国内外许多科学工作者关注的重大研究课题，潜藏着极大的经济效益和社会效益。八十年代初期氯氰菊酯成为我国防治农作物虫害的主要进口农药品种，原药经剖析，知道其中只含有40%~45%的高效活性成分，其余部分几乎没有活性，如何将氯氰菊酯原药中的低效体转化成高效体，是国外工业发达国家在这个领域的研究方面尚未突破的研究课题，我所黄润秋教授及课题组成员，充分发挥多年来在应用理论研究方面积累的丰富知识和实验技术，大胆地提出了将进口氯氰菊酯中低效体转化成高效体的设想，并着手研究。从跟踪国际先进水平到企图超过国外大化学工业公司的生产水平，这是一个重大的挑战，需要坚实的理论基础、过硬的实验技能、先进的仪器分析、生物活性追踪测定及生产厂家的紧密协作。黄教授及课题组成员经过精心研究，无数次的实验，不断探索，不断完善，终于发明了一种差向异构化新技术，并不失时机地将该技术推向市场。

天津农药总厂的领导及农药专家，由于对本项技术的开发前景和潜力做出了正确的估计，对接受该项新技术、开发高效氯氰菊酯表现出很高的积极性。由于厂校双方目标一致，很快达成共识，经双方紧密配合、共同奋斗，反复实践，终于使该项高技术实现了工业化生产，并日趋完善。几年来，天津农药总厂利用该项技术对近300吨进口氯氰菊酯原药进行转化，生产高效氯氰菊酯，取得了重大的经济效益和社会效益，相当于为国家提供了约1000万美元的进口原药，向农业生产多提供了3000多吨"药剂"，工厂直接经济效益3000多万元，社会效益10亿元以上，元素所也获得可观的效益，为我所教学科研工作提供了雄厚的物质基础。几年来，该项成果先后获得国家专利发明权，天津市科技进步一等奖，天津市科技协作一等奖，天津市"海河杯"特别奖，第五届全国发明展览会金奖，国家科委颁发的国家发明三等奖，巴黎国际发明展览会银奖，以及国家发明专利金奖。该项研究成果属国内外首创，在国际上处于领先地位。高效氯氰菊酯的开发成功，是我所科研人员向具有国际先进水平的高科技领域挑战的一次成功尝试，是厂校紧密合作，优势互补，共同发展的优秀典范。

积极承担国家级科技攻关重大项目，把科研工作的重点转移到赶超世界先进水平，为繁荣社会主义经济多做贡献，这是全所科研人员共同的心愿和努力方向。十多年来，元素所先后承担国家重大攻关项目十多项，取得了卓越的成绩，为国家经济建设做出重大贡献。由李正名教授、陈宗庭教授领导和组织的高效杀菌剂65515攻关项目先后获国家科技进步三等奖，化工部科技进步一等奖，现已申请国家科技进步一等奖，该杀菌剂已成为我国农用杀菌剂骨干产品，工厂获利税数千万元。由金桂玉教授组织领导的攻关项目655172小试达国际先进水平，获国家及化工部"六五"科技攻关奖，该项目正同有关单位协作进行"八五"科技攻关。由李正名教授承担的"七五"攻关项目"茶迟蠖和槐尺蠖性信息素的研究"是一项有创造性又有应用前景的研究课题，是无公害农药发展的方向之一，经专家评定，该课题"整体水平处于国家先进地位"。由杨石先和陈茹玉教授直接领导的，由元素所创制的第一个新植物生长调节剂7841，1986年列为国家"七五"攻关，1992年获化工部科技攻关重大成果奖,该研究项目"属国际首创"。我所承担的"七五"攻关新农药创制研究成果1992年亦获化工部重大科技成果奖……

科学技术是第一生产力,经济建设必须依靠先进科学技术,三十多年来,元素所各届领导及全所职工满怀报国之心,克服了重重困难,坚持基础理论研究和应用课题的研究,为"繁荣经济、发展学科"做出了卓越的贡献。目前,全所职工为实现我国农药科研工作从仿制到创制的战略转移,在天津市计委的大力支持下,正积极同沈阳化工研究院一起,共同组建农药国家工程研究中心,这是发展我国农药事业的一项重大举措,我所广大职工正满怀豪情去迎接新的战斗任务,决心为我国的经济建设,为加速我国农药科研成果迅速转化成生产力,为振兴天津市的农药工业做出更大贡献。

摘自《天津市高等学校科技工作会议交流材料之二十一》1993年12月3日

方建新

男,1946年生,硕士。南开大学化学院教授、农药学及精细化学品化学博士生导师。曾任元素所研究室主任、党支部书记、南开大学元素所副所长、南开大学科技处处长、南开大学国家重点实验室指导委员会副主任、南开大学科技服务中心主任(法人代表)。曾兼任天津市院士工作办公室主任、全国高等学校科技管理研究会副会长、全国重点高校理科科技管理研究会常务副会长、天津市高校科技管理研究会常务副会长、天津市中小企业科技创新研究会副理事长、教育部及天津市自然科学及重点学科评审专家。

先后参加国家自然科学基金、教育部博士点基金、国家计委专项基金、国家科技攻关及国际合作研究。指导硕士生、博士生38人,发表论文110篇,获国家发明专利4项。曾获化工部"七五"科技攻关重大成果奖、南开大学优秀教学成果奖、天津市教育系统优秀教师及优秀工会干部、南开大学优秀管理干部等奖励。

昆虫信息素研究组

刘天麟

大约在1983年9月李正名所长在征求我和陈茹玉教授同意后，把我正式从植物激素组调出，加入李正名的课题组。此前李先生在美国农业研究中心做访问学者时，曾做过澳大利亚小蜂信息素的分离和鉴定。我记得大约在1984年他在上海召开的昆虫信息素交流会上对这项研究成果曾作了大会报告，受到与会者好评。当时他根据昆虫信息素研究的国际发展趋势和昆虫信息素作为一种无公害农药具有潜在的应用前景的判断，决定在元素所开展这项研究。成立初期小组成员还有王素华、郭虎森（后来调入校计算中心）。一年后王立坤、幺恩云、刘子平先后陆续加盟。这就是昆虫信息素研究组成立的过程。

在李正名教授的指导下，研究组先后做了以下几项主要课题的研究：茶尺蠖和槐尺蠖信息素的分离、鉴定和化学合成（化工部攻关项目），棉铃虫信息素的制备和生物活性试验，水稻二化螟信息素、印度谷蛾、家蝇信息素、棉蚜警戒素、具有保幼激素活性的化合物等的立体有择合成。作为农药基础化学研究成果，分别获得国家教委科技进步二等奖和三等奖。参加这项工作的还有生测室尚稚珍、毕富春，生物系朱海清、任自立，化学系赖成明等教授。这方面的研究告一段落后，李先生审时度势及时把研究范围扩展到农药研究的热点——超高效磺酰脲类除草剂和杂环类高效农药的研制上来。他创制开发了我国第一个具有自主知识产权的新型超高效除草剂单嘧磺隆。研究组不断壮大，又有贾国锋博士加入。后来这个研究组与杨华铮教授的研究组合并组成元素所第八研究室。

我从1962年在化学系毕业后留校分配在元素所二室工作，李正名当时是我们课题组长，成员还有唐除痴、黄润秋、王惠林、张金碚，主要从事有机磷农药1605和有机磷中间体的研究。"文化大革命"后，根据工作需要我在所里更换到教学和其他科研项目岗位，直到1984年又回到李先生的研究组。前后与李先生一起工作大约20多年，我从一个不熟悉科研和教学的青年学子，成长为一位教师和专业科研工作者，与杨石先先生、陈茹玉先生等先辈的教育和关怀是密不可分的，同时也有幸得到李正名先生的指导和帮助！时至今日，我虽然已退休多年，但是看到一代新人在元素所科研、教学中做出的显著成绩和进步，感到十分高兴。杨石先所长开创的事业后继有人，杨老寄予的"繁荣经济，发展学科"一定能够实现。

2012年9月18日

刘天麟

男，教授，1962年南开大学化学系元素有机化学专业毕业，1962-2000年在南开大学元素所工作，2000年退休。在职期间为研究生教授有机立体化学，指导硕士研究生学位论文。1980、1991、1995、1998先后赴美国做访问学者。1995年南开大学优秀教师。

科研历程往事记

陈　彬

精骠马、精喹禾灵的工业化

当时我国生产的高效除草剂骠马和喹禾灵都是消旋体的，但只有R-体才有效，也就是说，有一半原料是白白撒在地里，尽管每亩地才用5克原料，那也浪费了一半原料，也加大了对环境的污染。而当时进口的骠马和喹禾灵每亩地只用2.5克，显然国外进口的产品是R-体的。

有一次，从文献中看到，用L-乳酸可以合成R-体喹禾灵。出于好奇，我想合成一点R-体的骠马，看看R-体骠马究竟是一个怎样的产品。怎样弄到L-乳酸呢？试剂的L-乳酸很贵。这时我想到了北京中科院微生物研究所的同学孙万儒教授，他是我校有机合成专业毕业，在中科院一直从事生化领域的研究，他一定能帮我们弄到一点L-乳酸。于是给他写了一封信，第二天我们就收到了他的回信，他说，你不要舍近求远，L-乳酸天津市工业微生物研究所刚刚开了中试鉴定会，你可以找杨子培所长解决。尽管只有几行字，却使我们惊喜万分！已经进行了中试，这就意味着L-乳酸要大量生产！

这一封信让我们看到了希望，看到了未来。R-体的骠马，R-体的喹禾灵，在我国一定能工业化。当年(1994)的市工业微生物研究所离南开校园不远，很快我们到了微生物研究所，找到了杨子培所长，他热情地接待了我们，当我们说明了来意后，他立即送给我们98%的L-乳酸200mL。后来他得知我们条件试验用的原料还不够，又让中试生产厂甘肃啤酒厂空运了半塑料桶L-乳酸，使我们非常满意。

1995年我们抓紧了精骠马和精喹禾灵的小试工业化条件试验。当我们第一次拿到精骠马的重结晶样品时，只能测得它的化学含量，而不知其R-体含量，因为当时的分析室还没有手性柱。当时我们所的核磁条件也差，通过位移试剂也测不出来。后来是李正名所长把样品寄给了他国外的学生去分析(其实也是用位移试剂通过核磁测的)，其结果几乎都是R-体的，他说，至少超过95%。这时我们就放心了，就在这一年。有一天，突然来了两个人，他们是江苏江阴农药厂的厂长和总工，要买精骠马的技术，不知他们从哪里得到的消息，我们在搞精骠马。我们说，我们的技术尚不成熟，特别是最后一步的收率较低，现在还不能转让，这样的技术不能代表南开元素所的水平。他们还是坚持要买，说：你现在的技术我们就买了，等以后技术成熟了，我们再来一趟，就这样双方签订了转让合同，江阴农药厂也成为我国生产精骠马的第一厂家。一个星期后，厂家派来技术员接受技术培训，就在这短短的一个礼拜期间，我们将收率从65%提高到90%以上。厂里的技术员只做了一遍试验就满意地回去了。

1996年，精骠马、精喹禾灵分别进行了大田药效试验、急性毒性试验，1997年1月先后进行了国家级鉴定，并获得通过。此后，厂家一个接着一个来买技术，精彪马先后转让给江苏江阴农药厂、浙江海正药业、浙江维尔达集团、青岛农药厂、天津农药试验厂，还通过沈阳化工研究院转让给丹麦一家公司。精喹禾灵先后转让给江苏南通农药厂、江苏丰山集团、山东京博集团、合肥丰乐集团，等等。使我国在该类除草剂的生产进入新的时代。值得欣慰的是，过了十几年，直到今天，精喹禾灵仍然是丰山集团、京博集团、丰乐集团的当家产品，他们的产品R-体含量都超过98%。京博集团的精喹禾灵每年都出口至美国杜邦集团。

回忆往事，每取得一点成绩，都离不开众人的帮助，感谢帮助过我们的所有人。在此，特别要感谢中科院的孙万儒教授，天津市工业微生物研究所杨子培所长，以及李正名院士和他国外的学生，他们都给予了我们无偿和无私的帮助。

燕麦敌会战

在"文革"期间，1967年，由元素所、沈阳化工研究院（朱正芳、王律先等）及青海电化研究所（叶泽智等）在我们学校组成了燕麦敌会战小组，我们聘请陈天池做会战小组的顾问。当时是因为周总理批准的六五规划——防除西北地区野燕麦杂草而成立的，在那个特殊年代，正是有了这面大旗，大家能够顶着"脑袋掉进烧杯里"的各种压力，克服了许多困难，较好地完成了小试及放大样的生产任务。元素所参加合成的老同志有赵忠华、陈金龙、曾强、刘凤萍等，生测有孙锡致、黄桂琴、杨秀风等，车间有郭书印、孙致远等二十多人，就这样，一个由三院校科研所组成的包括合成、生测、车间等三十多人的大兵团奋斗在科研、生产的第一线。当时的元素所也分成两派，但大家能坐在一起搞科研、搞生产，实不容易。完成了小试后，科研人员、工人自己设计、自己安装设备，使我们所的车间第一次运转起来。那时的人们不为名不为利，大家三班倒，有时没有暖气，不得不忍着寒冷在操作。记得车间一次意外发生了冲料事故，整个车间充满了盐酸气，地面上覆盖了厚厚一层料液，车间上空是一片蘑菇云。但大家并没有畏惧，而是总结经验，找出了原因，清理了现场，两天后就恢复了生产。在大家齐心协力下，分别生产了燕麦敌1号100公斤，燕麦敌2号100公斤，并都在西北作了大田试验。另外，合成和生测人员还组成了下乡小分队，到西北（互助县脑山地区）深入到田间地头，亲身体验农民除草的辛苦。后来燕麦敌2号在当地生产了10年，为防除野燕麦杂草做出了重要贡献，后来获得国家贡献奖。

每当我想起燕麦敌会战，就会想念陈天池教授。那个时代，老同志都自动退居二线，让我一个刚留校一年的年轻人成了会战领导小组的组长。许多老同志，包括会战组以外的，以及陈天池先生都在帮助我。工宣队进校后，有人提意见，说我把无产阶级政权交给了走资派陈天池。其实，聘请陈天池当顾问，不是我个人的决定，我没有那么先知，而是当时会战组集体的决定。由此可见，当时，在那个特殊年代，陈天池在人们心目中的地位，依然具有很高的威望。记得，在发生事故那一天，正是我和青海的小蔡值班，反应釜内是五氯化磷，从高位槽滴加异丙醇脱水。正在滴加过程中，楼下有人喊我，说陈天池给我打电话。那时，没有手机，车间也没有电话，只在值班室有一部。我接完电话，又和朱正芳商量点事，当我们回到车间时，正好听到啪啪的声音，我们还说，今天给暖气了，话还没说完，又传来一声撕破空气的吓人声音，"不好了，出事了！"我俩赶快往楼上冲，可惜，到了楼梯中央就上不去了，从楼上扑来浓浓的盐酸气，我俩只好撤了。好在楼上所有工作人员和实习的师生都从安全楼梯撤走,好在只是一次冲料,没有爆炸。事后据小蔡说,加了好长时间料,温度还不上升,他就把剩余的料倒了进去,于是就发生了冲料。其实也不能怪小蔡,中试和小试大不一样。五氯化磷先是由液体三氯化磷通氯气制得,在搅拌下被甩到了反应釜内壁上,滴加的异丙醇难以接触,但异丙醇多了,五氯化磷会塌方从而突然反应造成冲料或爆炸。小试是反应瓶内壁上的,用手晃一晃就下来了。这次事故我承担了全部责任。因为我是当班的,也是负责人。但这次事故使我终身受益,我永远会记住这次教训:做小试一定要考虑后来的工业化。事故发生后,我没有立即向陈先生汇报,而是等事故处理完工作走上正轨后才作了汇报。我只谈了事故的情况和原因,没有提打电话的事。

陈先生还在学习和生活方面关心我。有一天,他主动借给我一本英文专业书,让我好好学习英语。可惜我一个字都没有看。一是太忙了,又要搞生产,又要参加运动,没有时间学;二是陈茹玉先生也借给我一本书,还没有看完。有一次,陈先生看见我脸上有一块白癜风,便关切地说:我爱人也得过这种病,治好了,她有这种药,等她从农村回来就给你治。可惜,陈先生没有等到这一天,就永远离开了我们。我并不为自己有什么得失而可惜,而是为南开师生失去这么一位优秀红色专家而可惜,而痛心。写到这里,我不由得流下眼泪。

三言两语忆杨石先、陈茹玉二老的育人之心

我在大学的专业课是有机合成,除了高等结构理论和有机合成外,就是陈茹玉先生主讲的农药化学,陈其杰老师辅导我们。那时

元素所已成立，他们除了科研还肩负着教学的任务。留校后，我被分到元素所一室，能和两位陈老师一起工作感到很庆幸。到了元素所我才知道，我在中科院做毕业论文也是陈茹玉先生和李毓桂老师联系和"遥控"的。在红卫兵抄家的恐怖日子里，陈茹玉先生把她和何先生的工资本偷偷地交给了我，她说，放在你那里我们放心。在这期间，这是我对她的唯一帮助。在全校疏散到农村的日子里，陈先生提出要和何先生在一起，以便照顾何先生。记得其他一些老同志也提出过同样的要求，我们向上反映，始终没有解决。这是在那个特定时期最对不住陈先生和其他老先生的地方。倒是陈先生恢复工作后对我无微不至地关怀。有一天，陈先生告诉我：现在有一个出国机会，杨老在家等你。那时，杨老已花甲年迈，身体也不太好，只能在家里办公。我见到杨老，他给我看一个文件，是一个公派到德国进修半年的文件。我想了想说，半年对理科不太合适，做不了几个实验就得回来，外语老师去较合适，我想多学一点，再等个机会吧。（那时我对国外一无所知，其实到了国外是有机会延长的，后来我到了德国确实得到了导师的资助。）这时杨老语重心长地说：你知道吗，咱们国家的政策总在变，我现在就是要把你们都送出去，看看外面，学习人家新的东西。几句话使我几乎掉下眼泪。过了一会儿，杨老说：半年对你来说，确实太短了，你不去不后悔吗？我说：不后悔。当他拿起笔要在文件上写批语时，又停下来问我你不后悔吗？我说：杨老您放心，我会等到机会的。其实，我心里也没数。杨老就在文件上批了几个字，让外语系老师去。后来，又有一天，陈茹玉先生找到我说：现在又有一个出国机会，但必须要考试，你赶快去准备，要考好几门，只有三天时间。我考试通过了，得到一个公派两年的机会。出国前，杨老和我谈了约一个小时的话。那天，他很高兴，讲了许多。我记得，那次谈话的最后几句话是：本来是你应该多讲讲，结果我讲了一大堆，我老了，话就多了，这样吧，你回国后再听你讲。我说，回国后一定向杨老汇报。

在德国的第二年，有一天，室主任彼尼柯拿来一本德国化学杂志给我看，没想到里面夹着一张杨老的镶着黑边的彩色照片！我半天才愣过神，是的，杨老去世了！永远离开了我们，我再也不能向他汇报了。

在德国，我学的是标记化合物的合成和应用，回国后为元素所标记了两个农药，为环科系标记了一个环境化合物，算是学有所用。在德国进修期间，申泮文先生，李正名先生，当他们在德国考察或开会时，都先后去慕尼黑看我。先辈和领导的关爱，使我终生难忘。

在元素所成立50周年之际，金桂玉先生希望我写一些东西，特别是有关燕麦敌会战，于是就形成了此文，并以此文缅怀杨石先、陈天池、陈茹玉三位元老。

2012年6月于南开园

陈 彬

男，1960年毕业于内蒙古集宁一中，1965年南开大学化学系有机合成专业毕业并留校，在元素所一直从事农药合成研究，在我国首先开发成功精骠马和喹禾灵除草剂。赴德国进修，曾任元素所副所长，现任山东京博集团开发中心名誉所长、顾问。

回忆在元素所学习生活的岁月

杨光富

1992年我从华中师范大学化学专业本科毕业后，被免试保送到南开大学元素有机化学研究所攻读农药学专业的硕士研究生。由于我出生在农村，小时候读书时，父母就希望我能够通过寒窗苦读来实现跳"农门"的愿望。在本科学习期间，我自己也一直对有机化学非常感兴趣，也期望自己毕业后能够继续攻读有机化学专业的硕士研究生。但没想到的是，我却被分配到了农药学专业。更没想到的是，就这样"被农药"后，自己与农药结下了不解之缘，一辈子也没有跳出"农门"了。

硕士一年级主要是课程学习，课程学习之余就进入资料室阅读文献。在硕士导师邵瑞链教授的指导下，我的专业文献阅读分为泛读和精读。邵老师为我指定了几本主要期刊。当时没有电子期刊，全部都是纸质版。每到一期新期刊，我就一篇一篇地翻阅，刚开始基本看不懂，到后来慢慢可以看懂一些了。通过这样的泛读，我发现当时有关不对称羟醛缩合反应的研究很热，而且该反应可以应用到很多生理活性物质的合成中。所以，我就选择了不对称羟醛缩合反应作为精读的主题，系统查阅了五年前的相关文献。通过一年的坚持，我的文献阅读能力有了很大的提高。遗憾的是，在硕士一年级学期末的时候，邵老师被公派出国进修。因此，我刚进入实验室时主要是跟随苗伟时师兄学习实验操作，从事环状磷酸酯的合成及生物活性研究。在苗师兄手把手的帮助下，通过半年的努力，我合成得到了一系列新型的环状磷酸酯衍生物，并测定了它们的生物活性，相关结果发表在《高等学校化学学报》上。虽然现在看来，这篇文章的创新性是很有限的，但这毕竟是我第一次真正从事科研工作，对我基本实验技能以及学术论文写作能力的锻炼起到了非常重要的作用，也使我树立了信心。1993年底，我和同年级的迟国成同学一起，被批准提前攻读博士学位。就这样，我转到杨华铮教授的门下，开始从事农药分子设计研究，1997年6月通过博士学位论文答辩，并获得理学博士学位。

从进入南开到获得博士学位，我在元素所学习生活了整整五年。这五年不仅为我的职业生涯奠定了扎实的专业基础，并且对我的人生观和世界观产生了重要影响。元素所浓厚的学术氛围，良好的学习工作条件以及导师的治学严谨都给我留下了终生难忘的回忆。

回想起来，我觉得元素所在研究生培养过程中推行的学年论文制度是一项非常好的制度，对研究生的能力提高帮助极大。这项制度要求硕士生在一年级课程学习期间，进行大量的文献阅读，然后自主选择（或由导师指定）一个主题进行文献综述，并向全体一年级研究生和导师进行报告。至今我还清晰地记得，所里对学年论文汇报工作高度重视，尽管学年论文报告会持续了三天，但包括陈茹玉院士和当时的所长李正名院士在内的全体导师自始至终都参加了报告会。由于当时电脑还不是十分普及，还没有office软件，更没有ppt投影，所以报告会是以板书的形式进行的。全体同学都认真准备，反复试讲。正式汇报时，导师们也认真提问、打分。我当时汇报的题目是"非水介质中的酶催化有机合成反应"，由于我认真准备，同时又是师范出身，因此在那次学年论文报告会上取得了第一名的成绩。我的学年论文经修改后发表在《化学通报》上。后来，在博士学习期间，我又自主选题撰写了3篇综述，先后发表在《化学通报》和《农药译丛》上。通过学年论文以及综述的写作，使我的归纳总结能力以及写作能力得到了很大的锻炼，同时也扩大了知识面。

元素所的学术氛围非常浓厚，几乎每个星期都有国内外专家前来讲学。虽然刚开始参加学术报告时听不太懂，但非常开阔眼界，对扩大知识面也非常有帮助。除了听学术报告之外，博士生还自己组织了学术沙龙活动，李正名院士还亲自参加博士生学术沙龙活动的开幕式。这个沙龙活动全部由博士生自己组织，由博士生轮流做学术报告，每星期一次。这种形式不仅有助于大家的学术交流，而且还能增进同学间的友谊。我目前在华中师范大学化学学院推行的研究生学术年会制度就是借鉴当初的这个学术沙龙活动的。除了元素所的专业学术报告之外，南开园内还经常有很多学术大师作科普及人生经历的报告，这对我们青年人的成长影响很大。记得有一次，数学大师陈省身回校期间做了一次数学与人生的报告，由于原定的学术报告厅太小，听众太多。组织者临时将报告地点调整到图书馆，为了抢位子，大家都纷纷奔跑，结果把一扇门都挤破了。当时大家的那种求知欲望和对学术大师的崇拜，对我的触动极大。大师的报告也使我懂得了，选择自己感兴趣的方向并不畏艰难、持之以恒地努力，一定会取得优异成绩的。

元素所之所以在业内享有良好的声誉，不仅仅是因为它的研究条件先进，更重要的是它拥有一批治学严谨的高水平导师队伍。我的博士导师杨华铮教授就是这样一位治学严谨、淡泊名利的好导师。第一次认识杨先生是在1991年底。当时华中师范大学正在承办第二届全国磷化学化工学术研讨会，而我也正在申请元素所的免试研究生。所以，杨先生就借参加学术会议之际对我进行了面试。记得当时面试地点就在华中师范大学的招待所，一起面试的还有唐除痴老师。两位老师仔细询问了我的专业学习情况，详细考察了我对一些专业基本知识的掌握情况。此外，还询问我除了专业书籍之外平时还读些什么书。进入博士阶段的学习之后，杨先生不仅认真指导我进行科研选题、文献阅读，而且还定期与我讨论工作进展，指导下一步的工作方案。对我影响最大的是，杨先生对学科前沿极为敏锐，她总是率先将最先进的研究方向引入国内。20世纪80年代初杨先生在日本留学时，跟随著名农药化学家、QSAR理论创始人之一Toshio Fujita教授学习QSAR理论。回国后，杨先生就将QSAR理论用于指导农药研究，成功发现了新型有机磷除草剂H-9201。90年代初，杨先生又率先在国内开展基于靶标结构的农药生物合理设计研究，并出版了我国第一本《农药分子设计》研究生教材。后来，她又率先将组合化学引入到农药研究领域。在她的推动下，国内其他单位都相继开展了基于结构的农药分子设计研究，促进了我国农药基础研究水平的提升。完全可以说，杨先生是我国农药分子设计的奠基人和开拓者之一。尽管她已过古稀之年，但仍然笔耕不辍。最近，她又完成了一部近百万字的《现代农药化学》书稿，全面总结了农药研究的最新进展，也融合了她毕生从事农药研究的心得体会。我相信，这本书的出版也必然会对我国农药科学事业以及人才培养发挥重要作用。杨先生这种对科学执着追求、淡泊名利的精神永远值得我学习！

元素所不仅给了我专业知识，更使我明确了自己的人生目标，懂得了只有造福人类的科研才是最有意义的！恰逢元素所建所五十周年之际，谨以此短文为贺！

杨光富

男，1970年8月出生。元素所农药学专业97届博士毕业生。现任华中师范大学教授、博士生导师、农药与化学生物学教育部重点实验室主任、化学学院院长，国家杰出青年基金获得者、全国模范教师。

对元素所研究生教学工作的回顾

杨华铮 陈寿山 刘纶祖 李国炜 邵瑞链

元素所虽身处高等学府，但是一个以科研为主的单位。建所初期，研究生的名额很少。"文化大革命"期间，研究生培养制度毁于一旦，在学的学生均被辍学分配，离开了他们热爱的导师和实验室。

恢复高考后，元素所随着科研工作的开展，也重新开始了对研究生的培养工作。当时所里拥有国家重点学科，有机化学博士点，后来又设立了农药学博士点及有机化学及农药学的博士后两个流动站。研究生导师的队伍随着所里研究工作的深入逐渐成长，招收的学生数量也不断扩大。如何培养这一批批的青年学子，使他们能高质量地学到应有的知识，成为国家有用的人才，成为当时面临的一个很重要的课题。为此，所里决定成立教学小组专门研究和实施对研究生的培养工作。

教学小组成立后，一直注意将教学与科研任务紧密的结合，使两者相得益彰，瞄准学科前沿，面向国家经济建设的需要，结合科研任务组织教学。将科研骨干推向教学第一线，使学生能在较高的起点上进行学习，了解学科的前沿与我国的实际，教学质量得到提高；反过来，教学质量的提高也优化了科研队伍的素质，使科研硕果累累。理论研究形成了自己的系统与特色，应用研究创造了巨大的经济效益和社会效益，在国内具有相当的影响，多次获得国家奖励，如被评为"全国高等学校科技工作先进集体"及"优秀国家重点实验室"等；同时，也为国家输送了大批高级人才，他们除了部分出国深造外，均在各自的工作岗位上发挥了重要的作用，成为所在单位的学科带头人和领导者。用人单位对我所毕业生普遍感到满意，一致认为，我们的学生有坚实的基础理论知识和较强的实际工作能力，到了工作岗位后，能很快适应并按工作的要求，成为骨干力量。

回忆当年我们将科研与教学紧密结合中培养研究生的做法主要有三点。

1. 狠抓基础教育

为了培养基础扎实、思想敏锐、行动积极的高层次人才，加强基础理论知识的教育至关重要。当时每年从全国各地综合大学、师范及农业院校入学的学生，由于学习背景不同，存在着各自的问题，主要表现在非有机专业的学生对有机化学的知识深度不够，相当部分学生实验技能不足。怎样使他们能在第一学年中更好地承上启下，弥补各自的不足，以适应今后深入学习的要求，同时要注意到课程的系统性、逻辑性和先进性是基础课面临的主要任务。高质量地开出研究生的基础课程，对于长期搞"运动"，脱离业务学习，接触世界最新科学知识机会很少，又从未承担过教学工作的所里老师们来说，也是很大的挑战。当时各主要任课老师在通过各种途径收集国外知名大学的有关教材和课件的基础上，精选出一批国内外先进教材作为主要参考书，将其精华融入教学中，同时还要不断地引入文献中的最近新进展和所里科研工作的最新成果，帮助学生从一些比较枯燥的纪实性资料中，总结出科学发展的规律及科研的思维方法，组织学生阅读有关文献，提高自学能力，将分析问题和解决问题的思路与途径教给学生。这对没有教学经验，长期没有机会学习业务知识但却要高质量从事教学的老师们来说，首先面临的是自身的刻苦学习，只有自己先补好了课才能去教育别人。当时的辛苦可想而知。但是任课老师都如期地开设出"高等有机合成""高等有机反应机理""有机磷化学""杂原子化学""金属有机化学""高等有机分析""计算机在化学中的应用""农药化学""农药分子设计""仪器分析"等课程。

在教学中大家认识到加强学生的实验技能，特别是新技术的掌握与应用极为重要，有必要在进入学位论文以前集中一定的时间进行学习与训练，当时根据各实验室的研究特点，充分调动了所内各研究室的人力与物力，遴选出一批具有典型性、先进性和普遍性的实验内容，分散到各有特色的研究室来承担，如无水无氧操作、高压实验、光催化反应、红外监测跟踪反应、各类柱层析方法等。将各方面最有特色和实践经验的老师组织到教学中来，形成了全所重视教学，重视实验技术的风气，学生在各研究室循环进行学习的局面，这就在比较精简节约的情况下，开设出一批水平较高，难度较大，又具有典型性、先进性的实验，全面提高了学生的实际操作能力。当时元素所里的六十兆核磁已向研究生开放。

为了保持课程内容的科学性与先进性，大家也积极进行教材建设，编写了十余部各类教材，如《有机磷化学》《有机磷化学导论》《有机合成中的有机磷试剂》《有机磷农药化学》《有机结构分析》《农药化学》《农药分子设计》《金属有机化合物合成手册》《有机中间体制备》等，深受广大同学的欢迎，有的还成为兄弟院校的教材或重要参考书。

2. 加强科研能力和科研思维的培养

在研究生的培养中,各位老师充分认识到注意学生科研能力和思维的培养,激发学生的学习主动性和创造性,才能适应信息量越来越丰富的时代特点,除在各门课程中贯彻外,更下大力量抓好学年论文这一环节。这是元素所教学工作的另一特色。

写学年论文是学生深入了解某一领域科学进展的重要时机,也是专业外语、文献综合能力训练及科学思维能力训练的重要阶段,为了充分激发学生学习的主动性与创造性,扩大学生的知识面,学年论文答辩在全所统一进行。教学小组制定了一系列检查评审制度。要求学生根据导师确定的题目广泛阅读文献资料,学会写文献综述,写摘要,作学术报告,提出看法,答辩,掌握报告时间的准确性等。所内成立教师评审小组,除对论文的新颖性、重要性、逻辑性、完整性进行评价外,还要考查学生口头及书面的表达能力,甚至板书的效果。学年论文报告会是一个拓展知识面,启发学术思维的主动学习的好机会,成为促进同学间学术交流,活跃学术气氛,集思广益的好场所,同学们都感到收获很大。

3. 在科研实践中锻炼成长

学位论文是学生培养中的另一个重要环节,同时研究生队伍也是一支重要的科研力量。将科研与培养相结合,收到了很好的效果。新生入学第一课是所史教育,元素所是已故老校长杨石先教授受周总理的委托开创的农药化学的研究基地。几十年来,全所老师秉承老校长"繁荣经济,发展学科"的教诲,团结拼搏,苦干实干成风,青年学生是我们事业的接班人,从一开始就注意专业思想及创新能力的教育。同时化学也是一门易出事故的学科,对学生的安全教育一直十分重视,进研究室的第一天全所进行安全教育,用不同的事例向学生介绍产生事故的原因，及避免的方法。从一开始就把安全放在第一位。

研究生论文的选题大多是导师承担科研任务的一部分，这样做可使他们在学习阶段就有机会参加到学科前沿的研究中，树立科研为国民经济建设服务的思想，急国家之所急。当时全年完成近百篇论文，绝大部分都是发表在国内外的重要期刊上，每年有多人参加各类国际会议，历年所得的国家自然科学二等奖，国家教委科技进步一等奖、二等奖中所涉及的论文大多是研究生工作的积累，我所承担的国家攻关任务也主要是由研究生来完成的。全国农药工业协会为了表彰我所研究生在农药研究中做出的贡献，每年给多名研究生颁发优秀论文奖学金，约占发放总数的一半。

总结以上，可以看出，教学与科研紧密结合，相互促进，出成果出人才，做到了教学与科研双丰收。由于我们在90年代教学工作中的努力，获得了天津市优秀教学成果一等奖。这是唯一一个对研究生教育做出成绩的奖励。

元素有机化学国家重点实验室建设前后的回忆

廖仁安

1978年，在北京召开了全国科学大会，迎来了中国科学的春天。当时兼任元素有机化学研究所（以下简称元素所）所长的杨石先校长光荣出席了全国科学大会见到了邓小平同志与原国家科委主任聂荣臻元帅等老一辈中央领导人。元素所有10项科研成果荣获了全国科学大会奖。作为元素所的创始人杨老深受鼓舞，于是及时回所传达了全国科学大会的精神，使全所师生精神振奋地迎来了科学的春天。1982年杨老高瞻远瞩辞去了南开大学校长及中国科协副主席等十几项兼任职务，只保留了中科院学部委员及元素所所长两项职务。此举在全国科技教育界产生了巨大反响，中央人民广播电台向全国播送了这一重要新闻。此时杨老已过85岁高龄，还在为元素所的发展呕心沥血。国家在发展，元素所也不能落后，于是杨老对元素所的发展已有诸多考虑和设想。当时国家正处在改革开放的初期，如何发展科技事业，加强原始创新能力，是全国科技教育界面临的重大任务。科技实力特别是原始创新能力已成为国际竞争的焦点之一，许多国家已将加强国家创新体系建设作为全球化条件下的国家发展战略，把建设一流的科学研究基础设施作为国家创新体系建设的重要任务。于是产生了作为科技创新平台的国家重点实验室建设，使国家重点实验室一产生就肩负着重要的历史使命，成为国家科技创新体系的重要组成部分。

国家重点实验室（以下简称"国重"）于1984年开始建设。首先在高校及中国科学院有雄厚基础的研究所为依托，1984年全国只建了五个"国重"其中四个建在重点高校。1985年国家又批准建了十个，随后又如雨后春笋发展更快，到1994年，全国建立近百个"国重"，到2004年全国建成了158个"国重"，覆盖了基础研究和应用基础研究的大部分学科。我们元素有机化学国家重点实验室（以下简称"元素有机国重"）是在南开大学元素有机化学研究所与化学系金属有机化学研究室基础上于1985年经国家计委组织专家组进行论证后批准开始建设，经系、所师生三年的艰苦努力于1987年基本建成并通过国家验收。1988年正式对国内外开放。时任元素所所长的李正名教授被任聘为"国重主任兼学术委员会主任"。学术委员会由国内17位农药与金属有机化学界著名专家教授组成，其中有赵善欢院士（华南农大校长）、胡秉方教授（北京农业大学）、戴立信院士（中科院上海有机所）、金声教授（北京大学）、刘孟英教授（中科院北京动物所）、徐广智教授（中科院北京化学所）、卓仁禧院士（武汉大学）、吴世晖教授（复旦大学）、黄宪院士（杭州大学）、李裕林教授（兰州大学）、李宗成院长（沈阳化工院）等。校内委员有陈茹玉院士、王积涛教授、李正名院士、金桂玉教授、宋礼成院士、王琴荪教授。1985年7月参加元素有机国重论证到成立首批学术带头人与骨干有陈茹玉、李正名、王积涛、周秀中、金桂玉、杨华铮、尚稚珍、王琴荪、黄润秋、宋礼成、谢庆兰、唐除痴、刘纶祖、王序昆、张正之等二十多名教授组成。

元素有机国重主要研究方向为农药化学、杂原子和金属有机化学。农药化学主要研究高效、低毒、无公害新农药(分子设计、合成、分析、生测、毒理、剂型与作用机理等)及化学生物学。杂原子有机化学主要研究磷及其他杂原子有机化学,设计合成具有生物活性的新化合物,揭示活性分子与生物大分子之间的作用机理及其在生命过程中的作用,乃至物理有机与超分子化学。金属有机化学主要研究主族和过渡金属有机物的合成、结构、反应机理及其在有机合成中的应用,发现有机合成新反应及有机合成新试剂。

国家重点实验室的建设进一步增强了我国科学研究,特别是基础研究的能力,推动了我国基础应用和基础研究事业的快速发展。为广大科技工作者提供了一流的实验条件和环境;拥有一批先进仪器设备,取得了一大批创新成果,发挥了组织一支精干力量、在若干领域攀登世界科学高峰的历史性作用,有力推动了相关学科的建设和发展;促进了国内外科学技术的交流与合作,为科学研究创造了良好的氛围,成为我国重要的学术交流活动中心之一。

元素有机化学国家重点实验室的建设是元素所和化学系几代人共同努力奋斗的结果。元素所的创始人杨石先老校长虽然没能看到元素有机国重的成立,但他为元素所的发展呕心沥血,为元素有机国重的建设奠定了基础。元素有机国重从1985年开始建设到1988年建成并实现对国内外开放。认真实行国家制定的"开放、流动、联合、竞争"的运行机制,至今已25年。领导机构也随实验室的发展经过了几次调整。李正名院士从1984年起任元素所所长，1985年开始兼任国家重点实验室主任直至1995年。1995年当选为中国工程院院士，开始筹建农药国家工程研究中心，该中心经国家计委组织专家论证批准后，李正名院士又被任命为该中心的主任。于是1996年金桂玉教授接任元素有机国重主任到2001年。李靖教授1996年任元素所所长，2001年兼任"国重"主任到2004年。周其林教授于2004年起任元素有机国重主任兼元素所所长至2014年。周其林教授，作为我国第一批长江学者于1999年到元素所工作，经过10年的努力工作，于2009年当选为中国科学院院士，这不仅是他个人的光荣，也是元素有机国重和元素所的光荣。化学系程津培与宋礼成教授都是元素有机国重的学术带头人，他们先后于2001及2007年当选为中科院院士，同样是南开国重的光荣，值得庆贺。

作为我国最早建设的"国重"之一，我们元素有机国重自建设和对外开放以来，在全室和全所同志的共同努力下取得了可喜成绩。在1990年参加第一次全国性"国重"评估后，国家计委科技司联合国家科委、国家教委、中科院等八个部委在北京召开了"国重"第一次总结表彰大会。我国重被评为全国八个优秀国家重点实验室之一（李正名主任和廖仁安副主任都评为先进个人获金牛奖）。1994年是"国重"建设十周年。国家计委科技司再次联合有关八个部委科技司局在人民大会堂又一次召开了国重建设十周年总结表彰大会，这次评估，我国重取得了良好的成绩（廖仁安副主任又一次评为国重工作先进个人再次获金牛奖）。自此以后，每五年进行一次全国性国重评估，实行严格的竞争机制，如化学化工学科系统近30个国重及部分部门重点实验室参加评估。前五名为优秀，最后五名为"黄牌"警告。如两次评估得黄牌将被取消"国重"的资格,降格为部门重点实验室。然后再参加全国大评估。如在评估两次进入前五名的优秀实验室,才能再升格为国家重点实验室。

我元素有机国重在1994年后的1999、2004、2009年几次全国大评估中均取得了较好的成绩。2004年是我国国家重点实验室建设二十周年,科技部联合中科院、教育部等有关部委召开了总结大会,再次评选表彰了一批优秀"国重"及先进个人,颁发一批金牛奖,我们室当时主任李靖教授被评为国重工作先进个人,荣获金牛奖。在1985年国重建设以来的20多年中,我们多次获得国家对国重二次建设的资助,有力地保证了多项研究工作的进行。使我室的各项工作得到更好的发展和巩固。科研成果层出不穷,优秀人材不断聚集,仪器设备更加完善,学术交流更加活跃,学科建设更加扎实,人才培养发展更快,现我们国重与元素所在校博士与硕士研究生达420人。正在发挥人才培养中心的作用,不断为国家培养和输送更多的优秀人才。在实行对外开放的运行机制中,每年都在一批又一批地接受国内外访问学者来"国重"作短期研究工作,取得了良好成效。据不完全统计,至今已接受访问学者100多名,其中还有外国来访学者多名,我们与国内外一些研究机构或高校经常进行交流与合作,不断发挥国重的应有作用。

在杨老"繁荣经济,发展学科"思想指引下,国重始终把新农药品种的创制与开发作为主要研究方向之一。农药创制研究是一个周期长,投资大,风险高的高科技领域,在国际上仅有美、日、德、英、法及瑞士等6个国家具有独立创新农药的能力。本国重以李正名院士为首的研究人员,经过多年的艰苦努力在创制新农药研究与开发中已取得了突破性重要成果。在此基础上,南开大学申请建设农药国家工程研究中心,并于1995年通过国家计委组织的专家论证获得批准。李正名院士又担任了首任农药国家工程研究中心主任。2004年农药国家工程研究中心顺利通过了国家验收。国家验收专家对该中心的评价是:"出色地完成了项目建设任务,形成较强技术创新能力,取得了较好成果转化经验,在高校中建立国家级工程研究中心提供了一个机制和体制上的范例。"

农药国家工程研究中心建成通过国家验收后,李正名院士继续努力组织中心的研究人员,将研究成果尽快转化为生产力。终于研发出一个具有自由知识产权的超高效除草剂单嘧磺隆。经过大量试验表明单嘧磺隆原药毒性很低(急性毒性LD50大于4640mg/Kg,对人畜和环境十分安全),药效很高(与国际著名农药商品氯磺隆及甲磺隆等活性相当),在大量翔实科学数据的支持下,于1999年获得国家农业部的新农药临时登记证,2001年作重点推广项目列入"国家科学技术重点推广计划"填补了我国长期以来谷田除草剂的空白和麦碱茅专用防治的匮乏,取得明显的经济和社会效益。2007年又通过了国家农业部农药正式登记的批准。逐步推广到160万亩农田的实际应用。为我国农业生产和经济建设做出了新的贡献。这一成果受到了国内外的广泛关注。这是我国第一个获得新农药正式登记的创制除草剂品种,填补了我国这方面长期的技术空白。该成果"对环境友好超高效除草剂的创制与开发研究"荣获了2007年中国国家技术发明二等奖。

应当指出,元素所的成立和发展,元素有机化学国家重点实验室与农药国家工程研究中心的建设,几十年来一直得到国家计委科技司(现为国家发改委),国家科委基础司(现为国家科技部),国家教委科技司(现为国家教育部),国家自然科学基金委化学部有关领导同志的关心和支持。元素所建所前后还得到开国领导人周恩来总理和聂荣臻副总理的亲切关怀与鼓励。元素有机化学国家重点实验室成立后,聂荣臻元帅还亲自题写了"南开大学元素有机化学重点实验室"室名,为元素所和元素有机国家重点实验室留下了珍贵的纪念。在此,我们应向他们表示崇高的敬意和衷心的感谢。

廖仁安

男,1939年9月生,祖籍福建上杭,1963年7月毕业于厦门大学本科,任职南开大学教授。1985年参加了南开大学元素有机化学国家重点实验室论证与筹建工作,1986年至2002年任国家重点实验室副主任。长期以来从事金属有机和元素有机化学研究工作。参加了固化催化剂的研究工作,曾荣获国防科委重大科技成果奖。在基础研究中先后发表论文50余篇,中国发明专利一项。1987年与他人合作申报中国发明专利一项。于1990及1994年两次被国家计委、科委及教育部等部委评为先进工作者,获金牛奖两次。1995年获国务院特殊津贴。

附件：

1985年国家教委主持专家组审议通过我国家重点实验室建设的申请报告

关于农药化学和金属有机化学实验室建设规划的评议意见

国家教育委员会科技司于一九八五年七月二十一日至二十三日在天津召开了建立《农药化学和金属有机化学实验室》的论证会。参加会议的代表有来自各地的专家、教育委员会科技司、国家科委等的同志。由胡秉方教授、赵善欢教授、徐广智研究员、樊德方教授、万迪秀高级工程师、吴均和教授、卞绍庄高级工程师、沈宏康教授、师树简教授、贝浼智副研究员、郭和夫研究员等十一人组成的评论组，认真听取并讨论了南开大学元素有机化学研究所李正名所长关于建设该重点实验室的报告，并就以下问题取得了一致意见。

一、农药化学是涉及化学、生物、生物化学、医学、环保等的综合性、边缘性的学科；金属有机化学也是化学学科中最活跃的分支之一。两者都与国民经济密切相关。为适应高效、无公害农药的兴起和开拓我国自己的农药体系，迫切要求我们加速农药化学研究步伐，以满足四化建设需要；而石油工业、有机化学工业等的发展，也急需我们加强金属有机化学研究。因此在国内积极开展这两方面的研究具有重要的经济意义和学术意义。

二、1950年以来，在已故杨石先教授组织领导下，南开大学在农药化学、金属有机化学方面做了大量、深入、系统的工作，取得了丰硕成果，培养了一支老中青相结合、以中年为主体的、水平较高的科研队伍，积累了较丰富的经验，基础雄厚，已经形成了一定特色和传统，在国内外有一定影响。因此在该校建立"农药化学与金属有机化学国家重点实验室"的条件是具备的、合适的。

三、该实验室论证材料中提出的研究方向明确、课题具体、符合当前中央精神。鉴于农药化学及金属有机化学在基础和应用研究方面，都涉及多学科的交叉和跨部门的协作，因此重点实验室实行对内外开放，特别应注意加强与生物科学结合，这将有利于多、快、好、省地出成果、出人才。

四、重点实验室建设规划中申请购置的设备和所需经费，评议组认为是必需的、合理的，请计委和教育委员会予以支持解决。

一九八五年七月二十三日

编者注

据国重室原副主任廖仁安教授回忆提供重点实验室成立期间的一些重要情况：

1985年教委主持我重点实验室的专家讨论会上，由著名农药化学专家胡秉方教授，华南农业大学校长、中国科学院院士赵善欢教授、中国科学院北京化学所著名化学家徐广智教授担任正副组长的专家委员会一致通过了我们申报的论证材料。1985年7月底国家计委科技司下文批准我"农药化学与金属有机化学国家重点实验室"为国家级建设项目。在实验室试运行后教委科技司领导感到我实验室名称过长,有时造成成文的困难,建议更名为"元素有机化学国家重点实验室"较宜,并认可农药化学与金属有机化学两个研究方向,符合当时实际情况。经所学术委员会讨论也认为实验室名称从发展来看应留有更多的扩展空间,同意国家教委的修改意见,之后教育部上报国家计委批准了"元素有机化学国家重点实验室"的名称一直沿用至今。

师恩难报，友谊长存

高如瑜

在元素所建所50年之际，我不仅因元素所的发展、壮大、辉煌的50年感到兴奋、感动和骄傲，同时，回想自己的人生，我深感元素所是摇篮，是沃土，在这里我走过了学习，成长，拼搏和奉献的有意义的人生道路。此时，我更加深切怀念先辈杨石先先生和陈天池先生的谆谆教导和培养，我也更加珍惜我和元素所和分析室结下的不解情缘，我爱元素所，我爱分析室。

我是1963年从南开大学化学系毕业，留校分配到元素所分析室工作的。元素所建所时分析室是当时七个研究室之一，室主任和室秘书是由化学系的余仲建和杨学瑾兼任。正式研究人员只有从武汉大学分配来的毕业生贺水济一人。王菊先和我是1963年同时留在分析室的。化学系的兼职科研人员有翟宝英、刘燕华、黄熙亮，先后又从外单位调来了龙蕴先、曹竹兰，高中生梁格、王培兰。到1964年时分析室已有12位科技人员了，组织安排我做分析室秘书协助室主任工作。

所领导非常重视分析室的建设和发展，建所初期，明确分析室的科研目标是针对我所开展的农药和元素有机化学研究的需要，建立各种元素的分析方法，诸如元素碳、氢、氮，卤素的氯、溴、碘、氟，还有元素硫、磷等。我当时承担了有机氟的分析方法的建立和应用。为了快速上马，所领导特派我到长春应化所直接学习有机氟的分析方法，经过一周的学习，我回来后很快就开始为有机氟研究室的合成研究提供分析数据了。虽然所有的元素的分析方法我们都采用了国内外先进的方法，但限于当时的科技水平所限，所有的分析方法都是化学法，费时费力，且因手工操作，要求操作人员不仅要有严谨认真的态度，还要有娴熟的操作技术。由于科研的需要，我们每人承担一项元素分析任务，全室人员都在元素分析方法的建立和元素分析的常规分析的一线上勤恳地工作着。

到1964年初，元素所各研究室都已建成了科研团队，我们都是年轻人，朝气蓬勃，意气风发。当时，我们都住集体宿舍，共同吃在职工食堂，以所为家，以实验室为家。我们不仅勤奋地工作，我们也有丰富的业余活动，参加学校举办的各种体育比赛和文艺会演，我们自编自演了《实验室革命化》说唱节目，还到市里公演，得到好评。陈天池所长、王柏灵主任亲自指导我们排练。杨老欣喜看到他所期盼的年轻一代正健康成长，元素所也已初具规模，正大步前进。

然而，从1964年开始我们经历了"四清"和"文革"，到1978年整整14年，我们正规的科研工作，几乎停顿，是杨老力挽狂澜，撑航船未翻，保住了元素所。1978年科技的春天使元素所获得新生，元素所科研和教学工作才走上正轨。随着元素所的科研方向和科研组织机构的调整，原仪器组和分析室合并为分析室。1964年在国家科委和教育部的重视和支持下，我们有了核磁共振仪，当时国内只进口两台，一台给军委卫生部一台给了元素所，这也是高等学校唯一的一台。所领导经过认真选择，决定李国炜为仪器的管理和使用的科研人员。李国炜是王积涛教授的研究生，毕业后留所工作，他服从领导安排挑起了重担，使核磁分析成为合成室极重要的结构分析的手段，解决了许多疑难问题，他在核磁岗位上兢兢业业一直干到退休。1964年后又进了红外光谱仪、紫外光谱仪、顺磁共振仪、气相色谱仪。仪器组的科研人员有荆煦英、李国炜、张殿坤、王永泰、王者福、林孝元、朱昌寿。所领导重视分析室的发展，不断加强科研力量，王琴荪、李广仁、么恩云、钱宝英从合成室调来，从外单位引进胡绪英、陈端美、陈式棣。陈永正是从生测室调来做同位素研究。元素分析因其是常规分分析，样品量大，又是化学法，手工操作，一直需大量人力，后相继有马建新、李琥和傅岚冰年轻的技术员加入这个团队。冯秀琼是北农大的研究生，毕业后分配到分析室筹建了农药残留组，她一直从事这方向的研究，承担并完成多项农药残留任务。

　　为提高科研水平，杨老非常重视人才培养，创造条件组织科研骨干去国外访问或进修。我非常有幸在联合国教科文组织的资助下，公派到美国加利福尼亚大学做访问学者，那年我已经43岁了，临出发前聆听杨老的嘱托：机会难得，要多学点先进技术回来。我的导师是EPA（美国环保局）的官员，有名的农药分析专家，他让我参加了EPA的农药环保项目，完成了三个子课题，共同发表了三篇论文。两年后我按期回国，我的导师还特邀来中国，到我所访问并作了学术报告。这段经历使我大开眼界，自己暗下决心，虽已不是黄金年龄，但也要起步绝不辜负老一辈的期望。然而，天有不测风云，我尽在此时遭遇了人生最大的不幸，我的母亲和我的爱人相继离世，巨大的悲痛几乎使我不能自立。我爱人刘双武，我们同班，早在大学二年级时学校选拔优秀学生（称拔青苗）提前参加校、系行政工作，他被选作杨老的秘书，这是多重要的工作。一段时间后，杨老关心他的成长，认为他太年轻，应继续学习，给了他回原年级学习的机会。杨老对年轻人的厚爱和期望深深地感动着他。他选了农药专业，立志从事农药行业。谁能想到在1985年他才49岁就谢世了，留下了年迈的老父亲、我和两个未成年的孩子，我的处境可想而知。领导和同事们都想法安慰我，想尽办法帮助我。陈茹玉老先生到我家来看我，希望我坚强，节哀自重，"所里工作需要你"。在这温暖如家的集体里，我慢慢地从痛苦中走出，决心开始我人生的新的征程。

在1985年，元素所快速发展成为国家第一批高校国家重点实验室，有机分析列为重点实验室科研方向之一，王琴荪聘为重点实验室的学术委员会委员，我是重点实验室的固定成员。国家投入可观的经费，购买了大批先进的现代的分析仪器，组建了重点实验室的分析组，从分析室调入几位分析室骨干技术人员，钱宝英担任组长，还有梁格、李国炜、张殿坤、王培兰。与此同时，分析室也引进了新的分析设备，新型的气相色谱、气-质联用、液相色谱，最重要的是质谱和液-质联用，贺水济承担了仪器的管理、使用的重任，全力地开展了有机质谱的研究和应用，为合成室解决了许多结构分析的难题。此时分析室也不断增加新生力量，颜丙文、祝凌燕、陆秀箐、赵静辉、赵秋霞、解放、王立新、王荷芳、张智超等相继到了分析室。1989年，在所长李正名的努力下，分析室引进了第一台自动化的碳、氢、氮分析仪。从此元素分析完成了从手工到仪器自动化的革新转化，大大提高了工作效率，马建新和李琥努力学习仪器的使用、维修，为合成室即时提供数据，他们一直在这岗位上勤勤恳恳、任劳任怨地工作。分析室此时由王琴荪教授为学术带头人，科研人员达40多人，承担着教学、科研和横向的技术开发项目"农药全组分分析""农药残留分析"。根据科研方向和任务,分析室分3个课题组:元素分析和质谱,农药分析,农药残留。分析室是一个团结的整体,既有科学的分工又有灵活机动的协作,使分析室的教学和科研工作得以顺利的进行。

我在农药分析组,我们参加了所里几乎所有农药项目的从小试到中试生产的分析项目,从"六五"到"八五"所承担的国家农药攻关项目,诸如新型植物生长调节剂7841、溴氰菊酯、烯唑醇、氯氰菊酯三唑锡等,我们都承担了项目中的分析子课题,与合成室密切配合,都出色完成了从原料、中间体,到产品及相关的分析项目。建立了农药项目所需要的全套先进、快速、准确的分析方法。

"农药全组分分析"是我们横向技术开发项目,20多年来我们承担并完成了国内外农药登记的"农药全组分分析"项目达260多项,涉及农药品种达150多种,为国内外的企业、公司开拓国际农药市场,提供了在多国注册登记所需要的"农药全组分分析"报告(全部英文),得到国际市场的认可和好评。2007年王琴荪教授逝世后,我负责继续组织领导这项工作。

我的科研工作方向是有机化学现代分离分析方法研究,从1985年开始,主要为计算机辅助手性物质识别机理的研究,具有生物活性的手性医药和农药的对映体色谱(液相色谱、毛细管电泳)分离方法的研究。我是王琴荪教授主持的"计算机辅助色谱最优化分离条件的选择"系列研究课题的主要成员,这是当时色谱理论研究的热点和前沿课题,我们开发了一系列计算机优化软件,用在气相色谱、液相色谱、薄层色谱的分离条件的优化选择上,我主要负责液相色谱研究,研究成果在1993年获国家教委科技进步二等奖。这几年我在国内外核心刊物发表论文近50篇,SCI论文25篇。从1985年至

2002年,我才真正走过了我业务成长的路,我从讲师、副教授,到教授、博士生导师,我感到自己非常幸运,感谢元素所培养了我,给了我成长的机会。我永怀感恩之情。

元素所分析室的教学工作有研究生的"质谱课"(贺水济、王荷芳主讲),"现代分离分析方法1"(龙蕴先主讲),"现代分离分析方法2"(王琴荪、高如瑜主讲),培养了多名博士生和硕士生。

在南开元素所建所50年之际,我以此文回顾我自己走过的道路,更加怀念杨老和多位老前辈对我的教育和培养,我非常眷恋元素所和分析室,这是我的家,我在这里学习、成长,经受风雨,在这里我走过了我的事业人生道路。我感激分析室的同事们给了我如家人般的温暖。我是2005年退休的,但因科研和教学的需要,我一直接受学校的返聘,2007年王琴荪教授离世后,我就一直负责组织领导农药全组分分析课题组,继续承担农药全组分分析项目,为我国农药出口贡献力量。

高如瑜

女,1939年生,北京市密云区古北口镇人,中共党员。

南开大学元素有机化学研究所教授,博士生导师。1963年毕业于南开大学化学系,留校分配在元素所分析室。1982—1984年受联合国教科文组织资助,公派到美国加利福尼亚大学做访问学者。曾任分析室室主任、室副主任,党总支委员,支部书记等。第3届、第4届全国农药标准委员会副主任委员。

多年从事有机化学现代分离分析方法的研究和教学工作。在国内外核心刊物发表论文50余篇,SCI论文25篇,1993年获国家教委科技进步二等奖。南开大学优秀教师,优秀党员。

不断学习 不断探索 不断进取

李金山

我于1969年毕业于南开大学化学系本科，1982年毕业于南开大学化学系有机化学专业，获理学硕士学位。最初导师是黎致远教授，因黎老师中途调往南京工学院（今东南大学）而转投王积涛教授名下。由于读硕时研究方向是金属有机化学，所以我被分配到元素所金属有机化学研究室王序昆教授课题组。同组还有张正之老师以及孙家镔老师。我们当时主要研究第八族金属配合物和稀土金属配合物，孙家镔老师研究稀土发光材料。三年后王序昆老师让我同他的硕士生陈永胜（现为高分子化学研究所教授）一起开展过渡金属电荷转移盐（有机固体材料）的研究，并同物理系理论物理教研室何国柱教授等人合作，共同承担由杨振宁教授牵头的国家基金委重大课题的一个子课题。我在这一研究方向坚持了八年，发表多篇学术论文。

1992年冬，由于某种原因原课题组分组。张正之老师和孙丽娟老师另组课题组，我则加盟谢庆兰教授课题组。此时谢老师的研究方向已由有机硅转到有机锡化学，特别是有机锡农药的研究开发。1993年5月我到湖南冷水江锑矿调研，回校后在所里作了有机锑研究进展小型报告，由此开展有机锑化学研究。谢老师的硕士生朱东强就是在我的实验室做关于有机锑化学的毕业论文。从1996年至2004年我先后有五位硕士生（熊传辉、马永强、柳润唱、俞麟和王国仓）从事有机锑和有机铋化学的研究，他们的硕士学位论文都很优秀，每个人都在国外学术期刊如《应用金属有机化学》《主族金属化学》上至少发表两篇论文，最多的达到五篇。1995年下半年，我针对谢老师已经转让的三唑锡农药合成技术中的格氏试剂合成工艺进行改造，并获得成功，该工艺可较大幅度降低生产成本。国内生产三唑锡农药的四个厂家都采用了此新工艺，社会效益十分显著，我们也因此获得了40万元转让费。

2002年我开始招收博士生，研究方向转到手性金属配合物的制备及其在不对称合成中的应用，培养了10名博士生和硕士生。不对称合成对我来说是个全新的领域，难度很大。我曾向所内该领域的行家唐除痴教授和周其林院士请教过，学生们在样品的分析测试中也曾得到周院士课题组王立新老师的热情帮助。由于同学们的努力，我们很好地完成了国家自然科学基金课题的研究任务。

加强国际交流与合作，对于我们开阔眼界，提升自己的科研能力大有好处。1994年9月至1995年6月，我被国家教委公派作为高级访问学者去德国马尔堡大学化学系Dehnicke教授的实验室进修，向德国同行学到了很多东西，比如真空线操作技术，用钾钠合金处理溶剂（如无水乙醚、四氢呋喃得到绝对乙醚、绝对四氢呋喃），单晶培养技术等。虽然只有短短10个月，但我获得的成果颇丰，以第一作者在德国《无机普通化学》期刊发表了3篇论文。2001年6-8月Dehnicke教授邀请我作为客座教授再次访问马尔堡大学，从事合作研究，所获成果在德国《无机普通化学》期刊又发表了两篇论文。2003年5-8月及2004年7-10月德国卡尔斯鲁厄大学Finske教授邀请我作为客座科学家访问德国卡尔斯鲁厄研究中心，从事合作研究，同样获得相应研究成果。我也邀请Finske教授于2004年5月访问我校并在六教作学术报告。

不仅教师可以交流，学生也可以交流，联合培养。我的2005级博士生董志兵和2007级博士生张志广就是我同德国慕尼黑工业大学Knochel教授联合培养的，前两年在南开大学这儿修完学分并完成一个课题，够发1篇论文，再去德国做一年，发1篇论文。这两个学生都很好地完成了任务，顺利毕业。他们不仅提高了自身的科研能力和外语交际能力，而且同外国教授及同事建立了良好的关系。董志兵现为武汉工程大学校级特聘教授，2018年获洪堡基金资助赴德国做一年半的研究工作。

1995年6月，我从德国回来时，手中的科研经费所剩无几。所里和重点实验室领导对我伸出了援助之手，给了我6000元经费，使我得以渡过难关。这种雪中送炭之情让我终生难忘！我在元素所工作28年，于2010年退休，衷心感谢各位领导和同事对我的关心和支持！

李金山

1945年1月出生于湖北省公安县，1982年南开大学化学系理学硕士毕业。工作后晋升为研究员，博士生导师，曾四次赴德国访问及合作研究。在国内外学术期刊发表论文六十多篇。

积跬步以致千里

——我对金属有机化学实验室的追忆

孙丽娟

南开大学元素有机化学研究所自1962年10月成立以来,在党和国家的关怀下及老前辈们的共同奋斗努力下,走过了一段辉煌的历程,感到骄傲的是我既是这段历程的参与者又是见证者。

1973年我以一名工农兵学员的特殊身份在南开大学化学系有机专业学习三年,1976年毕业后留校分配到元素所金属室工作至2007年光荣退休。我的毕业论文是在金属室孙家镔老师指导下完成的。回想往事,转眼在所里工作已有31年,往昔的经历仿佛历历在目。

当年金属室的老师们约有30人,谢庆兰和王序昆两位老师曾任室主任,室下边分别有如下五个课题组:

(一)由谢庆兰、张增佑老师主持的"有机硅与有机锡化合物的合成研究及应用"。

(二)由王序昆老师主持的"过渡金属铬合物的催化机理研究"。

(三)由陈寿山、刘以寅老师主持的"具有催化和生物活性的不对称钛金属化合物的研究"。

（四）由白明彰、孙丽娟主持的"具有生物活性的有机锗化合物的合成及应用研究"。

（五）由张正之老师主持的"金属有机多齿配体配位化学的研究"。

多年来金属室的老师们一直勤勤恳恳地工作，任劳任怨地专心搞科研和教学。据不完全统计1962—2012这五十年共培养硕士生108人，博士生45人。获国家部委及天津市科委奖项15项，申请国家专利3项，发表的文章不胜枚举。元素所金属室虽然老师不多，取得的成绩却硕果累累。

我于1976年留在元素所，之后所里为了加强并充实科技力量，从校外调配来一批科技精英加入到我们的科研团队中。1977年底白明彰老师从内蒙古大学调到所里，我被分到白老师的课题组进行科研工作，当时承担的项目是"化学模拟生物固氮"全国合作项目，但此项目难度很大，几个合作单位相继退出，结果不了了之。

1984年，我在与天津药物研究所王士贤老师的交谈中得知，有一个有机锗化合物（代号Ge-132）即羧乙基锗倍半氧化物（Carboxylethyl germanium sesquioxide）具有广泛的药理作用，可防癌、调节免疫系统功能，促进核酸的合成以及细胞生长。回所后与白老师汇报并决定将有机锗化合物的合成及应用作为我们课题组今后的研究方向。在二十多年的有机锗化合物的研究和应用中，我们是全国第一个合成出来Ce-132的，曾发表过多篇文章并通过一项应用成果鉴定。

在31年的科研和教学中，我曾承担国家基金委项目5项，其中2项为第一完成人；参加及完成部级应用项目2项并通过验收和鉴定。我曾发表文章42篇，其中第一作者文章7篇，获奖如下：

1990年获天津市优秀教学成果奖二等奖；

2003年获天津市自然科学奖二等奖。

我从一个工农兵学员的大学生成长为一名教学和科研工作者，每当我前进一步都伴随着所里领导和老先生们的关心和培养，借此机会，对曾经在科研道路上给予我关心和帮助的老领导、老同事们表示真诚的谢意。

祝大家身体健康，晚年生活幸福美满。

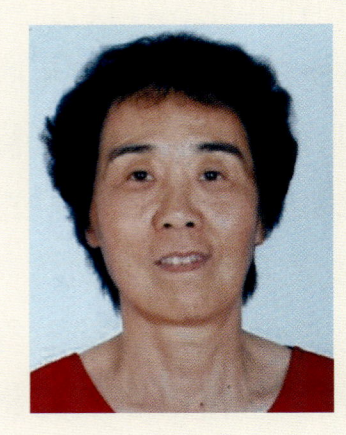

孙丽娟

女，1951年7月11日出生于天津

1973—1976年南开大学化学系有机专业学习

1995—1996年日本冈山理工大学研修

1976—2007年南开大学元素有机所工作

2005年晋升研究员

名师教诲，受益终身

俞耀庭

1955年我毕业于南开大学化学系，被录取为杨石先教授第一届研究生。当时被安排到思源堂105室（现在的第二教学楼）做实验，同室还有李正名先生。杨石先教授虽然任南开大学校长，公务繁忙，但对我总是谆谆教导，严格要求，要独立创新，实事求是，要站在科学的前沿，要结合国家需求，进行理论结合实际的研究。

回忆当时，农业部急需一种药物，能够在保存植物时不生芽。杨老很快就制定了一个详细的研究计划，就是用一系列的植物抑制剂来解决国家这一急需的问题。这一任务就让我去完成，杨老在百忙中对我详尽地讲解了他精心设计合成一系列丙二酸酰肼的想法，并具体地解决实验中有困难的环节。在我合成出一些化合物后，不确定产品是否有实际应用效果，杨老亲自找来我校孙菊英老师进行土豆发芽的抑制实验。这是我第一次接触到跨学科研究，也教育了我如何进行结合实际去解决国家急需的问题。通过大量实验室和田间试验终于解决了植物保存过程中不生芽的难题。在写完总结和文章，杨老又逐句逐字的修改并详尽讲解修改的原因，使我受益匪浅。杨老这种谆谆教导、以身作则的学风和做法，是我工作中的准则，是我选择先进、跨学科的生物活性材料教学和研究的重要原因。五十年代末，一次杨老由苏联考察回国后，叫我到他家中，讲述了考察的见闻，教育我要和国外进行交流，扩大视野，形成体系，提升研究水平。虽然当时无条件，但在开放后的八十年代初，遵循杨老的教导，我在工作中与多国同行建立了长期的学术合作与交流，培养了一批教师和学生，提升我国在生物医用材料的教学与科研水平。这就是名师教诲，终身受益。

七十年代中期，杨老为了更好地发展我国的农药事业，提出在元素研究所建立农药剂型研究室。这是农药面向应用、提高药效、降低毒性迈出的重要一步。杨老将我由化学系高分子教研室调到元素所创建这一研究室。申玉辉、蔺恩富老师和我组成了一个研究组，对新剂型开展了研究。根据调研和需要，我们开展了先进的微囊缓释剂型的研究。我们将有机磷农药用高分子材料包埋制成微囊。在天津蓟县经田间实验，证明了一次使用该剂型能有效地防止病虫害的侵袭。大田对比实验说明了多次使用农药，不仅消耗了劳动力而且防害效果不好。最后写出总结，在《农药》杂志上发表了我国首篇自主研制的有机磷微囊缓释剂型。

在元素所发展中，大师教诲，终身受益，硕果累累，惠泽于民。

敬贺元素所成立50周年纪念。

2012 年 4 月 12 日

俞耀庭

男，教授、博导，1932年3月出生，南京人。1955年毕业于南开大学化学系本科，1959年研究生毕业，师从杨石先先生。1982年于加拿大留学回国后，担任南开大学分子生物所所长，生命科学院副院长，创立了生物活性材料教育部重点实验室。30余年研究"血液净化材料"，治疗疑难性疾病，如红斑狼疮、肝、肾衰竭、药物急性中毒，已有50余万人次获得治疗。每年创造数亿元产值。他完成了国家863、973等30多项课题，发表260余篇论文，主编和参编了20余本著作。获2007年何梁何利科学与进步奖，2009年国家科技进步二等奖、2011年中国发明创业奖、2012年第九届世界生物材料大会杰出贡献奖共10余项。2000年获国际生物材料与工程学会的终身Fellow称号。

一日为师，终生为父
——记我在元素所这个摇篮里受到的教育和培养

胡笑形

我想通过简述在南开的十年学历和一生的奋斗历程，来纪念元素所成立50周年。2012年对我来说，是一个非常值得纪念的年份。这是我大学毕业50周年，从事农药工作50周年，也是我的本命年。

南开十年

我是在1957年反右派的声浪中步入南开大学的。在化学系受到了申泮文、周秀中、高振衡、王积涛、何炳林、陈茹玉等等老师的谆谆教诲，于1962年大学毕业。同年考上化学系研究生，导师杨石先校长。1962年是元素所成立的时刻，我是元素所的第一届研究生。1965年研究生毕业。当时，毛主席号召"知识分子接受再教育"，于是，我们都下乡搞"四清"，与贫下中农同吃、同住、同劳动。这一年，我们的确受到了很大的教育和锻炼。当我们结束"四清"工作回到南开大学时，已是满墙大字报……"文化大革命"开始了！我看到的第一张印象最深刻的大字报就是"资产阶级反动学术权威杨石先——修正主义苗子胡笑形"。我在学校又呆了两年,当时的工宣队称,"修正主义苗子高等学府一个不要!"于是,1965年5月我们全部研究生都离开了学校。此后,杨老也没有再招研究生,我就算是"关门弟子"吧。

南开十年,有幸念完书,使我获得了较为扎实的化学基础知识,为一生的工作创造了良好条件。

感谢恩师

1962年成立的元素所,杨校长兼所长,陈天池教授为副所长。因为杨老很忙,陈先生更多地指导我的学习。做研究生论文时,李正名先生也给我很多指导与帮助。直至今日,李院士始终不断地指导和帮助我。我时刻都记着各位恩师的教诲。

下面介绍一些一直清晰地记忆在我的脑海里的事例。

我在做研究生论文时,因为杨老很忙,我每周给他写一份"实验小结",汇报实验进展与问题。有一天晚上,在杨老家的书房,杨老一边看着我写的小结,一边认真地思考。突然,他停下来对我说:"笑形,这里应该是逗号,而不是句号。"杨老这种严谨的治学精神深深地影响了我一辈子。

有一天,我在元素所资料室里看书。杨老到元素所开会,会间休息时,我看见杨老进了资料室。他从大衣口袋里掏出卡片,从书架上取下一本外刊,坐下来,边看边写……一看表,时间快到了,马上回去继续开会。这一幕,始终让我感到,犹如发生在昨天……杨老铭记"一寸光阴一寸金"的祖训,如此爱惜时间,真是令我终生难忘。

杨老还经常和我谈起锻炼身体的重要以及健身的方法。他说,他年轻时很喜欢爬山，常去杭州的九溪十八涧、灵隐寺……（杨老是杭州人）。他又叫我常"打牙"，多吃坚果，牙好了，减轻肠胃的负担，消化好，身体才会好……

1974年，杨老也参加了化工部在杭州屏风山召开的全国农业情报交流会。在会上，我代表全国农药情报调查组在大会上作了全国农药调查报告。他鼓励我们好好干，还与我们一起散步、合影。

1978年，我们编写的我国第一部《英汉农药辞典》出版时，杨老给了我们热情的鼓励和肯定，他感叹道："工作量如此之巨！"因为这本88万字的辞典，我们是全部靠手工做卡片编写出来的。

陈天池先生是我们非常敬重、爱戴的老师。他做事雷厉风行，待人和蔼可亲。他作为元素所的副所长，承担了大量最重要的工作。对我们研究生也非常关心、照顾。当我1967年5月被分配到北京市农药研究所，临行前到他家告别时，他拍着我的肩膀对我说："北京只有一个（农药方面的）名额，让你去，好好干。"我很感激，我对他说："陈先生，您放心，我一定会努力干的。"令人万万没有想到的是，不久，陈先生却被"文革"逼迫，离开了人间。我至今一想起陈先生就泪流不止……

李正名院士对我的指导、关心和帮助就更不用说了。几十年来，共同战斗在农药战线上，李先生是我最好的老师之一。我们一直密切联系，我也经常向李先生请教，共同为我国农药工业的发展作贡献。

选择农药，无怨无悔

我大学学的是有机化学专业，元素有机化学专门化。我的大学毕业论文题目是"类马拉赛昂化合物的合成"，就是杨老为我选的。研究生论文题目是"含苯并吡嗪类农药化合物的合成"。杨老在60年代初就已经判定含氮杂环农药将是农药的重要发展方向,已经安排我们进行研制了。农药发展的历史证明,杨老的判断是完全正确的。

我如果从大学毕业开始算的话,已经从事农药工作50年了。虽然也经历风风雨雨,但无怨无悔。

我1965年5月离开南开,到北京市科委报到时,领导说:"你们的所长是'走资派',被斗了。你们先到北京农药二厂劳动吧!"这一句话,我在工厂呆了9年。从三班倒当工人,到科室管生产技术,又到实验室搞小试、中试……,后来领导说:"你会看洋文,到资料室去吧。"(当时,北京农药二厂就有C.A.)。如果从70年代初算起,我已经搞了40年农药情报了。1981年,我调入化工部情报所(现在的中国化工信息中心),先后出版的著作(包括合著)已达1000万字以上,主要有《英汉农药辞典》《英汉农药辞典(续编)》《新英汉农药辞典》《国外农药品种手册》《化工流程图解(农药)》《中国大百科全书(农药卷)》(部分),等等。并为我国农药工业的发展,为化工部领导的决策,调查、编写了多个"调研报告",如1988年编写的《2000年中国农药工业》,获得了化工部技术进步二等奖,等等。

我一直很高兴"文化大革命"让我上了一个"九年的大学"——这9年,弥补了理科学生缺乏生产、工业实践经验的缺陷,使我在一生的工作中受益匪浅。

尽管随着我国农药工业发展的起伏,我们也经历了风风雨雨,有时欢笑,有时忧愁,但我始终无怨无悔。

生命不已,战斗不息

我已经退休12年了,今年已经72岁,可以说干了一辈子了。对我的点滴成绩。党、国家和人民都给予很大的鼓励和肯定。1978、1979年，两次被评为北京市劳模，全国三八红旗手、获得国务院特殊津贴，1994年被评为全国化工劳模，1995年被评为全国先进工作者。三次在人民大会堂出席全国会议——第7届全国妇女代表大会、全国工会九大和全国劳模大会。但是，我始终清醒地告诫自己，成绩只说明过去，一切从零开始。所以，50年来，我没有停止工作一天。我会永远记住铁人王进喜的话："人无压力轻飘飘，井无压力不出油！"我还要给自己加点"压力"，再出点"油"。目前，在李正名院士、沈寅初院士、钱旭红院士和陈万义教授等老前辈的指导下，已经开始了《新英汉农药辞典》的增编工作，希望为整个农药工业的发展做出更大的贡献。这也算是我感谢恩师、纪念元素所成立50周年的实际行动吧！

我是"南开人"，我爱"南开"；我是"农药人"，我爱"农药"；我一定要不断为母校增光添彩，不断为我国农药工业做出贡献。

2012年3月18日

胡笑形

女，1940年生于浙江省永康市(县)，教授级高工。1962年南开大学化学系毕业，1965年南开大学化学系研究生毕业后，从事农药生产、科研及信息研究工作50年。通晓国内外农药工业、市场、发展概况，编辑有权威性的《农药手册》，始终提供同行国际最前沿信息，为我国农药工业的发展做出了杰出贡献。

元素所建所初期的研究生们及我同元素所的情缘

叶挺镐

元素所建所初期，时任所长和副所长的杨石先教授和陈天池教授就十分注意人才培养。除在校内外选拔应届优秀毕业生到所培训、工作外，1961年至1964年已招收研究生共14名。1961年进所(当时还是筹备阶段)的研究生有王律先、陈庆华、李国炜和洪满水，建所后1962年进所的有胡笑形、蔡一江、任四方、沈培德和林木彬，1963年有黄福仟、周勤馨，1964年有叶挺镐、杨宽澧和穆森昌。1965年之后由于"四清"和继后的"文革"劫难，研究生招收工作终止。一直到邓小平同志领导改革开放，又使元素所的科研和培养研究生工作蓬勃开展起来。

由于研究生人数少，我们是不分年级、课题和导师，大家相聚在一起，相互关照，亲如兄弟姐妹。当时我们的导师分别是杨石先教授、陈天池教授、陈茹玉教授、何炳林教授、王积涛教授和高振衡教授。杨石先教授是著名化学家、教育家、学界泰斗，又是元素所的创始人，我们对他敬爱有加。陈天池教授是杨先生的得力助手，他的学识、为人和组织天赋令人折服。事实上元素所就是在他们两人的奋力带动下蓬勃发展起来的。其他的教授也都是杨先生培养出来的在专业上各树一帜的学者。在这样的氛围中进行学习和研究,怎能不使人长进呢!

这些研究生毕业后各奔东西,都曾为我国的化学、化工特别是农药研究和农药工业的发展做出一定的贡献。比如王律先同学在化工部任化工司司长,他主管我国的农药工业,兼任中国农药工业协会理事长,在组织、管理和规划我国农药工业生产发展方面做出了很大成绩。胡笑形同学在化工部情报所,同王律先、石得中等编有《农药辞典》,是国内最流行的农药工具书,不论是在高校、科研单位或基层农药厂家,此书不可或缺。蔡一江、任四方、沈培德等在沈阳化工研究院,在农药除草剂、杀菌剂、菊酯类杀虫剂等的研发方面都取得成效。穆森昌后到国家专利局工作,是专利局里公认的有机化学命名活辞典。李国炜留所改行做核磁共振测定。他兢兢业业,曾为元素所的化学合成的进展立下汗马功劳。林木彬、黄福仟、杨宽澧和周勤馨则分别在德国、美国、新加坡和加拿大的公司从事化学研究等工作,都各有所获。

下面我要谈谈个人在元素所期间的经历及对我以后人生的影响。

(一)

我是在1963年参加研究生招生考试,1964年在元素所做大学毕业论文,题目是"昆虫不育剂—含磷乙酰亚胺类化合物的合成",是杨石先教授的课题。当时具体指导我实验的是李毓桂老师。在此期间，我认识了建所初期的老师和师兄姐们，除上述教授外有李正名、金桂玉、杨华铮、王琴荪、陈其杰等老师，有黄润秋、唐除痴、邵瑞链、陈金龙、刘天麟、刘纶祖、王惠林、刘准、么恩云、高如瑜、张僧佑、李广仁、张金碚等师兄姐们。后来又陆续认识了谢庆兰、邱孝培、冯愈强等留苏归来的学者。在杨老和陈天池教授的精心策划和运作下，当时元素所人才济济，精英云集，其科研成果和业绩已很快在学界赢得声誉，故当我被宣布录取为陈天池教授的研究生时真是喜不自禁。

我进研究生班后，先是学基础课，也进有机磷室（二室）做实验。可能也是种缘分吧，大家都较喜欢我。我和大家相处得很好。

陈天池先生常要我周六或周日到他家，师母蒋大夫总要留我在他家吃晚饭，像对待自己的孩子一样。陈先生当时已给我开了个题目，是关于硫代磷酸酯类化合物的结构和活性关系的研究。可惜由于"四清"和接下来的"文革"劫难，我没能完成这一课题。

不久，陈先生又主动领我去见杨石先先生。记得第一次去见杨老，心情很紧张。陈先生毕恭毕敬地向杨老介绍了我。而我作为杨老学生的学生，有点不知所措。杨老坐在他书房的大桌子后面，很慈祥地问我基础课的学习情况，接着又问我的专业爱好。当知道我对有机磷和杂环化学感兴趣时，他便很有兴味地谈到了希拉台尔、阿尔布蜀夫，又从生物碱谈到杂环农药。其知识之渊博，引人入胜。告辞出来后，陈先生对我说，这次领我来，是让我听听杨老的教诲。我对陈先生的精心安排深为感动！

这阶段对我印象较深的还有下面几件事。

一是王琴荪老师带我们到天津农药厂见习。天津农药厂是当时全国生产有机磷的第一厂家。由有名的有机磷农药专家张立言先生任总工程师。他是元素所学术讲座的常客,对我们欢迎备至。我在那里了解了一些重要有机磷农药的生产全过程,对我今后工作很有用。

二是1964年在杨石先教授的主持下,在南开召开了全国有机化学学术会议。国内著名有机化学家云集南开,有高水平的大会学术报告。我记得的这些化学家中有曾昭抡、黄鸣龙、张青莲、邢其毅、张榜、梁晓天、袁开基、蒋明谦、钱人元等。这次大会又提高了元素所的知名度,也使我大开眼界。

三是我领略了我的师长和师兄姐们的高超的实验操作技术。他们在有机磷和杂环化合物的合成和检测技术方面有很高的水平。元素所之所以能在不长时间内取得20余项国家级科研成果,除了杨老率领下的团队以民生为己任准确立题外,归因于在杨老严谨学风影响下的全所研究人员的细致、熟练的实验操作技术和认真钻研的精神。这对我以后大有益处。

(二)

1965年9月开始了"四清"运动,元素所全体人员及研究生被派遣去河北沧县参加"四清"。1966年回所不久,又开始了史无前例的十年动乱。陈天池先生等都戴了高帽,唯杨老因其崇高威望和周总理的点名保护,未有触动。我常于晚间悄悄去看望陈先生,并约当过杨老业务秘书的李毓桂先生去拜望杨老。为不耽误研究生的学习和实验,我在元素所的一间实验室里坚持着实验。对此杨老和陈先生私下都表示赞许。到了1968年初,研究生作为"处理品"被分配。当时所有高校和科研单位都处于瘫痪状态,研究生没人要。陈先生又悄悄领我去求助杨老。他很为难,并动情地对我说:"我很想留你,但我虽为校长,目前却办不成事。"他沉思良久,还是提笔给我写了两封推荐信。一封给中国农科院的王君奎先生;一封是给上海农药研究所徐义宽所长。拿着杨老的信,我曾分别找到了这两位长者,遗憾的是他们当时都已是"泥菩萨",帮不了忙。最后,我被塞到了中国农科院杭州茶叶研究所。

离校前我向杨老和陈先生辞行。杨老深情地说:"不管到哪里,希望你都要坚持学习,勿忘专业。我希望将来你能返回学校。"带着杨老和陈先生的殷切期望,我凄然离开了南开。

1969年我到茶叶研究所不久,又奉命到丹阳湖农场接受再教育。不久又得知陈天池先生逝世的消息。我在万分悲痛之余立即给杨老写信。当时杨老的心情异常沉重。他为失去一位德才兼备的学生、教授,失去他在元素所的得力助手而痛心疾首。此后,我同杨老的联系更密切了,我一直尊他为我的直接的导师,而他也总是在一些关键时刻给我指点迷津。我们间建立了超乎寻常的师生之情。

1970年我返回茶叶研究所后,感到很失意,由于心绪不好又患了胃出血。杨老在信中除关怀安慰我外,要我按实际情况开展工作。他指出:茶叶是饮品,种茶也喷施农药,有农药残留问题,可以进行研究。从1972年起,我同当时的茶叶所陈宗懋研究员开展薄层层析法测定茶叶中农药残留量的研究。这在当时是一种新颖、简便、直观的微量分析方法。仅在一年时间内,我们取得了出乎意料的进展。该法在国内许多部门引起反响。首先在江、浙、沪,后又在全国范围内推广应用于农药残留检测。我们的实验室门庭若市,几乎每周都要接待各地来取经的客人。按杨老的建议,我又撰写了《薄层层析法在农药分析中的应用进展》专论文章。

这期间，我曾托人捎上一包雨前龙井茶给杨老。不久又接到杨老的来信，他对这种茶的清香很赞赏，我便很有兴味地查找了一些文献，写成了《茶叶中的香气成分》一文。其成分一般人可能难以想象，竟有数十种之多。

（三）

1974年下半年，我调离茶叶所到温州农药厂工作。回温前被化工部借用筹备全国农药情报会议。这次会议于1974年底在杭州屏风山召开。杨老在李正名先生等陪同下赴会，并应邀在会上作了"国外农药进展概况"的报告。师生终于在此会议上重逢。他祝贺我归队到化学农药行列。

从1975年开始，我在温州带领两位同事在简陋的条件下，针对当时国内大吨位生产的有机磷农药马拉硫磷进行研究。发现了马拉硫磷生产工艺中的酯交换副反应，分离、鉴定出原生产工艺中存在的两种主要副产物，我将它们定名为二甲酯马拉硫磷和甲乙酯马拉硫磷。此外，还发现存在有马拉硫磷的硫氧异构体。提出了工艺改进方法及马拉硫磷色谱分析法，并陆续写成论文发表。这些研究结果对当时国内马拉硫磷的生产工艺改进和质量提高曾起了较大作用。杨老对我的工作给予了鼓励。

1976年7月，唐山大地震波及京津。我悬念杨老和元素所其他老师们的安全，当即疾书问候。不久接到了杨老长达4页的复信。信中他介绍了这次地震对学校及整个天津的惨重影响。当时他全家都住在帐篷里，大雨滂沱，帐篷内衣物全湿。他详细描述了当时的经历。我可以想象得到，他在那样的情况下，又患有白内障，写此长信是非常困难的。信中他还提到，当时的独身老教授朱剑寒先生和钟涑孙先生，都因"文化大革命"期间被偷被抢无力自卫而终日惶恐。杨老又主动让出了房间请她俩居住。已经高龄的杨老还得关照她俩的安全和生活。足见杨老的品格是多么的高尚！

（四）

1978年3月，在北京召开了全国科学大会。科技界人士兴高采烈地迎接十年浩劫后的科学春天的来临！我从事的马拉硫磷研究项目也得到了大会的奖励。

大会后不久，我接到了杨老的一封令人振奋的来信。原来在会议期间，他向方毅副总理提出建议：为尽快地恢复、壮大南开元素所的科研力量，要求调申泮文教授为首包括我在内的九位同志回元素所工作。方毅同志已签字同意。要我做好准备。杨老还在信中谈了自己的设想：建议我回所后先工作一至二年，然后让我们赴美进修一至二年，回所后把科研搞上去。

这封信我反复读了好几遍，眼睛不禁潮湿。我回想起1968年离开南开时杨老动情的话语，他多有信用多有预见啊！

不久，我单位接到了由方毅副总理签字批发的调函，天津市人事局和南开大学人事处又派专人前往温州市人事局和我单位人事处，联系具体调动事宜。调函中规定，我可以带全家调往南开大学，爱人的工作及子女的学习均可予妥善安排。

然而，我这时却遇到了意想不到的难题。我爱人的身体十分虚弱，对北方的生活不适应，岳父母又年迈多病，坚持不愿北上。为此我三上天津向杨老解释，并表示我愿只身赴津。杨老不同意。他关切地对我说："你已经有了家庭，情况有了变化，不能过于勉强。你留在原单位工作，我仍会支持你的。"

就这样，这次调动拖了近两年时间。我带着无限的内疚和遗憾，没有返回元素所。

但此后我每年几乎都要到元素所一至两次向我的师长们请教，大家都一如既往地给我以帮助和支持。

（五）

20世纪70年代以来，我国水稻产区白叶枯病蔓延，粮食损失严重。杨老曾指导李正名先生等开发了防治水稻白叶枯病新药叶枯净。该药先在天津农药实验厂投产，后又承李正名先生帮助推广到我单位生产。

20世纪80年代初，我带领本单位科技人员开发了以双硫脲路线合成的水稻白叶枯病新药"叶青双"。该药属国内创制品种。在开发该药过程中，我曾跑到元素所做短期的实验。杨老和李正名、李毓桂先生等都给予了关怀和支持，故进度之快异乎寻常。1982年该药全面试车成功。由于它有一定的内吸作用，还能使水稻返青，很受农民欢迎，迅速扩大到千吨以上的生产规模，并畅销至东南亚。我因此而得到了有关部门的重大奖励。杨老对我在这方面所取得的进展十分欣慰。

1983年，我当选为第六届全国人大代表。杨老是第一至五届全国人大代表，这年杨老又当选为第六届全国政协常委。会议结束后不久，我即去拜访杨老。先生已垂垂八十七岁矣！我望着他那苍老的容颜,心里有说不出的敬重和依恋!

1985年2月下旬,我接到杨老逝世的噩耗,立即赶赴南开母校,向我尊敬的导师杨石先先生遗体作最后一别。

杨老辞世以后,李正名先生承接了他的意愿,同我建立了非同寻常的师生情谊,经常给我以帮助和指导。

遵照杨老的教诲,在李正名教授的帮助下,1987年5月,我赴美国南加州大学化学系进修。我在那里进行了两年余的认真的工作和学习,在活性有机磷抗艾滋病药物合成研究方面取得了进展,有多篇合作研究论文参加了国际学术交流。后来我又婉谢了美方教授的热情挽留,于1989年底回国。

临离开美国时,美方教授曾向国务院引进办和温州市市长写信,对我的工作给予评价:"叶先生在这里的工作十分高效,他已一再证明自己不愧为一个很有能力、具有献身精神、技术精湛、勤奋好学的合作者。""我敬佩这位有能力的多产的同事,不管什么时候,他要回来作进一步的访问,都将受到欢迎。"

回国后,我又回到原单位继续着我那艰苦的工作,并在杂环杀菌剂和杀螨剂的研究和开发方面取得一些成效。后来,我又调到温州市工业科学研究院。在那里,我同高校合作,建立了温州市开放实验室。实验室配置了核磁共振仪、红外紫外光谱仪、气相液相色谱仪、气相色谱-质谱联用仪等现代仪器,为迅速兴盛起来的温州地区的农药和精细化工企业服务,取得了显著成效,得到了社会的好评。

此期间,我曾频频来校造访,李正名教授总是在百忙中抽出时间热情接待并帮助解决我的疑难,使我的工作得以顺利开展。

光阴荏苒,我现已退休并常居美国。而李正名先生同我的联系却从未间断。

李正名先生承继了杨石先教授的学者风范,治学严谨,待人谦和,不仅在有机农药化学研究领域取得了令人瞩目的成就,而且为人师表,培养了一批又一批的德才兼备的优秀化学研究人才。正是在李先生的传承领导下,元素所和元素有机化学国家重点实验室得以巩固和发展,之后又在南开大学成立了农药国家工程研究中心,实现了杨石先教授当年的遗愿。这也正是李先生令我敬重的原因之所在。

(六)

2009年8月我从美国回来后专程返回南开拜访李正名院士和元素所的师长和师兄姐们。同时也看望了陈天池先生的女儿陈辉。这次李先生又热情接待了我,他于百忙中又安排我同元素所的老同事们见面。记得聚会的那天晚上我们大家都很激动。多年不见情意更浓!想当年大家都是英姿勃勃、意气风发;到如今都已是退休之年,真是感慨万千!那天晚上我是带着依恋带着对元素所的深情,同大家道别的。

是的,元素所在我人生历程中占有重要的地位,我有幸在那段时间认识了三位导师:杨石先教授、陈天池教授和李正名教授。他们的严谨的学风和高尚的道德风范使我毕生受益。我后来之所以能在困境中做出一点成绩,是同他们的影响分不开的。所以,我一直怀念他们,也一直怀念帮我成长的师长和师兄师姐们,这就是我同元素所的特别的情缘。

2012年4月25日于旧金山

叶挺镐

男，1939年生。教授级高工，浙江瑞安人。1967年南开大学元素所研究生毕业。长期从事有机化学合成和农药开发研究，历任温州农药厂总工程师，温州农药研究所所长，温州市工科院、温州市开放实验室主任。1987-1989年作为美国南加州大学访问学者，从事抗艾滋病的药物合成研究。获国家、部、省及市科技奖励共9项。在国内外发表论文80余篇。第六、七届全国人大代表。化工部、浙江省劳动模范。享受国务院特殊津贴。

怀念与感恩

陈金龙

岁月流逝，弹指一挥间，以敬爱的老校长杨石先院士为首的老一辈化学家、教育家团队共同奋斗创建的南开大学元素有机化学研究所迎来了建所五十周年。五十年来元素所各任领导和全所员工，始终牢记老校长的嘱托，发愤图强齐心努力，开创性地为振兴国家经济，发展科教事业，培养高端人才等多方面做出了举世瞩目的贡献。我作为南开学子和元素所的员工以此为荣，并满怀无限怀念和感恩的心情，向母校元素所五十周年庆典表示祝贺！衷心地祝福元素所的明天更加灿烂辉煌！

1957年我考入南开大学化学系，经过五年的艰苦学习，历经多次政治运动，一晃到了1962年我大学毕业了。在毕业典礼上，化学系党总支书记陈英同志讲话，他语重心长地说："希望同学们毕业后以事业为重，先立业后成家，先金榜题名，后洞房花烛。"此话我记忆深刻，影响深远。此时正值南开大学元素有机化学研究所成立，我有幸与七位同届同学和北京大学、武汉大学各四位应届毕业生一起成为元素所的首批专职员工，我被分配在陈茹玉教授领导下的农药一室。

我在元素所工作23年，一直在陈茹玉教授指导下从事除草剂和植物生长调节剂的研发工作。陈先生对我们青年一代在工作上从严要求，在生活上关怀备至。她每天都到实验室来亲自了解室里每位同志的科研工作进展状况和存在的问题，并及时给予指导，经常把她查阅的文献资料借给大家学习参考。她要求每人每月提交一份科研工作月汇报，我作为她的秘书帮她汇总。为了促进青年人的业务提升，她不定期地组织召开业务交流会。她教育我们"在年轻时期要勇于吃苦，多积累些知识本领，做人要有事业心、上进心和责任心，科研工作要认真踏实，严谨求实，要注意科学素养的锻炼培养。"她经常检查大家的实验记录本，她说："这是宝贵的第一手科研档案资料，记录要详细、真实、清晰，要让人看得懂，能照此重复。"她对实验室的安全卫生要求很高，不允许脏乱差的现象出现。老师的教导对我一生影响很大，在我从教的道路上，我一直努力照此去做，并得到我的学生们的理解和传承。

　　我非常敬重老所长陈天池教授，虽在工作上聆听他的教诲机会不多，但他的品格、学识、能力和作风都深深地记在我心里，永远是我学习的榜样。记得1968年元旦的晚上，张全兴和我在南开第十一宿舍222室结婚，陈天池先生顶着"文革"的压力，抽空来到我们新房表示祝贺，他虽然无语，但他慈祥的笑容，激励的目光使我俩永生难忘。

　　记得1979年的一天，德高望重的杨校长找我，老人家交给我一项任务，他说："《世界农业》杂志向我约稿，写一篇有关植物激素的文章，我想让你来完成，我这里有几篇相关资料供你参考。"我非常感谢老校长对我的信任，但我心里十分紧张，担心自己写不好。经过一番资料查阅和整理，我写成了一篇题为《植物激素与农业生产的发展》一文,作者是杨老和我。经过杨老审阅修改后,他非常和蔼地对我说:"文章是你写的,你是作者,不要写我。你可以独立发表文章了,我给你写封推荐信,与这篇文章一起寄出去吧。"此文在当年《世界农业》第五期上发表了。老校长为培养年青人倾注了无数的心血,而从不考虑自己的名利与得失,老人家的言传身教使我终身受益,为我人生道路指明了方向。

"植物生长调节剂7841的研制与开发"是杨老在20世纪70年代后期根据世界农药的发展和我国农业的需求提出的研究课题,后被列入天津市科委项目和国家七五科技攻关项目。在老校长和陈茹玉先生的指导和统一指挥下,调动了全所各部门的力量,合成、分析、生测和车间的同志们齐心合力,从小试到中试,从实验室到大田实验,从学校研发到厂校联合攻关,经历了多少个日日夜夜,集中了集体的智慧和力量。我作为其中的一员,从中学到了不少知识,受到了不少教育,并为自己做出了应有的贡献而感到欣慰。1991年由化工部主持通过了中试技术鉴定,1992年获化工部颁发的"国家七五科技攻关重大成果奖"。

在那苦难的"文革"岁月,我得到了元素所许多老师、同学、同事以及我教过的学生们的理解、爱护、关心和帮助,元素所大家庭的温暖使我不感到孤独,使我能坚强地面对人生、排除杂念,集中精力努力工作。每当我回忆起这段经历,感激之心表达不尽。1970年冬,元素所工宣队安排我单独去天津农药实验厂进行"除草剂一号"中试,合同规定连续十五批次中试合成实验、产品质量、收率及原料对氯苯胺、二硫化碳、二甲胺等的消耗均要达到指标要求。我和厂方工程技术人员及工人一起三班倒,前十四批中试进展顺利。1971年1月15日晚,我正值中班,进行最后一批次中试合成反应,突然设备漏气，有毒气体从反应锅里散发出来，我在操作台上被熏倒在地不省人事，多亏厂方同志及时把我送到天津市职业病医院抢救脱险，但因腰椎受伤，行动不便。出院后，我谢绝了厂方的帮助，回到了家中，我爱人在校被"文革"领导小组隔离审查已多日，家里只有我一人。患难见真情，柴有新得知此情，她不怕受牵连，主动住到我家，热情照顾我生活起居，直到当年春节前夕，我母亲带着我1岁多的女儿来到天津，她才放心地回家休息，这人间真情我永记心间。

1985年叶落归根，我和张全兴回到家乡，先在常州大学石油化工学院任教9年，1994年调到南京大学环境学院任教至2006年光荣退休。28年母校的培育，为我后来经历的两次艰苦创业和事业发展打下了扎实的思想和业务基础，可以说没有南开的培育，就没有我的今天。

我永远热爱母校！永远热爱南开元素所！

陈金龙

女，籍贯江苏南京，生于1940年12月10日，中国共产党党员。

1957.9—1962.7 南开大学化学系学生。

1962.9—1985.1 南开大学元素有机化学研究所教师。

1985.2—1994.1 常州大学石油化工学院应用化学系副教授、教授。

1994.2—2006.1 南京大学环境学院教授。

三、基础信息

1962年—2012年主要信息

元素有机化学研究所和国家重点实验室大事记

南开大学元素有机化学研究所成立于1962年10月17日（与南开大学校庆日相同）。1981年11月元素有机化学与化学系有机化学学科一起被批准为国家第一批博士点之一，博士导师有杨石先、陈茹玉、王积涛三位国内著名有机化学家。

1985年7月国家计委批准了以元素所和化学系金属有机室为基础建设的元素有机化学国家重点实验室。

1985年11月元素所有机化学学科被批准为国内第一批博士后流动站。

1987年12月元素有机化学国家重点实验室通过国家计委专家组的验收。1988年起正式实行对外开放。

1987年9月元素有机化学学科和有机化学学科被批准为全国高校重点学科。

1990年10月国务院学位办公室批准建立农药化学博士点。至此元素所有两个博士点，一个博士后流动站。所内博士生导师有陈茹玉、李正名、杨华铮、王序昆、尚稚珍五位教授。

1992年6月国家计委批准我所和元素有机化学国家重点实验室在全国首先建立"农药筛选协助组"，为实现我国农药科研工作从仿制到创制的转移。

农药国家工程研究中心(天津)由国家计委批准,由南开大学元素有机化学研究所和元素有机化学国家重点实验室协助组建,是国家首批建设的国家工程研究中心之一。1995年开始筹建,1997年批准成立,2001年国家计委在深圳正式授牌农药国家工程研究中心(天津),2004年正式通过国家验收。

有关材料摘自:
1. 南开大学元素有机化学研究所三十年
2. 南开大学农药国家工程研究中心(天津)2015年11月版 (廖仁安提供)

(一)元素所历任党政负责人一览表

历届所长、副所长

杨石先	男	所长(兼)	1962年7月14日—1982年9月
		名誉所长	1982年10月—1985年2月
陈天池	男	副所长	1962年7月14日—1968年12月20日
高振衡	男	副所长	1963年4月
魏玉清	男	副所长	1973年5月—1982年9月
薄海静	男	副所长	1973年11月—1975年5月
王积涛	男	副所长	1977年11月—1982年9月
李应峰	男	副所长	1977年11月—1982年9月
张云祥	男	副所长	1977年11月
范恩滂	男	副所长(第一)	1979年1月—1982年9月
陈茹玉	女	副所长	1979年1月—1982年9月
申泮文	男	副所长	1979年1月—1982年9月
陈茹玉	女	所长	1982年10月—1983年12月
李正名	男	副所长	1982年10月—1983年12月
李应峰	男	副所长	1982年10月—1983年12月
陈茹玉	女	所顾问	1983年12月—2012年3月
李正名	男	所长	1983年12月—1987年9月
金桂玉	女	副所长	1983年12月—1987年9月
李应峰	男	副所长	1983年12月—1987年7月

李正名	男	所长	1987年9月—1996年
金桂玉	女	副所长	1987年9月—1992年
张岳军	男	副所长	1987年9月—1992年

李正名	男	所长	1987年9月—1996年
张岳军	男	副所长	1992年9月—2000年12月
黄润秋	男	副所长	1992年—1996年
方建新	男	副所长	1992年—1996年

李 靖	男	所长	1996年—2004年
陈 彬	男	副所长	1996年—2000年
徐效华	男	副所长	2000年—2004年

周其林	男	所长	2004年—2014年
徐效华	男	副所长	2004年—2014年
靖迎春	女	副所长	2010年—2015年

崔春明	男	所长	2014年迄今
何良年	男	副所长	2014年迄今
徐凤波	男	副所长	2014年迄今

历届党总支(支部)负责人

陈天池	男	党支部书记	1962年—1968年
王柏灵	男	党支部副书记	1962年—1968年

李志春	男	化学系总支副书记 兼元素所支部书记	1970年—1973年
冯 伟	男	党支部副书记	1970年
赵俊顺	男	党支部副书记	1971年

张云祥	男	党支部书记	1973年—1974年
吴清波	男	党支部书记	1974年—1978年

范恩滂	男	党支部书记	1979年—1983年
史延年	男	党支部副书记	1981年—1983年

史延年	男	党总支书记	1983年—1988年
彭永冰	女	党总支副书记	1984年—1988年

谢庆兰	男	党总支书记	1988年5月—1993年
刘秀真	女	党总支副书记	1988年5月—1993年

刘秀真	女	党总支书记	1993年—1998年
钱 颖	女	党总支副书记	1993年—1998年
张岳军	男	党总支副书记	1993年—1998年

张岳军　男　党总支书记　　　　　1998年—2005年
钱　颖　女　党总支副书记　　　　1998年—2005年

徐效华　男　党总支书记　　　　　2005年—2013年
钱　颖　女　党总支副书记　　　　2005年—2009年
何良年　男　党总支副书记　　　　2009年—2013年

何良年　男　党总支书记　　　　　2013年—2016年
梁广鑫　男　党总支副书记　　　　2013年—2016年

柳凌艳　女　党总支书记　　　　　2016年—至今
王建国　男　党总支副书记　　　　2016年—至今

（二）元素有机化学国家重点实验室历任负责人

第一届重点实验室主任　　李正名　院士（1986-1996）
　　　　　　　副主任　　廖仁安　教授（1986-1996）

第二届重点实验室主任　　金桂玉　教授（1996-2001）
　　　　　　　副主任　　廖仁安　教授（1996-2001）

第三届重点实验室主任　　李　靖　教授（2001-2004）
　　　　　　兼副主任　　廖仁安　教授（2001-2002）

第四届重点实验室主任　　周其林　院士（2004-2014）
　　　　　　　副主任　　席　真　教授（2004-2014）
　　　　　　　副主任　　崔春明　教授（2004-2014）

第五届重点实验室主任　　崔春明　教授（2014年迄今）
　　　　　　　副主任　　梁广鑫　教授（2014年迄今）

(三)1986–2019年重点实验室学术委员会

1986–1992年重点实验室学术委员会组成一览表

序号	姓名	性别	出生日期	职称	学术委员会任职	专业	工作单位
1	李正名	男	1931.1	教授(院士)	主任	有机化学与农药化学	南开大学
2	赵善欢	男	1914	教授	委员	昆虫毒理学	华南农业大学
3	胡秉方	男	1916.12	教授	委员	有机化学	中国农业大学
4	戴立信	男	1924.11	研究员(院士)	委员	有机化学	中科院上海有机所
5	金 声	男	1931.2	教授(院士)	副主任	有机化学	北京大学
6	徐广智	男	1930.1	研究员	委员	有机化学	中科院化学所
7	刘孟英	男	1929.3	研究员	委员	有机化学	中科院动物所
8	卓仁禧	男	1931.2	教授(院士)	委员	有机化学与高分子化学	武汉大学
9	吴世晖	男	1931.10	教授	委员	有机化学	复旦大学
10	黄 宪	男	1933.12	教授(院士)	委员	有机化学	浙江大学
11	李裕林	男	1934.12	教授	委员	有机化学	兰州大学
12	李宗成	男	1939.3	教授级高级工程师	委员	农药化学	沈阳化工研究院
13	陈茹玉	女	1919.9	教授(院士)	委员	有机化学	南开大学
14	王积涛	男	1918.1	教授	委员	有机化学	南开大学
15	金桂玉	女	1935.8	教授	委员	有机化学与农药化学	南开大学
16	宋礼成	男	1937.7	教授(院士)	委员	有机化学	南开大学
17	王琴荪	男	1934	教授	委员	有机化学	南开大学

1993–1998年重点实验室学术委员会组成一览表

序号	姓名	性别	出生日期	职称	学术委员会任职	专业	工作单位
1	金 声	男	1931.2	教授(院士)	主任	有机化学	北京大学
2	李正名	男	1931.1.	教授(院士)	副主任	有机化学与农药化学	南开大学
3	戴立信	男	1924.11	研究员(院士)	委员	有机化学	中科院上海有机所
4	陈茹玉	女	1919.9	教授(院士)	委员	有机化学	南开大学
5	赵玉芬	女	1948.12	教授(院士)	委员	有机化学	清华大学
6	卓仁禧	男	1931.2	教授(院士)	委员	有机化学与高分子化学	武汉大学
7	支志明	男	1957.9	教授(院士)	委员	有机化学	香港大学
8	黄 宪	男	1933.12	教授(院士)	委员	有机化学	浙江大学
9	徐广智	男	1930.1	研究员	委员	有机化学	中科院化学所
10	吴世晖	男	1931.10	教授	委员	有机化学	复旦大学
11	陈万义	男	1929.4	教授	委员	农药化学	中国农业大学
12	李裕林	男	1934.12	教授	委员	有机化学	兰州大学
13	李宗成	男	1939.3	教授级高级工程师	委员	农药化学	沈阳化工研究院
14	金桂玉	女	1935.8	教授	委员	有机化学与农药化学	南开大学
15	王积涛	男	1918.1	教授	委员	有机化学	南开大学

1999年重点实验室学术委员会组成一览表

序号	姓名	性别	出生日期	职称	学术委员会任职	专业	工作单位
1	戴立信	男	1924.11	研究员(院士)	主任	有机化学	中科院上海有机所
2	李正名	男	1931.1.	教授(院士)	副主任	有机化学与农药化学	南开大学
3	陈茹玉	女	1919.9.	教授(院士)	委员	有机化学	南开大学
4	赵玉芬	女	1948.12.	教授(院士)	委员	有机化学	清华大学
5	卓仁禧	男	1931.2.	教授(院士)	委员	有机化学与高分子化学	武汉大学
6	支志明	男	1957.9.	教授(院士)	委员	有机化学	香港大学
7	金 声	男	1931.2	教授(院士)	委员	有机化学	北京大学
8	黄 宪	男	1933.12.	教授(院士)	委员	有机化学	浙江大学
9	徐广智	男	1930.1.	研究员	委员	有机化学	中科院化学所
10	吴世晖	男	1931.10.	教授	委员	有机化学	复旦大学
11	陈万义	男	1929.4.	教授	委员	农药化学	中国农业大学
12	李裕林	男	1934.12.	教授	委员	有机化学	兰州大学
13	李宗成	男	1939.3.	教授级高级工程师	委员	农药化学	沈阳化工研究院
14	金桂玉	女	1935.8.	教授	委员	有机化学与农药化学	南开大学
15	宋礼成	男	1937.7.	教授	委员	有机化学	南开大学
16	王琴荪	男	1934	教授	委员	有机化学	南开大学
17	李 靖	男	1963.10.	教授	委员	有机化学	南开大学
18	胡秉方	男	1916.12	教授	名誉委员	有机化学	中国农业大学
19	王积涛	男	1918.1	教授	名誉委员	有机化学	南开大学

2000-2003年重点实验室学术委员会组成一览表

序号	姓名	性别	出生日期	职称	学术委员会任职	专业	工作单位
1	戴立信	男	1924.11	研究员(院士)	主任	有机化学	中科院上海有机所
2	李正名	男	1931.1.	教授(院士)	副主任	有机化学与农药化学	南开大学
3	陈茹玉	女	1919.9.	教授(院士)	委员	有机化学	南开大学
4	赵玉芬	女	1948.12.	教授(院士)	委员	有机化学	清华大学
5	卓仁禧	男	1931.2.	教授(院士)	委员	有机化学与高分子化学	武汉大学
6	支志明	男	1957.9.	教授(院士)	委员	有机化学	香港大学
7	程津培	男	1948.6.	教授(院士)	委员	有机化学	国家科技部
8	黄　宪	男	1933.12.	教授(院士)	委员	有机化学	浙江大学
9	徐广智	男	1930.1.	研究员	委员	有机化学	中科院化学所
10	吴世晖	男	1931.10.	教授	委员	有机化学	复旦大学
11	陈万义	男	1929.4.	教授	委员	农药化学	中国农业大学
12	李裕林	男	1934.12.	教授	委员	有机化学	兰州大学
13	李宗成	男	1939.3.	教授级高级工程师	委员	农药化学	沈阳化工研究院
14	金桂玉	女	1935.8.	教授	委员	有机化学与农药化学	南开大学
15	宋礼成	男	1937.7.	教授	委员	有机化学	南开大学
16	李　靖	男	1963.10.	教授	委员	有机化学	南开大学
17	周其林	男	1957.2.	教授	委员	有机化学	南开大学

2004–2009年重点实验室学术委员会组成一览表

序号	姓名	性别	出生日期	职称	学术委员会任职	专业	工作单位
1	张礼和	男	1937.09	教授(院士)	主任	有机化学与药物化学	北京大学
2	李正名	男	1931.01	教授(院士)	副主任	有机化学与农药化学	南开大学
3	陈凯先	男	1945.08	研究员(院士)	委员	药物化学	中国科学院上海药物研究所
4	陈新滋	男	1950.10	教授(院士)	委员	有机化学	香港理工大学
5	程津培	男	1948.06	教授(院士)	委员	有机化学	国家科技部
6	黄　宪	男	1933.12	教授(院士)	委员	有机化学	浙江大学
7	林国强	男	1943.03	研究员(院士)	委员	有机化学	中国科学院上海有机化学研究所
8	佟振合	男	1937.09	教授(院士)	委员	有机化学与超分子化学	中国科学院理化技术研究所
9	赵玉芬	女	1948.12	教授(院士)	委员	有机化学	清华大学
10	钱旭红	男	1962.02	教授	委员	应用化学	华东理工大学
11	王梅祥	男	1960.09	教授	委员	有机化学	中国科学院化学研究所
12	席振峰	男	1963.04	教授	委员	有机化学	北京大学
13	李　靖	男	1963.10	教授	委员	有机化学	南开大学
14	刘　育	男	1954.01	教授	委员	有机化学与物理化学	南开大学
15	宋礼成	男	1937.07	教授	委员	有机化学	南开大学
16	席　真	男	1963.05	教授	委员	化学生物学与农药化学	南开大学
17	周其林	男	1957.02	教授	委员	有机化学	南开大学
18	朱晓晴	男	1957.10	教授	委员	有机化学	南开大学

2009-2014年重点实验室学术委员会组成一览表

序号	姓名	性别	出生日期	职称	职务	专业	工作单位
1	张礼和	男	1937.09	教授(院士)	主任	有机化学、药物化学	北京大学
2	李正名	男	1931.01	教授(院士)	副主任	有机化学、农药学	南开大学
3	佟振合	男	1937.09	教授(院士)	委员	有机化学、超分子化学	中国科学院理化技术研究所
4	黄乃正	男	1950.11	教授(院士)	委员	有机化学	香港中文大学
5	赵玉芬	女	1948.12	教授(院士)	委员	有机化学	厦门大学
6	林国强	男	1943.03	研究员(院士)	委员	有机化学	中国科学院上海有机化学研究所
7	麻生明	男	1965.05	研究员(院士)	委员	有机化学	中国科学院上海有机化学研究所
8	涂永强	男	1958.10	教授(院士)	委员	有机化学	兰州大学
9	钱旭红	男	1962.02	教授	委员	应用化学	华东理工大学
10	王梅祥	男	1960.09	教授	委员	有机化学	中国科学院化学所
11	席振峰	男	1963.04	教授	委员	有机化学	北京大学
12	程津培	男	1948.06	教授(院士)	委员	有机化学	南开大学
13	宋礼成	男	1937.07	教授(院士)	委员	有机化学	南开大学
14	周其林	男	1957.02	教授(院士)	委员	有机化学	南开大学
15	刘 育	男	1954.01	教授	委员	有机化学、物理化学	南开大学
16	席 真	男	1963.05	教授	委员	化学生物学、农药学	南开大学
17	朱晓晴	男	1957.10	教授	委员	有机化学	南开大学

2014-2019年重点实验室学术委员会组成一览表

序号	姓名	性别	出生日期	职称	职务	专业	工作单位
1	程津培	男	1948.6	教授(院士)	主任	有机化学	南开大学
2	佟振合	男	1937.9	教授(院士)	委员	有机化学、超分子化学	中国科学院理化技术研究所
3	黄乃正	男	1950.11	教授(院士)	委员	有机化学	香港中文大学
4	赵玉芬	女	1948.12	教授(院士)	委员	有机化学	厦门大学
5	林国强	男	1943.3	研究员(院士)	委员	有机化学	中国科学院上海有机化学研究所
6	麻生明	男	1965.5	研究员(院士)	委员	有机化学	华东师范大学
7	涂永强	男	1958.10	教授(院士)	委员	有机化学	兰州大学
8	钱旭红	男	1962.2	教授(院士)	委员	应用化学	华东理工大学
9	王梅祥	男	1960.9	教授	委员	有机化学	中国科学院化学所
10	席振峰	男	1963.4	教授	委员	有机化学	北京大学
11	冯小明	男	1963.10	教授(院士)	委员	有机化学	四川大学
12	宋礼成	男	1937.7	教授(院士)	委员	有机化学	南开大学
13	周其林	男	1957.2	教授(院士)	委员	有机化学	南开大学
14	刘 育	男	1954.1	教授	委员	有机化学、物理化学	南开大学
15	席 真	男	1963.5	教授	委员	化学生物学、农药学	南开大学
16	朱晓晴	男	1957.10	教授	委员	有机化学	南开大学
17	崔春明	男	1967.7	教授	委员	有机化学	南开大学

(四)杨石先讲座教授奖牌及获杨石先讲座教授人员名单

杨石先讲座教授奖牌

(图中为杨石先先生头像)

为纪念杨石先先生在南开大学工作62载为我国科教事业毕生贡献的杰出事迹,南开大学特设置杨石先讲座教授的荣誉称号授予国内外著名学者。由化学院组织各领域专家20余人组成了杨石先讲座教授委员会,每年讨论候选人1-2名,经全体委员投票通过上报学校批准。自2005年以来已授予19名国内外著名科学家获此荣誉称号,每位获奖者均由南开大学校长亲自授奖。杨石先讲座教授奖对促进国际学术交流、探索科学前沿、提高青年学者视野都起到很大推动作用,在国际上的影响日益扩大。

荣获杨石先讲席教授名单

序号	致聘时间	姓名	职称	工作单位	学科
1	2005.10.25	戴立信	院士	中国科学院上海有机化学研究所、中国科学院院士	有机化学
2	2006.04.15	陈洪渊	院士	南京大学分析科学研究所和化学生物学研究所、中国科学院院士	分析化学
3	2006.09.13	王佛松	院士	中国科学院化学部长春应用化学研究所生态环境高分子材料重点实验室、中国科学院院士	高分子化学
4	2007.04.18	徐如人	院士	吉林大学化学学院无机合成与制备化学国家重点实验室、中国科学院院士	无机化学
5	2007.12.06	周其凤	院士	北京大学化学与分子工程学院高分子科学研究所、中国科学院院士	高分子化学
6	2008.04.16	汪尔康	院士	中国科学院长春应用化学研究所电分析化学国家重点实验室、中国科学院院士	分析化学
7	2008.10.21	张礼和	院士	北京大学药学院天然药物及仿生药物国家重点实验室、中国科学院院士	有机药物化学
8	2009.11.13	Barry M.Trost	教授	美国斯坦福大学化学系、美国国家科学院院士、美国艺术科学院院士	有机化学
9	2010.04.27	Ray Baughman	教授	美国达拉斯德克萨斯大学纳米科技学院、美国国家工程院院士	纳米化学
10	2011.12.18	佟振合	院士	中国科学院理化技术研究所,中国科学院院士	有机化学

序号	致聘时间	姓名	职称	工作单位	学科
11	2013.10.22	Jean-Marie Lehn	教授	法国路易斯-巴斯德大学、1987年诺贝尔化学奖获得者、法国科学院院士、欧洲科学院院士、中国科学院外籍院士、美国科学院院士	超分子化学
12	2014.12.16	林国强	院士	中国科学院化学部上海有机化学研究所天然产物有机化学重点实验室、中国科学院院士	有机化学
13	2015.03.30	颜德岳	院士	上海交通大学化学化工学院、中国科学院院士	高分子化学
14	2015.12.11	游效曾	院士	南京大学化学化工学院、中国科学院院士	无机化学
15	2016.06.23	谭蔚泓	院士	湖南大学化学化工学院化学生物传感与计量学国家重点实验室、中国科学院院士	生物分析化学
16	2016.11.28	张玉奎	院士	中国科学院大连化学物理研究所、中国科学院院士	分析化学
17	2017.12.29	姚建年	院士	中国科学院化学研究所、中国科学院院士	物理化学
18	2018.12.18	钱旭红	院士	华东师范大学、中国工程院院士	有机化工
19	2018.06.20	James Fraser Stoddart	院士	英国皇家科学院院士、爱丁堡科学院院士、德国自然科学院院士、美国科学促进会院士和荷兰皇家艺术与科学院院士、中国科学院外籍院士	有机化学

授予杨石先讲座教授荣誉称号仪式

龚克校长授予上海交通大学颜德岳院士杨石先讲座教授荣誉称号(2015年)

曹雪涛校长授予中国科学院外籍院士詹姆斯·弗雷泽·司徒塔特杨石先讲座教授荣誉称号(2018年)

荣获杨石先讲座教授称号的专家照片(2005–2018)

 戴立信

 陈洪渊

 王佛松

 徐如人

 周其凤

 汪尔康

 张礼和

 Barry M Trost

 Ray Baughman

佟振和

Jean-Marie Lehne

林国强

颜德岳

游效增

谭蔚泓

张玉奎

姚建年

钱旭红

(五)元素所工作人员名单(1962-2018)

安志敏	白明彰*	毕富春	毕国良	柏金来	常卫星
柴有新	曹汝珍	曹秋文	曹竹兰*	程磊峰	程慕如
陈 彬	陈 波	陈 弓	陈寒松	陈 立	陈 莉
陈其杰	陈金龙	陈庆华	陈茹玉*	陈端美*	陈淑珍*
陈式棣*	陈寿山	陈天池*	陈文华*	陈文彬	陈学仁
陈 晓	陈小如	陈永胜	陈永正	陈宗庭	成俊然
蔡宝忠	迟国臣	崔春明	崔永亮	戴桂玲	邓海燕
丁 蕙	董丽雯*	董希阳*	董金秀	范恩滂*	范志金
樊星超	方建新	方仁慈*	方学新	冯克胜	冯印祥
冯愈强	冯 伟	冯秀琼	付丽娅	付岚冰	傅翠蓉
顾雅佩	郭虎森	郭书印	高如瑜	高云明*	高振衡*
高 地	龚吉祥	谷守望	关冰涛	韩福荣*	韩嘉祥
韩义民	韩玉芬	何炳林*	何良年	何 刚	贺水济
贺峥杰	黄桂琴	黄润秋	黄顺意	黄文林	黄熙亮*
黄兴盛	黄岳永*	黄 有	滑艳玲	胡方中	胡庆美
胡文才	胡仲芳	胡绪英	洪满水	焦书梅*	解 放
金桂玉	金淑娟	金 钟	贾国锋	贾志芬	简美景
蒋志胜	景乃勇	荆煦英	靖迎春	靳跃春	孔祥蕾
李金舟	李维臣	李喜宽*	李广仁	李克东	李乃宏
李毓桂*	李复信*	李正名	李铭瑞	李煜昶	李培中
李 靖	李金山	李 琥	李国炜	李惠霞*	李忠先
李秉武	李树正	李起泰	李素琴	李振山	李伟臣
李永红	李永强	李卫东	李树奇	李玉新	李建伟

李桂春	李　婧*	李　英	李翠珍*	李今今	李平英
李应峰	李之春	李志春	李素娟	李晨曦	李建峰
刘　洁	刘景森	刘文秀	刘长顺	刘茂祥	刘淑芬
刘秀真	刘振声	刘振华*	刘廷仰	刘增勋	刘凤萍
刘纶祖	刘云鹏	刘　准	刘天麟	刘桂龙	刘以寅*
刘同英*	刘　澄	刘玉秀	刘会友	刘文彦	刘向明
刘燕华*	刘　斌	刘子平	刘金文	刘华银*	刘晓枭
刘向阳	梁　格	梁广鑫	柳凌艳	廖仁安	蔺恩富
冷　连	林　烑	林孝元	罗名科	陆秀菁	卢建华
卢义忠*	郎秀荣*	龙蕴先	马素琴	马臣雪	马　翼
马建新	苗种善	苗志伟	米淑英	倪音海	宁千玉*
牛聪伟	钮宏禹	彭永冰	彭　谦	钱　颖	钱宝英
邱德文	邱孝培	渠　瑾	亓丽萍	荣　华	任　军
任克壮	任康太	芮　平	申葆嘉	申玉辉*	申泮文*
山之芳	邵瑞链	石素娥	史延年*	史广智*	尚稚珍
佘太基	石国柱*	司宏英	苏桂香	孙家缤	孙丽娟
孙菊英	孙锡治	孙致远	苏循成	宋海斌	唐除痴
谭惠芬	陶炳君	汤平平	王积涛*	王柏灵	王俊芬
王宝兰	王金山*	王佩珍	王笃祜*	王素华	王惠林
王立坤	王序昆	王菊先	王琴荪*	王永泰	王者福
王培兰	王广远	王玲秀	王世华	王文丽	王银淑
王　真	王建明	王锡良	王忠文	王家喜	王明德
王文虎	王有名	王立新	王宝雷	王荣谦	王力钟
王建武	王达佐	王荷芳	王志宏	王建国	王晓晨
王　婵	汪清民	武振亮	吴桂平	吴玉霞	吴建国
吴清波*	吴胜青	武梦英	温克勤	魏　东	魏云亭

魏玉清	翁林红	席　真	徐效华	徐凤波	邢晓东
谢龙观	谢庆兰*	谢建华	鲜于玉琼	玄镇爱	肖志强
熊丽霞	肖　风*	轩维民	颜炳文	杨光伟*	杨石先*
杨华铮	杨　炤	杨金来*	杨秀凤	杨学如	杨　彦
杨　娜	杨志强	杨淑红	杨淑华	岳铭秀	姚太平
袁凤荣	叶春芝	叶萌春	余仲建*	于　华	于维强
于　强	于淑晶	么恩云*	姚秀琼*	张树众	张　弛
张　娴	张建颖	张秀春	张云祥*	张　森	张　玲
张丑则	张春香	张春造	张洪学	张殿坤	张吉元
张继思	张树奎	张经坤	张壬午	张岳军	张正德
张正之	张金碚	张素华	张玉芬	张云芳	张祖新*
张政朴	张子福*	张　晓	张莹芳	张宵元	张增佑
张智超	战　胜	赵秋霞	赵慧敏	赵忠华	赵凤革
赵仲仁	赵恒泰	赵世华	赵国锋	赵秀雯	赵卫光
赵宝光	赵东兵	周其林	周正洪	周永洽	周光亚
周晓欣	周秀中	周传政	邹永华	邹小毛	邹秀荣
朱昌寿*	朱思瑜	朱兰惠	朱义州	朱有全	朱守非
章大诩	郑巧兰	郑健禺	祝凌燕	曾　强	翟宝英
翟培坚	资伟伟				

编者注：

1. 按姓氏拼音顺序排列。

2. 人员名单通过多方调查核实，如有错漏希指正。

3. 已谢世同志名字后加"*"敬以深切怀念和寄托哀思。

衷心感谢他们在元素所不同建设期间所做的各种贡献

(六)南开大学元素有机化学研究所学生名单

博士研究生名单(1981年—2012年)

序号	学号	姓名	性别	导师姓名
1	81133	胡式贤	男	陈茹玉
2	8411	周晓欣	女	王序昆
3	8412	程磊峰	男	陈茹玉
4	8413	翟培坚	男	杨石先
5	8414	靳跃春	男	陈茹玉
6	8507	李 靖	男	王序昆
7	8508	张明杰	男	王序昆
8	8513	王天生	男	李正名
9	8514	包 容	男	陈茹玉
10	8614	邓世观	男	陈茹玉
11	8615	蔡宝忠	男	陈茹玉
12	8634	杨树军	男	王序昆
13	8751	姚庆文	男	王序昆
14	8752	王建武	男	陈茹玉
15	8753	唐俭生	男	陈茹玉

序号	学号	姓名	性别	导师姓名
16	8754	李晨曦	男	陈茹玉
17	8826	王家喜	男	王序昆
18	8827	黄唯平	男	王序昆
19	8828	张跃华	男	陈茹玉
20	8829	冯克胜	男	陈茹玉
21	8912	安逢龙	男	王序昆
22	8913	陈小茹	女	陈茹玉
23	9018	毛丽娟	女	陈茹玉
24	9135	李慧英	女	陈茹玉
25	9136	贺峥杰	男	李正名
26	9137	黄震年	男	李正名
27	9138	陆荣健	男	杨华铮
28	9139	黄天宝	男	张景龄
29	9231	戴 庆	男	陈茹玉
30	9232	张中标	男	陈茹玉
31	9233	贾国锋	男	李正名
32	9234	徐建华	男	尚稚珍
33	9235	赵国锋	男	杨华铮
34	93032	沙印林	男	杨华铮

序号	学号	姓名	性别	导师姓名
35	93048	王忠文	男	李正名
36	93049	余申义	男	李正名
37	93050	卢水明	男	陈茹玉
38	93051	张成祥	男	陈茹玉
39	93052	何良年	男	张景龄
40	93053	宁黔冀	女	尚稚珍
41	94054	周 嘉	男	陈茹玉
42	94055	李 慧	女	陈茹玉
43	94056	迟国臣	男	陈茹玉
44	94057	颜炳文	男	王琴荪
45	94058	杨光富	男	杨华铮
46	94059	陈寒松	男	李正名
47	94060	杨小平	男	李正名
48	94061	刘华银	男	杨华铮
49	95660	李东波	男	陈茹玉
50	95661	周正洪	男	陈茹玉
51	95662	廖 云	男	李正名
52	95663	刘 洁	女	李正名
53	95664	李在国	男	黄润秋

序号	学号	姓名	性别	导师姓名
54	95665	喻爱民	男	杨华铮
55	95666	刘正义	男	杨华铮
56	95667	任康太	男	杨华铮
57	95668	戴广袖	女	杨华铮
58	95669	张耀谋	男	金桂玉
59	96146	刘建兵	男	方建新
60	96149	蔡觉晓	男	唐除痴
61	96150	陈 虎	男	刘纶祖
62	96764	刘仲杰	男	陈茹玉
63	96765	刘学军	男	陈茹玉
64	96766	黄君珉	男	陈茹玉
65	96767	钱定权	男	刘纶祖
66	96768	张 玲	女	王琴荪
67	96769	宋雪清	男	谢庆兰
68	96770	马军安	男	黄润秋
69	96772	王有名	男	李正名
70	96773	刘 莹	女	金桂玉
71	96774	夏泽斌	男	李正名
72	96775	邹小毛	男	杨华铮

序号	学号	姓名	性别	导师姓名
73	97771	石德清	男	陈茹玉
74	97772	邓胜娄	男	陈茹玉
75	97773	王文虎	男	刘纶祖
76	97774	马缚鹏	女	唐除痴
77	97775	江 林	男	王琴荪
78	97776	陈 慧	女	王琴荪
79	97777	陈 晓	男	谢庆兰/廖仁安
80	97778	汪清民	男	黄润秋
81	97779	陈卫强	男	金桂玉
82	97780	廖联安	男	李正名
83	97781	徐凤波	男	杨华铮
84	97782	胡方中	男	杨华铮
85	98783	白 莉	女	陈茹玉
86	98784	李明霞	女	陈茹玉
87	98785	康诗钊	男	刘纶祖
88	98786	杨卓鸿	男	唐除痴
89	98787	江正瑾	男	王琴荪/高如瑜
90	98788	李淑芬	女	谢庆兰
91	98789	曾宪顺	男	张正之

序号	学号	姓名	性别	导师姓名
92	98790	陈文彬	男	金桂玉
93	98791	邹霞娟	女	金桂玉
94	98792	赵卫光	男	李正名
95	98793	贾 强	男	李正名
96	98794	陈 凯	男	杨华铮
97	98795	张锦华	男	杨华铮
98	990921	刘玉秀	女	刘纶祖
99	990922	蔡晓觉	女	唐除痴
100	990923	李照明	女	唐除痴
101	990924	闫伟英	女	王琴荪/高如瑜
102	990925	吕 妍	男	谢庆兰
103	990926	刘新会	女	张正之
104	990927	周懿波	女	周其林
105	990928	朱义州	男	周其林
106	990929	李晓光	男	周其林
107	990930	马 宁	男	李正名
108	990931	王建国	男	李正名
109	990932	罗铁军	男	李正名
110	990933	欧植泽	男	杨华铮

序号	学号	姓名	性别	导师姓名
111	990934	徐春平	女	杨华铮
112	001183	石博杰	男	陈茹玉
113	001184	孔 宇	男	高如瑜
114	001185	胡成松	男	李靖
115	001186	马永强	男	李靖
116	001187	叶 勇	男	刘纶祖
117	001188	李康应	男	唐除痴
118	001189	李朝阳	男	王琴荪
119	001190	张 锴	男	高如瑜
120	001191	柳清湘	男	张正之
121	001192	崔大军	男	张正之
122	001194	谢建华	男	周其林
123	001195	程 旭	男	周其林
124	001196	史文健	男	周其林
125	001197	付 煜	男	周其林
126	001198	金 钟	男	黄润秋
127	001199	卢彦昌	男	方建新/金桂玉
128	001200	袁德凯	男	李正名
129	001201	程永浩	男	杨华铮

序号	学号	姓名	性别	导师姓名
130	001202	任雪玲	女	杨华铮
131	011548	刘照胜	男	高如瑜
132	011549	温梅姣	女	李　靖
133	011550	田　丽	女	刘纶祖
134	011551	何　可	女	唐除痴
135	011552	欧阳砥	女	席　真
136	011553	张俊杰	男	席　真
137	011554	牟红涛	男	席　真
138	011555	许　智	男	谢庆兰
139	011556	钟桂云	女	谢庆兰
140	011557	邹如意	男	张正之
141	011558	张　炜	男	周其林
142	011560	王硕文	女	黄润秋
143	011561	尚　坚	女	黄润秋
144	011562	王宝雷	男	李正名
145	011563	藏洪俊	女	李正名
146	011564	牛聪伟	女	席　真
147	011565	宋洪海	男	杨华铮
148	011566	李　明	男	杨华铮

序号	学号	姓名	性别	导师姓名
149	001185	胡成松	男	李　靖
150	001195	程　旭	男	周其林
151	001196	史文健	男	周其林
152	D021997	吴明书	男	陈茹玉
153	D022000	迟兴宝	男	李金山
154	D022001	郭群胜	男	李金山
155	D022002	朱有全	男	李　靖
156	D022010	多维国	男	张正之/李卫东
157	D022011	王君文	男	张正之
158	D022012	秦大斌	男	张正之
159	D022013	傅伟鹏	男	郑健禹
160	D022014	徐　华	女	郑健禹
161	D022015	钟　俊	男	周其林
162	D022016	霍翔宏	女	周其林
163	D022017	朱守非	男	周其林
164	D022018	王爱娥	女	周其林
165	D022052	刘建兵	男	方建新
166	D022053	毛春晖	男	黄润秋
167	D022054	陈　莉	女	黄润秋

序号	学号	姓名	性别	导师姓名
168	D022055	韩 亮	女	李正名
169	D022056	刘长令	男	李正名
170	D022057	钟 滨	男	李正名
171	D022058	张偌瑜	女	席 真
172	D022059	李 斌	男	杨华铮
173	D022060	姚昌盛	男	杨华铮
174	D022061	许 寒	女	杨华铮
175	D022062	吴 超	男	杨华铮
176	D021989	邓启良	男	高如瑜
177	D021990	周爱玲	女	高如瑜
178	032396	尚志强	男	陈茹玉
179	032400	唐 龙	男	李 靖
180	032408	万相见	男	张正之
181	032409	周再春	男	郑健禹
182	032410	谢朝阳	女	郑健禹
183	032411	贾义霞	男	周其林
184	032412	刘 斌	男	周其林
185	032413	段海峰	男	周其林
186	032454	邵 玲	女	方建新

序号	学号	姓名	性别	导师姓名
187	032455	李玉新	女	李正名
188	032456	班树荣	男	席 真
189	032457	程晓峰	男	席 真
190	032458	高 颖	女	杨华铮
191	032459	李俊飞	男	杨华铮
192	042615	冯德鑫	男	陈茹玉
193	042616	王 彬	男	陈茹玉
194	042619	刘 冰	女	李金山
195	042620	柳凌艳	女	李 靖
196	042621	雷 斌	男	李 靖
197	042628	任冬梅	女	郑健禺
198	042629	乔相臣	男	周其林
199	042630	侯国华	男	周其林
200	042631	杨 赟	男	周其林
201	042632	刘 盛	男	周其林
202	042633	李 珅	男	周其林
203	042672	余志红	男	席 真
204	042673	王 斌	男	席 真
205	042674	周 洋	男	席 真

序号	学号	姓名	性别	导师姓名
206	042675	刘卫敏	女	杨华铮
207	042676	高 爽	女	杨华铮
208	042685	于海波	男	方建新
209	042686	陈沛全	男	李正名
210	042687	王 琦	男	席 真
211	1120100246	郑 超	女	高如瑜
212	1120050202	李华姝	女	崔春明
213	1120050203	刘巨艳	男	崔春明
214	1120050206	杜 亚	女	何良年
215	1120050207	汤红英	女	何良年/周正洪
216	1120050210	董志兵	男	李金山
217	1120050211	冯 罡	男	李 靖
218	1120050212	魏晓宁	女	李 靖
219	1120050213	白迎军	男	李卫东
220	1120050214	吴 祥	男	李卫东
221	1120050219	陈 鹏	男	渠 瑾
222	1120050220	耿学莉	女	渠 瑾
223	1120050228	杨海申	男	徐效华
224	1120050229	欧阳勤	男	郑健禹

序号	学号	姓名	性别	导师姓名
225	1120050230	朱　岩	男	郑健禹
226	1120050231	郭　震	男	郑健禹
227	1120050232	谢剑波	男	周其林
228	1120050233	严普查	男	周其林
229	1120050234	邢　靓	男	周其林
230	1120050235	张　齐	男	周其林
231	1120050270	李世博	男	席　真
232	1120050271	孙　璐	女	席　真
233	1120050272	李贺扬	男	席　真
234	1120050273	张　娴	女	张仲寅
235	1120050274	张　旻	男	方建新
236	1120050275	郭万成	男	李正名
237	1120050277	王美怡	女	李正名
238	1120050278	刘　岯	男	杨华铮
239	1120050279	李华斌	男	杨华铮
240	1120060196	孟祥太	男	陈茹玉
241	1120060200	高毅华	男	崔春明
242	1120060201	程小燕	女	崔春明
243	1120060202	郝静君	男	崔春明

序号	学号	姓名	性别	导师姓名
244	1120060203	王金泉	男	何良年
245	1120060205	姜秀娟	女	李金山
246	1120060206	赵 甲	男	李 靖
247	1120060207	王 欣	女	李 靖
248	1120060208	刘 璐	女	李卫东
249	1120060209	周怡群	男	李卫东
250	1120060210	庄程翰	男	李卫东
251	1120060211	郭维斯	男	李卫东
252	1120060212	刘幸海	男	李正名
253	1120060216	曹金丽	女	渠 瑾
254	1120060221	张 敏	女	徐效华
255	1120060222	贺 林	女	郑健禹
256	1120060223	赵海英	女	郑健禹
257	1120060224	张 博	男	周其林
258	1120060225	王秋实	男	周其林
259	1120060226	周章涛	男	周其林
260	1120060259	刘亮亮	男	席 真
261	1120060267	戴 红	男	方建新
262	1120060268	于海波	男	方建新

序号	学号	姓名	性别	导师姓名
263	1120060269	董卫莉	女	李正名
264	1120060270	黄治强	男	李正名
265	1120060271	李 淼	女	李正名
266	1120060272	白 瑀	男	王忠文
267	1120060273	杜 鼎	男	王忠文
268	1120060274	宋凡波	男	席 真
269	1120060275	王开亮	男	席 真
270	1120070194	陈 仰	男	崔春明
271	1120070195	李晓斐	男	崔春明
272	1120070196	孔德林	男	何良年
273	1120070197	苗成霞	女	何良年
274	1120070198	汪 二	男	何良年
275	1120070199	张志广	男	李金山
276	1120070200	陈国红	女	李 靖
277	1120070201	敬大江	男	李卫东
278	1120070202	田淑芳	女	李卫东
279	1120070203	岳晓东	男	李卫东
280	1120070204	冷 连	女	李卫东
281	1120070208	葛祥才	男	渠 瑾

序号	学号	姓名	性别	导师姓名
282	1120070209	曾会应	男	渠 瑾
283	1120070216	李晓强	男	张 驰
284	1120070217	李兰涛	男	郑健禺
285	1120070218	李发光	男	周其林
286	1120070219	张永振	男	周其林
287	1120070220	周长岳	男	周其林
288	1120070221	雍胜利	男	周其林
289	1120070259	曹力强	男	席 真
290	1120070267	秦 雪	女	方建新
291	1120070268	王婷婷	女	方建新
292	1120070269	王贤安	男	李正名
293	1120070270	赵 毓	男	李正名
294	1120070271	李 洋	男	李正名
295	1120070272	崔明波	男	汪清民
296	1120070273	孙然锋	男	汪清民
297	1120070274	赵奇奇	男	汪清民
298	1120070275	房 杰	男	王忠文
299	1120070276	胡 豹	男	王忠文
300	1120070277	崔 庆	男	徐效华

序号	学号	姓名	性别	导师姓名
301	1120070278	马 辉	男	徐效华
302	1120080195	徐招兵	男	渠 瑾
303	1120080196	贾永光	男	李 靖
304	1120080197	刘志清	男	李卫东
305	1120080198	李盛华	男	李卫东
306	1120080199	崔 佳	男	李卫东
307	1120080200	徐 彬	男	周其林
308	1120080201	李 威	男	周其林
309	1120080202	杨爱姣	女	周其林
310	1120080203	李 刚	男	周其林
311	1120080205	窦晓勇	男	何良年
312	1120080206	陈 晨	男	郑健禺
313	1120080207	王 艳	女	崔春明
314	1120080208	高东静	男	崔春明
315	1120080209	王 亮	男	崔春明
316	1120080213	余 俊	男	张 弛
317	1120080256	王明忠	男	李正名
318	1120080257	冯 启	男	李正名
319	1120080258	潘 里	男	李正名

序号	学号	姓名	性别	导师姓名
320	1120080259	鲍吉来	男	王忠文
321	1120080260	刘 斌	男	徐效华
322	1120080261	吕 培	男	徐效华
323	1120080262	王兹稳	男	汪清民
324	1120090163	李国兴	男	渠 瑾
325	1120090164	王 冰	女	李 靖
326	1120090165	耿 谦	男	李卫东
327	1120090166	张 影	女	李卫东
328	1120090167	郭延军	男	李卫东
329	1120090168	蔡 艳	男	周其林
330	1120090169	宋 颂	男	周其林
331	1120090170	杨 爽	女	周其林
332	1120090171	张倩倩	女	周其林
333	1120090175	高 健	男	何良年
334	1120090176	胡琴琴	女	郑健禹
335	1120090177	崔海燕	女	崔春明
336	1120090178	孔令兵	男	崔春明
337	1120090179	田大伟	男	崔春明
338	1120090181	崔立迁	男	张 弛

序号	学号	姓名	性别	导师姓名
339	1120090191	古丽娜	女	梁广鑫
340	1120090192	徐文波	男	梁广鑫
341	1120090222	卢爱党	女	方建新/周正洪
342	1120090234	闫涛	男	李正名
343	1120090235	刘鹏飞	男	李正名
344	1120090236	邢思洋	男	王忠文
345	1120090237	张福海	男	徐效华
346	1120090238	吴萌	男	汪清民
347	1120100201	张林	男	渠瑾
348	1120100202	姜健	男	李靖
349	1120100203	秦涛	男	李卫东
350	1120100204	程立杰	男	周其林
351	1120100205	宋晓光	男	周其林
352	1120100206	刘冲	男	周其林
353	1120100207	余艳波	男	周其林
354	1120100211	刘安华	男	何良年
355	1120100212	杨珍珍	女	何良年
356	1120100213	张少春	男	郑健禺
357	1120100214	钱兴	男	郑健禺

序号	学号	姓名	性别	导师姓名
358	1120100215	胡泓梵	男	崔春明
359	1120100216	韩振刚	男	崔春明
360	1120100217	解沛忠	男	陈茹玉
361	1120100220	高文超	男	张 弛
362	1120100221	田 俊	女	张 弛
363	1120100229	战付旭	男	梁广鑫
364	1120100230	姚焱民	男	梁广鑫
365	1120100231	李庆锋	男	苏循成
366	1120100232	魏 珍	女	苏循成
367	1120100273	章骏斌	男	席 真
368	1120100274	刘 卓	女	李正名
369	1120100275	毛明珍	男	李正名
370	1120100276	张吉凤	男	李正名
371	1120100277	张奉志	男	方建新
372	1120100278	朱文举	男	王忠文
373	1120100279	高愚哲	男	徐效华
374	1120100280	刘智慧	男	汪清民
375	1120100281	苏 波	男	汪清民
376	1120110189	张奉志	男	渠 瑾

序号	学号	姓名	性别	导师姓名
377	1120110190	张　明	男	李　靖
378	1120110191	崔　博	男	李卫东
379	1120110192	王泽东	男	李卫东
380	1120110193	陈继强	男	周其林
381	1120110194	程清卿	男	周其林
382	1120110195	宋红健	男	周其林
383	1120110196	王国鹏	男	周其林
384	1120110200	李雨浓	女	何良年
385	1120110201	於　兵	男	何良年
386	1120110202	方　向	男	郑健禹
387	1120110203	张　涛	男	郑健禹
388	1120110204	刘新旺	男	崔春明
389	1120110205	谢　亮	男	崔春明
390	1120110206	谢伟龙	男	崔春明
391	1120110207	蔡　岩	男	陈茹玉
392	1120110209	崔　健	男	张　弛
393	1120110218	魏　铮	男	苏循成
394	1120110219	马志楠	男	苏循成
395	1120110220	周丽丽	女	梁广鑫

序号	学号	姓名	性别	导师姓名
396	1120110221	杨思敏	男	梁广鑫
397	1120110257	陈 伟	男	李正名
398	1120110258	张秀兰	女	李正名
399	1120110259	周蕴赟	女	李正名
400	1120110260	王振军	男	王忠文
401	1120110261	黄康伦	男	徐效华
402	1120110262	李 玲	女	汪清民
403	1120120198	黄开盟	男	李 靖
404	1120120199	包登辉	男	周其林
405	1120120200	林 汉	男	周其林
406	1120120201	杨小会	女	周其林
407	1120120202	袁克星	男	周其林
408	1120120205	宋清文	男	何良年
409	1120120206	冯传密	男	郑健禹
410	1120120207	李 锋	男	郑健禹
411	1120120208	时迎华	男	崔春明
412	1120120209	李 瑶	男	崔春明
413	1120120210	马 聪	男	崔春明
414	1120120212	姜 山	男	张 弛

序号	学号	姓名	性别	导师姓名
415	1120120213	刘姗姗	女	张 弛
416	1120120221	陈家良	男	苏循成
417	1120120223	张 霄	男	梁广鑫
418	1120120224	董雪林	男	黄 有
419	1120120225	李二庆	男	黄 有
420	1120120250	杨 茵	女	苏循成
421	1120120251	马德君	男	席 真
422	1120120252	魏 超	男	席 真
423	1120120273	陈有为	女	李正名
424	1120120274	周 莎	女	李正名
425	1120120275	马维维	女	王忠文
426	1120120276	郭 翠	女	徐效华
427	1120120277	杨 岩	男	汪清民
428	1120120278	韩贵芳	男	汪清民

硕士研究生名单(1959年—2012年)

序号	学号	姓名	性别	导师
1	1959年	李国炜	男	王积涛
2	1959年	洪满水	男	周秀中
3	1961年	陈庆华	男	杨石先
4	1961年	王律先	男	陈茹玉
5	1962年	胡笑彤	女	杨石先
6	1962年	蔡一江	男	杨石先
7	1962年	任四方	男	陈天池
8	1962年	沈培德	男	陈天池
9	1962年	林木彬	男	陈天池
10	1962年	黄福迁	男	陈茹玉
11	1962年	张镜诚	女	王积涛
12	1963年	周勤馨	男	何炳林
13	1964年	叶挺镐	男	陈天池
14	1964年	杨宽澧	男	陈茹玉
15	1964年	穆森昌	男	何炳林
16	1966年	崔永芳	女	李正名
17	78087	宓怀风	男	李正名

序号	学号	姓名	性别	导师
18	78088	左向日葵	女	陈茹玉
19	78089	王明德	女	李正名
20	78090	胡式贤	男	杨华铮
21	78091	汪　复	男	陈茹玉
22	78092	何振民	男	杨石先
23	78093	李润卿	男	白明彰
24	78094	杨学茹	女	王积涛/谢庆兰
25	78095	刘　云	女	王琴荪
26	78107	刘玉鑫	男	王琴荪
27	79066	王　坚	女	杨石先
28	8008	方建新	男	陈茹玉
29	8009	刘晓皋	男	杨石先
30	8036	沙耀武	男	陈茹玉/金桂玉
31	8052	靳跃春	男	杨石先
32	8054	周晓欣	女	王序昆
33	81055	董丽雯	女	李正名
34	81056	程磊峰	男	陈茹玉
35	81057	翟培坚	男	陈茹玉
36	81058	陈　立	男	申泮文

序号	学号	姓名	性别	导师
37	81059	郭明林	男	白明彰
38	81060	顾 明	男	王琴荪
39	82041	刘向阳	男	王序昆
40	82042	金京秀	男	白明彰
41	82043	李 靖	男	谢庆兰
42	82045	金淑娟	女	陈其杰
43	82046	包 容	男	陈茹玉
44	82047	王天生	男	李正名
45	82048	崔淑华	女	杨华铮
46	82049	曹桂芳	男	陈茹玉
47	82050	张明杰	男	荆煦英
48	82107	唐永军	男	陈茹玉/唐除痴
49	83097	刘会友	男	王积涛
50	83098	王建基	男	李毓桂
51	83099	蔡宝忠	男	陈茹玉/刘纶祖
52	83100	陈林志	男	陈茹玉/刘增勋
53	83101	蔡建平	男	陈茹玉/金桂玉
54	83102	张 涛	男	陈茹玉/史延年
55	83103	刘子平	男	陈茹玉/刘淮

序号	学号	姓名	性别	导师
56	83104	邵久书	男	杨华铮
57	83105	郭海生	男	李正名
58	83106	徐宝元	男	李正名
59	83107	苗种善	男	荆煦英
60	83108	成振庄	男	王序昆/张经绅
61	83109	杨树军	男	白明彰
62	83110	邓 波	男	陈其杰
63	83253	邓世观	男	杨石先/黄润秋
64	84048	李云鹏	男	金桂玉
65	84049	王国洪	男	李毓桂
66	84050	王建武	男	杨华铮
67	84051	郑健禹	男	谢庆兰
68	84052	姚文庆	男	陈寿山
69	84053	陈永胜	男	王序昆
70	84054	田志刚	男	王序昆
71	84055	耿立峰	男	邵瑞链
72	84056	张和胜	男	陈茹玉
73	84057	李晟曦	男	陈茹玉
74	84058	刘平礼	男	陈茹玉

序号	学号	姓名	性别	导师
75	84059	周 力	男	陈其杰
76	84060	陈 林	男	李正名
77	84061	李士明	男	史延年
78	84062	许文娜	女	尚稚珍
79	84299	李守明	男	王琴荪/高如瑜
80	85158	柴生勇	男	李正名
81	85159	李晓雷	女	杨华铮
82	85160	蒋益民	男	李正名
83	85161	罗志强	男	李正名
84	85162	周敬凯	男	史延年
85	85163	张 磊	男	陈其杰
86	85164	段建荣	女	陈茹玉
87	85165	孙金生	男	陈茹玉
88	85166	张庆林	男	陈茹玉
89	85167	陈 荧	女	荆煦英
90	85168	冯克胜	男	金桂玉
91	85169	赵仕庄	男	金桂玉
92	85170	刘云山	男	李毓桂
93	85171	周 阳	男	王琴荪

序号	学号	姓名	性别	导师
94	85172	王恒岩	男	王琴荪
95	85173	单志兴	男	谢庆兰
96	85174	荣建辉	男	陈寿山
97	85175	席　真	男	王序昆
98	85176	焦永胜	男	王序昆
99	85177	赵文柱	男	尚稚珍
100	85467	吴　烨	男	杨华铮
101	85468	吴益民	男	谢庆兰/廖仁安
102	85469	吴煜升	男	白明彰
103	86060	向　丽	女	李正名
104	86061	刘同柱	男	李正名
105	86062	卢彦昌	男	史延年
106	86063	许良志	男	史延年
107	86064	王达佐	男	王笃祜
108	86065	吴海锟	男	金桂玉
109	86066	李建敏	女	李毓桂
110	86067	王文虎	男	李毓桂
111	86068	赖鹏翔	男	陈茹玉
112	86069	颜炳文	男	王琴荪

序号	学号	姓名	性别	导师
113	86070	张跃华	男	杨华铮
114	86071	王言明	男	陈茹玉
115	86072	杨志强	男	谢庆兰
116	86073	李爱秀	女	陈其杰
117	86074	王家喜	男	王序昆
118	86075	沈裕军	男	王序昆
119	86076	安逢龙	男	白明彰
120	86077	滑艳玲	女	陈寿山
121	86078	吴 刚	男	尚稚珍
122	87478	韩克飞	男	陈寿山
123	87479	解文强	男	王琴荪
124	87480	万升标	男	陈其杰
125	87481	吕健斌	男	杨华铮
126	87482	雷致沛	男	陈寿山
127	87483	印寿根	男	陈寿山
128	87484	赵存祥	男	陈其杰
129	87485	朱有全	男	邵瑞链
130	87486	胡志根	男	史延年
131	87487	张金菊	男	白明彰

序号	学号	姓名	性别	导师
132	87488	徐效华	男	谢庆兰
133	87489	王凤云	男	杨华铮
134	87490	蔡文莲	女	史延年
135	87491	刘舜尧	男	杨华铮
136	87492	张枫柱	男	杨华铮
137	87493	朱一石	女	尚稚珍
138	88130	王新龙	男	李毓桂
139	88131	黄战鏖	男	杨华铮
140	88132	王胜新	男	李正名
141	88133	于 奥	男	王序昆
142	88134	解敏雨	男	金桂玉
143	88135	夏择斌	男	张增佑
144	88136	冯乙已	男	王序昆
145	88137	黄震年	男	史延年
146	88138	詹庄平	男	王琴荪
147	88139	罗 宁	男	谢庆兰
148	89126	李慧英	女	陈茹玉
149	89127	贾国锋	男	李正名
150	89128	邹霞娟	女	李正名

序号	学号	姓名	性别	导师
151	89129	贺峥杰	男	李正名
152	89130	李宗钦	男	刘 准
153	89131	任康太	男	李广仁
154	89132	汪立工	男	黄润秋
155	89133	职承信	男	邵瑞链
156	89134	谢文权	男	刘天麟
157	89135	赵国锋	男	金桂玉
158	89136	李全仲	男	杨华铮
159	89137	张绵吉	男	唐除痴
160	89138	平宵飞	男	么恩云
161	89139	刘 华	女	谢庆兰
162	89140	吕树文	女	曾 强
163	89141	周大炜	女	陈寿山
164	89142	谢 斌	男	李金山
165	89143	席华平	男	张正之
166	89144	范冬平	女	王琴荪
167	89145	喻圣梅	男	尚稚珍
168	89146	黄明智	男	刘纶祖
169	90154	戴 庆	男	陈茹玉

序号	学号	姓名	性别	导师
170	90155	周汉杰	男	李毓桂
171	90156	黄光燕	女	金桂玉/唐除痴
172	90157	郑文耀	男	史延年
173	90158	乔立新	男	李正名
174	90159	陈亚娟	女	黄润秋
175	90160	吴立功	男	王琴荪
176	90161	任 军	女	么恩云
177	90162	沙印林	男	杨华铮
178	90163	杨敏华	女	邵瑞链
179	90164	米中茂	男	刘 淮
180	90165	王 伟	女	李广仁
181	90166	张中标	男	陈茹玉
182	90167	王忠文	男	李正名
183	90168	张智超	男	王琴荪
184	90169	黄爱聪	男	曾 强
185	90170	徐凤波	男	杨华铮
186	90171	粟平云	男	唐除痴
187	90172	杨德育	男	陈寿山
188	90173	徐 信	男	曾 强

序号	学号	姓名	性别	导师
189	90174	张玉聚	男	尚稚珍
190	91142	马缚鹏	女	唐除痴
191	91143	黄太生	男	陈寿山
192	91144	范传文	男	李正名
193	91145	王蔚群	男	刘准
194	91146	苗伟时	男	邵瑞链
195	91147	韦学晖	男	曾　强
196	91148	舒学军	男	么恩云
197	91149	施红林	女	么恩云
198	91150	朱应怀	男	谢庆兰
199	91151	耿　斌	男	彭永冰
200	91152	周　嘉	男	陈茹玉
201	91153	刘华银	男	杨华铮
202	91154	邱永革	男	陈茹玉
203	91155	倪赤友	男	刘天麟
204	91156	梁　华	女	史延年
205	91157	朱雪峰	男	李毓桂
206	91158	张锦华	男	邵瑞链
207	91159	马安军	男	黄润秋

序号	学号	姓名	性别	导师
208	91160	杨淑华	女	赵仲仁
209	91161	刘中法	男	金桂玉
210	91162	程 晖	女	张正之
211	92142	李东波	男	刘 准
212	92143	廖 云	男	李正名
213	92144	朱东强	男	谢庆兰
214	92145	郎慧芳	女	唐除痴
215	92146	陈 晓	男	廖仁安
216	92147	宋 健	男	黄润秋
217	92148	迟国臣	男	陈茹玉
218	92151	刘 军	男	李毓桂
219	92152	匡善明	男	张正之
220	92153	张 翱	男	刘纶祖
221	92154	余盛良	男	刘天麟
222	92155	张克胜	男	陈茹玉
223	92156	张 斌	男	陈其杰
224	92157	候 震	男	金桂玉
225	92158	曾宪顺	男	曾 强
226	92159	曾兴忠	男	曾 强

序号	学号	姓名	性别	导师
227	92160	刘晔玮	女	彭永冰/林少凡
228	92161	杨光富	男	杨华铮
229	92162	李志安	男	么恩云
230	93130	李纪敏	女	李正名
231	93131	刘在刚	男	刘 准
232	93132	吕文硕	女	王琴荪
233	93133	刘 洁	女	李正名
234	93134	崔 盛	男	刘纶祖
235	93135	高继伟	男	陈宗庭
236	93136	崔 涛	男	曾 强
237	93137	何大勇	男	陈茹玉
238	93138	曹春阳	男	金桂玉
239	93139	张 蕾	女	刘 准
240	93140	赵毅刚	男	黄润秋
241	93141	王有名	男	唐除痴
242	93142	张立明	男	张正之
243	93143	唐拥军	男	陈寿山/李靖
244	93144	周正洪	男	彭永冰
245	93145	宋雪清	男	谢庆兰

序号	学号	姓名	性别	导师
246	93146	苏胜忠	男	尚稚珍
247	93147	朱　进	男	杨华铮
248	93148	邹小毛	男	杨华铮
249	93149	赵温涛	男	张增佑
250	93150	喻爱明	男	刘天麟
251	94133	赵卫光	男	李正名
252	94134	张　伟	男	陈茹玉
253	94135	刘晓展	女	邢晓东
254	94136	刘菊湘	女	唐除痴
255	94137	陈　智	男	刘　准
256	94138	赵　军	男	彭永冰
257	94139	张风林	男	陈宗庭
258	94140	谢建华	男	刘天麟
259	94141	贺晞林	男	谢庆兰
260	94142	廖祥军	男	李　靖
261	94143	胡方中	男	陈　彬
262	94144	汪清民	男	黄润秋
263	94145	张　恂	男	么恩云
264	94146	李林涛	女	金桂玉

序号	学号	姓名	性别	导师
265	94147	张 玲	女	王琴荪
266	94148	张松威	男	杨华铮
267	94149	段榕琦	女	赵仲仁
268	94150	刘玉秀	女	李广仁
269	94151	孙建宇	男	黄润秋
270	94152	钱定权	男	刘纶祖
271	94153	黄军珉	男	高如瑜
272	95120	曹一兵	男	李正名
273	95121	冯 磊	男	黄润秋
274	95122	杨 川	男	杨华铮
275	95123	桂 绚	女	刘 准
276	95124	陈志远	男	高如瑜
277	95125	祝凌燕	女	高如瑜
278	95126	蒋 楠	男	陈茹玉
279	95127	杨卓鸿	男	刘天麟
280	95128	张 敏	男	王琴荪
281	95129	刘 昕	女	黄润秋
282	95130	陈文彬	男	唐除痴
283	95131	陈 慧	女	么恩云

序号	学号	姓名	性别	导师
284	96138	朱义州	男	孙致远
285	96139	尹　宁	男	谢庆兰
286	96140	马治华	男	邵瑞链
287	96141	唐国志	男	刘　淮
288	96142	文　佳	男	成俊然
289	96143	薛　兵	女	杨华铮
290	96144	安天英	女	李广仁
291	96145	王　笛	男	高如瑜
292	96146	刘建兵	男	金桂玉
293	96147	代建明	男	刘　淮
294	96148	周懿波	女	刘天麟
295	96149	蔡觉晓	女	唐除痴
296	96150	陈　虎	男	刘纶祖
297	96151	王荷芳	女	高如瑜
298	96152	熊传辉	男	李金山
299	96153	陈　凯	男	杨华铮
300	96154	彭立军	男	张正之
301	96155	张立英	女	王琴荪
302	96156	颜　寒	男	李正名

序号	学号	姓名	性别	导师
303	97136	张 锴	男	高如瑜
304	97138	付 煜	男	金桂玉
305	97139	汤庆勇	男	冯秀琼
306	97141	陈晓芳	女	杨华铮
307	97142	彭文敬	男	李 靖
308	97143	尹标林	男	金桂玉/赵国锋
309	97144	马永强	男	李 靖
310	97145	李康应	男	唐除痴
311	97146	崔大军	男	张正之
312	97147	吕 妍	女	谢庆兰
313	97148	曹焕岩	男	黄润秋
314	97149	王成霞	男	王琴荪
315	97150	马红敏	女	邵瑞链
316	97151	叶 勇	男	刘纶祖
317	97152	高喜麟	男	李正名
318	97153	李 健	男	韩家祥
319	97154	吕 凯	男	陈 彬
320	97155	石博杰	男	陈茹玉
321	97156	徐春平	女	杨华铮

序号	学号	姓名	性别	导师
322	97157	金 钟	男	黄润秋
323	97158	陈本顺	男	廖仁安
324	98152	郭湘云	女	成俊然
325	98153	李丽春	女	刘纶祖
326	98154	李小梅	女	刘天麟
327	98155	张晓弘	女	金桂玉
328	98156	韩鑫鑫	男	张正之
329	98157	王晓冬	女	陈茹玉
330	98158	朱 丽	女	王琴荪
331	98159	陈 波	男	赵国锋
332	98160	黄艳琴	女	谢庆兰
333	98161	付 清	女	王琴荪
334	98162	袁德凯	男	李正名
335	98163	邹如意	男	翁林红
336	98164	柳润唱	男	李金山
337	98165	李艳明	女	徐晓华
338	98166	徐成富	男	刘纶祖
339	98167	周 洋	男	李 靖
340	98168	张曦颐	男	孙致远

序号	学号	姓名	性别	导师
341	98169	王文艳	女	李正名
342	98170	刘 纲	男	李广仁
343	98171	王硕文	女	黄润秋
344	98172	宋洪海	男	杨华铮
345	98173	袁平伟	男	李正名
346	98174	成 佳	男	杨华铮
347	98175	汤 宇	男	陈茹玉
348	98176	任雪玲	女	陈 彬/杨华铮
349	98177	刘 涛	男	方建新
350	98178	夏 炎	女	贺水济
351	990158	杨丽萍	女	高如瑜
352	990159	郗云飞	男	林少凡
353	990160	周 海	男	周其林
354	990161	陈 晓	男	李 靖
355	990162	邓泽平	男	陈宗庭
356	990163	周迎春	女	郑健禺
357	990164	李杨州	男	成俊然
358	990165	傅桂华	男	王广远
359	990166	符新亮	男	李正名

序号	学号	姓名	性别	导师
360	990167	吴 超	男	杨华铮
361	990168	钟 滨	男	李正名
362	990169	许国艳	女	刘纶祖
363	990170	孙会凯	男	黄润秋
364	990171	何 可	女	唐除痴
365	990172	姚广民	男	徐效华
366	990173	万俊华	男	周其林
367	990174	黄燕萍	女	张智超
368	990175	彭 斌	男	谢庆兰
369	990176	尹 强	男	张正之
370	990177	李增明	男	方建新
371	990178	康 蕾	女	高如瑜
372	990179	李如兴	男	韩家祥
373	990180	温梅姣	女	李 靖
374	990181	野国中	男	李正名
375	990182	吴彦超	男	杨华铮
376	990183	颜增光	男	尚稚珍
377	000296	刘 伟	男	方建新
378	000297	朱守非	男	周其林

序号	学号	姓名	性别	导师
379	000298	罗　永	男	刘纶祖
380	000299	冷雪冰	男	张正之
381	000300	陈　莉	女	黄润秋
382	000301	常卫星	男	谢庆兰
383	000302	侯乃涛	男	郑健禹
384	000303	林长江	男	徐效华
385	000304	俞　麟	男	李金山
386	000305	唐　龙	男	李　靖
387	000306	裴志国	男	高如瑜
388	000307	胡天顺	男	成俊然
389	000308	党丽敏	女	廖仁安
390	000309	刘　凌	女	高如瑜
391	000310	尚志强	男	陈茹玉
392	000311	王占平	男	杨华铮
393	000312	李　姮	女	黄润秋
394	000313	项　军	男	赵国锋
395	000314	唐奕龙	男	唐除痴
396	000315	王爱娥	女	周其林
397	000316	邹　阳	女	谢庆兰

序号	学号	姓名	性别	导师
398	000317	高 颖	女	杨华铮
399	000318	康彦龙	男	金桂玉
400	000319	李凌云	女	高如瑜
401	000320	徐 华	女	郑健禺
402	010360	袁 明	女	李 靖
403	010361	袁 飞	女	谢庆兰
404	010362	于海波	男	黄润秋
405	010363	周传政	男	席 真
406	010364	刘怡姗	女	张智超
407	010365	李士普	男	黄润秋
408	010366	刘 斌	男	周其林
409	010368	丁 伟	男	席 真
410	010369	刘卫敏	女	杨华铮
411	010370	王国仓	男	李金山
412	010371	程晓峰	男	席 真
413	010372	邵 华	女	高如瑜
414	010373	李鹏飞	男	李正名
415	010374	班树荣	男	席 真
416	010375	段海峰	男	周其林

序号	学号	姓名	性别	导师
417	010376	王 昕	男	徐凤波
418	010377	郁丽敏	女	邹小毛
419	010378	戴辉雄	男	郑健禹
420	010379	霍爱红	女	方建新
421	010380	毛 杰	男	朝家祥
422	010381	刘 冰	女	周正洪
423	010382	刘淑珍	女	李 靖
424	010383	冯德鑫	男	陈茹玉
425	010384	陈建新	男	孙丽娟
426	010385	柳凌艳	女	陈茹玉
427	010387	谢朝阳	女	郑健禹
428	010388	何 佳	女	蒋志胜
429	010389	刘征骁	男	李正名
430	010390	徐志红	男	蒋志胜
431	M020453	郝静君	男	李正名
432	M020454	李志云	男	郑健禹
433	M020455	陶伟峰	男	方建新
434	M020458	程夏民	男	周正洪
435	M020461	杨 赟	男	周其林

序号	学号	姓名	性别	导师
436	M020463	王琳琳	女	孙丽娟
437	M020464	李庆霞	女	席　真
438	M020466	刘凤丽	女	范志金
439	M020468	丁　丽	女	李　靖
440	M020469	王　彬	男	陈茹玉
441	M020470	任冬梅	女	郑健禺
442	M020471	林大勇	男	邹小毛
443	M020472	肖　建	男	李金山
444	M020473	徐艳丽	女	高如瑜
445	M020474	伦志红	女	高如瑜
446	M020475	万重庆	男	李　靖
447	M020477	徐　虎	男	徐凤波
448	M020478	杨海申	男	徐效华
449	M020479	曾　敏	女	张智超
450	M020480	王权勇	男	周正洪
451	M020481	汤红英	女	赵国锋
452	M020482	侯国华	男	周其林
453	M020483	胡　燕	女	方建新
454	M020484	施欢乐	男	邹小毛

序号	学号	姓名	性别	导师
455	M020489	于 磊	男	李 靖
456	M020490	刘兰筠	女	张智超
457	M020492	朱应栋	男	徐效华
458	M020600	刘 坯	男	杨华铮
459	M020601	张建颖	女	李正名
460	M020602	王 斌	男	席 真
461	M020603	高用彬	男	杨华铮
462	M020604	李 昊	男	汪清民
463	M020605	王 琦	男	席 真
464	M020606	邹先伟	男	蒋志胜
465	M020607	罗 丁	男	席 真
466	M020608	穆小丽	女	李正名
467	030544	魏晓宁	女	李 靖
468	030546	朱 岩	男	郑健禹
469	030547	裴 江	男	邹小毛
470	030552	王美怡	女	李正名
471	030556	王昌青	女	张智超
472	030561	杨二冰	女	李正名
473	030563	刘永胜	男	徐凤波

序号	学号	姓名	性别	导师
474	030566	黄治强	男	汪清民
475	030568	马新朋	男	赵国锋
476	030571	王朝强	男	邹小毛
477	030572	杜 亚	女	何良年
478	030574	戴 红	男	方建新
479	030575	高 炜	男	徐效华
480	030584	康 琳	女	徐效华
481	030586	王金亮	男	黄 有
482	030588	鹿永娜	女	李金山
483	030589	王开亮	男	汪清民
484	030590	王婷婷	女	王文虎
485	030593	张 敏	女	胡方中
486	030594	谷迎春	女	黄 有
487	030596	张改红	女	陈茹玉
488	030599	董卫莉	女	赵卫光
489	030604	鲍丽丽	女	范志金
490	030605	耿学莉	女	赵卫光
491	030606	张 齐	男	周其林
492	030607	李华斌	男	杨华铮

序号	学号	姓名	性别	导师
493	030608	郭 震	男	郑健禺
494	030609	邢 靓	男	周其林
495	030613	李贺扬	男	席 真
496	030614	柏志峰	男	李 靖
497	030615	李 康	男	席 真
498	030616	汪义丰	男	杨华铮
499	030617	孙 璐	女	席 真
500	030618	张丽芬	女	张智超
501	030696	周 欣	女	方建新
502	030697	张永刚	男	范志金
503	030698	肖勇军	男	李正名
504	030699	何凤琦	男	李正名
505	030700	刘 林	男	席 真
506	030701	李永强	男	范志金
507	030702	李公春	男	杨华铮
508	030703	聂开晟	男	范志金
509	040616	王文龙	男	汪清民
510	040620	李 晨	男	张 弛
511	040622	王 志	男	渠 瑾

序号	学号	姓名	性别	导师
512	040624	王　欣	女	杨华铮
513	040625	赵　健	女	崔春明
514	040628	周章涛	男	周其林
515	040630	常永强	男	胡方中
516	040632	岳晓东	男	何良年
517	040633	于雅琴	女	黄　有
518	040634	赵　毓	男	汪清民
519	040635	段莉莉	女	崔春明
520	040638	杨　溢	女	郑健禹
521	040642	赵学飞	男	张　弛
522	040643	柏月霞	女	渠　瑾
523	040644	汤小芳	女	王忠文
524	040645	杜　鼎	男	王忠文
525	040646	庄程翰	男	李卫东
526	040647	马瑞典	男	李正名
527	040648	李方怿	男	徐效华
528	040650	徐新元	男	周正洪
529	040651	葛祥才	男	渠　瑾
530	040652	高　峰	男	王文虎

序号	学号	姓名	性别	导师
531	040653	王金泉	男	何良年
532	040654	孙志存	男	邹小毛
533	040655	田杰生	男	何良年
534	040656	司学凯	男	杨华铮
535	040657	程海英	女	李正名
536	040658	田淑芳	女	渠 瑾
537	040663	张桂峰	女	胡方中
538	040668	王志英	女	张智超
539	040670	阮寒英	女	郑健禺
540	040674	乐 海	男	郑健禺
541	040675	杨 兴	男	席 真
542	040678	蒋富勇	男	李金山
543	040679	刘 楠	男	李 靖
544	040680	孔维玲	女	周其林
545	040681	孙小军	男	赵卫光
546	040682	刘爱国	男	徐效华
547	040684	曾泽兵	男	赵国锋
548	040685	周怡群	男	李卫东
549	040768	程小燕	女	崔春明

序号	学号	姓名	性别	导师
550	040769	张 蓉	女	席 真
551	040770	敬大江	男	李卫东
552	040771	刘亮亮	男	席 真
553	040781	苑建勋	男	范志金
554	040782	石祖贵	男	范志金
555	040783	胡绪红	男	杨华铮
556	040784	王 雷	男	李正名
557	040785	孙 蕊	女	李正名
558	040786	赵奇奇	男	汪清民
559	040787	刘幸海	男	李正名
560	2120050615	陈国红	女	李 靖
561	2120050617	陈 仰	男	崔春明
562	2120050618	崔明波	男	汪清民
563	2120050619	崔 庆	男	徐效华
564	2120050620	崔永涛	男	渠 瑾
565	2120050621	崔占伟	男	苗志伟
566	2120050622	房 杰	男	王忠文
567	2120050623	付 娜	女	邹小毛
568	2120050625	高 鹏	男	周正洪

序号	学号	姓名	性别	导师
569	2120050627	郭少雄	男	王有名
570	2120050628	胡 豹	男	王忠文
571	2120050630	黄 楷	男	李卫东
572	2120050633	李文明	男	李正名
573	2120050634	李晓斐	男	崔春明
574	2120050635	李晓强	男	张 弛
575	2120050639	刘少华	男	汪清民
576	2120050640	吕茂云	男	汪清民
577	2120050642	马 辉	男	徐效华
578	2120050643	苗成霞	女	何良年
579	2120050646	牛子霞	女	胡方中
580	2120050647	秦 雪	女	方建新
581	2120050648	施秀英	女	郑健禹
582	2120050650	宋爱茹	女	张 弛
583	2120050651	苏 娜	女	赵卫光
584	2120050652	孙然锋	男	汪清民
585	2120050653	汪 二	男	周其林
586	2120050654	汪丽君	女	周其林
587	2120050655	王春贵	男	王忠文

序号	学号	姓名	性别	导师
588	2120050656	王国华	男	徐凤波
589	2120050657	王贤安	男	李正名
590	2120050662	邢媛媛	女	王有名
591	2120050663	徐大振	男	黄　有
592	2120050665	尹宝作	男	崔春明
593	2120050667	曾会应	男	李卫东
594	2120050668	张炳楠	男	方建新
595	2120050672	张永林	男	汪清民
596	2120050673	张永振	男	周其林
597	2120050674	周长岳	男	周其林
598	2120050675	朱建林	男	王忠文
599	2120050679	崔艳	女	徐效华
600	2120050680	段方平	男	郑健禹
601	2120050681	胡锦屏	女	张智超
602	2120050682	孔德林	男	何良年
603	2120050683	李发光	男	李卫东
604	2120050684	乌　婧	女	李正名
605	2120050760	曹力强	男	席　真
606	2120050763	施　捷	男	席　真

序号	学号	姓名	性别	导师
607	2120050764	游 静	女	张仲寅
608	2120050765	伊 林	男	席 真
609	2120050773	贾俊超	男	范志金
610	2120050774	吴 琼	女	范志金
611	2120050775	张建锋	男	陈茹玉
612	2120050776	唐 蜜	女	李正名
613	2120060620	鲍吉来	男	王忠文
614	2120050780	姚红伟	男	赵卫光
615	2120060621	蔡 艳	男	周其林
616	2120060622	曹 立	男	陈文彬
617	2120060624	崔 佳	男	李卫东
618	2120060625	崔 萌	女	陈茹玉
619	2120060627	窦晓勇	男	何良年
620	2120060628	方 草	女	李金山
621	2120060630	古国贤	男	胡方中
622	2120060631	古丽娜	女	梁广鑫
623	2120060634	郭彦召	男	王志宏
624	2120060635	黄广英	男	赵卫光
625	2120060636	贾永光	男	李 靖

序号	学号	姓名	性别	导师
626	2120060638	李欢欢	女	赵卫光
627	2120060640	李盛华	男	李卫东
628	2120060641	李燕平	男	徐凤波
629	2120060642	李云超	男	郑健禹
630	2120060643	梁立	男	郑健禹
631	2120060645	刘凯	男	张弛
632	2120060646	卢爱党	女	周正洪
633	2120060647	马云	女	王有名
634	2120060648	宁宇	女	邹小毛
635	2120060650	彭畅	女	张智超
636	2120060651	乔晓晓	女	徐效华
637	2120060652	秦振芳	女	方建新
638	2120060653	邵延军	男	崔春明
639	2120060655	宋英俊	男	王文虎
640	2120060656	王冰	女	李靖
641	2120060657	王飞	男	苗志伟
642	2120060659	王廷	男	席真
643	2120060661	王鑫	男	邹小毛
644	2120060662	王亚丹	女	陈茹玉

序号	学号	姓名	性别	导师
645	2120060663	王　艳	女	崔春明
646	2120060664	王兹稳	男	汪清民
647	2120060665	韦兴存	男	汪清民
648	2120060666	肖伟敏	女	张智超
649	2120060667	肖玉虹	女	邹小毛
650	2120060669	徐俊英	女	李正名
651	2120060670	徐四龙	男	贺峥杰
652	2120060671	徐文波	男	梁广鑫
653	2120060672	徐招兵	男	渠　瑾
654	2120060673	余　俊	男	张　弛
655	2120060675	张灿明	男	周其林
656	2120060677	张传玉	男	李正名
657	2120060681	张　葵	女	黄　有
658	2120060683	张　欣	女	方建新
659	2120060684	郑　超	男	赵国锋
660	2120060686	左　翔	男	范志金
661	2120060687	白文举	男	周其林
662	2120060688	陈绍晋	男	王忠文
663	2120060692	刘晓晓	男	徐效华

序号	学号	姓名	性别	导师
664	2120060693	谭海忠	男	李正名
665	2120060694	吴 颖	女	何良年
666	2120060767	袁中元	男	张仲寅
667	2120060768	周延菲	女	席 真
668	2120060769	崔全斌	男	席 真
669	2120060770	马 琳	女	范志金
670	2120060784	吕 培	男	徐效华
671	2120060785	张鹏翔	男	汪清民
672	2120060786	兰 峰	男	李正名
673	2120070532	邴贵芳	男	方建新
674	2120070534	曹 刚	男	李正名
675	2120070537	陈书花	女	李卫东
676	2120070538	崔海燕	女	崔春明
677	2120070539	崔立迁	男	张 弛
678	2120070540	方之佳	男	陈茹玉
679	2120070543	高 健	男	何良年
680	2120070544	郭素贤	女	金 钟
681	2120070545	呼艳娜	女	汪清民
682	2120070546	胡 矿	男	周正洪

序号	学号	姓名	性别	导师
683	2120070547	金艳娟	女	徐凤波
684	2120070548	孔令兵	男	崔春明
685	2120070550	李春晖	女	胡方中
686	2120070551	李 多	女	徐效华
687	2120070552	李国兴	男	渠 瑾
688	2120070553	李 帅	男	赵卫光
689	2120070555	李 峥	男	汪清民
690	2120070556	刘 敏	女	邹小毛
691	2120070557	刘鹏飞	男	宋海滨
692	2120070558	刘维娟	女	张智超
693	2120070562	毛红祥	男	周其林
694	2120070564	邵永臣	男	黄 有
695	2120070566	苏娜娜	女	赵卫光
696	2120070567	孙华冰	男	李 靖
697	2120070568	王白帆	男	席 真
698	2120070570	王杨云	女	苗志伟
699	2120070572	吴 萌	男	汪清民
700	2120070573	伍 阳	男	周正洪
701	2120070575	许保友	男	邹小毛

序号	学号	姓名	性别	导师
702	2120070576	杨海涛	男	苗志伟
703	2120070579	张奉志	男	徐凤波
704	2120070583	赵秀杰	女	王文虎
705	2120070585	周冬梅	女	张 弛
706	2120070587	朱 然	女	朱有全
707	2120070591	黄薇薇	女	郑健禺
708	2120070592	康江鹏	男	郑健禺
709	2120070594	李慧东	男	李正名
710	2120070595	李林遐	女	王忠文
711	2120070596	李亚利	女	周其林
712	2120070597	李一鸣	男	李正名
713	2120070598	廖文辉	男	谢建华
714	2120070600	宋 颂	男	周其林
715	2120070601	宋晓光	男	周其林
716	2120070602	孙立冬	男	徐效华
717	2120070603	田大伟	男	崔春明
718	2120070604	王 嘉	男	渠 瑾
719	2120070607	吴 芳	女	何良年
720	2120070610	邢思洋	男	王忠文

序号	学号	姓名	性别	导师
721	2120070612	张春涛	男	张智超
722	2120070613	张 坤	男	崔春明
723	2120070614	张 影	女	李卫东
724	2120070697	冯 葳	女	席 真
725	2120070698	黄金宇	男	席 真
726	2120070699	周永行	男	席 真
727	2120070700	焦 舰	女	张仲寅
728	2120070701	周 凯	男	席 真
729	2120070725	古晓鹏	男	金 钟
730	2120070726	李俊晓	女	胡方中
731	2120070727	张海科	女	范志金
732	2120070728	祝冠彬	男	宋海滨
733	2120070729	曹琼瑶	女	席 真
734	2120070730	章骏斌	男	席 真
735	2120080631	安艳红	女	王志宏
736	2120080632	敖丽华	女	徐凤波
737	2120080634	陈 森	男	邹小毛
738	2120080635	陈旺桥	男	周其林
739	2120080637	程立杰	男	周其林

序号	学号	姓名	性别	导师
740	2120080638	崔志鹏	男	汪清民
741	2120080640	高文超	男	张 弛
742	2120080641	高愚哲	男	徐效华
743	2120080644	郭亚萍	女	张智超
744	2120080645	黄 文	女	崔春明
745	2120080646	姜 健	男	李 靖
746	2120080647	解沛忠	男	陈茹玉
747	2120080649	李 飞	男	郑健禹
748	2120080650	刘 涛	男	周正洪
759	2120080651	刘晓艳	女	周其林
760	2120080652	刘新旺	男	李 靖
761	2120080653	刘玉巧	女	宋海滨
762	2120080654	刘智力	男	李正名
763	2120080656	马俭泽	男	黄 有
764	2120080657	毛明珍	男	李正名
765	2120080658	苗永妍	女	赵国锋
766	2120080660	潘俊辛	男	胡方中
767	2120080661	潘文艳	女	王忠文
768	2120080663	秦 涛	男	李卫东

序号	学号	姓名	性别	导师
769	2120080664	邱玲玲	女	金 钟
770	2120080666	商建丽	女	王建国
771	2120080667	史明珠	男	朱义州
772	2120080669	宋红健	男	汪清民
773	2120080670	苏 波	男	汪清民
774	2120080672	田 俊	女	张 弛
775	2120080673	汪卫坤	男	张 弛
776	2120080675	王 刚	男	李正名
777	2120080676	王 唤	女	王建国
778	2120080677	王 娇	女	徐效华
779	2120080678	王瑞花	女	邹小毛
780	2120080680	王振军	男	赵卫光
781	2120080681	吴荣华	女	周正洪
782	2120080682	吴淑航	男	李卫东
783	2120080683	武 瑞	女	赵卫光
784	2120080684	熊琴平	女	黄 有
785	2120080686	杨浩浩	男	苗志伟
786	2120080687	杨 朋	女	渠 瑾
787	2120080690	姚焱民	男	梁广鑫

序号	学号	姓名	性别	导师
788	2120080692	于吉攀	男	苗志伟
789	2120080693	余晓磊	男	周正洪
790	2120080694	袁燕伟	女	朱有全
791	2120080695	张吉凤	男	李正名
792	2120080696	张 金	女	朱有全
793	2120080697	张军杰	男	王有名
794	2120080698	张 林	男	渠 瑾
795	2120080700	张少春	男	郑健禺
796	2120080704	赵小娜	女	陈茹玉
797	2120080706	周秀秀	女	王文虎
798	2120080707	朱文举	男	王忠文
799	2120080710	何寅武	男	席 真
800	2120080712	胡泓梵	男	崔春明
801	2120080713	刘安华	男	何良年
802	2120080719	王 浩	男	崔春明
803	2120080722	杨珍珍	女	何良年
804	2120080723	雍学锋	男	李卫东
805	2120080724	张彩慧	女	郑健禺
806	2120080812	米 娜	女	范志金

序号	学号	姓名	性别	导师
807	2120080813	姚 刚	男	李永红
808	2120080814	刘智慧	男	汪清民
809	2120090620	常续芳	女	王有名
810	2120090622	陈迪明	男	李卫东
811	2120090623	陈 伟	男	李正名
812	2120090626	崔 兵	男	苗志伟
813	2120090627	崔 灿	女	赵卫光
814	2120090628	崔 健	男	张 弛
815	2120090629	崔晶晶	女	崔春明
816	2120090631	范冬娜	女	宋海滨
817	2120090632	方 向	男	郑健禺
818	2120090633	冯安政	男	汪清民
819	2120090636	侯学森	男	张 弛
820	2120090637	黄康伦	男	徐效华
821	2120090638	金士朋	男	渠 瑾
822	2120090639	孔莎莎	女	陈茹玉
823	2120090640	孔晓菲	女	徐凤波
824	2120090641	李 斌	男	周其林
825	2120090643	李 玲	女	汪清民

序号	学号	姓名	性别	导师
826	2120090644	李 茂	男	席 真
827	2120090645	李 妍	女	王忠文
828	2120090647	刘殿甲	男	邹小毛
829	2120090649	刘姗姗	女	张 弛
830	2120090650	刘亭亭	女	王文虎
831	2120090653	刘云凤	女	周正洪
832	2120090654	尚 君	女	王建国
833	2120090655	申志祥	男	胡方中
834	2120090656	孙 曼	女	赵卫光
835	2120090657	孙一平	女	郑健禹
836	2120090659	滕锦林	男	渠 瑾
837	2120090660	王恒路	男	渠 瑾
838	2120090661	王 蕾	女	汪清民
839	2120090662	王利叶	女	黄 有
840	2120090665	王小彬	男	梁广鑫
841	2120090666	王亚平	女	朱义州
842	2120090667	王泽东	男	李卫东
843	2120090670	袭 超	男	苗志伟
844	2120090671	谢利芬	女	朱有全

序号	学号	姓名	性别	导师
845	2120090672	谢 亮	男	崔春明
846	2120090673	谢吴成	男	梁广鑫
847	2120090674	谢秀兰	女	朱守非
848	2120090675	杨丽华	女	黄 有
849	2120090676	尹庚文	男	周正洪
850	2120090677	岳万勇	男	郑健禹
851	2120090678	张 涛	男	郑健禹
852	2120090679	张秀兰	女	李正名
853	2120090680	张 艳	女	李 靖
854	2120090682	赵晓辉	男	席 真
855	2120090683	周丽丽	女	梁广鑫
856	2120090684	周蕴赟	女	李正名
857	2120090686	陈继强	男	周其林
858	2120090687	程清卿	男	周其林
859	2120090688	崔 博	男	李卫东
860	2120090689	郭陆川	男	周其林
861	2120090690	国丹丹	女	范志金
862	2120090694	李雨浓	女	何良年
863	2120090701	韦张文	男	范志金

序号	学号	姓名	性别	导师
864	2120090702	魏志刚	男	徐效华
865	2120090703	谢伟龙	男	崔春明
866	2120090705	於 兵	男	何良年
867	2120090707	赵华平	女	汪清民
868	2120090811	刘团伟	男	李正名
869	2120090812	刘 晓	女	李永红
870	2120090813	王伟民	男	王建国
871	2120090814	吴姗姗	女	方建新
872	2120090815	赵 晖	男	范志金
873	2120100634	毕常芬	女	胡方中
874	2120100635	蔡春龙	男	汪清民
875	2120100636	曹 婵	女	苏循成
876	2120100637	陈法忠	男	汪清民
877	2120100639	陈家良	男	苏循成
878	2120100641	陈晓非	女	郑健禺
879	2120100642	陈有为	女	李正名
880	2120100643	陈志伟	男	郑健禺
881	2120100644	程兵兵	男	赵国锋
882	2120100647	狄红静	女	胡方中

序号	学号	姓名	性别	导师
883	2120100648	丁会娟	女	邹小毛
884	2120100650	董志磊	男	张 弛
885	2120100651	范伟冬	女	苗志伟
886	2120100652	房 震	男	范志金
887	2120100653	冯传密	男	郑健禹
888	2120100655	郭 翠	女	徐效华
889	2120100657	韩贵芳	男	汪清民
890	2120100658	何 田	男	张 弛
891	2120100659	侯 刚	男	苗志伟
892	2120100660	胡冲冲	男	黄 有
893	2120100661	胡克苓	男	周正洪
894	2120100665	黄 凤	女	苏循成
895	2120100667	姜 山	男	张 弛
896	2120100668	李二庆	男	黄 有
897	2120100669	李海德	男	崔春明
898	2120100670	李沛方	男	渠 瑾
899	2120100671	李 伟	男	邹小毛
890	2120100672	李艳景	女	金 钟
891	2120100673	李子宁	男	梁广鑫

序号	学号	姓名	性别	导师
892	2120100674	刘　勇	男	王忠文
893	2120100675	马　聪	男	崔春明
894	2120100676	牛旻晖	男	张智超
895	2120100678	亓丽萍	女	李卫东
896	2120100680	申俊杰	男	朱守非
897	2120100681	申素丽	女	渠　瑾
898	2120100682	宋清文	男	何良年
899	2120100686	王丹阳	男	朱有全
900	2120100688	王俏辉	女	周正洪
901	2120100689	王　雪	女	徐效华
902	2120100690	王　耀	女	张智超
903	2120100692	魏　朋	男	汪清民
904	2120100695	吴自俊	男	梁广鑫
905	2120100696	许荣花	女	徐凤波
906	2120100697	颜　伟	男	李　靖
907	2120100698	杨小会	女	谢建华
908	2120100699	袁克东	男	邹小毛
909	2120100700	臧福坤	男	邹小毛
910	2120100701	张　茜	女	王志宏

序号	学号	姓名	性别	导师
911	2120100702	张 霄	男	梁广鑫
912	2120100704	赵亚楠	女	何良年
913	2120100705	周 莎	女	李正名
914	2120100706	朱 聪	女	赵卫光
915	2120100707	朱佳芳	女	徐凤波
916	2120100708	朱云娜	女	李 靖
917	2120100709	包登辉	男	周其林
918	2120100711	李 锋	男	郑健禺
919	2120100712	李 钰	女	周其林
920	2120100713	林 汉	男	周其林
921	2120100715	刘 畅	男	王忠文
922	2120100808	崔玉涛	男	王忠文
923	2120100809	李 瑶	男	赵卫光
924	2120100810	李岳东	男	范志金
925	2120100811	马巧巧	女	汪清民
926	2120100812	王多义	男	李正名
927	2120100813	于海舰	男	周正洪
928	2120110639	陈 强	男	郑健禺
929	2120110640	程 杰	女	朱有全

序号	学号	姓名	性别	导师
930	2120110641	程心心	女	胡方中
931	2120110642	单鹏程	男	邹小毛
932	2120110643	邓萌	男	汪清民
933	2120110644	刁振凤	女	何良年
934	2120110646	段亚南	男	张弛
935	2120110647	范巧君	女	郑健禺
936	2120110649	冯俊俊	女	陈莉
937	2120110650	高飞	女	黄有
938	2120110652	郭军霞	女	周其林
939	2120110653	侯静	男	周其林
940	2120110654	黄汉敏	男	崔春明
941	2120110655	姬晓恬	女	范志金
942	2120110656	蒋将	男	崔春明
943	2120110657	李朝杰	男	王忠文
944	2120110659	李在顺	男	王建国
945	2120110660	梁玲	女	黄有
946	2120110661	刘俊	女	邹小毛
947	2120110662	刘巧霞	女	李正名
948	2120110663	刘伟朋	男	周其林

序号	学号	姓名	性别	导师
949	2120110664	刘叶菁	女	陈文彬
950	2120110665	马 冰	女	崔春明
951	2120110668	马 然	女	何良年
952	2120110669	孟垂松	男	汪清民
953	2120110670	裴莹莹	女	苏循成
954	2120110672	区锦旺	男	朱义州
955	2120110674	宋莉娟	女	梁广鑫
956	2120110677	田 思	女	李 靖
957	2120110680	王焕霞	女	周正洪
958	2120110681	王金涛	男	苏循成
959	2120110682	王丽娜	女	渠 瑾
960	2120110684	王清霞	女	王志宏
961	2120110685	王若琳	男	张 弛
962	2120110686	王晓芳	女	朱有全
963	2120110687	王晓蒙	女	赵国锋
964	2120110688	韦丹青	女	张志超
965	2120110689	魏 韬	男	梁广鑫
966	2120110691	许 岩	男	王忠文
967	2120110694	杨延新	女	徐效华

序号	学号	姓名	性别	导师
968	2120110696	张 弛	男	李正名
969	2120110697	张 华	女	李 靖
970	2120110698	张纪伟	男	苗志伟
971	2120110699	张金玲	女	金 钟
972	2120110700	张晓玲	女	席 真
973	2120110701	张志超	男	周其林
974	2120110703	赵彦彪	男	渠 瑾
975	2120110704	郑彦龙	男	汪清民
976	2120110706	朱洪伟	女	王宝雷
977	2120110707	左会会	女	苏循成
978	2120110708	左艺劼	男	周正洪
979	2120110709	陈 勇	男	周其林
980	2120110710	李小健	男	金 钟
981	2120110711	李 瑶	女	周其林
982	2120110712	李 镇	男	王忠文
983	2120110713	林茂辉	男	程津培
984	2120110715	吴舒铭	女	梁广鑫
985	2120110840	狄凤娟	女	李正名
986	2120110841	杜秀江	男	赵卫光

序号	学号	姓名	性别	导师
987	2120110842	华学文	男	范志金
988	2120110843	刘 辰	男	李正名
989	2120110844	刘奇声	男	徐效华
990	2120110845	刘运亭	男	王有名
991	2120110846	张 婷	女	张智超
992	2120110831	王志鹏	男	赵卫光
993	2120120650	曹同祥	男	梁广鑫
994	2120120651	陈浩亮	男	李 靖
995	2120120652	陈 康	男	王忠文
996	2120120653	陈善任	男	张智超
997	2120120654	陈 帅	男	王忠文
998	2120120655	樊星超	女	崔春明
999	2120120656	耿 妤	女	金 钟
1000	2120120658	郭春祥	男	何良年
1001	2120120659	郭 琳	女	徐凤波
1002	2120120660	郭 娜	女	朱守非
1003	2120120664	黄苹苹	女	李 靖
1004	2120120665	姬小敏	女	席 真
1005	2120120666	郎咸东	男	何良年

序号	学号	姓名	性别	导师
1006	2120120667	李凤云	女	范志金
1007	2120120670	李　楠	女	关冰涛
1008	2120120674	刘洪开	男	苏循成
1009	2120120675	刘敬波	男	李正名
1010	2120120676	刘　洋	男	谢建华
1011	2120120677	刘　洋	男	徐效华
1012	2120120679	刘永贤	女	汪清民
1013	2120120680	卢　琳	男	郑健禺
1014	2120120681	卢　伟	女	王建国
1015	2120120682	吕　哲	男	梁广鑫
1016	2120120684	马飞贺	男	苏循成
1017	2120120685	马国贞	女	陈　莉
1018	2120120688	聂　朋	男	梁广鑫
1019	2120120691	秦国萍	女	崔春明
1020	2120120692	宋长洪	男	崔春明
1021	2120120694	孙　娇	女	赵国锋
1022	2120120695	陶圆圆	女	徐效华
1023	2120120696	田桂龙	男	周其林
1024	2120120697	田　岩	女	渠　瑾

序号	学号	姓名	性别	导师
1025	2120120698	王俊英	男	李 靖
1026	2120120699	王 可	女	谢建华
1027	2120120700	王 鑫	男	邹小毛
1028	2120120701	王跃华	女	周正洪
1029	2120120703	魏 巍	男	李正名
1030	2120120704	魏永亮	男	汤平平
1031	2120120705	肖力军	男	周其林
1032	2120120707	徐 鹏	男	汤平平
1033	2120120709	徐 欣	女	渠 瑾
1034	2120120710	许 唤	女	周其林
1035	2120120711	闫长存	男	汪清民
1036	2120120713	杨 杰	男	黄 有
1037	2120120715	杨晓兵	男	胡方中
1038	2120120716	杨亚喆	女	邹小毛
1039	2120120718	喻 佳	男	苗志伟
1040	2120120719	臧 云	女	郑健禺
1041	2120120720	詹益周	男	李正名
1042	2120120721	张 辉	男	刘玉秀
1043	2120120722	张 莉	女	周正洪
1044	2120120723	张琳琳	女	苏循成

序号	学号	姓名	性别	导师
1045	2120120724	张庆龙	男	黄 有
1046	2120120726	张晓飞	男	汤平平
1047	2120120728	钟治美	女	关冰涛
1048	2120120730	宗广宁	男	范志金
1049	2120120731	左晓冬	男	周其林
1050	2120120790	孙永梅	女	席 真
1051	2120120791	王润雨	女	席 真
1052	2120120808	高 扬	男	李永红
1053	2120120809	马金龙	男	李正名
1054	2120120810	邱方程	男	关冰涛
1055	2120120811	宋玉锋	男	张智超
1056	2120120812	张海利	男	朱有全
1057	2120120816	侯艳玲	女	赵卫光
1058	2120120820	贾 群	女	张 弛
1059	2120120828	刘晓露	女	席 真
1060	2120120838	张 成	女	赵卫光
1061	2120120841	左淋洪	男	张 弛
1062	2120120844	李 丹	女	胡方中
1063	2120120851	张春霞	女	陈 莉
1064	2120120852	赵梦荻	女	崔春明

（七）元素有机化学研究所（国家重点实验室）获荣誉奖情况

(1) 1975年荣获

"天津市先进科研集体"

(2) 1990年国家教委、国家科委联合评为

"全国高校科研工作先进集体"

(3) 1990年国家计委、国家教委、中国科学院联合评为

"优秀国家重点实验室"

(4) 1991年国家教委评为

"全国高等学校实验室工作先进集体"

(5) 2004年被评为

"天津市劳动模范集体"

(6) 2010年被授予

"服务地方发展突出贡献单位"

(7) 2014年荣获

"中国侨界贡献奖"

(8) 2014年天津市教育工会授予

"教工先锋号"

(9) 2018年被评为

"天津市师德建设先进单位"

(八)历年科研项目、成果目录、专利

1979年—2012年元素有机化学研究所承担的纵向科研项目

序号	项目编号	项目分类	项目名称	负责人	项目期
1	s1b4019033	天津市优秀老师基金	金属有机化学研究	陈寿山	1979.01—1982.12
2	b1b4019016	教育部优秀教师基金	有机磷化学反应及有关化合物在农业中的应用	李正名	1981.01—1983.12
3	s1b2039006		钛酸酯催化剂	王积涛	1981.01—1983.12
4	wlc4019049	部委应用与开发研究	3911胶囊	尚稚珍	1981.01—1981.12
5	k1a2030077		新型有机多硅烷和具有生物活性的硅有机化合物的合成及性能研究	周秀中	1982.01—1985.12
6	k1a2030110		我国丰产金属铈、钛、钼新有机化合物的合成性能及应用	王积涛	1982.01—1984.12
7	b1b2040090	教育部专项留学人员补助	新农药合成及基础研究	陈茹玉	1982.01—1985.12
8	b1a4010109	教育部专项基础研究	我国丰产金属有机化合物和有机硅化合物合成、性能与应用研究	王序昆	1982.01—1984.12

序号	项目编号	项目分类	项目名称	负责人	项目期
9	s1c4019032	天津市攻关	有机锡稳定剂、有机锌拔染剂	王序昆	1982.01—1984.12
10	s1b4019034	天津市优秀老师基金	有机磷除草剂	陈茹玉	1982.01—1983.12
11	k1b2030045		钛锆铪有机化合物的研究	王积涛	1983.01—1984.12
12	b1b4019048	教育部优秀教师基金	杂环类杀菌剂在农业上的应用	彭永冰	1983.01—1984.12
13	g1c4010113	国家攻关	新型材料开发—稀土应用研究(发光材料)	王序昆、孙家镔	1983.01—1985.12
14	s1b2030068		钛酸酯催化剂	王积涛	1983.01—1985.12
15	ghb4010112	化工部攻关 优秀教师基金	高效、低残毒农药新品种—溴氰菊酯	金桂玉	1983.01—1985.12
16	ghc4010112	化工部攻关 优秀教师基金	高效、低残毒农药新品种—粉锈宁	李正名	1983.01—1985.12
17	k1b4010111	国家自然科学 优秀老师基金	农药基础理论研究	陈茹玉	1983.01—1986.12
18	k1b4010107	国家自然科学 优秀老师基金	昆虫信息素和拟信息素的人工合成及其结构和生理活性关系研究	李正名	1983.01—1985.12
19	s1b4010114	天津市优秀老师基金	除草剂83301的研制间草醚	杨华铮	1983.01—1984.12
20	s1b4010115	天津市优秀老师基金	乙烯基硫代硫酰胺酯类杀虫剂研究	金桂玉	1983.01—1984.12
21	wlc4010127	部委应用与开发研究	粉锈宁烟雾剂	刘同英	1983.01—1986.12

序号	项目编号	项目分类	项目名称	负责人	项目期
22	b1b4010208	教育部优秀教师基金	具有生物活性手性化合物的分析、结构测定及其不对称合成	李正名	1984.01—1987.12
23	b1a4010209	教育部专项	新植物生长调节剂的合成及化学结构与生物活性关系	陈茹玉	1984.01—1984.12
24	b1a4010211	教育部专项	过渡金属络合物催化机理	王序昆	1984.01—1987.12
25	s1a4010207	天津市攻关	棉蚜虫警戒信息素及其电生理行为学的研究	李正名	1984.01—1985.12
26	s1a4010210	天津市攻关	三、四、五配位磷化合物的研究	金桂玉	1984.01—1986.12
27	w1b4010126	部委优秀教师基金	玉米螟抗药性研究	尚稚珍	1984.01—1985.12
28	x1c4010124	横向协作 优秀教师基金	磷酸三丁酯的工艺改进研究	王序昆	1984.03—1984.12
29	x1c4010118	横向协作 优秀教师基金	草甘膦最后缩合工艺提高收率研究	王惠林	1984.01—1984.12
30	K1a2030187	国家自然科学基金	铁硫原子簇络合物的研究	宋礼成	1984.10—1987.10
31	b1b2030188	教育部科技项目	有机金属化合物在有机合成中的应用	王积涛	1985.01—1987.12
32	k1a2030250	国家自然科学基金	钛锆有机化学	王积涛	1985.01—1987.12
33	b5b4010276	教育部博士点 优秀教师基金	新型有机磷除草剂和植物生长调节剂	陈茹玉	1985.10—1987.12

序号	项目编号	项目分类	项目名称	负责人	项目期
34	b5b4010277	教育部博士点优秀教师基金	有机磷杂环化学和应用研究	陈其杰	1985.10—1987.12
35	b5a2030274	教育部科技项目	过渡金属和超过渡金属化学	王积涛	1985.10—1987.12
36	w1c4010442	国家其他部委	杀菌剂C-125（monceren）	陈宗庭	1986.09—1987.12
37	w1b4010253	国家其他部委	抗氧剂330	白明彰	1986.08—1987.08
38	ghc4010307	国家科技支撑计划	有机化学农药的创制	李正名	1986.08—1990.12
39	ghc4010304	国家科技支撑计划	茶尺蠖和槐尺蠖性信息素的分离、鉴定、化学合成及其应用	李正名	1986.06—1990.12
40	b1c4010317	教育部科技项目	稀土有机发光材料	孙家镔 王序昆	1986.01—1988.01
41	b5b4010322	教育部博士点	取代氨基磷酸类化合物的合成	王惠林	1986.01—1987.12
42	ghc4010306	化工部攻关	新型植物生长调节剂"784-1"的研究与开发	金桂玉	1986.01—1990.12
43	z1b4010463	校级科研项目	金属原子催化剂的合成和应用	王序昆	1987.11—1988.10
44	b5a2030456	教育部科技项目	硅链桥合的茂型ⅣB族金属有机化合物的研究	周秀中	1987.10—1989.12
45	b1b4010419	教育部科技项目	有机磷化学及其应用（磷精细化工新材料新品种研究）	陈茹玉	1987.08—1989.09

序号	项目编号	项目分类	项目名称	负责人	项目期
46	b1c4010449	教育专项基础	抗癌药物骆驼蓬草的研究	史延年	1987.01—1989.12
47	k1a4010369	国家自然科学基金	有机磷杂环化学和应用研究	李毓桂	1987.01—1989.12
48	k1b4010368	国家自然科学基金	植物中农药活性物质的提取分离和鉴定以及类似物的合成	刘准	1987.01—1989.12
49	k1a4010367	国家自然科学基金	具有植物生理活性的有机磷化合物的合成及其构效关系	陈茹玉	1987.01—1989.12
50	k1a4010366	国家自然科学基金	具有生物活性的有机锗化合物的合成和应用研究	白明彰	1987.01—1989.12
51	k1a4010365	国家自然科学基金	金属有机化学中的穆斯堡尔谱学研究	王序昆	1987.01—1989.12
52	k1b4010364	国家自然科学基金	三氮唑类新植物生长调节剂的研究	史延年	1987.01—1989.12
53	k1a4010363	国家自然科学基金	具有催化和生物活性的不对称钛金属化合物的研究	陈寿山	1987.01—1989.12
54	k1a4010370	国家自然科学基金	具有立体异构的生物活性物质的拆分和立体有择合成	金桂玉	1987.01—1988.05
55	k1a2030483	国家自然科学基金	过渡金属双原子簇核络合物化学的研究	宋礼成	1988.01—1990.12
56	k2a4010543	国家自然科学基金	有机钛化合物的合成及反应研究	刘以寅	1988.07—1993.06

序号	项目编号	项目分类	项目名称	负责人	项目期
57	k2a2030542	国家自然科学基金	硅氢化反应的研究	周秀中	1988.07—1993.06
58	k2a4010541	国家自然科学基金	后期过渡金属键有机化合物的研究	王序昆	1988.07—1993.06
59	k2a2030540	国家自然科学基金	含杂原子的多金属配合物合成及性能研究	王积涛	1988.07—1993.06
60	s1c4010539	天津市项目	C12–C18烷基叔胺的合成	刘以寅	1988.06—1990.05
61	b5a2030592	教育部科技项目	手性钛酸酯在不对称合成中的应用研究	王积涛	1988.04—1990.12
62	b5a4010587	教育部科技项目	金属有机电荷转移络合物研究	王序昆	1988.04—1990.12
63	b5b4010452	教育部科技项目	仿生含磷化物及低配位磷化物的合成结构生物活性研究	陈茹玉	1988.01—1990.12
64	k3b4010524	国家自然科学基金	苦豆子提取物在瓜类生产中的应用及活性的研究	李广仁	1988.04—1990.12
65	b1c4010599	教育部科技项目	苦杏仁的综合利用研究	曾强	1988.03—1989.12
66	z1b4010462	校级科研项目	有机硅抗癌药物研究	谢庆兰	1988.01—1988.12
67	k1a4010484	国家自然科学基金	使用金属有机试剂在生物活性分子中定向引入双键及转化	李正名	1988.01—1990.12
68	k1b4010529	国家自然科学基金	中草药中抗肿瘤药物的研究	史延年	1988.01—1989.12

序号	项目编号	项目分类	项目名称	负责人	项目期
69	w1c4010595	国家其他部委	抗氧剂330的研制	白明彰	1988.01－1989.12
70	s1b4010609	天津市项目	强力杀螨剂尼索朗	韩嘉祥	1989.05－1991.06
71	b5a4010657	教育部科技项目	第三代农药的创制与开发	李正名	1989.04－1995.12
72	b5a4010660	教育部科技项目	新型高效除草剂的研究	杨华铮	1989.04－1991.12
73	k1a4010562	国家自然科学基金	仿生有机磷化合物－磷氨基酸、磷肽、磷类脱落酸及内酯	陈茹玉	1989.01－1991.12
74	k1a4010563	国家自然科学基金	沙蚕毒系杀虫剂在植物中代谢和植物净化作用	尚稚珍	1989.01－1990.12
75	b1a4010769	教育部科技项目	具有生物活性物质的不对称和立体有择合成	李正名	1990.12－1991.12
76	b5a4010723	教育部科技项目	制备色谱最优化分离--用计算机统计技术	王琴荪	1990.10－1992.12
77	b5a4010720	教育部科技项目	磷酰基化合物的立体有择合成及其s立体化学	唐除痴	1990.10－1992.12
78	b5a2030718	教育部科技项目	硅桥连二环戊烯基双核铁、钼、钙羰基化合物的研究	周秀中	1990.10－1992.12
79	s1b4010675	天津市项目	除草剂"拿捕净"的研制	杨华铮	1990.03－1991.12
80	s1b4010674	天津市项目	新型四嗪杀螨剂的研制	金桂玉	1990.03－1991.12

序号	项目编号	项目分类	项目名称	负责人	项目期
81	s3a4010691	天津市项目	含磷杂环化合物	蔡宝忠	1990.01－1992.12
82	s3a4010690	天津市 21 世纪青年基金	具有生物活性的 1,2,3,4-四嗪衍生物	郑健禹	1990.01－1991.12
83	s3a4010689	天津市 21 世纪青年基金	含磷有机锡化合物－三烃基锡二硫代磷酸酯	李 靖	1990.01－1991.12
84	k1a4010630	国家自然科学基金	有机磷化合物的新合成方法、反应及结构性能研究	陈茹玉	1990.01－1992.12
85	k1a4010629	国家自然科学基金	西格玛迁移重排反应中的化学	李正名	1990.01－1992.12
86	ghc4010873	国家科技支撑计划	创制化学新农药	李正名	1991.09－1995.12
87	b1a4010875	教育部专项基础研究	新农药创制体系	李正名	1991.11－1994.12
88	gkc4011096	国家科技支撑计划	药用化合物的筛选及计算机辅助系统研究－化合物的筛选	李正名	1991.06－1995.12
89	b5a2030822	教育部科技项目	有机钛、锆、铁化合物的研究	王积涛	1991.03－1993.12
90	Ghc4010902	化工部攻关项目	溴氰菊酯	邵瑞链	1991.06－1995.10
91	ghc4010903	国家科技支撑计划	烯唑醇	李煜昶	1991.06－1995.10
92	s4b4010797	天津市项目	合成光学活性二溴菊酸中菊酸乙酯的综合利用	金桂玉	1991.01－1993.12

序号	项目编号	项目分类	项目名称	负责人	项目期
93	s4b2030787	天津市项目	对塑料油墨改性的新型钛酸酯的研究	王积涛	1991.01－1993.12
94	s3b4010806	天津市项目	生物化合物的制备分离及应用——兼用计算机统计技术	颜炳文	1991.01－1992.12
95	k4a4010742	国家自然科学基金	低配位含磷杂环化合物研究	蔡宝忠	1991.01－1993.12
96	k1a4010739	国家自然科学基金	计算机辅助色谱多因素及未知组成的最优化分离	王琴荪	1991.01－1993.12
97	k1a4010733	国家自然科学基金	新农药的研究——三氮唑类化合物的合成与生物活性研究	史延年	1991.01－1993.12
98	k1a4010730	国家自然科学基金	夜丁香花天然化合物中驱蚊物质的分离分析和结构鉴定	么恩云	1991.01－1993.12
99	s3b4010806	天津市21世纪青年基金	生物化合物的制备分离及应用--兼用计算机统计技术	颜炳文	1991.01－1992.12
100	s4b4010913		硫双灭多威的研究与开发	邢晓东	1992.03－1993.12
101	ghc2070957	化工部攻关	灭菌强的研究	韩嘉祥	1992.04－1994.06
102	z1b4011036	校级科研项目	蔬菜保护地病虫害防治剂-烟剂系列产品开发的研究	李树正	1992.11－1993.12
103	z1a4011035	校级科研项目	磷杂五元环化合物合成及除草活性研究	冯克胜	1992.11－1993.12

序号	项目编号	项目分类	项目名称	负责人	项目期
104	z1a4011034	校级科研项目	N-硫代磷西酰胺酯基-邻苯二甲酰亚胺类衍生物合成活性	曾 强	1992.11－1993.12
105	z1a4011033	校级科研项目	林桥双及多金属化合物化学	张正之	1992.11－1993.12
106	z1b4011032	校级科研项目	新型稀土元素生物标记试剂	孙家镔	1992.11－1993.12
107	whc4011434	国家其他部委	重烟剂（粉锈宁、三唑锡等）	张春造 刘同英	1992.09－1995.12
108	b5a4011015	教育部科技项目	生物体内活性物质糖核苷酸白藓碱等磷酸衍生物的研究	陈茹玉	1992.04－1994.12
109	b5a4011008	教育部科技项目	新型高效农药的设计合成及构效关系研究	杨华铮	1992.04－1994.12
110	s3b4010932	天津市项目	新型有机磷杂环化合物的合成及除草活性研究	冯克胜	1992.03－1993.12
111	s4b4010915	天津市项目	钝化链格孢毒素开发新类型杀菌剂	李树正	1992.03－1994.12
112	s4b4010914	天津市项目	某些有机农药的锡烷化反应	谢庆兰	1992.03－1993.12
113	w1c4011097	国家其他部委	农药重烟剂的研究开发	刘同英	1992.03－1995.12
114	k1a4010832	国家自然科学基金	富烯反应研究——取代茂铁化合物的合成新方法	陈寿山	1992.01－1994.12

序号	项目编号	项目分类	项目名称	负责人	项目期
115	k1a2030831	国家自然科学基金	［四甲基二硅锗］双环戊二烯基四羰基二铁的热重排反应研究	周秀中	1992.01—1994.12
116	k1b4010826	国家自然科学基金	不对称三烃基锡衍生物的合成、结构和生物活性	谢庆兰	1992.01—1994.12
117	k4a4030825	国家自然科学基金	具有分子识别功能的高分子试剂的研究	李晨曦	1992.01—1994.12
118	k1a2030969	国家自然科学基金	杂多金属有机化合物的合成和反应研究	王积涛	1993.01—1995.12
119	s4b4011075	天津市项目	新微生物农药——8832杀菌剂的研究	黄兴盛	1993.04—1995.06
120	b5a2031186	教育部科技项目	桥连二茂单核及双核过渡金属配合物的立体化学	周秀中	1993.09—1995.12
121	b5a4011183	教育部科技项目	新细胞分裂因子类植物生长调节剂的合成及构效关系	李正名	1993.09—1995.12
122	b5a4011179	教育部科技项目	应用新技术探索第三代农药的筛选模型	尚稚珍	1993.09—1995.12
123	s4b3021074	天津市项目	计算机辅助有机合成系统中反应知识库的研究	张金碚	1993.04—1994.12
124	z1b3021378	校级科研项目	系列氨基酸锗和锌的合成与性质研究	张经坤	1993.01—1994.01

序号	项目编号	项目分类	项目名称	负责人	项目期
125	z1b4011376	校级科研项目	金属有机多齿配体配位化学	张正之	1993.01－1994.01
126	z1b4011375	校级科研项目	具有生物活性的含锡有机硅化合物研究	杨志强	1993.01－1994.01
127	z1b4011374	校级科研项目	手性取代茂锆、铪化合物合成新方法的研究	王家喜	1993.01－1994.01
128	z1b4011373	校级科研项目	新型有机磷杀菌剂研究	唐除痴	1993.01－1994.01
129	z1b4011371	校级科研项目	具有杀虫活性的4-(1,2,4-三唑基)二氢吡唑类化合物研究	刘天麟	1993.01－1994.01
130	z1b4011370	校级科研项目	蔬果磷	成俊然	1993.01－1994.01
131	z1b4011369	校级科研项目	光学活性除草剂骠马的制备	陈 彬	1993.01－1994.01
132	s4b4011078	天津市项目	杀菌剂乙霉威工业化小试条件试验研究	陈 彬	1993.01－1994.12
133	k6b4011088	国家自然科学基金	从骆驼蓬草中提取新植物生长调节剂"79401"的研究	史延年	1993.01－1995.12
134	k6b4011087	国家自然科学基金	菊酸类生根活性的构效关系作用方式及应用研究	李广仁	1993.01－1995.12
135	k5b4011004	国家自然科学基金	具有生物活性有机磷化合物的研究	陈茹玉	1993.01－1995.12

序号	项目编号	项目分类	项目名称	负责人	项目期
136	k5b4011003	国家自然科学基金	农药化学基础研究	李正名	1993.01—1995.12
137	k1a4010988	国家自然科学基金	钾促进植物生根生理功能作用机理的研究	赵仲仁	1993.01—1995.12
138	k1a2030968	国家自然科学基金	杂多金属有机化合物的合成和反应研究	王积涛	1993.01—1995.12
139	k1a2030969	国家自然科学基金	桥联环戊二烯基双金属有机物及基MCo3簇合物的研究	宋礼成	1993.01—1995.12
140	b5a2031181	教育部科技项目	ⅥB族金属三键化合物同硫化合物新颖的研究	宋礼成	1993.09—1995.12
141	s3a4011200	天津市项目	甲酰基磷酸衍生物的合成及其抗病毒活性	陈小茹	1994.04—1996.12
142	b5a4011449	教育部科技项目	新型1,2,4-三唑类生物活性物质的研究	金桂玉	1994.09—1996.12
143	s3a4011201	天津市项目	计算机辅助设计合成新型高效除草剂	任康太	1994.04—1996.04
144	s4b4011220	天津市项目	除草剂H-9201的研究	杨华铮	1994.04—1995.12
145	s4a3021219	天津市项目	计算机辅助农药分子设计系统	张金碚	1994.04—1995.12
146	k1a4011189	国家自然科学基金	抗白背飞虱稻株内次生物质的提取化学分析及其生测	贺水济	1994.01—1996.12

序号	项目编号	项目分类	项目名称	负责人	项目期
147	k6b4011163	国家自然科学基金	新磺酰脲除草剂92825	李正名	1994.01—1996.12
148	k1b4011162	国家自然科学基金	新型含硅有机锡化合物的合成结构与生物活性研究	谢庆兰	1994.01—1996.12
149	k4b4011161	国家自然科学基金	含糖基的膦肽的合成及其生物活性研究	陈小茹	1994.01—1996.12
150	k1b4011160	国家自然科学基金	α-唑基烯酮二硫缩醛的合成.反应与生物活性研究	李正名	1994.01—1996.12
151	k1b4011159	国家自然科学基金	新型除草剂DUS_06的研制与开发	陈茹玉	1994.01—1996.12
152	k1a2031398	国家自然科学基金	等瓣置换反应及新颖金属有机簇合物的合成	宋礼成	1995.01—1997.12
153	k2a2031443	国家自然科学基金	官能团过渡金属双核及多核有机物的化学研究	宋礼成	1995.01—1998.12
154	b2a4011521	教育部科技项目	含主族金属的过渡金属有机化合物的多重反应活性的研究	李 靖	1995.05—1998.12
155	b5a4011540	教育部科技项目	计算机辅助色谱预示保留系统的研究	王琴荪	1995.04—1997.12
156	s4b4011465	天津市项目	除草剂右旋骠马及威霸的研制	陈 彬	1995.04—1996.12
157	k1a4011402	国家自然科学基金	新型抑制ALS酶除草剂的设计、合成及构效关系的研究	杨华铮	1995.01—1997.12

序号	项目编号	项目分类	项目名称	负责人	项目期
158	k1a4011396	国家自然科学基金	金属有机多齿配体配位化学的研究	张正之	1995.01—1997.12
159	k1a2031395	国家自然科学基金	硅桥连及硅取代环戊二烯基羰基铁的合成、结构及反应性	周秀中	1995-01—1997.12
160	ghc4011582	国家科技支撑计划	新磺酰脲除草剂	李正名	1995.01—1995.12
161	s4a4011646	天津市项目	新型磷脂核苷酸抗癌药的合成筛选及药理研究	陈茹玉	1996.11—1999.12
162	s1c4011580	天津市项目	新化合物农用活性筛选	李正名	1996.06—1998.12
163	s4a4011547	天津市项目	不对称磷酸酯类杀虫剂的新合成方法	唐除痴	1996.04—1998.12
164	s4b4011563	天津市项目	新型抑止光合作用除草剂的研制	杨华铮	1996.04—1998.04
165	b5a2031542	教育部科技项目	多核金属有机化合物的合成与性质	王积涛	1996.01—1998.12
166	b5a2031541	教育部科技项目	一个新颖重排反应的研究	周秀中	1996.01—1998.12
167	k1a2031495	国家自然科学基金	锗桥连双环戊二烯基四羰基二铁的合成、结构及反应性	周秀中	1996.01—1998.12
168	k1a2031494	国家自然科学基金	蝎形配体的杂多金属有机化合物合成和反应化学	王积涛	1996.01—1998.12
169	k1b4011492	国家自然科学基金	生物调控活性锗磷有机化合物的合成与性质研究	陈茹玉	1996.01—1998.12

序号	项目编号	项目分类	项目名称	负责人	项目期
170	K1a2031608	国家自然科学基金	高配位有机锡化学	王积涛	1997.01—1999.12
171	b5a2031671	教育部科技项目	巴基球C60第6族金属有机物的合成、结构、反应及性质	宋礼成	1997.01—1999.12
172	k6a4012073	国家自然科学基金	金属介入的高选择性有机合成新方法研究	周其林	1997.12—2000.12
173	b1a4011794	教育部科技项目	超高效除草剂92825的开发研究	李正名	1997.06—2000.06
174	ina4011730	国际合作项目	微波处理在环境和工业管理中的应用	刘准	1997.06—2002.12
175	s3a4011689	天津市项目	新型不对称有机磷杀菌剂研究	贺峥杰	1997.04—1999.12
176	s3a4011692	天津市项目	新烯唑类杀菌剂的设计、合成与构效关系研究	赵国锋	1997.01—1999.04
177	k1b4011607	国家自然科学基金	氢膦烷在有机合成中的应用	刘纶祖	1997.01—1999.12
178	k6b4011589	国家自然科学基金	创制新农药噻唑啉类农用杀菌剂	韩嘉祥	1997.01—1999.12
179	ghb2031734	国家科技支撑计划	复合型PE催化剂用茂化合物的合成及其合成方法放大研究	周秀中	1997.04—1999.12
180	s4a4011707	天津市项目	"8832"菌株代谢产物的提取、分离及结构的研究	黄兴盛	1997.04—1999.12

序号	项目编号	项目分类	项目名称	负责人	项目期
181	s1b4011717	天津市项目	新除草剂H-9201的研究	杨华铮	1997.01—1998.12
182	b5a4011669	教育部科技项目	含双硫配体的主族–过渡金属双多核络合物的研究	李 靖	1997.01—1999.12
183	k1a4011606	国家自然科学基金	生物金属有机化合物的合成、分子识别及其应用研究	张正之	1997.01—1999.12
184	k4b4011605	国家自然科学基金	三唑类EBI的结构特征及新杀菌剂的设计、合成与活性	赵国锋	1997.01—1999.12
185	k4a4011604	国家自然科学基金	新型过渡、主族金属混合双、多核络合物的研究	李 靖	1997.01—1999.12
186	k1a2031755	国家自然科学基金	富勒烯C60过渡金属有机化学的研究	宋礼成	1998.01—2000.12
187	b1a4011956	教育部科技项目	新农药创制与开发研究	李正名	1998.12—2000.12
188	s1b4011950	天津市项目	绿色除草剂#92825的开发研究	李正名	1998.10—1999.03
189	s4a4011866	天津市项目	计算机辅助色谱分离手性生物活性物质研究	高如瑜	1998.07—2000.06
190	s4a4011861	天津市项目	新颖含磷植物病毒抑制剂的研究	邵瑞链	1998.07—2000.06
191	s1b4011841	天津市项目	用生物合理方法设计新农药的研究	杨华铮	1998.07—1999.12
192	k5b2031763	国家自然科学基金	茂金属催化剂及催化聚合反应的研究	周秀中	1998–01—2001.12

序号	项目编号	项目分类	项目名称	负责人	项目期
193	k1a4012074	国家自然科学基金	生物活性手性环丙烷化合物的不对称催化合成	周其林	1998.01—2000.12
194	k1b4011754	国家自然科学基金	膦酰基杂环化合物的合成方法及生物活性	杨华铮	1998.01—2000.12
195	k1b4011753	国家自然科学基金	新磺酰脲类的合成、生物活性和三维构效关系	李正名	1998.01—2000.12
196	k1b4011752	国家自然科学基金	新型磷酯缀合物抗肿瘤药物的合成及研究	陈茹玉	1998.01—2000.12
197	gka4011832	国家科技支撑计划	新型抗癌药 CPLT 的研究	陈茹玉	1998.01—2000.12
198	ghb4011820	国家科技支撑计划	创制新农药生物活性筛选及生测方法研究	陈 彬	1998.01—2000.12
199	ghb4011819	国家科技支撑计划	定向分子设计与结构活性关系研究	金桂玉	1998.01—2000.12
200	s4b4011858	天津市重点基金	新型稀土元素标记 DNA 探针试剂的研究	孙家镔	1998.07—2000.12
201	k1a2031894	国家自然科学基金	新型金属有机应答大环的合成及其超分子化学行为的研究	宋礼成	1999.01—2001.12
202	k1a2031970	国家自然科学基金	铬盐 $m^+[(\mu-RE)(\mu-CO)Fe_2(CO)_6]^-$ (E=S, Se, Te) 新型反应	宋礼成	1999.01—2001.12

序号	项目编号	项目分类	项目名称	负责人	项目期
203	s4b4012001	天津市项目	新型广谱杀虫剂fipronil研制	李金山	1999.04—2001.12
204	b5a4011967	教育部科技项目	新型含二茂铁取代的三唑类化合物的合成及构效关系研究	方建新	1999.01—2001.12
205	b5a4011966	教育部科技项目	用生物合理方法设计与合成新型农药的研究	杨华铮	1999.01—2001.12
206	k5b4011907	国家自然科学基金	新农药创制基础研究	李正名	1999.01—2002.12
207	k1b4011899	国家自然科学基金	新型含二茂铁取代的三唑类化合物的合成及构效关系研究	方建新	1999.01—2001.12
208	k1a4011893	国家自然科学基金	不对称合成中的手性磷辅助剂和催化剂研究	唐除痴	1999.01—2001.12
209	k1a4011896	国家自然科学基金	具有光敏基团的金属有机多齿配体、分子识别及性能研究	张正之	1999.01—2001.12
210	b5a2032089	教育部科技项目	金属杂环有机化合物的研究	王积涛	2000.01—2002.12
211	b1b4012108	教育部专项	新型光合作用抑制剂的生物合理设计、合成及其抑制活性研究	刘华银	2000.01—2002.12
212	b6a4012188	教育部科技项目	含吡唑环的双杂环化合物的合成、杀菌活性及构效关系的研究	陈寒松	2000.01—2002.12

序号	项目编号	项目分类	项目名称	负责人	项目期
213	b6a4012192	教育部科技项目	无环核苷、核苷酸类似物的合成及其生物活性	迟国臣	2000.01—2002.12
214	k1a2032031	国家自然科学基金	有机多核杂环化合物的合成及性能的研究	王积涛	2000.01—2002.12
215	b2a4012279	教育部留学人员补助	具有生物活性富勒烯衍生物的创制	郑健禹	2000.11—2003.12
216	s1b4012214	天津市项目	医药中间体_叔丁基二甲基氯硅烷	谢庆兰	2000.07—2002.12
217	w9a4012135	国家重点基础研究计划(973计划)	手性分子工程	周其林	2000.04—2005.03
218	b6a4012219	教育部科技项目	长江学者骨干教师配套科研	周其林	2000.01—2002.12
219	b1b4012108	教育部科技项目	食品防腐剂的微波合成及微波设备的研制	方建新	2000.01—2002.12
220	k4a4012040	国家自然科学基金	手性农药的对映体选择性环境行为的基础研究	张智超	2000.01—2002.12
221	k1b4012035	国家自然科学基金	具有生物活性的杂环化合物库的组合合成	杨华铮	2000.01—2002.12
222	k1b4012032	国家自然科学基金	螺旋型手性催化剂的设计合成及其应用	周其林	2000.01—2002.12
223	k1a4012030	国家自然科学基金	新型有机锡氧簇合物的设计合成及催化性质和机理研究	李　靖	2000.01—2002.12

序号	项目编号	项目分类	项目名称	负责人	项目期
224	k1a4012028	国家自然科学基金	Bu3P-CS2加合物作为有机合成试剂的研究	刘纶祖	2000.01—2000.12
225	k1a4012025	国家自然科学基金	不对称催化定向开环反应及其在药物合成中的应用	陈茹玉	2000.01—2000.12
226	gka4012121	国家科技支撑计划	新型抗癌药CPLT的研究	陈茹玉	2000.01—2002.12
227	s1b4012157	天津市攻关项目	新型手性配体和催化剂的设计与开发	周其林	2000.04—2002.12
228	k5a2032072	国家自然科学基金	用金属有机化学研究绿色化学中的基本问题	宋礼成	2000.01—2003.12
229	s4a4012482	天津市项目	基因调控物质的设计合成及其生物活性测定	席真	2001.12—2004.11
230	ghc4012742	国家科技支撑计划	创制水旱两用除草剂H-9201的研究开发	邹小毛	2001.10—2003.10
231	s2b4012363	天津市项目	氟洛芬和吡格列酮的新品研制	徐效华	2001.07—2003.12
232	s2b4012356	天津市项目	新型水旱两用除草剂H-9201的研究与开发	杨华铮	2001.07—2003.12
233	b1a4012275	教育部科技项目	有机锡化合物促进的不对称合成反应研究	李靖	2001.01—2003.12
234	k4b4012235	国家自然科学基金	光学活性三唑醇类杀菌剂不对称合成方法研究	周正洪	2001.01—2003.12

序号	项目编号	项目分类	项目名称	负责人	项目期
235	b5a4012496	教育部科技项目	含硫氮键的酰肼类昆虫生长调节剂的合成及活性研究	黄润秋	2002.12－2004.12
236	k6a4012601	国家自然科学基金	基因调控物质的设计	席 真	2002.01－2002.12
237	k4a4012416	国家自然科学基金	单嘧磺隆环境行为的研究	范志金	2002.01.01
238	k1b4012415	国家自然科学基金	分子印迹整体柱-加压毛细血管电色谱的研究	高如瑜	2002-01-01
239	k1b4012410	国家自然科学基金	基于药效团模型的新型除草剂的设计合成及构效关系研究	杨华铮	2002-01-01
240	k1a4012409	国家自然科学基金	新型三唑类化合物的分子设计合成及构效关系研究	方建新	2002-01-01
241	k1b4012406	国家自然科学基金	新型核苷含磷衍生物的合成及其抗肿瘤抗病毒活性	陈茹玉	2002-01-01
242	w1a4012524	国家其他部委	生物合成设计新农药	席 真	2002-01-01
243	ghc4012605	国家科技支撑计划	化学生物技术创制新农药的研究	席 真	2002-01-01
244	ghc4012604	国家科技支撑计划	植物病毒分离、生长调节剂、杀虫剂除草剂生理生化测定	范志金	2002-01-01
245	ghc4012603	国家科技支撑计划	创制除草剂NK#94827的开发研究	李正名	2002-01-01

序号	项目编号	项目分类	项目名称	负责人	项目期
246	ghc4012602	国家科技支撑计划	创制除草剂单嘧磺隆的产业化	李正名	2002-01-01
247	8sb4012549	国家高技术研究发展计划(863计划)	基于特殊酶结构的植保药物的分子设计	李正名	2002-01-01
248	w9a4012959	国家重点基础研究计划(973计划)	农药抗性变构靶标的研究及其药效活性评价新方法	席真	2003-12-30
249	s4b4012940	天津市项目	从可再生资源二氧化碳合成碳酸酯及其衍生物	何良年	2003-11-01
250	s2b4012813	天津市项目	超高效磺酰脲除草剂作用机制及农药分子设计研究	李正名	2003-04-01
251	w1c4012931	国家其他部委	甲氨基阿维菌素工业生产研究	徐凤波	2003-04-01
252	b5a4012724	教育部科技项目	基于药效团模型的新型除草剂的设计、合成及构效关系	杨华铮	2003-01-01
253	b5a4012715	教育部科技项目	丙烯基磺酸内酯用作合成子研究	刘纶祖	2003-01-01
254	b5a4012712	教育部科技项目	手性非金属有机磷催化剂设计、合成及其在某些对映选择	唐除痴	2003-01-01
255	b5a4012711	教育部科技项目	基因调控物质的合成及其生物活性测定	席真	2003-01-01

序号	项目编号	项目分类	项目名称	负责人	项目期
256	k1b4012656	国家自然科学基金	含杂环甲基胺的氰基丙烯酸酯类除草剂的合成和活性研究	黄润秋	2003-01-01
257	k4b4012655	国家自然科学基金	含硫氮键的酰肼类昆虫生长调节剂的合成及活性研究	汪清民	2003-01-01
258	k1a4012654	国家自然科学基金	具基因调控性能的有机小分子合成设计	席真	2003-01-01
259	k1a4012651	国家自然科学基金	高效单齿手性磷配体及其催化剂研究	周其林	2003-01-01
260	k4b4012648	国家自然科学基金	1,2,3-噻二唑类抗病毒先导化合物的设计与合成	赵卫光	2003-01-01
261	k1a4012649	国家自然科学基金	对映选择催化中的非有机金属磷试剂研究	唐除痴	2003-01-01
262	itj2003008	国际合作项目（省部级）	超高效磺酰脲除草剂作用机制	李正名	2003-01-01
263	ina4013207	国际合作项目	单嘧磺隆与AHAS酶的复合物研究及绿色农药分子设计	李正名	2004-12-01
264	b2a4013158	教育部科技项目	低价钛试剂的绿色化学制备方法及在有机合成中应用	黄有	2004-10-01
265	b2a4013156	教育部科技项目	绿色化学与二氧化碳的资源化利用	何良年	2004-10-01
266	s1a4013064	天津市项目	高效手性催化剂与手性药物合成研究	周其林	2004-06-01

序号	项目编号	项目分类	项目名称	负责人	项目期
267	s4b4013029	天津市项目	氰基丙烯酸酯类高效除草剂的研制与开发	胡方中	2004-06-01
268	s4b4013030	天津市项目	吲哚里西啶类生物碱的全合成与生物活性研究	方建新	2004-03-01
269	z1b4013061	校级科研项目	含芳杂环结构的新型三唑类麦角甾醇抑制剂的合成及活性	方建新	2004-01-01
270	z1b4013060	校级科研项目	超临界二氧化碳中有机化学反应	何良年	2004-01-01
271	z1b4013059	校级科研项目	金属锡参与的烯丙基化反应研究	李靖	2004-01-01
272	z1b4013039	校级科研项目	对抗老年痴呆病的天然产物的高效全合成研究	张弛	2004-01-01
273	z1b4013038	校级科研项目	由具有稳定二级构象的短肽诱导的不对称催化反应	渠瑾	2004-01-01
274	z1b4013006	校级科研项目	叔膦作为催化剂在有机合成中的应用	王文虎	2004-01-01
275	z1b4013005	校级科研项目	双膦酸及其酯类化合物的合成与抗癌活性研究	黄有	2004-01-01
276	z1b4013004	校级科研项目	海洋天然含卤螺环倍半萜的合成及杀菌活性	徐效华	2004-01-01
277	b1a4012928	教育部科技项目	绿色农药生物合理设计的分子基础	席真	2004-01-01

序号	项目编号	项目分类	项目名称	负责人	项目期
278	b1a4012927	教育部科技项目	手性放大机理研究和新型手性催化剂合成	周其林	2004-01-01
279	k1a4012869	国家自然科学基金	在对映体水平上测定土壤农产品中手性农药分析方法研究	张智超	2004-01-01
280	k1a4012860	国家自然科学基金	嘧啶类光合作用抑制剂的设计、合成及构效关系研究	杨华铮	2004-01-01
281	k1a4012857	国家自然科学基金	新型手性双核镧系金属配合物的合成结构及催化活性研究	李金山	2004-01-01
282	k1a4012853	国家自然科学基金	金属锡参与的烯丙基化反应研究	李靖	2004-01-01
283	w9a4012956	国家重点基础研究计划(973计划)	基于靶标结构的超高效除草先导及靶标与先导间相互作用	李正名	2004-01-01
284	w9a4012965	国家重点基础研究计划(973计划)	从天然生物源小分子发现农药新作用靶标、机制先导结构	黄润秋	2004-01-01
285	ghb4013055	国家科技支撑计划	氰基丙烯酸酯类等先导化合物的优化研究	邹小毛	2004-01-01
286	ghb4013054	国家科技支撑计划	创制新型除草剂H-0306研究	胡方中	2004-01-01
287	ghb4013053	国家科技支撑计划	创制除草剂H-9201的产业化开发	邹小毛	2004-01-01

序号	项目编号	项目分类	项目名称	负责人	项目期
288	ghb4013048	国家科技支撑计划	植物生长调节剂78201的开发研究	方建新	2004-01-01
289	s1b4013482	天津市项目	创制超高效绿色除草剂的应用研究	李正名	2005-12-29
290	b5a4013470	教育部科技项目	以光合作用为靶标的新型除草剂的设计合成及结构与活性关系研究	杨华铮	2005-12-21
291	b5a4013465	教育部科技项目	海南粗榧新碱及抗肿瘤活性衍生物的全合成研究	李卫东	2005-12-21
292	k4a2032846	国家自然科学基金	生物合理方法与类同合成相结合设计新型农药	胡方中	2005-11-30
293	k4a2032845	国家自然科学基金	5,6-二氢-2H-2,4吡喃二酮类先导化合物的设计与合成	王有名	2005-11-30
294	k5a4012417	国家自然科学基金	新型手性催化剂	周其林	2005-11-30
295	k1a4013074	国家自然科学基金	牛心朴子草抑制植物病毒活性成分安托芬及其衍生物的全合成和活性研究	汪清民	2005-11-29
296	k1a4012633	国家自然科学基金	植物激活剂创制的基础研究	范志金	2005-11-29
297	k5a4013138	国家自然科学基金	水稻化感品种的抑草机制及相应的化学物质基础	徐效华	2005-11-11
298	k1a4013137	国家自然科学基金	茎寄生植物日本菟丝子与寄生发生缠绕行为的诱导机制	徐效华	2005-11-11

序号	项目编号	项目分类	项目名称	负责人	项目期
299	k6a4013011	国家自然科学基金	无需酶制剂的DNA序列的化学检测方法	渠瑾	2005-11-11
300	k6a4012906	国家自然科学基金	荧光金属有机化合物的合成和光电材料性能的研究	张正之	2005-11-11
301	k5a4013436	国家自然科学基金	用于高对映选择性有机反应的新型手性催化剂研究	周其林	2005-11-02
302	k1a4013388	国家自然科学基金	Troger'base衍生物的合成及其在有机合成中的应用研究	金钟	2005-11-01
303	b2a4013346	教育部科技项目	抗老年痴呆病天然产物(一)——Galanthamine及其类似物的高效全合成	张弛	2005-10-31
304	b2a4013345	教育部科技项目	利用固相有机合成和分子多样性方法发现新农药先导化合物	王忠文	2005-10-31
305	b2a4013344	教育部科技项目	无需酶制剂的DNA序列的化学检测法	渠瑾	2005-10-31
306	b2a4013343	教育部科技项目	大位阻芳氧基和吡咯亚胺稀土催化剂的合成及用于交丙酯聚合的研究	崔春明	2005-10-31
307	k1a4013376	国家自然科学基金	基于化感物质愈创木内酯为先导设计合成新作用机制除草剂	徐效华	2005-10-31

序号	项目编号	项目分类	项目名称	负责人	项目期
308	k1a4013375	国家自然科学基金	新型白化除草剂的设计合成及构效关系研究	杨华铮	2005-10-31
309	k1a4013374	国家自然科学基金	芳香偶氮类数码光控可逆开关的设计合成及其对基因结构调控作用研	席真	2005-10-31
310	k1a4013371	国家自然科学基金	大位阻连苯类单齿配体稀土金属有机化合物合成和应用研究	崔春明	2005-10-31
311	k1a4013370	国家自然科学基金	新型手性双膦/双胺—过渡金属催化剂的合成与应用研究	谢建华	2005-10-31
312	k1a4013368	国家自然科学基金	生理活性三尖杉酯碱的化学合成研究和构效关系的初步探索	李卫东	2005-10-31
313	k1a4013367	国家自然科学基金	饱和烷烃化合物的仿生催化氧化反应研究	张弛	2005-10-31
314	k1a4013366	国家自然科学基金	官能团化环丙烷的固相环加成反应及其应用于构造结构多样性分子库	王忠文	2005-10-31
315	s4b4013304	天津市项目	新型核苷衍生物的合成新方法及抗癌活性研究	黄有	2005-09-13
316	s4b4013303	天津市项目	新型稀土金属有机物催化交丙酯控制性聚合	崔春明	2005-09-13

序号	项目编号	项目分类	项目名称	负责人	项目期
317	z1a4013243	校级科研项目	含荧光团膦、卡宾金属络合物合成、结构和传感开关功能	徐凤波	2005-01-01
318	b1a4013275	教育部科技项目	含噻唑环取代的新型三唑类麦角甾醇抑制剂的分子设计合成	方建新	2005-01-01
319	k5a4013123	国家自然科学基金	生物合成设计绿色农药的分子基础研究	席真	2005-01-01
320	k1a4013089	国家自然科学基金	二氧化碳的分子催化活化与碳酸酯合成	何良年	2005-01-01
321	k1a4013088	国家自然科学基金	新型螺环双膦配体在不对称催化反应中的应用研究	周其林	2005-01-01
322	k1a4013086	国家自然科学基金	某些对映选择反应中的非金属有机磷试剂研究	周正洪	2005-01-01
323	k1a4013085	国家自然科学基金	由具有稳定二级构象的寡肽诱导的不对称催化反应	渠瑾	2005-01-01
324	k1a4013080	国家自然科学基金	含有N-杂环卡宾金属有机冠的和成及多点多重识别性能的	张正之	2005-01-01
325	k6a4013266	国家自然科学基金	固相不对称全合成Cystonthiazol类天然产物及分子库	王忠文	2005-01-01
326	ina4013223	国际合作项目	药物中间体合成及技术	席真	2005-01-01

序号	项目编号	项目分类	项目名称	负责人	项目期
327	z1A4013698	校级科研项目	由糖、氨基酸等天然小分子构建新型无公害农药的设计及合成	李玉新	2006-12-29
328	k1a4013670	国家自然科学基金	抗HIV活性天然药物的药效团模型研究	马翼	2006-12-19
329	b5a4013656	教育部科技项目	有机镍化合物合成及其催化烯烃聚合的研究	崔春明	2006-12-14
330	k5a4013567	国家自然科学基金	若干生理活性海洋天然产物的全合成研究	李卫东	2006-10-23
331	k1a4013581	国家自然科学基金	基于前药原理的新型杀虫剂的设计合成和活性及毒理研究	汪清民	2006-10-23
332	k1a4013579	国家自然科学基金	新型植物及活计先导结构的优化与诱导抗病活性研究	范志金	2006-10-23
333	k1a4013572	国家自然科学基金	荧光金属有机化合物的设计、合成、结构和荧光传感性质研究	徐凤波	2006-10-23
334	k1a4013571	国家自然科学基金	环境友好的超临界CO_2/PEG两相介质中金属Salen催化氧化反应	何良年	2006-10-23
335	k1a4013563	国家自然科学基金	基于靶酶结构设计新型AHAS抑制剂	王建国	2006-10-23

序号	项目编号	项目分类	项目名称	负责人	项目期
336	k1a4013561	国家自然科学基金	新型手性鳌和N-氮杂环卡宾金属有机化合物的合成与催化性能	宋海斌	2006-10-23
337	k1a4013580	国家自然科学基金	新颖的噻唑类杂环化合物的合成、生物活性及构效关系研究	方建新	2006-10-23
338	s4b4013522	天津市项目	麦田杂草藜对单取代嘧啶磺酰脲类除草剂抗性机理研究	刘桂龙	2006-08-28
339	b1b4013492	教育部科技项目	菲并吲哚里西啶生物碱及其衍生物的全合成和抗植物病毒活性及毒性	汪清民	2006-04-27
340	b1b4013491	教育部科技项目	低配位有机镍化合物作为单组分烯烃聚合催化剂的研究	崔春明	2006-04-27
341	g1a2033841	国家科技支撑计划	NK-0601等四个高活性化合物的深入筛选	邹小毛	2007-11-27
342	b1a4013971	教育部科技项目	天然丰度动力学同位素效应在有机反应机理研究中的应用	王志宏	2007-11-26
343	w9a2033834	国家重点基础研究计划(973计划)	手性分子的构筑及相关规律研究	周其林	2007-11-19
344	k6a2033853	国家自然科学基金	金属有机及元素有机化学	崔春明	2007-11-01

序号	项目编号	项目分类	项目名称	负责人	项目期
345	k1a2033889	国家自然科学基金	影响原卟啉IX信号传导的原卟啉原氧化酶及其小分子调控剂研究	文欣	2007-11-01
346	k1a2033874	国家自然科学基金	有机锡氧簇合物参与的ATRP活性聚合研究及有机锡基团对聚合物性能	李靖	2007-11-01
347	k1a2033869	国家自然科学基金	点击化学合成扁桃酰胺类似物及其杀菌活性研究	赵卫光	2007-11-01
348	k1a2033868	国家自然科学基金	类新烟碱类噻唑衍生物的合成及生物活性研究	方建新	2007-11-01
349	k1a2033867	国家自然科学基金	新型高效肟醚类杀虫杀螨剂的设计、合成及构效关系研究	邹小毛	2007-11-01
350	k1a2033866	国家自然科学基金	新型含氮杂环三酮类除草剂的研究	朱有全	2007-11-01
351	k1a2033865	国家自然科学基金	无需酶制剂的DNA序列碱基突变的检测方法	渠瑾	2007-11-01
352	k1a2033858	国家自然科学基金	新型含磷有机催化剂的合成及其在不对称合成中的应用研究	周正洪	2007-11-01
353	k4a2033848	国家自然科学基金	超长链脂肪酸增长酶的分子基础及其抑制剂的设计合成和生物活性研	陈文彬	2007-11-01

序号	项目编号	项目分类	项目名称	负责人	项目期
354	k4a2033846	国家自然科学基金	新型螺环双氮配体在不对称卡宾插入和烯丙位氧化反应中的应用	朱守非	2007-11-01
355	k1a2033861	国家自然科学基金	离子液体中的有机磷小分子催化反应研究	黄有	2007-11-01
356	g1a4013817	国家科技支撑计划	农药先导结构的创新与优化	徐效华	2007-09-19
357	8sb2033815	国家高技术研究发展计划(863计划)	基于结构基因(或蛋白)的药物分子设计	李卫东	2007-09-18
358	s2b4013773	天津市应用基础与前沿技术研究计划项目	核苷5'-硫代磷酰氨基酸酯的合成、性质及抗HIV药物活性	苗志伟	2007-05-21
359	s4b4013767	天津市应用基础与前沿技术研究计划项目	新型抗植物病毒药剂作用机制的研究	范志金	2007-05-21
360	s4b4013766	天津市应用基础与前沿技术研究计划项目	基于靶标结构的绿色农药分子设计及作用机理研究	马翼	2007-05-21
361	s4b4013761	天津市应用基础与前沿技术研究计划项目	芳香杂环取代不对称脲的微波合成及其生物活性研究	陈文彬	2007-05-21
362	s2a4013712	天津市项目	农药抗性的分子基础研究	文欣	2007-01-11
363	itj2007005	国际合作项目(省部级)	中国科技部、瑞典科技教育部共建天津生物医药园研究中心可行性研究	席真	2007-01-01

序号	项目编号	项目分类	项目名称	负责人	项目期
364	itj2007003	国际合作项目（省部级）	高能二次电池关键材料及技术	陈军	2007-01-01
365	itj2007001	国际合作项目（省部级）	新型1,2,3-噻三唑衍生物的合成和农药生物活性及其研究开发	范志金	2007-01-01
366	b2a4014303	教育部科技项目	原卟啉原氧化酶及突变体与底物的相互作用研究	文欣	2008-10-14
367	k1a4014224	国家自然科学基金	二氧化碳功能化转化的催化剂设计及其应用	何良年	2008-09-28
368	k1a4014223	国家自然科学基金	菲并喹喏里啶生物碱的合成方法和抗植物病毒活性及构效关系研究	汪清民	2008-09-28
369	k1a4014222	国家自然科学基金	Ugi反应合成新型绿色杀菌剂甲噻酰胺的衍生物及其生物活性研究	范志金	2008-09-28
370	k1a4014221	国家自然科学基金	基于水稻化感物质设计合成抑制稻田杂草活性分子	徐效华	2008-09-28
371	k1a4014220	国家自然科学基金	基于鱼尼丁受体新靶标的绿色杀虫剂的设计合成、生物活性及构效关系研究	李正名	2008-09-27
372	k1a4014218	国家自然科学基金	多磷酸肌醇衍生库的设计合成与其信号转导构效关系研究	席真	2008-09-27

序号	项目编号	项目分类	项目名称	负责人	项目期
373	k1a4014216	国家自然科学基金	手性铱/膦-氮络合物催化不饱和羧酸的不对称氢化反应	周其林	2008-09-27
374	k1a4014215	国家自然科学基金	手性有机高价碘试剂的设计合成及其它们在不对称反应中的应用研究	张弛	2008-09-27
375	k4a4014202	国家自然科学基金	天然丰度动力学同位素效应在金属参与的有机反应机理	王志宏	2008-09-27
376	s4a4014148	天津市应用基础与前沿技术研究计划项目	第七副族金属双核络合物的唯铁氢化酶化学模拟研究	李靖	2008-05-08
377	s4a4014116	天津市应用基础与前沿技术研究计划项目	KARI酶先导抑制剂的结构改造和除草活性研究	王宝雷	2008-05-05
378	ikj2008001	国际合作项目	非编码RNA的功能研究与肿瘤相关分子标记的筛选	席真	2008-05-01
379	s4a2034110	天津市应用基础与前沿技术研究计划项目	新型有机/无机纳米复合气敏材料的设计与研究	张守民	2008-04-30
380	b5a4014041	教育部科技项目	三尖杉酯类生物碱及其类似物的立体选择性半合成和构效关系研究	陈莉	2008-01-15
381	b5a2034034	教育部科技项目	新型酮醇酸还原异构酶抑制剂的设计、合成及生物活性	王宝雷	2008-01-14

序号	项目编号	项目分类	项目名称	负责人	项目期
382	b5a4014033	教育部科技项目	天然丰度动力学同位素效应在金属参与的有机反应机理研究中的应用	王志宏	2008-01-14
383	b5a4014032	教育部科技项目	HIV逆转录酶抑制剂的设计、合成及抗HIV活性研究	苗志伟	2008-01-14
384	b5a4014031	教育部科技项目	新型含氮杂环三酮类除草剂的研究	朱有全	2008-01-14
385	b5a4014024	教育部科技项目	基于DOS策略构建bb-MOAs结构多样性分子库	王忠文	2008-01-14
386	b5a2044720	教育部科技项目	细菌表面多糖抗原多样性的遗传进化机制的研究	刘斌	2009-12-16
387	k1a4014587	国家自然科学基金	靶向乙酰羟酸合成酶(AHAS)亚基间相互作用的农药活性先导化合物研	牛聪伟	2009-12-15
388	k1a4014586	国家自然科学基金	新型哒嗪类白化除草剂的研究	邹小毛	2009-12-15
389	k1a4014585	国家自然科学基金	基于D1蛋白受体结构的杂环PSII电子传递抑制剂的分子设计和作用机	刘玉秀	2009-12-15
390	k1a4014581	国家自然科学基金	双官能团有机膦催化剂催化的Domino反应研究	黄有	2009-12-15
391	k1a4014579	国家自然科学基金	新型稀土桥联二茂化合物及三联苯胺基化合物的研究	崔春明	2009-12-15

序号	项目编号	项目分类	项目名称	负责人	项目期
392	k1a4014576	国家自然科学基金	高效不对称催化氢化反应及其在天然生物碱合成中的应用研究	谢建华	2009-12-15
393	k1a4014575	国家自然科学基金	新型氢键给体有机催化剂的合成及其在对映选择反应中的应用	周正洪	2009-12-15
394	k1a4014574	国家自然科学基金	乙炔基环丙烷酮的新型串联环加成反应研究	王忠文	2009-12-15
395	k5a2034567	国家自然科学基金	农药靶标抗性的分子机制研究及农药分子设计合成	席真	2009-12-11
396	k4a2104557	国家自然科学基金	Echinopines 的全合成研究	梁广鑫	2009-12-11
397	k1a2034694	国家自然科学基金	新型苯并咪唑酮酰胺杀菌剂的合成及构效关系研究	汪清民	2009-12-10
398	s1a4014530	天津市项目	生物质蓖麻非酚稀释剂法制备癸二酸清洁生产技术研发	何良年	2009-10-15
399	k2a2034517	国家自然科学基金	Electrocarboxylation and electro-reduction of carbon dioxide	何良年	2009-09-15
400	k2a4014505	国家自然科学基金	指导专家组调研和组织学术交流会	席真	2009-09-08
401	K1a2034456	国家自然科学基金	生物合理设计发现和研究一类新的AHAS抑制剂：吲哚满二酮类	王建国	2009-05-11

序号	项目编号	项目分类	项目名称	负责人	项目期
402	K1a2034455	国家自然科学基金	氧化环化合成单环和稠环杂环化合物及其生物活性	范志金	2009-05-11
403	s4a4014441	天津市应用基础与前沿技术研究计划项目	手性有机高价碘试剂的设计合成及其在有机合成中的应用	张弛	2009-04-23
404	s2a4014412	天津市应用基础与前沿技术研究计划项目	抗癌细胞活性先导化合物的发现,优化及构效关系研究	李正名	2009-04-22
405	8ca4015225	国家高技术研究发展计划(863计划)	吡虫啉创新工艺研究与废水治理技术开发	邹小毛	2010-12-24
406	s1a2035219	天津市项目	天津市杨树重大病虫害综合防治技术开发	范志金	2010-12-16
407	k4a4015139	国家自然科学基金	酰胺类杀虫剂对昆虫新靶标细胞内钙离子调控研究	李玉新	2010-11-08
408	k5a4015091	国家自然科学基金	高效不对称催化反应及其在天然产物和手性药物合成中的应用研究	周其林	2010-11-04
409	k1a2035116	国家自然科学基金	用于结构生物学和药物研发的蛋白质顺磁标记	苏循成	2010-11-04
410	k1a4015109	国家自然科学基金	具有新颖作用机理的几类新型含氮氧杂环类绿色杀螨剂的设计、合成	汪清民	2010-11-04

序号	项目编号	项目分类	项目名称	负责人	项目期
411	k1a4015108	国家自然科学基金	新型噻唑类除草剂的设计、合成与构效关系的研究	朱有全	2010-11-04
412	k1a4015103	国家自然科学基金	构筑薁烷(双环[5.3.0]癸烷)骨架新方法的研究及其在天然产物全合成中的应用	陈莉	2010-11-04
413	k1a4015102	国家自然科学基金	糖手性诱导β-氨基膦酸衍生物不对称合成研究	苗志伟	2010-11-04
414	k1a2035100	国家自然科学基金	不对称有机催化多组分串联反应研究	贺峥杰	2010-11-04
415	k1a4015099	国家自然科学基金	负载型锡氧簇合物作为酯化催化剂的活性与聚合物结构和形态的关系	李靖	2010-11-04
416	k1a4015098	国家自然科学基金	水促进的有机反应研究	渠瑾	2010-11-04
417	k6a2035200	国家自然科学基金	基于非对映异构体复合物离子气相红外光谱的手性识别和分析	孔祥蕾	2010-11-04
418	w9a4015042	国家重点基础研究计划(973计划)	新型配体与手性催化剂体系研究	周其林	2010-10-20
419	w9a4015041	国家重点基础研究计划(973计划)	候选靶标的生物特异性及化学成药性研究	席真	2010-10-20
420	z1a4015038	校级科研项目	具有生物活性有机物合成及分析新方法	周其林	2010-10-20

序号	项目编号	项目分类	项目名称	负责人	项目期
421	w1a2035010	国家其他部委	创制绿色除草剂单嘧磺酯应用研究与开发	赵卫光	2010-10-08
422	z1a4014943	校级科研项目	酰胺类杀虫剂对昆虫钙离子通道的调控及建立以钙离子通道为作用靶标的杀虫剂筛选平台	李玉新	2010-09-25
423	z1a4014942	校级科研项目	微水体系中羰基化合物的炔丙基化成醚反应及其应用研究	柳凌艳	2010-09-25
424	z1a4014941	校级科研项目	基于先导结构的新型含氟杂环化合物的合成和杀虫活性	王宝雷	2010-09-25
425	s4a2034828	天津市应用基础与前沿技术研究计划项目	三尖杉酯碱类似物的设计、合成及生理活性研究	陈莉	2010-07-06
426	s4a2034824	天津市应用基础与前沿技术研究计划项目	有机膦小分子催化的Domino反应研究	黄有	2010-07-06
427	w9a2034816	国家重点基础研究计划(973计划)	新分子靶标导向的杀虫候选药物研究	李正名	2010-06-29
428	s2a2034803	天津市应用基础与前沿技术研究计划项目	甲噻诱胺的作用机制及其先导优化	范志金	2010-06-24
429	w9a4014786	国家重点基础研究计划(973计划)	植物调控相关的候选药物与分子靶标	邹小毛	2010-06-03
430	w1a4014774	国家其他部委	小核酸(siRNA)制药的合成和修饰关键技术	席真	2010-05-13
431	w1a4014752	国家科技重大专项	手性药物研制中的不对称催化合成关键技术	周其林	2010-03-22

序号	项目编号	项目分类	项目名称	负责人	项目期
432	b5a2035762	教育部科技项目	新颖的含杂环的Strobilurin类化合物的设计、合成及生物活性研究	赵毓	2011-12-20
433	b5a2035746	教育部科技项目	苯环5—取代的超高效单取代磺酰脲类除草剂的设计合成	李正名	2011-12-20
434	s1a2035728	天津市科技支撑计划项目	林木主要蛀干害虫信息诱引技术及非化学防控示范	范志金	2011-11-15
435	k6a2035717	国家自然科学基金	基于双活化策略的新型硫化脲氨酰胺类有机小分子催化剂的涉及合成	柳凌艳	2011-10-25
436	z1a2035682	校级科研项目	蛋白酪氨酸磷酸酶1B(PTP1B)抑制剂的合成及活性研究	张娴	2011-10-19
437	g1a4015701	国家科技支撑计划	农药化学生物学与农药创制	席真	2011-10-19
438	w9a2035652	国家重点基础研究计划(973计划)	若干重要元素的有机化学前沿	周其林	2011-10-17
439	k1a4015432	国家自然科学基金	基于多卟啉新型自组装体系的构筑及其性质研究	郑健禹	2011-09-28
440	k1a4015431	国家自然科学基金	以二氧化碳为羰源基于C-H键活化的羧化反应	何良年	2011-09-28
441	k1a4015430	国家自然科学基金	新颖水油兼溶绿色环保直用型农药分子的设计合成及生物活性研究	邹小毛	2011-09-28

序号	项目编号	项目分类	项目名称	负责人	项目期
442	k1a4015429	国家自然科学基金	原卟啉原氧化酶突变体的性质研究与预测	文欣	2011-09-28
443	k1a4015428	国家自然科学基金	质谱-红外光谱方法在手性药物分析中的应用	孔祥蕾	2011-09-28
444	k1a4015427	国家自然科学基金	生物碱isatisineA的全合成研究及其生物合成的探索	梁广鑫	2011-09-28
445	k1a4015426	国家自然科学基金	不饱和有机硼化合物	崔春明	2011-09-28
446	k1a4015425	国家自然科学基金	有机膦小分子催化的活泼共轭二烯的Rauhut-Currier串联反应研究	黄有	2011-09-28
447	k1a4015424	国家自然科学基金	新型金属杯芳烃的设计、合成及分子识别性能研究	徐凤波	2011-09-28
448	k1a4015423	国家自然科学基金	新型手性铁络合物催化的不对称卡宾转移反应研究	朱守非	2011-09-28
449	k1a4015422	国家自然科学基金	新型手性氮杂环卡宾的设计、合成及催化应用研究	金钟	2011-09-28
450	k1a4015421	国家自然科学基金	手性有机高价碘试剂的研究及若干有机高价碘试剂的反应性探索	张弛	2011-09-28
451	k1a4015420	国家自然科学基金	环丙烷1,1-双酯的分子内交叉环加成构筑碳桥环[n.2.1]骨架	王忠文	2011-09-28

序号	项目编号	项目分类	项目名称	负责人	项目期
452	k1a4015418	国家自然科学基金	羧酸酰胺类杀菌剂的分子设计、多组分合成与杀菌活性研究	赵卫光	2011-09-28
453	k6a4015419	国家自然科学基金	杂原子有机化学	周其林	2011-09-28
454	k4a4015416	国家自然科学基金	基于磺酰脲受体与配体相互作用的新结构苯甲酰脲类昆虫生长调节剂	李永强	2011-09-28
455	w9a2035365	国家重点基础研究计划(973计划)	不饱和烃高效转化中的新催化体系研究	朱守非	2011-08-30
456	g1a4015371	国家科技支撑计划	高活性化合物H-0909深入筛选	胡方中	2011-08-30
457	g1a4015372	国家科技支撑计划	农药生物活性微量筛选技术研究	李永红	2011-08-30
458	w1a2035361	国家其他部委	以AHAS为靶点设计发现抗结核药物及其活性验证	王建国	2011-08-29
459	k2a2035352	国家自然科学基金	物理有机化学与合成化学国际研讨会	席真	2011-06-27
460	s2a2035327	天津市应用基础与前沿技术研究计划项目	基于天然菲并吲哚(喹喏)里西啶的新型抗肿瘤药物的研究	汪清民	2011-05-31
461	s4a2035317	天津市应用基础与前沿技术研究计划项目	糖手性诱导不对称Biginelli反应研究	苗志伟	2011-05-31
462	s4a2035316	天津市应用基础与前沿技术研究计划项目	靶向细胞钙通道的N-糖基酰胺设计合成及作用机制研究	李玉新	2011-05-31

序号	项目编号	项目分类	项目名称	负责人	项目期
463	s4a2035306	天津市应用基础与前沿技术研究计划项目	新型杂环并嘧啶酮（或三嗪酮）的合成及其抗肝癌活性	胡方中	2011-05-31
464	k2a2035286	国家自然科学基金	Electrocarboxylation in pressurized CO2-IL mixture	何良年	2011-04-27
465	w1a2035284	国家其他部委	2,3-二氨基吩嗪和3-羟基-2-氨基吩嗪的合成	范志金	2011-04-13
466	g1a4016173	国家科技支撑计划	新型西啶类等生物活性分子的合成	汪清民	2012-12-29
467	s4a2036188	天津市应用基础与前沿技术研究计划项目	新颖稀土有机催化剂的合成和性质的研究	李建峰	2012-12-26
468	k1a2036004	国家自然科学基金	位点特异标记稀土金属离子在蛋白质构象分析中的应用	苏循成	2012-11-22
469	k1a2036003	国家自然科学基金	新型磺酰脲分子多功能生物活性的基础研究	李正名	2012-11-22
470	k1a2036002	国家自然科学基金	具有除草活性的不对称芳香二硫醚类化合物的设计合成、构效关系及作用机制研究	王建国	2012-11-22
471	k1a2036000	国家自然科学基金	基于卟啉和酞菁为光敏剂的单线态氧氧化反应研究	朱义州	2012-11-22
472	k1a2035999	国家自然科学基金	石蒜科和莲花烷生物碱的不对称催化合成	谢建华	2012-11-22

序号	项目编号	项目分类	项目名称	负责人	项目期
473	k4a2036008	国家自然科学基金	过渡金属催化的有机合成化学	朱守非	2012-11-22
474	k4a2036007	国家自然科学基金	经由σ键复分解的C-H键催化官能化反应研究	关冰涛	2012-11-22
475	k4a2036006	国家自然科学基金	含Lewis酸结构单元的配体的稀土二烷基化合物及其衍生物：合成和催化活性的研究	李建峰	2012-11-22
476	k4a2036005	国家自然科学基金	主族金属单质锡参与的羰基化合物的炔丙基化新反应及其应用研究	柳凌艳	2012-11-22
477	k1a2036001	国家自然科学基金	重要生理活性的三尖杉酯碱类似物的设计合成及构效关系研究	陈莉	2012-11-22
478	k1a4016139	国家自然科学基金	靶向AHAS蛋白新型抑制剂的发现与抗结核活性研究	王建国	2012-11-20
479	b2a2035967	教育部科技项目	基于金属离子同位素标记的反应质谱新方法及其在手性分析中的应用	孔祥蕾	2012-10-11
480	g1a4015956	国家科技支撑计划	候选创制杀虫剂NK-0601的研究与开发	邹小毛	2012-09-11
481	w9a4015042-2	国家重点基础研究计划(973计划)	新型配体与手性催化剂体系研究	周其林	2012-06-28

序号	项目编号	项目分类	项目名称	负责人	项目期
482	w9a4015041-2	国家重点基础研究计划(973计划)	候选靶标的生物特异性及化学成药性研究	席真	2012-05-25
483	s4a2035884	天津市应用基础与前沿技术研究计划项目	(−)-isatisineA全合成方法的优化及生物活性研究	梁广鑫	2012-05-21
484	s4a2035883	天津市应用基础与前沿技术研究计划项目	抗超级细菌抑制剂的设计合成、生物活性和安全性研究	王建国	2012-05-21
485	s4a2035874	天津市应用基础与前沿技术研究计划项目	磷(膦)酸肌醇类似物的设计合成及生物活性研究	陈文彬	2012-05-21
486	s4a2035842	天津市应用基础与前沿技术研究计划项目	脯氨酰胺类催化剂的设计合成及其在不对称反应中的应用	柳凌艳	2012-05-21
487	w9a2025834	国家重点基础研究计划(973计划)	新颖稀土有机化合物的合成和应用研究	崔春明	2012-05-11
488	w9a2025833	国家重点基础研究计划(973计划)	有机磷新试剂和新功能研究	周其林	2012-05-11
489	w1a2035823	国家其他部委	农药及杂质标准品制备	范志金	2012-04-17
490	k5a2035811	国家自然科学基金	重大病毒导向的绿色农药化学研究	汪清民	2012-03-29
491	g1a4015818	国家科技支撑计划	1,2,3-噻二唑类农药先导发现及其衍生	范志金	2012-03-29

1999年—2012年元素有机化学研究所横向科研项目

序号	合同名称	合同编号	负责人	甲方名称	开始日期
1	不对称合成	x1a4011874	唐除痴		1998-06-2001-06
2	锐劲特中试技术	x1b4011971	李金山	南通江山农药厂	1999-03
3	精恶唑禾草灵和解草唑小试技术	x1c4012009	陈彬	青岛农药厂	1999-01
4	甲胺基阿维菌素苯甲酸盐的小试合成工艺		徐凤波		2000-04
5	复合香料(爆米酮、焦糖酮、炒麦酮、玉米酮)技术及产业化	2001004	石国柱	玉溪卷烟厂滤嘴棒分厂	2000-12-01
6	烟王4号、5号香料技术及产业化	2001003	石国柱	玉溪卷烟厂滤嘴棒分厂	2000-12-01
7	20%杀螟硫磷微胶囊剂加工技术中试	2001060	王广远	宁波明日化学集团有限公司	2000-11-01
8	转让高效氯氰菊酯、南开菊酯技术	2001114	黄润秋	山东农药工业股份有限公司	2000-01-01
9	云南省校有机化学教育合作(云南大学生化学院应用化学系)	2003011	李靖	云南省省校科技合作协调领导小组教育合作办公室	2000-09-01
10	甲氰菊酯、氯氰菊酯技术转让	2002032	黄润秋	大成农药股份有限公司	2000-11-01
11	草甘膦原药全分析	2002076	王琴荪	惠光化学有限公司	2001-12-01
12	共同组建艾利佳(南开)香料技术开发中心	2002001	石国柱	珠海艾利佳香料有限公司	2001-12-01

序号	合同名称	合同编号	负责人	甲方名称	开始日期
13	吡虫啉原药全分析	2002074	王琴荪	允发化工有限公司	2001-09-01
14	对HW-02进行室内除草活性研究	2002038	杨秀凤	华中师范大学	2001-08-01
15	共建有机化学学科	2002071	李靖	云南大学	2001-01-01
16	阿维菌素系列产品开发	2001103	徐凤波	北海国发海洋生物农药有限公司	2001-11-01
17	合成玉农乐原药及中间体工业化技术和混配配方	2001050	孙致远	吉化集团农药化工有限责任公司	2001-09-01
18	4.5%高效氯氰菊酯微乳剂等十个农药制剂产品技术	2001058	王广远	昆明云大科技产业股份有限公司	2001-08-01
19	Furaneol系列香料小试技术	2001016	石国柱	珠海溢达香料有限公司	2001-08-01
20	水处理剂三丁基膦季膦盐技术开发	2001112	李靖	蓝川科技发展公司	2001-06-01
21	0.2%甲胺基阿维菌素苯甲酸盐乳油	2001105	毕富春	新沂农药有限公司	2001-06-01
22	甲胺基阿维菌素苯甲酸盐小试技术	2001104	徐凤波	西安恒田化工科技有限公司	2001-06-01
23	10%溴虫睛悬浮剂	2001045	王广远	宁波明日化学集团有限公司	2001-06-01
24	甲基环戊烯醇酮(MCP)小试技术	2001021	石国柱	驻马店地区驿新化工厂	2001-06-01
25	组机组建香精香料技术开发中心	2001019	石国柱	腾州瑞元香料有限公司	2001-06-01
26	25%辛·吡乳油等技术	2001059	王广远	辰光集团邢台市农药厂	2001-05-01

序号	合同名称	合同编号	负责人	甲方名称	开始日期
27	农药二嗪磷的合作开发	2001018	邹小毛	南通江山农药化工股份有限公司	2001-04-01
28	精细化工、饲料添加剂等合作	2001108	李正名	南大高科、生化科技公司	2001-01-01
29	氟硅唑小试技术转让	2001102	谢庆兰	建湖农药化工有限公司	2001-01-01
30	香草系列产品的研制	2003003	石国柱	无极县河北华润化工有限公司	2002-12-01
31	超高效绿色杀虫剂农药硅试剂法甲维菌素合成技术	2003045	徐凤波	天津人农药业有限公司	2002-06-01
32	委托科研协议书	2002118	方建新	南开戈德集团有限公司	2002-12-01
33	溴甲烷混合剂研制及熏蒸后小麦中的残留量及其变化动态的测定分析	2002101	范志金	中华人民共和国天津出入境检验检疫局	2002-11-01
34	喹螨醚小试技术委托开发	2002115	唐除痴	浙江永农化工有限公司	2002-10-01
35	合作意向书	2002105	方建新	河北省国际经贸联络中心	2002-09-01
36	反应停合成工艺研究	2002088	李晨曦	天津和美生物技术有限公司	2002-09-01
37	农药登记残留试验合同	2002085	张智超	山东华阳农药化工集团	2002-08-01
38	LHRH拮抗类物TXO缓释剂型研究	2002082	张政朴	天津市计划生育研究所	2002-07-01
39	0.2%甲胺基阿维菌素苯甲酸盐乳油	2002034	毕富春	千年绿实业有限公司	2002-07-01

序号	合同名称	合同编号	负责人	甲方名称	开始日期
40	科研办公费	2002054	张岳军	农药国家工程研究中心	2002-06-01
41	科研费(待补合同)	2002056	石国柱	珠海万科企业有限公司	2002-05-01
42	人才及科研合作框架协议	2002106	方建新	深圳中兴通讯股份有限公司	2002-03-01
43	95%草甘膦原药全分析	2002075	王琴荪	允发化工有限公司	2002-03-01
44	KL-18合作研究	2002040	孙致远	宣化农药有限责任公司	2002-03-01
45	三个乳油复配制剂(2万元/年)	2002036	毕富春	福达农用化工有限公司	2002-03-01
46	K10技术开发	2002039	周其林	中贝九州集团公司	2002-02-01
47	酒酚小试技术	2002028	石国柱	长城化工厂	2002-01-01
48	3-羟基戊二腈合成技术	2002026	张树奎	福达农用化工有限公司	2002-01-01
49	聚四氟乙烯纤维和其他材料表面改性研究	2002022	张政朴	科大同创机电有限公司	2002-01-01
50	植物病毒的分离与提纯、植物生长调节剂生长测定	2002021	范志金	沈阳化工研究院	2002-01-01
51	钕铁硼制造技术	2002014	周永洽	无锡信捷科技电子有限公司	2002-01-01
52	钕铁硼制造新技术	2002011	周永洽	苏州工业园区东吴轻钢结构工程有限公司	2002-01-01
53	溴虫腈微乳剂、烯酰吗啉水乳剂生产技术开发	2002008	王广远	云南省省院省校合作协调领导小组	2002-01-01

序号	合同名称	合同编号	负责人	甲方名称	开始日期
54	由葡萄糖合成MCP小试示范试验	2003044	石国柱	皖西化工香料有限责任公司	2003-12-01
55	合作协议书	2003054	赵凤革	武汉新景化工有限责任公司	2003-10-01
56	由葡萄糖合成MCP小试示范试验	2003035	石国柱	珠海溢达香料有限公司	2003-10-01
57	MCP延伸物及3-MCP小试技术	2003034	石国柱	珠海溢达香料有限公司	2003-09-01
58	氟硅唑原药生产技术转让合同	2003033	谢庆兰	安徽华星化工股份有限公司	2003-09-01
59	氟硅唑技术合作协议书	2003032	谢庆兰	河北绿风集团有限公司	2003-08-01
60	羟基嘧啶的绿色生产工艺	2003027	邹小毛	石家庄晋州市兽药厂	2003-07-01
61	锅炉水处理剂剖析研制协议	2003024	王世华	丰田汽车发动机公司托马庆	2003-06-01
62	3-MT有机中间体技术转让	2003020	孙致远	北方食品有限公司	2003-05-01
63	甲氨基阿维菌素工业生产研究	2003046	徐凤波	河北省保定市灵坤实业有限责任公司	2003-04-01
64	高效低毒豆田除草剂Imazamox研制开发	2003016	谢龙观	连云港立本农药化工有限公司	2003-04-01
65	合作进行项目挂牌交易的协议	2003015	方建新	云南技术产权交易中心有限公司	2003-03-01
66	帕苏沙星甲磺酸盐化合物中间体的合成	2003014	赵凤革	资福医药科技开发有限公司	2003-03-01
67	共同组建瑞元(南开)香料技术开发中心协议书(续二)	2003004	石国柱	滕州瑞元香料有限公司	2003-01-01

序号	合同名称	合同编号	负责人	甲方名称	开始日期
68	醚唑小试技术委托开发协议书	2004048	唐除痴	浙江永农化工有限公司	2004-08-01
69	双硫磷合成工艺改造	2004046	赵国锋	河北欧亚化学工业有限公司	2004-08-01
70	生物可降解P(AM—DMDAAC)共聚物	2004045	张政朴	北京优森生物技术有限公司	2004-08-01
71	氟草烟的中试技术	2004042	唐除痴	浙江永农化工有限公司	2004-05-01
72	氟康唑小试合成工艺研究	2004028	方建新	天津药物研究院药业有限责任公司	2004-05-01
73	连续反应精馏新工艺制备碳酸二苯脂	2004031	何良年	唐山市朝阳化工总厂	2004-04-01
74	"氟草烟的中试技术"投标函	2004019	唐除痴	温州市科学技术局	2004-04-01
75	共同组建瑞元(南开)香料技术开发中心协议书(续三)	2004021	石国柱	山东滕州瑞元香料有限公司	2004-03-01
76	可代谢的共价型荷药高分子体系的制备工艺研究	2004007	李晨曦	天津和美生物技术有限公司	2004-02-01
77	农药登记药效试验协议书	2006003	李永红	广州市广农化工有限公司	2005-12-29
78	氟尼辛(Flunixin)合成技术转让合同	2006102	徐效华	重庆通量精细化工有限公司	2005-11-10
79	农药田间药效试验协议书	2005078	刘斌	佳木斯市恺乐农药有限公司	2005-11-29
80	氟尼辛(Flunixin)合成技术转让合同	2005062	徐效华	重庆通量精细化工有限公司	2005-11-10

序号	合同名称	合同编号	负责人	甲方名称	开始日期
81	关于硝酸钴的研制协议	2005023	王世华	天津康瑞化工有限公司	2005-05-01
82	乙基环戊醇酮(ECP)等三个香料小试技术	2005033	石国柱	建省南平市天源香料香精有限公司	2005-04-01
83	农药田间药效试验协议书	2005012	方建新	天津市植物保护研究所	2005-04-01
84	共同组建瑞元(南开)香料技术开发中心协议书(续四)	2005009	石国柱	山东滕州瑞元香料有限公司	2005-03-01
85	地亚农产业化国家攻关项目合作协议书	2005004	邹小毛	天津市施普乐农药技术发展有限公司	2005-01-01
86	奥比沙星小试合成技术转让合同	2007005	何良年	重庆通量精细化工有限公司	2006-12-31
87	极性单体均聚及与烯烃共聚的单点催化剂的开发	2007002	崔春明	中国石油天然气股份有限公司	2006-09-01
88	协议书	2006095	李正名	天津南开大学蓖麻工程科技有限公司	2006-12-01
89	农药生物活性试验协议书	2006079	熊丽霞	江苏剑牌农药化工有限公司	2006-11-20
90	可代谢的阴离子型药物缓释高分子体系的研究	2006078	李晨曦	天津和美生物技术有限公司	2006-11-16
91	协议书	2006074	李正名	天津久日化学工业有限公司	2006-11-01
92	合作协议	2006073	赵国锋	天津久日化学工业有限公司	2006-10-14

序号	合同名称	合同编号	负责人	甲方名称	开始日期
93	咖啡因中硫酸二甲酯残留分析	2006062	王琴荪	天津中安药业有限公司	2006-08-08
94	技术委托合同	2006037	王文虎	美国立达医药科技有限公司	2006-04-26
95	合作开发F3F4何F5级人员培训	2006038	赵国锋	山东中氟化工科技有限公司	2006-03-31
96	共同开发二甲氨基丙烯醛的协议	2006016	徐效华	天津开发区宏远科工贸有限公司	2006-03-15
97	研究开发茴香脑	2006022	徐效华	上海万香日化有限公司	2006-03-07
98	研究开发-薄荷醇	2006021	周其林	上海万香日化有限公司	2006-03-07
99	农药全分析—项目说明	2006006	王琴荪	上虞市银邦化工有限公司	2006-02-22
100	北京博瑞宁项目	2006032	李靖	北京博瑞宁生化药物研究所	2006-01-01
101	研制农药中间体2-cl-烟酸小试技术委托合作协议书	2008023	徐效华	衡水北方农药化工有限公司	2007-12-01
102	250克/升嘧菌酯悬浮剂药效试验	2008100	范志金	利尔化学股份有限公司	2007-06-25
103	化合物分析方法建立	2007117	李正名	天津百科生物化学有限公司	2007-12-01
104	三丁基膦季鳞盐的合成	2007121	李靖	北京合创同盛科技有限公司	2007-11-20
105	四氢吡喃的生产技术转让	2007081	刘桂龙	天津正元精细化工有限公司	2007-08-31
106	2,5-二氯吡啶的生产技术转让	2007080	李正名	天津合诺达化工贸易有限公司	2007-08-31

序号	合同名称	合同编号	负责人	甲方名称	开始日期
107	铃兰醛中间体小试合成工艺技术转让	2007079	赵卫光	天津合诺达化工贸易有限公司	2007-08-31
108	牛心朴子草提取液及其应用专利实施许可	2007095	黄润秋	内蒙古清源保生物科技有限公司	2007-08-30
109	农兽药残留分析专用标准样品协作定值试验协议书	2007108	张智超	农业部环保科研监测所	2007-08-22
110	SZG-7、TDL和BTH对烟草病毒病的活性评价	2007115	范志金	利尔化学股份有限公司	2007-07-01
111	本体法聚丙烯催化剂Pcat-1的放大与工业应用试验	2007102	崔春明	中国石油化工研究院	2007-07-01
112	烟嘧磺隆原药全组分分析试验	2007082	张智超	江西日上化工有限公司	2007-06-15
113	药物中间体的样品合成及工艺研究	2007085	王文虎	北京华柏科技有限公司	2007-06-12
114	农药剂型研究	2007056	李正名	天津市成阳科技有限公司	2007-06-01
115	有关药物活性成分及中间体的新工艺研发	2007058	李晨曦	深圳市汉德森技术有限公司	2007-05-20
116	培美曲塞二钠样品合成研究	2007042	李靖	北京凯悦宁科技有限公司	2007-05-14
117	5-溴嘧啶生产研发	2007055	赵凤革	武汉新景化工有限责任公司	2007-05-08
118	荧光增白剂ER-I的生产技术	2007041	刘桂龙	天津市绿保农用化学科技开发有限公司	2007-04-25

序号	合同名称	合同编号	负责人	甲方名称	开始日期
119	除草剂安全剂合成技术	2007039	赵卫光	市绿保农用化学科技开发有限公司	2007-04-25
120	3,4-2H-二氢吡喃的生产技术	2007038	刘桂龙	市绿保农用化学科技开发有限公司	2007-04-25
121	超高效除草剂单嘧磺酯的生产技术	2007037	李正名	市绿保农用化学科技开发有限公司	2007-04-25
122	超高效除草剂单嘧磺隆的生产技术	2007036	李正名	市绿保农用化学科技开发有限公司	2007-04-25
123	农药登记残留试验合同	2007033	张智超	江苏丰登农药有限公司	2007-04-21
124	花生(茎叶、花生壳、花生仁)和牛奶中涕灭威残留试验项目	2007032	张智超	山东华阳科技股份有限公司	2007-04-21
125	杀菌剂三环唑和丙环唑对纹枯病进行复配配方筛选生测筛选	2007114	范志金	利尔化学股份有限公司	2007-04-01
126	杀菌剂三环唑和丙环唑对稻瘟病进行复配配方筛选生测筛选	2007077	范志金	利尔化学有限公司	2007-04-01
127	精细化工项目及对现有产品工艺提高研究	2007020	邹小毛	浙江省温州鹿城东鸥染料中间体厂	2007-03-30
128	化合物分析方法建立协议书	2007022	李正名	天津南开和成科技有限公司	2007-03-01
129	关于98%晶体乐果原药全分析项目的协议书	2007045	王琴荪	重庆农药化工(集团)有限公司	2007-02-15

序号	合同名称	合同编号	负责人	甲方名称	开始日期
130	全氟烷基乙基丙烯酸酯新合成技术开发及人员培训合同	2007007	赵国锋	山东中氟化工科技有限公司	2007-01-17
131	全氟丁基磺酸钾小试技术开发及人员培训合同	2007006	赵国锋	山东中氟化工科技有限公司	2007-01-17
132	协议书	2007011	席真	华中师范大学	2007-01-08
133	化合物分析方法协议书	2007001	李正名	天津百科生物化学有限公司	2007-01-01
134	45%百草枯母药，42%百草枯母药，95%草甘膦原药，97%乙酰甲胺磷原药和95%吡虫啉原药的全组分分析研究	2009004	高如瑜	沙隆达对外贸易有限公司	2008-12-22
135	SiRNA液相大规模合成流程与工艺开发	2009029	席真	苏州瑞博生物技术有限公司	2008-03-01
136	医药化工项目技术开发	2008157	谢建华	浙江九州药业股份有限公司	2008-12-01
137	720克/升异丙甲草胺乳油防除玉米田一年生杂草田间药效试验	2008154	刘斌	廊坊市诺农生物工程有限公司	2008-11-21
138	960克/升异丙甲草胺乳油防除玉米田药效试验	2008142	刘斌	上虞颖泰精细化工有限公司	2008-11-07
139	90%赤霉酸原药的全组分分析研究	2008132	高如瑜	浙江钱江生化股份有限公司	2008-11-05
140	新能源低碳技术研究	2008156	何良年	中国环境科学研究院	2008-10-31
141	甲霜灵原药的全组分分析研究	2008123	高如瑜	江苏宝灵化工股份有限公司	2008-10-30

序号	合同名称	合同编号	负责人	甲方名称	开始日期
142	NK-Ⅱ生物活性研究试验	2008104	李永红	天津游龙科技发展有限公司	2008-09-23
143	无定形二氧化硅原药全组分分析	2008143	张智超	赢创德固赛中国投资公司上海分公	2008-09-17
144	13%春雷霉素—三环唑WP中的三环唑在水稻上的残留试验	2008089	张智超	吉林省延边春雷生物药业有限公司	2008-09-12
145	6%春雷霉素WP在黄瓜上的残留试验	2008088	张智超	吉林省延边春雷生物药业有限公司	2008-09-12
146	6%春雷霉素WP在水稻上的残留试验	2008087	张智超	吉林省延边春雷生物药业有限公司	2008-09-12
147	2%春雷霉素水剂在水稻上残留试验	2008086	张智超	吉林省延边春雷生物药业有限公司	2008-09-12
148	2%春雷霉素WP在白菜上残留试验	2008085	张智超	吉林省延边春雷生物药业有限公司	2008-09-12
149	南开大学与浙江温州鹿城东瓯染料中间体厂建立联合实验室合作合同	2008133	邹小毛	浙江温州鹿城东瓯染料中间体厂	2008-09-11
150	杀螟丹原药的全组分分析研究	2008103	高如瑜	中国江苏国际经济技术合作公司	2008-09-10
151	烯酰吗啉和代森锰锌进行复配配方筛选	2008102	范志金	利尔化学股份有限公司	2008-09-05
152	甲维盐、毒死蜱、哒螨灵室内生物活性测定	2008075	李永强	联合国南通农药剂型开发中心	2008-09-02

序号	合同名称	合同编号	负责人	甲方名称	开始日期
153	合成烯虫丙酯产品中试放大工艺研究	2008110	赵国锋	湖南中烟工业有限责任公司	2008-09-01
154	Research Services Agreement	2008077	李正名	Vertex Pharmaceuticals Incorpo	2008-09-01
155	丙环唑与苯醚甲环唑进行复配配方筛选	2008101	范志金	利尔化学股份有限公司	2008-08-29
156	草甘膦铵盐原药的全组分分析研究	2008099	高如瑜	南通江山农药化工股份有限公司	2008-08-25
157	草甘膦原药的全组分分析研究	2008092	高如瑜	功力化学工业股份有限公司	2008-08-25
158	H9201与吡啶磺隆混配联合毒力测定	2008064	李永红	南通江山农药化工股份有限公司	2008-06-30
159	2,4-D钠盐可溶性粉剂农药残留田间试验	2008054	范志金	中国农业大学	2008-06-15
160	农药剂型研究	2008056	李正名	天津市成阳科技发展有限公司	2008-06-12
161	25%噻-杀单WP农药残留试验	2008050	张智超	浙江省桐庐汇丰生物化工有限公司	2008-06-11
162	药物泰诺福韦委托开发	2008126	周其林	天津市新冠制药有限公司	2008-06-03
163	精恶唑禾草灵原药全分析	2008035	高如瑜	江苏中意化学有限公司	2008-04-21
164	关于联合进行"非生物人工肝"研究开发的协议	2008032	张政朴	北京爱美客生物科技有限公司	2008-04-07
165	新型植物生根剂NK-II项目合作协议	2008027	徐效华	天津游龙科技发展有限公司	2008-03-30

序号	合同名称	合同编号	负责人	甲方名称	开始日期
166	关于草甘膦原药全分析项目的协议书	2008031	高如瑜	南通江山农药化工股份有限公司	2008-03-19
167	关于噻苯隆原药全分析项目的协议书	2008014	高如瑜	咸阳德丰有限责任公司	2008-03-03
168	化合物分析方法建立	2008017	李正名	天津南开和成科技有限公司	2008-03-01
169	Fipronil, Prochloraz, Fenbutatin Oxide 和 Oxine Copper 原药的全分析研究	2008024	高如瑜	新加坡生达公司	2008-01-10
170	化学物合成条件实验	2008006	李正名	天津蓖麻工程科技有限公司	2008-01-01
171	400亿孢子/克球孢白僵菌可湿性粉剂	2010142	李永强	江西天人生态工业有限责任公司	2009-10-09
172	山西阳泉污水处理厂再生水除锰中试试验	2010018	李靖	山西省阳泉市污水处理厂	2009-08-17
173	N-苄基-3-哌啶酮的合成方法	2010013	陈莉	浙江汇能动物药品有限公司	2009-01-01
174	碳酸二甲酯新工艺技术产业化可行性分析	2009129	何良年	沙县金顺丰溶剂有限公司	2009-11-30
175	5-氟尿嘧啶脂缀合物类抗癌活性化合物的合成小试工艺研究合作项目	2009119	黄有	天津市哈普乐生物医药科技有限公	2009-11-16
176	聚丙烯催化剂分析测试技术研究	2009099	崔春明	中国石油天然气股份有限公司石油	2009-08-01
177	偶合药物的化学合成研究	2009138	李卫东	杭州凯飞药业有限公司	2009-07-10

序号	合同名称	合同编号	负责人	甲方名称	开始日期
178	专利权主体专利"[1，2，3]噻二唑衍生物及合成方法和用途"转让合同	2009067	范志金	利尔化学股份有限公司	2009-06-30
179	化合物合成条件优化实验	2009056	李正名	天津津华永盛科贸有限公司	2009-06-15
180	农药剂型研究	2009057	李正名	天津市成阳科技发展有限公司	2009-06-12
181	农药登记药效试验协议书	2009054	李永红	四川国光农化有限公司	2009-05-06
182	氟环唑12.5%悬浮剂在小麦上残留研究协议	2009033	张智超	江苏丰登农药有限公司	2009-05-01
183	30%乙蒜素乳油在棉花上残留研究协议书	2009032	张智超	安阳市小康农药有限责任公司	2009-05-01
184	97%毒死蜱原药的全组分分析研究	2009025	高如瑜	江苏宝灵化工股份有限公司	2009-03-12
185	农药安全性监测与评价项目	2009080	范志金	农业部农药检定所	2009-02-20
186	关于"创制超高效绿色除草剂单嘧磺酯专利技术独家实施许可"合同	2009019	李正名	江苏长青农化股份有限公司	2009-01-31
187	螺环膦—噁唑啉和制备方法及其应用	2009006	周其林	浙江九洲药业股份有限公司	2009-01-05
188	铱络合物在不饱和羧酸不对称催化氢化中的应用	2009005	周其林	浙江九洲药业股份有限公司	2009-01-05
189	化合物合成条件实验	2008153	李正名	南开大学蓖麻工程科技有限公司	2009-01-01

序号	合同名称	合同编号	负责人	甲方名称	开始日期
190	哒螨灵95%原药,井冈霉素60%原药,啶虫脒96%原药,苯醚甲环唑95%原药,氟虫腈95%原药,吡丙醚95%原药等	2011012	高如瑜	台北市育禾化学兴业有限公司	2010-12-10
191	阿维菌素+茚虫威对水稻稻纵卷叶螟的农药生物活性筛选	2011016	熊丽霞	江苏剑牌农药化工有限公司	2010-11-20
192	甲维盐+茚虫威对水稻稻纵卷叶螟的农药生物活性筛选	2011015	熊丽霞	江苏剑牌农药化工有限公司	2010-11-20
193	噻嗪酮+异丙威对水稻稻飞虱的农药生物活性筛选	2011014	熊丽霞	江苏剑牌农药化工有限公司	2010-11-20
194	E+Z)-2-[2-(4-氰基苯)-1-(3-氟甲基苯)亚乙基]-N-(4-三氟甲氧基苯)联氨羰草酰胺小试工艺技术转让	2011255	徐凤波	山东京博控股股份有限公司	2010-10-27
195	250克/升百草枯水剂防除非耕地杂草的田间药效试验	2011007	刘斌	江西威牛作物科学有限公司	2010-10-12
196	5%阿维菌素微乳剂、15%毒死蜱颗粒、30%毒死蜱微囊悬浮剂田间药效试验	2011150	李永强	江苏丰山集团有限公司	2010-10-09
197	100克/升甲基磺草酮SC防除玉米田一年生杂草的田间药效试验	2011221	刘斌	上虞颖泰精细化工有限公司	2010-10-01
198	唑类化合物合成优化的研究	2011077	王建国	中科院微生物研究所	2010-06-01

序号	合同名称	合同编号	负责人	甲方名称	开始日期
199	应用元素有机化学化工产学研合作协议	2011158	徐凤波	南通维立科化工有限公司	2010-04-30
200	醋酸铜原药的杂质分析研究	2011073	高如瑜	山东潍坊双星农药有限公司	2010-04-25
201	95%哒螨灵(Pyridaben)原药和98%仲丁威(Fenobucarb)原药的全	2011034	高如瑜	沙隆达对外贸易有限公司	2010-04-05
202	化合物分析方法实验	2010180	李正名	天津百科生物化学有限公司	2011-01-01
203	改进的NYSTED试剂小试技术	2010159	徐凤波	霸州路德精细化工有限公司	2010-12-03
204	氯化铝溶液除杂实验研究	2010173	张政朴	神华准格尔能源有限公司	2010-10-22
205	"40%灭草松水剂除水稻移栽田一年生阔叶杂草及莎草科杂草"田间药效试验	2010164	刘斌	江苏剑牌农药化工有限公司	2010-10-01
206	芳基吡咯N-草酸酯类衍生物及制备和作为杀虫剂的应用	2010175	汪清民	天津双知生物技术有限公司	2010-08-23
207	新药化学合成研究	2010091	陈莉	杭州凯飞药业有限公司	2010-07-06
208	氯啶菌酯原药和15%氯啶菌酯乳油物化性能测定	2010108	高如瑜	江苏宝灵化工股份有限公司	2010-07-01
209	光敏剂819的合成工艺	2010094	胡方中	天津久日化学工业有限公司	2010-07-01
210	化合物农药活性测试项目CA201005008	2010107	汪清民	巴斯夫(中国)有限公司	2010-06-01

序号	合同名称	合同编号	负责人	甲方名称	开始日期
211	化合物农药活性测试项目CA201005007	2010106	汪清民	巴斯夫(中国)有限公司	2010-06-01
212	1H, 1H, 2H, 2H-全氟烷基三烷氧基硅烷的制备方法	2010078	陈波	天津游龙科技发展有限公司	2010-05-12
213	2-氯-烟酸生产新工艺小试技术	2010067	徐效华	江苏南通市纳百园化工有限公司	2010-05-01
214	Iprodione(依普同)原药的全分析研究	2010071	高如瑜	新加坡生达公司	2010-04-23
215	新型噻二唑衍生物的合成及生物活性研究	2010066	范志金	利尔化学股份有限公司	2010-04-22
216	杨树重大疾病综合防治技术开发	2010047	范志金	天津农学院	2010-04-12
217	氰虫腈技术开发	2010063	徐凤波	南通维立科化工公司	2010-04-08
218	卤虫胺技术开发	2010062	徐凤波	南通维立科化工公司	2010-04-08
219	合作协议	2010058	赵国锋	天津久日化学工业有限公司	2010-04-01
220	农药安全性监测与评价项目	2010056	范志金	农业部农药检定所	2010-04-01
221	Hemay014合成路线关键反应单元的工艺条件优化	2010033	李晨曦	天津和美生物技术有限公司	2010-03-26
222	新药申报单晶培养、单晶结构的测定、解溪河绝对构型的鉴定	2010016	李靖	江苏豪森药业股份有限公司	2010-03-08
223	春雷霉素(KASUGAMYCIN)原药的全分析研究	2010027	高如瑜	台湾育禾化学兴业有限公司	2010-01-25

序号	合同名称	合同编号	负责人	甲方名称	开始日期
224	25%甲噻诱胺悬浮剂对辣椒病毒病的室内活性试验及室内安全性试验	2010005	范志金	利尔化学股份有限公司	2010-01-08
225	化合物分析方法建立	2010001	李正名	天津市汉邦植物保护剂有限责任公	2010-01-08
226	本体法聚丙烯催化剂技术开发	2010042	崔春明	中国石油天然气股份有限公司石油	2010-01-01
227	植物病毒病防治药剂NK-007涉及的五项中国发明专利实施许可合同	2012111	汪清民	江苏蓝丰生物化工股份有限公司	2010-09-16
228	噻虫嗪+异丙威对水稻稻飞虱的农药生物活性筛选	2012006	熊丽霞	江苏剑牌农药化工有限公司	2011-12-01
229	丁醚脲(Diafenthiuron)、甲磺隆(Metsulfuron-methyl)原药的全组分分析研究	2012003	高如瑜	新加坡生达公司	2011-11-07
230	手性螺环吡啶胺基膦配体化合物与合成方法及其应用(专利申请号：201010550836.0)专利申请权转让合同	2012015	周其林	浙江九洲药业股份有限公司	2011-06-16
231	合作成立院士工作站协议书	2012007	李正名	江苏丰山集团有限公司	2011-03-29
232	吡蚜酮和噻嗪酮对水稻稻飞虱的农药生物活性筛选	2011242	熊丽霞	江苏建农农药化工有限公司	2011-11-30

序号	合同名称	合同编号	负责人	甲方名称	开始日期
233	新型异噻唑衍生物的合成及生物活性	2011234	范志金	江西天人生态股份有限公司	2011-10-26
234	共建南开-京博产学研联合实验室	2011244	徐凤波	山东京博控股股份有限公司	2011-10-24
235	高活性杀虫剂NK-WQM-17涉及的中国发明专利实施许可合同	2011222	汪清民	江苏蓝丰生物化工股份有限公司	2011-10-10
236	共建抚州金巢生物医药技术研发中心	2011214	徐凤波	江西金才实业有限公司	2011-10-01
237	杀虫剂5%甲胺基阿维菌素微乳剂防治甘蓝小菜蛾田间药效试验	2011233	李永强	江苏丰山集团有限公司	2011-09-22
238	吲哚类菁染料化合物合成技术研发	2011178	王文虎	天津三箭生物技术有限公司	2011-09-19
239	2-氯-5-氯甲基吡啶的环合新工艺	2011227	邹小毛	泰安联合生物化学科技有限公司	2011-09-15
240	2-氯-5-氯甲基吡啶的环合新工艺	2011226	邹小毛	江苏长青农化股份有限公司	2011-09-15
241	25%莠去津·硝磺草酮悬浮剂农药登记药效试验	2011220	刘斌	江苏丰山集团有限公司	2011-09-08
242	新化合物农药生物活性测试技术服务	2011186	李永红	广西大学化学化工学院	2011-09-07
243	116个新化合物农药生物活性技术服务	2011184	李永红	华中师范大学	2011-09-07
244	化合物农药活性测试协议	2011265	李正名	巴斯夫(中国)有限公司	2011-09-06
245	121个新化合物农药生物活性技术服务	2011185	李永红	华中师范大学	2011-09-06

序号	合同名称	合同编号	负责人	甲方名称	开始日期
246	甲氰菊酸环化合成技术	2011194	汪清民	山东大成农药股份有限公司	2011-08-06
247	邻-取代苯(烷)硫基苯甲酸植物生长调节剂	2011167	赵国锋	盐城格瑞茵化工有限公司	2011-08-01
248	马拉硫磷原药的全组分分析研究	2011189	高如瑜	安徽省瑞丰化肥贸易有限公司	2011-07-12
249	TGC样品单晶测试协议	2011195	赵卫光	贵州大学精细化工研究开发中心	2011-07-07
250	交联透明质酸微球的合成及表征	2011137	张政朴	北京爱美客生物科技优先公司	2011-06-22
251	新型肝靶向PCL/PEG纳米胶束的制备及应用研究	2011117	张政朴	天津中医药大学	2011-06-14
252	农药剂型研究	2011132	李正名	天津游龙科技发展有限公司	2011-06-01
253	中药活性成分相关研究	2011087	王文虎	天津医药科学研究所	2011-05-27
254	关于联合推广吡虫啉中间体环合产业化技术的合作协议	2011060	邹小毛	乙方(青岛海利尔药业有限公司)	2011-05-04
255	Multi-Institutional Agreement National Health and Medical Research Council (NHMRC)Project Grants	2011171	王建国	澳大利亚昆士兰大学	2011-05-01
256	苯醚甲环唑40%悬浮剂残留试验	2011126	张智超	武威甘鑫种业有限公司	2011-05-01
257	单氰胺50%水剂农药残留试验	2011125	张智超	浙江龙游东方阿纳萨克作物科技有	2011-05-01

序号	合同名称	合同编号	负责人	甲方名称	开始日期
258	灭线磷(Ethoprophos)原药的全组分分析研究	2011068	高如瑜	威海韩孚生化药业有限公司	2011-04-01
259	Oxamyl(草肟威), Benomyl(苯菌灵)和Chlorpyrifos(毒死蜱)三种农药原药的全分析研究	2011051	高如瑜	新加坡生达公司	2011-04-01
260	苯并呋喃甲醛的生产技术	2011129	赵凤革	湖北新景新材料有限公司	2011-03-22
261	化合物农药活性CA201011010	2011046	李正名	巴斯夫(中国)有限公司	2011-03-01
262	乙螨唑的清洁生产工艺技术	2011018	汪清民	石家庄市绿丰化工有限公司	2011-01-02
263	噻苯隆合成工艺及环保新剂型技术开发	2011078	赵卫光	江苏东宝农药化工有限公司	2011-01-01
264	医药化工项目技术开发	2013237	谢建华	浙江九洲药业股份有限公司	2012-12-01
265	抗癫痫药伊来西胺新合成工艺	2012210	胡方中	江苏集贤绿色化学科技研究院有限公司	2012-12-24
266	新型鱼尼丁受体激动剂衍生物的合成	2012208	范志金	江西天人生态股份有限公司	2012-12-06
267	超高效除草剂单嘧磺脂的改进生产技术	2012195	李正名	天津绿保农用化学科技开发有限公司	2012-11-26
268	中药抗癌成分聚合物给药系统研究	2012175	张政朴	天津中医药大学中药学院	2012-11-16
269	改性壳聚糖微球作为胆红素吸附剂的中试放大研究	2012192	张政朴	北京爱美客生物科技有限公司	2012-11-15

序号	合同名称	合同编号	负责人	甲方名称	开始日期
270	32%稻瘟灵咪鲜胺水乳剂农药登记药效试验	2012233	范志金	江苏剑牌农化股份有限公司	2012-11-08
271	30%三环唑悬浮剂农药登记药效试验	2012232	范志金	江苏剑牌农化股份有限公司	2012-11-08
272	30%稻瘟灵水乳剂农药登记药效试验	2012231	范志金	江苏剑牌农化股份有限公司	2012-11-08
273	450克/升咪鲜胺水乳剂农药登记药效试验	2012230	范志金	江苏剑牌农化股份有限公司	2012-11-08
274	Illumina Genome AnalyzerIIx测序协议	2012213	刘斌	夏威夷大学基因组学、蛋白组学和生物信息学高等研究中心	2012-11-06
275	医用级碘化钾的研制	2012173	王有名	河北华晨药业有限公司	2012-10-30
276	国家合作项目-农药创制项目	2012180	汪清民	瑞士先正达农药公司	2012-10-17
277	新型嘧啶类化合物性能评价研究	2012196	赵卫光	中国农业大学	2012-10-10
278	杀菌剂综合性能评价研究	2012197	赵卫光	贵州大学精细化工研究开发中心	2012-10-09
279	0.01%芸苔素内酯水剂农药登记药效试验	2012235	李永红	成都新朝阳作物科学有限公司	2012-10-01
280	高三尖杉酯碱的合成	2012172	李卫东	绍兴民生医药有限公司	2012-08-20
281	2-氯-5-氯甲基吡啶的环合新工艺	2012126	邹小毛	河北野田农用化学品有限公司	2012-06-30

序号	合同名称	合同编号	负责人	甲方名称	开始日期
282	改性氧化铝制备2,5-二氢呋喃的生产工艺	2012117	刘桂龙	天津绿保农用化学科技开发有限公司	2012-06-29
283	"常山酮氢溴酸盐的合成"专利申请技术实施许可合同	2012097	李卫东	重庆威尔德·浩瑞医药化工有限公司	2012-06-20
284	2-氯-5-氯甲基吡啶合成工艺研究与开发	2012088	邹小毛	山东省联合农药工业有限公司	2012-06-05
285	抚州金巢生物医药技术研究中心产学研合作实施协议	2012076	徐凤波	江西金才实业有限公司	2012-05-14
286	季鏻盐类路易斯酸性离子液体的合成工艺及催化性能的开发研究	2012075	常卫星	中化化工科学技术研究总院	2012-04-23
287	三唑酮9%微乳剂在小麦上残留试验研究协议书	2012102	张智超	河北军星生物化工有限公司	2012-04-01
288	甲基硫菌灵70%水分散剂在黄瓜上残留试验研究协议书	2012101	张智超	江苏蓝丰生物化工股份有限公司	2012-04-01
289	25%莠去津硝磺草酮悬浮剂农药登记药效试验协议书	2012219	刘斌	江苏丰山集团有限公司	2012-03-21
290	20草铵膦水剂农药登记药效试验协议书	2012218	刘斌	江苏丰山集团有限公司	2012-03-21
291	L-薄荷醇及其异构体混合物合成探索性试验	2012048	朱守非	上海万香日化有限公司	2012-02-12
292	新化合物农药活性筛选	2012080	汪清民	中国农业大学	2012-01-06

序号	合同名称	合同编号	负责人	甲方名称	开始日期
293	树脂法回收稀土技术开发及工业化设计	2012002	张政朴	中国地质大学	2012-01-06
294	植物激活剂甲噻诱胺作用机制的研究	2012049	范志金	利尔化学股份有限公司	2012-01-01

1964年—2018年元素所荣获国家科技奖部分奖状

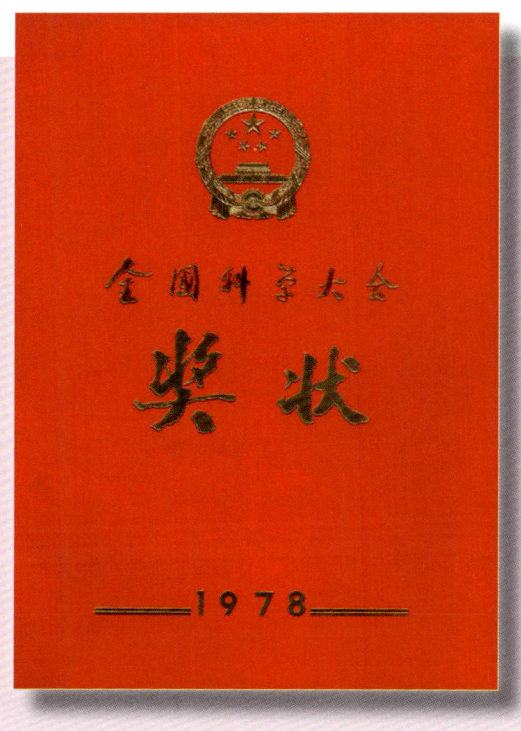

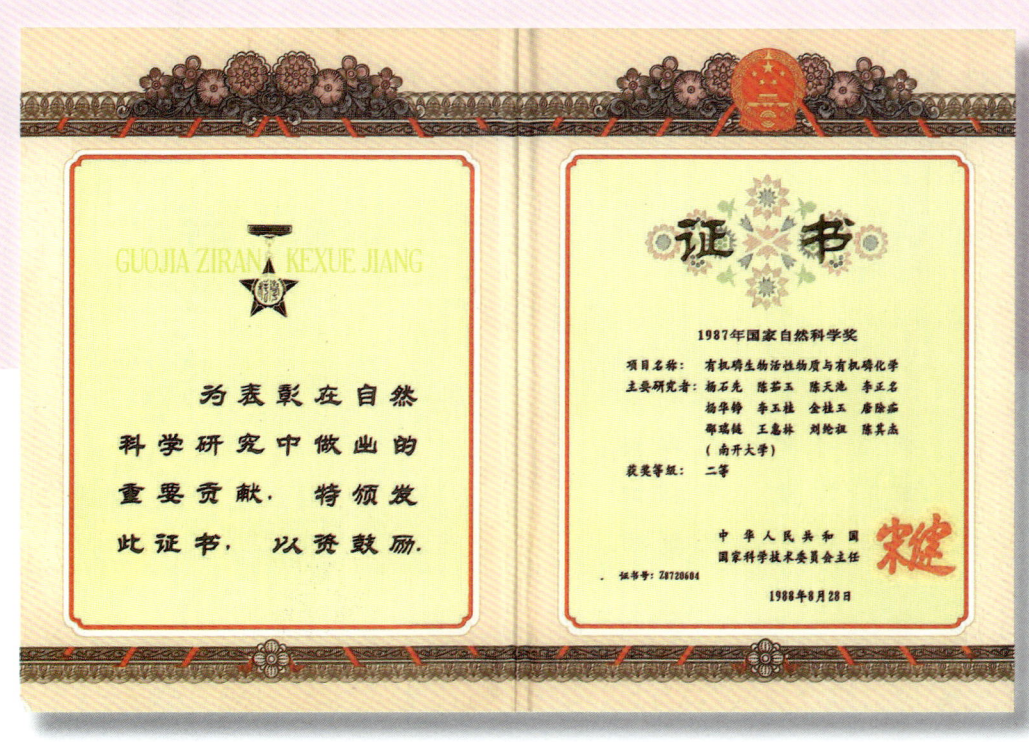

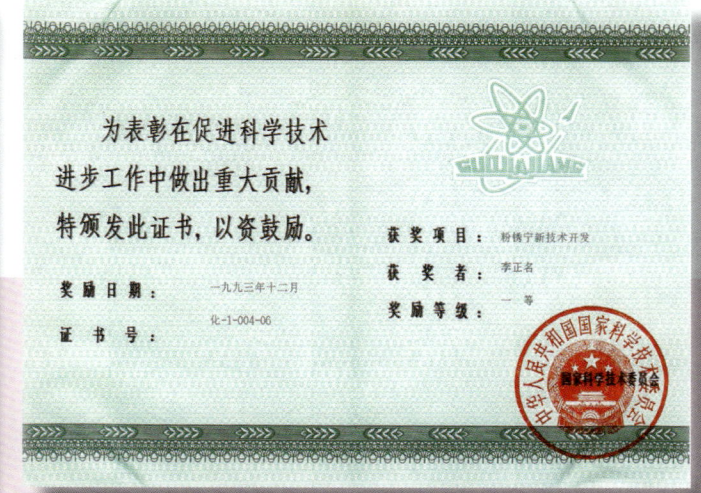

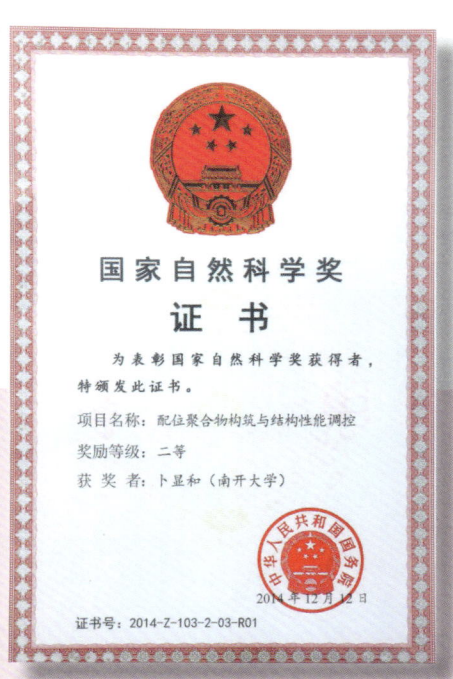

1. 获国家奖项

序号	获奖年份	成果名称	获奖完成人	奖励类别
1	1964	灭绣一号	南开大学元素有机化学研究所	国家计委国家科委国家经委新产品发明二等奖
2	1964	磷32磷47	南开大学元素有机化学研究所	国家计委国家科委国家经委新产品发明二等奖
3	1964	除草一号	南开大学元素有机化学研究所	国家计委国家科委国家经委新产品发明二等奖
4	1978	叶枯净	南开大学元素有机化学研究所	1978年全国科学大会奖
5	1978	燕麦敌二号	南开大学元素有机化学研究所	1978年全国科学大会奖
6	1978	久效磷	南开大学元素有机化学研究所	1978年全国科学大会奖
7	1978	三氯杀螨醇	南开大学元素有机化学研究所	1978年全国科学大会奖
8	1978	螟蛉畏	南开大学元素有机化学研究所	1978年全国科学大会奖
9	1978	有机磷杀虫剂——磷胺及其中间体亚磷酸三甲酯生产技术改进	南开大学元素有机化学研究所	1978年全国科学大会奖
10	1982	有机化合物结构与性能的关系	高振衡,周一民,潘家杏,王明真	国家科学技术奖自然科学三等奖
11	1983	紫外光谱区激光染料及合成方法	高振衡,周一民,潘家杏,王明真,范秀菊	国家科学技术奖技术发明三等奖
12	1985	农用高效杀菌剂粉锈宁	李正名,陈宗庭	国家科学技术奖科技进步三等奖
13	1985	o-烷基-o-芳基-N-烷基硫代磷酰胺类化合物的合成及其结构与除草活性定量关系的研究	陈茹玉,杨华铮,曾强,邢晓东,张岳军,王惠林等	国家科技成果奖

序号	获奖年份	成果名称	获奖完成人	奖励类别
14	1985	钛锆铪有机化合物的研究	陈寿山,刘以寅等	国家科技成果完成者证书
15	1986	农药安全使用标准	王琴荪,冯秀琼等(分析室残留组)	国家科学技术奖科技进步三等奖
16	1986	"禾草特"即禾大壮在稻田中的残留动态及作物中的最终残留研究	冯秀琼,王琴荪等(分析室残留组)	国家技术监督标准化科技进步一等奖
17	1988	有机磷生物活性物质与有机磷化学	杨石先,陈茹玉,陈天池,李正名,杨华铮,李毓桂,金桂玉,唐除痴,邵瑞链,王惠林,刘纶祖,陈其杰	国家科学技术奖自然科学二等奖
18	1990	"禾草特"即禾大壮在稻田中的残留动态及作物中的最终残留研究	分析室残留组	国家科技进步二等奖
19	1990	农药合理使用国家标准	王琴荪,冯秀琼等(我所为参加单位)	国家科技进步二等奖
20	1990	差向异构化制备高效(顺反式)氯氰菊酯	黄润秋	国家科学技术奖技术发明三等奖
21	1991	NK-P植物营养素	范秀菊,冯宵,王积涛,王银淑	国家科学科技奖科技进步三等奖
22	1993	粉锈宁新技术开发	秦裕基,李正名,梁淑君,唐湖,陈宗庭,章希知,徐敏,邵维忠,张国凡,黄润秋,孙致远,陈雄飞,江燕敏,梁美发,薛国夏(注:上海农药所档案室提供)	国家科学技术奖科技进步一等奖
23	2007	对环境友好的超高效除草剂的创制和开发研究	李正名,王玲秀,王建国,赵卫光,寇俊杰,王素华	国家科学技术奖技术发明二等奖

2. 省、部级奖项

序号	获奖年份	成果名称	获奖完成人	奖励类别
1	1978	钛锆铪有机化合物的研究	南开大学元素有机化学研究所	天津市科技成果奖二等奖
2	1978	有机闪烁材料结构与性能关系研究	汪小兰，孟继本，高振衡，范秀菊，李德贵	天津市科技进步一等奖
3	1979	有机磷化学进展	南开大学元素有机化学研究所	天津市科技情报调研成果奖
4	1979	国内外化学防治水稻白叶枯病的研究	南开大学元素有机化学研究所	天津市科技情报调研成果奖
5	1979	板桥凝析油全分析	余仲健，云希勤，寇登民，李艳红	天津市科技进步三等奖
6	1979	胺草磷	陈茹玉，杨华铮，曾强，陈彬，张树奎	天津市科技进步二等奖
7	1979	薄层色谱仪和薄层色谱硅胶	林烋，张一凡	天津市科技进步二等奖
8	1979	配合物的稳定性与配体酸碱强度之间直线自由能关系	陈荣悌，林华宽，古宗信，鲜于玉琼	天津市科技进步二等奖
9	1979	新型固化催化剂	谢庆兰，张增佑，王真，魏东	国防科委(科技成果奖)
10	1981	农药安全使用标准	王琴荪	农业部科技进步三等奖
11	1981	叶枯净胶悬剂	林烋，张大诩，王广远，王永泰，张素华	化工部科技进步三等奖
12	1981	甲醇法提取高丙体六六六生产技术	冯秀琼，林孝元	化工部重点科技成果二等奖

序号	获奖年份	成果名称	获奖完成人	奖励类别
13	1981	农药安全使用标准	王琴荪等	农业部技术改进一等奖
14	1982	新型激光染料	高振衡,周一民,潘家杏,王明真,范秀菊	天津市科技进步二等奖
15	1983	选择性吸附树脂血液灌流装置治疗安眠药中毒	何炳林,陈长治,俞耀庭,杨晓明	天津市科技进步二等奖
16	1984	农业科技推广应用先进集体奖	南开大学元素有机化学研究所	国家计委、科委、农牧渔业部、林业部
17	1984	生长调节剂-7841在芝麻上的应用	张莹芳	河南省科委科技进步三等奖
18	1985	七种新型稀土发光材料技术	孙家镔,王序昆	国家科委科技进步奖
19	1986	久效磷工艺改进	李克东,李广仁,邵瑞链,董希阳,金桂玉	国家教委优秀科技成果奖二等奖
20	1986	经钛杂环合成立体选择性的三取代乙烯	刘以寅,陈美文,王积涛	国家教委科技进步二等奖
21	1986	丝绸防水剂	陈寿山,刘以寅	辽宁省科技成果二等奖
22	1986	ZW防水剂	陈寿山,刘以寅,玄镇爱	辽宁省科技成果二等奖
23	1986	有机磷生物活性物质及有机磷化学	杨石先,陈茹玉,陈天池,李正名,杨华铮,李毓桂,金桂玉,唐除痴,邵瑞链,王惠林,刘纶祖,陈其杰	教育部科技进步一等奖
24	1986	有机化合物结构与光性能研究	高振衡,周一民,潘家杏,王明真	教育部科技进步二等奖
25	1987	过渡金属有机化合物合成的结构反应动力学和催化	王序昆,陈寿山,白明彰,张正之,刘以寅	教育部科技进步二等奖

序号	获奖年份	成果名称	获奖完成人	奖励类别
26	1988	脂类化合物的合成及其结构与生物活性的研究	陈茹玉，杨华铮，张岳军，王玲秀，程慕如，王惠林，陈永正	教育部科技进步二等奖
27	1988	硫代磷酰胺脂类化合物的合成及其结构与生物活性的研究	陈茹玉，杨华铮，张岳军，王玲秀，程慕如，王惠林，陈永正	国家教委科技进步二等奖
28	1989	农药合理使用国家标准	王琴荪、冯秀琼等（我所为参加单位）	国家技术监督标准化科技进步一等奖
29	1989	NK-P植物营养素	范秀菊，冯宵，王积涛，王银淑	教育部科技进步二等奖
30	1990	除草剂豆草隆	陈其杰，孙致远，程慕如	天津市人民政府科技成果三等奖
31	1990	除草剂豆草隆	陈其杰，孙致远，程慕如	天津科技协作一等奖
32	1990	芦笋病虫草害及田间管理技术综合治理研究	王银淑	天津市科技进步三等奖
33	1990	高效有机锡杀螨剂-三唑锡	谢庆兰，刘同英，张增佑，陈学仁	教育部科技进步三等奖
34	1990	α-ω-双烷(烃基氯硅基)的合成及反应的研究	周秀中，谢庆兰，洪满水，徐善生，张宝申	教育部科技进步三等奖
35	1990	农药化学基础研究	李正名，王天生	教育部科技进步二等奖
36	1990	含杂原子的磷杂环化合物研究	陈茹玉，杨华铮，刘准，程磊峰，包容	教育部科技进步二等奖
37	1990	20%三唑锡悬浮剂	刘同英，王广远，章大诩	山东省科技成果二等奖

序号	获奖年份	成果名称	获奖完成人	奖励类别
38	1990	高效氯氰菊酯	黄润秋,陈学仁,钱宝英	天津市科技进步一等奖
39	1992	含磷氨基酸及膦二肽的研究	陈茹玉,杨华铮	教育部科技进步三等奖
40	1992	计算机辅助色谱最优化分离	王琴荪,高如瑜,朱昌寿,颜炳文	教育部科技进步二等奖
41	1992		杨华铮,刘纶祖,李国炜,陈寿山,邵瑞链	天津市教学成果一等奖
42	1993	新杀螨剂灭螨灵工业化试验	王立坤,么恩云,朱昌寿	教育部科技进步三等奖
43	1994	灭多威的研究与开发	邢晓东,方仁慈,孙鸿祥	教育部科技进步三等奖
44	1994	农药化学基础研究	李正名,赖诚明,刘天麟,么恩云,王玲秀,贾国锋	教育部科技进步三等奖
45	1994	化合物及由其拓展而来的金属有机多齿配体配	张正之,吕可诚,张建忠,杨明涛	教育部科技进步三等奖
46	1995	水、土、生物质量中有机磷,有机氯农药多残留测定的气相色谱法 GB/T14550–14553/93项目	冯秀琼等	国家技术监督标准化科技进步二等奖
47	1994	超高效低毒豆田除草剂——豆草隆中试	陈其杰,孙致远,程慕如	天津市科技进步三等奖
48	1995	芦笋优质高产适用技术扩大示范工程研究	王银淑	天津市科技进步三等奖

序号	获奖年份	成果名称	获奖完成人	奖励类别
49	1996	近十年有机磷生理生物活性物质及有机磷化学研究	陈茹玉,唐除痴,刘纶祖,杨华铮,金桂玉	国家教委科技进步二等奖
50	1996	四螨嗪中试	金桂玉,郑建禹,许满英	天津市科技进步三等奖
51	1996	高效薄层色谱优化分离新进展	王琴荪,颜炳文	教育部科技进步二等奖
52	1996	"新棉威"系列品种	王广远,章大诩,黄兴盛等	江苏省科技成果三等奖
53	1998	生物合理方法设计合成新农药及其构效关系研究	杨华铮,刘华银,邹小毛,谭惠芬,程慕如	天津市科技进步二等奖
54	1998	新农药的设计、合成及关系研究	杨华铮,李正名,黄润秋,金桂玉,刘天麟,赵国锋,刘华,黄振年,贺峥杰,陆荣健,杨光富,任康太	教育部科技进步三等奖
55	1998	新超高效除草剂#92825等的创新研究	李正名,贾国锋,王玲秀,赖诚明,钱宝英,刘洁	教育部科技进步二等奖
56	1999	喹禾灵(禾草克)右旋光学化工艺技术	陈彬,刘凤萍,杨华铮,谭惠芬,杨秀凤	天津市科技进步二等奖
57	1999	有机磷杀虫剂丙溴磷(Profenofos)合成方法	唐除痴,刘纶祖,王捷,吴桂萍,朱信传,朱昌寿	教育部科技进步三等奖
58	1999	系列农药残留测定国家标准推广应用	冯秀琼	农业部科技进步三等奖
59	1999	农产品和水土中农药残留分析方法及国家标准研究	冯秀琼等	教育部科技进步二等奖

序号	获奖年份	成果名称	获奖完成人	奖励类别
60	2000	新型抗癌抗病毒活性磷脂–核苷缀合物及a–氨基膦酸衍生物研究	陈茹玉,戴庆,周嘉,张成祥,李惠英,黄君珉,迟国臣,陈焕明	天津市自然科学技术奖一等奖
61	2001	超分子金属有机化学研究	张正之,麦松威,支志明,匡善明,徐凤波,李庆山,宋海斌	天津市科学技术自然科学一等奖
62	2002	有机锡化合物的合成结构及其应用	谢庆兰,李靖,徐效华,郑健禹,张招贵,孙丽娟	天津市科学技术自然科学二等奖
63	2002	甲氨基阿维菌素苯甲酸盐合成技术	徐凤波,张正之,解放,贺水济,毕富春	天津市科学技术科技进步二等奖
64	2004	超高效除草剂#92825大田示范推广	王玲秀,杨红军,高发旺,韩宝祥,刘宝森,张立顺,陈俊鹏,郑湘	天津市科学技术科技进步三等奖
65	2004	磺酰脲类化合物及其除草用途	李正名,贾国锋,王玲秀,范传文,杨焀	天津市专利金奖
66	2005	对环境友好的超高效除草剂的创制和开发研究	李正名,王玲秀,贾国锋,黑中一,王素华,王建国,王红学,赵卫光,李永红,寇俊杰,范志金	天津市科学技术技术发明一等奖
67	2005	不对称合成中新型手性磷、氮试剂的设计、合成和应用研究	唐除痴,周正洪,赵国锋,李康应	天津市科学技术自然科学三等奖
68	2006	高效有机多元微肥新产品通丰植物营养液(剂)的研制与推广	范志金(4)	四川省科学技术奖励一等奖
69	2006	甲氰菊酯的制备方法	汪清民,黄润秋,柴有新	天津市专利优秀奖

序号	获奖年份	成果名称	获奖完成人	奖励类别
70	2006	超分子化学基础研究—识别、组装和化学传感	张正之，徐凤波，曾宪顺，宋海斌，李庆山	天津市科学技术自然科学二等奖
71	2007	手性螺环磷配体及其催化剂的设计、合成研究	周其林，谢建华，朱守非，王立新	天津市科学技术自然科学一等奖
72	2007	2,3-二氢呋喃的技术开发与应用	刘桂龙，严东文，李正名，张树军，赵卫光	天津市科学技术科技进步三等奖
73	2008	3,4-二氢吡喃的技术开发与应用	刘桂龙，严东文，张树军，郑占英，陈建宇	天津市科学技术科技进步三等奖
74	2008	分子印迹电色谱整体柱研究	高如瑜	天津市科学技术自然科学三等奖
75	2013	不对称催化氢化反应研究	周其林，谢建华，朱守非，王立新	天津市科学技术自然科学一等奖
76	2013	第十二届天津青年科技奖	朱守非	天津青年科技奖
77	2013	科技重大成就奖	李正名	天津市科学技术奖

3. 其他奖项

序号	获奖年份	奖励名称	成果名称	获奖完成人	奖励类别
1	2000	何梁何利科学与技术进步奖		陈茹玉	何梁何利基金化学奖
2	1996	光华科技基金会		杨华铮	光华科技基金三等奖
3	1997	光华科技基金会		金桂玉	光华科技基金三等奖

序号	获奖年份	奖励名称	成果名称	获奖完成人	奖励类别
4	2002	全国优秀博士论文奖	酰肼类昆虫生物调节剂合成及生物活性研究	汪清民（导师黄润秋）	全国优秀博士学位论文
5	2003	中国化学会青年奖		汪清民	中国化学会青年化学奖
6	2005	中国化学会青年奖		周正洪	中国化学会青年化学奖
7	2006	发明创业奖		李正名	发明创业奖
8	2007	中国农药工业杰出成就奖		李正名	第三届中国农药工业神农奖

应用研究成果

序号	项目	鉴定与获奖情况	转让和生产情况
1	除草剂一号（南开一号）	是我国创制的第一个除草剂，完成中试，通过鉴定。1964获国家计委国家科委国家经委新产品发明二等奖。	天津农药实验厂放大样，合成完成中试及生产
2	灭锈一号	1964年获国家计委国家科委国家经委新产品发明二等奖，1964年初市科委主持通过小试鉴定。	天津市化工一厂及大连化工厂放大样并生产。治理小麦锈病上取得很大的经济与社会效益。
3	有机磷杀虫剂 P32、P47	1964年获国家计委国家科委国家经委新产品二等奖	天津农药厂放大样进行田间试验
4	氯化物生产工艺会战（五硫化二磷路线）	1969年通过国家验收优于三氯硫磷路线。是多种有机磷杀虫剂的重要中间体，五硫化二磷法生产氯化物一直沿用至今	与葛店化工厂，湖南化工研究院及安徽化工研究所合作、会战，有机磷农药生产为此取得很好的经济效益和社会效益
5	叶枯净（杀菌组杨石先等）	1974年中试与天津农药实验厂合作，1978年获全国科学大会奖	在温州农药厂投产
6	燕麦敌一、二号	1966—1967年元素所、沈阳化工研究院及青海省化工研究所组成了会战组，分工合作完成防治西北地区野燕麦药剂的研制，1969年完成中试。1978年获全国科学大会奖。	在元素所车间分别生产燕麦敌一号及燕麦敌二号各一百多公斤，在西北作了大田试验，后在青海省西宁电化厂生产。解决了西北地区野燕麦危害无药防治的难题，取得了很大的经济与社会效益。
7	高效内吸杀虫剂久效磷（合成室杀虫组，分析室）	1975.6完成中试 1978年获全国科学大会奖	在青岛农药厂完成中试后生产，年产300吨以上。

序号	项目	鉴定与获奖情况	转让和生产情况
8	三氯杀螨醇（合成杀虫组，生测室，分析室）	1977年3月天津市科技局、化工局主持通过中试鉴定。1978年获全国科学大会奖	天津人民农药厂生产
9	矮健素	1975年完成中试 1978年获全国科学大会奖	河北保定化工四厂生产
10	杀虫剂螟蛉畏（合成杀虫组，生测杀虫组，分析室）	与镇江农药厂合作中试，1976年由江苏省科技局组织通过中试鉴定 1978年获全国科学大会奖	镇江农药厂生产
11	有机磷杀虫剂—磷胺及其中间体亚磷酸三甲酯技术改进	1970.12完成中试(元素所、沈阳化工研究院、青岛农药厂协作) 1978年获全国科学大会奖	青岛农药厂生产
12	敌枯唑	1977年天津市主要科研成果表彰项目	
13	杀菌剂7012	1973年与广东化工所合作	广东化工所投产
14	Vx毒剂侦检管技术材料	1973年接总参某部科研处的任务	
15	二氯丁酸	1975年7月小试 1977年获天津重要科研成果表彰项目奖	
16	7313杀菌剂	1977年获天津重要科研成果表彰项目奖	
17	硫代五号	1977年获天津重要科研成果表彰项目奖(与天津市第一化工原料厂合作)	
18	蓟运河污染的调查	1977年天津重要科研成果表彰项目奖(我所为参加单位)	

序号	项目	鉴定与获奖情况	转让和生产情况
19	玉米螟性外激素的研究	1977年天津重要科研成果表彰项目奖（与本校生物系合作）	
20	新"666"对作物残留分析	1977年天津重要科研成果表彰项目奖（我所为参加单位）	
21	3911类型杀虫剂	1977年天津重要科研成果表彰项目奖	
22	核磁位移试剂	1977年天津重要科研成果表彰项目奖	
23	蓟运河污水底泥分析	1977年天津重要科研成果表彰项目（我所为参加单位）	
24	亚砜类磷酸酯	1977年天津重要科研成果表彰项目奖（和天津农药厂合作）	
25	二化螟的饲养与筛选方法	1977年天津重要科研成果表彰项目奖	
26	植物激素—"津451"	1976.7与天津合成材料厂合作中试鉴定	
27	多硫磷乳油研究	1977年天津重要科研成果表彰项目奖	1977.3.26天津市科技局、化工局组织鉴定，天津农药厂生产
28	整形素	1977年天津重要科研成果表彰项目奖	
29	薄层色谱仪与硅胶	1979.12.27通过校级鉴定 1979年天津市优秀科研成果三等奖	南开大学金工厂批量生产
30	稀土催干剂	1978年全国科学大会奖	
31	除草剂"胺草磷"16	1978.12.9小试。 1978年全国科学大会奖 1980获天津市科技成果二等奖	已在山东海门农药厂生产

序号	项目	鉴定与获奖情况	转让和生产情况
32	除草剂"黄草灵"7431	1979.1天津市化工局局级小试鉴定	在浙江慈溪农药厂及四川等地投产
33	甲醇法提取"666"高丙体生产工艺技术	1979年化工部重点科研成果二等奖	
34	叶枯净胶悬剂	1980.12.23通过市级鉴定，1981年获化工部科技成果三等奖	曾在天津农药实验厂投产
35	杀虫环"268"	1980.12.24校级鉴定	转让山东德州农药厂
36	固化催化剂	1981年获国防科工委重大科技成果四等奖	
37	稻枯磷小试	1981.9.16通过市级小试鉴定 1978年获全国科学大会奖	
38	稻枯磷中试	1982年与温州农药厂合作中试通过省级鉴定	温州农药厂生产
39	植物生长调节剂"7841"	1981.10.4通过市级鉴定，申请专利号85102587	
40	粉锈宁小试	1981.12.23通过省级鉴定 1985年获国家科学科技进步三等奖	已在四川、山东等十几家农药厂取得重大经济和社会效益
41	PGE－1型制冰机技术	1982.2.12通过校级鉴定	
42	三苯基磷的研制	1983.3.3通过市级鉴定(小试) 1986.1中试市级鉴定	与天津塘沽化工厂协作完成中试，小试与化学系催化动力学研究室合作
43	德料林拨染剂	1983.9.29通过市级鉴定	
44	防霉剂—多霉剂	1983.10.10市级鉴定 申请专利85103016	转让江苏镇江联合化工厂
45	杀虫剂—担菌宁小试	1983.10.18校级小试鉴定	转让江苏江阴农药厂

序号	项目	鉴定与获奖情况	转让和生产情况
46	粉锈宁胶悬剂	1983.12.18小试校级鉴定 专利号85103032	转让江苏建湖农药厂,河北黄骅农药厂
47	久效磷工艺改进	1984.2.29通过局级鉴定 1986年获国家教委优秀科技成果奖	已在山东青岛农药厂生产,获很大经济与社会效益
48	有机锡稳定剂-南锡1号	1884.4.25市级鉴定	
49	ZW防水剂	1984.5.10通过局级鉴定 辽宁省科委三等奖	
50	杀虫蟥(278)	1984.7.11小试校级鉴定 专利号85103035	转让山东德州农药厂
51	温农叶青双胶悬剂	1984.7.13小试校级鉴定	转让温州农药厂
52	七种新型稀土发光材料技术	1984.12.12通过部级鉴定 专利号85104200 1985年获国家教委科技进步二等奖 1986年获国家三委一部"六五"科技攻关纪念奖 1986年获国家第二届发明展览会银牌奖 1988年获尤里卡奖(铜牌)	
53	七种新型荧光着色渗透探伤液	1984.12.22通过部级鉴定 专利85104229	
54	担菌宁中试	1985.11.12通过江苏省级鉴定	转让江苏省江阴农药厂
55	高效杀菌剂粉锈宁中试(60吨/年)和200吨基础设计技术	1985.12.23通过部级鉴定 1986获国家三委一部及化工部"六五"攻关奖 1991年化学工业部科技进步一等奖 1993年获国家科技进步一等奖	已在江苏建湖农药厂、上海联合化工厂等三十五个农药厂投产,取得重大经济效益和社会效益

序号	项目	鉴定与获奖情况	转让和生产情况
56	溴氰菊酯的研制	85.12.29小试总结会,化工部科技局发文印发小试攻关项目总结。1986年小试成果获国家三委一部及化工部"六五"攻关奖。"六五"攻关项目,我所为负责单位	上海中西药厂中试
57	固体香精久幽香中试10吨/年	1985.9.28通过校级鉴定	
58	HKC8800微机的PASCAL操作系统打印和软件接口技术	1985.3通过校级鉴定	
59	微机控制轮胎硫化机工艺装置	1985.9.19通过部级鉴定 1986年获天津市新产品二等奖	
60	NK-8501汉字卡	1985.12.3通过校级鉴定	
61	"禾草灵"即"禾大壮"在稻田中的残留动态及水稻作物中的最终残留研究	1986年获国家技术监督局标准化科技进步一等奖 1990年获国家科技进步二等奖	1985年和美国斯托公司合作项目
62	双硫沙(7113)小试	1986.1.22通过校级鉴定	
63	83301除草剂小试	1986.5.5通过市级鉴定	转让湖北沙市农药厂
64	粉锈宁热雾中试	1986.10.23通过化工部部级鉴定,国内外首创热雾剂品种。1991年全国第六届发明展览会银奖,1992年授权国家发明专利	已在四川纳溪化工厂生产,经济与社会效益显著
65	三唑醇(拜耳)	1986小试转让工厂中试(专利号85102944)	转让江苏建湖农药厂
66	氯磺隆小试(4189)	1986年技术转让	转德州农药厂合作中试

序号	项目	鉴定与获奖情况	转让和生产情况
67	草甘膦的合成	完成小试,1986年完成合成新路线小试研究	转浙江菱湖化工厂生产 在江苏镇江江南化工厂中试投产
68	普杀特	完成小试研究及中试设计	1987年转让江苏省江阴农药厂,合作实施产业化
69	彩色冲洗套液主显剂(显影剂)CD-工业化七种试验	1997.1.9市科委组织鉴定	
70	79401小试	1987.12.25国家教委组织鉴定	已在山西进行大田试验小麦增产15%
71	三环锡中试	1988年沈阳市化工局主持鉴定	转让沈阳新城化工厂
72	丝绸防水剂	1986年获辽宁省科技成果二等奖	转让,与丹东刺绣研究所合作开发
73	8724香料增香剂小试	1988.3.10校级鉴定	
74	高效顺反氯氰菊酯中试	1988.9.28天津化工局,南开大学组织鉴定 获天津市1989年科技进步一等奖 1990年度国家发明奖三等奖 1990年全国第五届专利发明金奖 天津市政府海河杯奖(市长杯) 1991.5巴黎国际发明展览会银牌奖(法国巴黎)	1988年在天津农药厂投产,为国家节约外汇1000万美元,工厂经济效益2000万元,为我国增添一个重要杀虫剂新品种并大量出口
75	NK-P型植物营养素成和应用成果	1988年津南区科委组织鉴定,获1988年国家教委科技进步二等奖,1991年国家科技进步三等奖(我所参加应用部分)	

序号	项目	鉴定与获奖情况	转让和生产情况
76	高效杀菌剂C-125	1988.10.7校级鉴定	
77	禾草丹-S在水稻上的残留研究	1988—1989受农业部农药检定所委托和日本组合化学株式会社合作	
78	除草剂甲磺隆小试	1989.1.18校级鉴定	转让天津农药厂,沙市农药厂,佳木斯农垦局
79	NF-133克菌壮	1988.12.24江苏石化厅组织中试鉴定,我所为主要研制单位,1990年全国第五届专利发明银牌奖,1991年获国家"七五"科技攻关重大成果奖	在江苏连云港第二农药厂和山东临沂农药厂生产
80	杀菌剂霜脲氰(DPX-3217)	1989.5.10小试鉴定 1992.4.15由天津市化工局组织中试鉴定	与天津人民农药厂协作完成中试并生产 在天津东丽区东方农药厂、四川双流农药厂及西北酒泉农药厂生产获很好的经济与社会效益
81	有机锡杀螨剂—三唑锡	1989.3.16校级小试鉴定 1989.9.20山东省石化厅中试鉴定1990年获国家教委科技进步三等奖	已在山东招远三联化工厂、广西栗木锡矿化工厂、沈阳化工厂投产,取得较大经济和社会效益
82	扑虱灵	完成小试研究及中试设计	1990年转让江苏江阴农药厂,合作实施产业化,质量和原料成本达标。
83	20%三唑锡悬浮剂	1990年获山东省科技成果二等奖	
84	毒死蜱	1989完成合成工艺条件试验	转让江苏丹阳化工厂

序号	项目	鉴定与获奖情况	转让和生产情况
85	三磷锡	1993年通过中试鉴定 1994年获农药临时登记(LS-94400号)	山东三联化工厂合作完成中试并生产,产品在东南亚进行试验推广;北京顺义高脂膜厂生产,产品在北京平谷区推广防治苹果螨效果优异
86	芦笋病虫草害及田间综合治理研究	1989.9.29天津北辰区科委组织鉴定,获1990年天津市科技进步三等奖	
87	PS-10型和DS-20型新型医用超声耦合剂	1989.10.20校级鉴定	
88	新虫剂"蔬果优"	1989.12.7校级鉴定	转让天津农药厂
89	苯达松新工艺研究	1990.1.15校级鉴定	转让天津市农药研究所
90	新农药PL-8522小试	1990.1.18校级鉴定	转让江苏省建湖农药厂,沈阳农药厂和四川纳溪农药厂
91	其C12-C18烷基叔胺的合成小试	1990.6.4市科委组织鉴定	
92	除草剂豆草隆	1990.7.12校级小试鉴定,天津市科委组织中试鉴定,获天津市科技成果三等奖,天津科技协作一等奖	转让天津糖业厂中试及生产取得很好的经济与社会效益
93	噻嗪酮小试工艺技术	1991.1.26校级鉴定	转让吉林化学公司农药厂湖南农药厂
94	高档系列香料香精中小试(8个项目)	获得1991年国际科学和平周首届中国科技之光成果展览会金奖	转让多家企业
95	丁硫克百威在水稻上的残留研究	1991—1992年受农业部农药检定所委托,和美国FHC公司合作	

序号	项目	鉴定与获奖情况	转让和生产情况
96	四螨嗪	1991.4.26小试鉴定 1993.3.19市科委组织中试鉴定 1997年获天津市科技进步三等奖	转让，与天津市农药研究所合作完成中试，天津市农药研究所试验厂生产
97	溶剂法提取杏仁油	教委扶贫项目 1991.7.6校级鉴定	
98	"灭螨灵"	1991.10校级小试鉴定 1992年温州市化工局组织中试鉴定 1993年获教委科技进步三等奖	转让温州农药厂、扬州农药厂、湖南农药厂生产，与温州农药厂合作完成中试
99	"南开菊酯"	1991.11校级小试鉴定	转让天津农药厂
100	强力杀螨剂"尼索朗"	天津科委项目 1991.12.19市级小试鉴定	转让天津人民农药厂进行中试
101	草克星NC-311	1991年研究成果江苏省科委组织中试鉴定	转让连云港第二农药厂，1992年转让四川泸州化工厂和天津农药厂，1993年转让天津王稳庄化工厂和天津南元公司
102	特丁磷	1991年研究成果小试校级鉴定	转让天津农药厂
103	多效唑	自选项目	转让四川纳溪化工厂
104	5%涕灭威颗粒剂	国家"六五"攻关项目，已完成	
105	有机化学农药创制	国家"七五"攻关项目 1991年1月通过部级专家验收达国内先进水平 1991年获国家"七五"科技攻关重大成果奖	圆满超额完成计划任务及指标，开发了新杀菌剂"克菌壮"，整体水平处国内创制工作的前沿
106	茶尺蠖和槐尺蠖性信息素的分离鉴定、化学合成及其应用	国家"七五"攻关项目 1991年1月通过部级专家验收，达国际先进	

序号	项目	鉴定与获奖情况	转让和生产情况
107	球形芽孢杆菌杀虫剂胶悬和研究	国家"七五"攻关项目，1990年12月通过部级专家验收，达国际先进水平	
108	新型植物生长调节剂"7841"的研制与开发	国家"七五"攻关项目，1991年3月通过部级专家验收，完成了残留量测定、光解、代谢过程及毒性研究。与江苏化工学院、常州农药厂合作，1991年12月通过部级中试鉴定，属国际首创。1992年5月化工部国家"七五"科技攻关重大成果奖。	对大豆、花生、油菜等作物增产效果显著。
109	氯磺隆中试(4189)	国家"七五"攻关项目，与山东德州农药厂合作，共同完成攻关任务并生产，1991年通过部级专家验收，达国内领先水平	
110	丙溴磷	1992完成小试，提出创新合成路线，2000年获国家教育部科技进步三等奖	与青岛农药厂合作完成中试继而生产，是国内应用较大的品种，也是我国出口农药的重要品种之一。
111	脲法合成多菌灵	1991年完成合成工艺条件试验及中试设计	转让中试技术与江苏江阴农药厂合作产业化，质量成本达标。
112	硫双灭多威	1992年完成小试研究与宣化农药厂协作，1994年完成中试	转让宣化农药厂、青岛农药厂、山东济宁化工厂生产
113	阔叶净	完成小试研究	1992年转甘肃张掖农药厂
114	Bute法制氧化乐果	完成合成工艺条件试验及中试设计	1992年转让甘肃张掖农药厂，合作实现产业化
115	灭多威	1994年小试鉴定，1994年获教委科技进步三等奖	河北石家庄农药厂及河北邢台化工厂生产

序号	项目		鉴定与获奖情况	转让和生产情况
116	代森锰锌在蔬果上的残留研究		1994年至1995年受农业部农药检定所委托，与美国罗姆哈斯公司合作	
117	农药复配制剂的开发研究（1994年至1998年经研究与大量筛选试验开发出十多个不同类型的新型农药复配制剂）	"新棉威"系列品种	1994年3月国家教委鉴定，1996年江苏省科技进步三等奖，1995年中国高新技术新产品博览会金奖	以上多个有代表性的农药复本制剂已分别在江苏利民化工股份有限公司、山东华阳农药化工集团有限公司、湖北公安县农药化工厂、河南焦作永信化工有限公司、江苏丰山集团有限公司、浙江温州鹿城植保化工厂、山东京博农化有限公司、山西宝元化工有限公司等地投产，经济与社会效益显著。
		"灭铃神"乳油	1993年江苏省级鉴定，1995年中国高新技术新产品博览会银奖	
		"毒杀威"乳油	1993年国家教委鉴定	
		"螨敌"乳油	1997年12月国家教委鉴定	
		霜脲、锰锌可温性粉剂等		
118	农药微乳剂的研究		研究农药制剂的水性化、安全化始于1995年，开发完成了多个农药微乳剂品种，代表性品种有高效氯氰菊酯微乳剂、已唑醇微乳剂、戊唑醇微乳剂、溴虫晴微乳剂、啶虫脒微乳剂等新品种	已在山东农药厂、利民化工股份有限公司及昆明云大科技农化有限公司投产，经济与社会效益明显。
119	农得利一号		确定合成路线，完成工艺条件试验及中试设计	中试技术转让，1995年广州第一农药厂，1996年转江苏大丰农药厂，1997年转河南南阳宛城农药化工厂，1998转四川达景农药厂

序号	项目	鉴定与获奖情况	转让和生产情况
120	创制化学新农药	"八五"国家重点科技攻关项目，1996年1月10日通过部级专家验收，达国内领先水平	合成1000多种结构类型新化合物近700个，经筛选有6个化合物进入小区试验，建立与完善了筛选平台和构效数据库，有两个明显应用前景的新品种92825和三磷锡进入开发研究与应用推广阶段
121	烯唑醇	"八五"国家重点科技攻关项目，1996年1月20日通过部级专家验收，中试技术水平达国内领先，质量达到国外同类产品水平	与江苏建湖农药厂协作完成，沈阳农药厂、沙市农药厂和建湖农药厂生产，获很大经济与社会效益
122	农用化合物的筛选及计算机辅助系统研究室化合物的医用、农用活性筛选	"八五"国家科技攻关项目，负责新化合物农用活性筛选专项，1996年1月通过部级专家验收	新建和完善了29种筛选模型，1589种新结构化合物进行了菌、虫、草和植物激素等的筛选，筛选出先导化合物 NT-39, H-9201双灭锡等活性结构
123	灭菌强的研制	"八五"国家科技攻关项目(85-504-03-11)1996年1月通过部级专家验收	
124	新杀菌剂乙霉威小试技术	1995年1月6日天津市科委组织技术鉴定	转让厂家江苏江阴农药厂
125	2,4-二氯苯甲醛	完成合成条件试验及中试设计	1997年转让江苏丹阳农药厂，与厂合作完成产业化，质量和原料成本达标。
126	喷克在苹果上的残留研究	1997年受农业部农药检定所委托，与美国ELF ATOCHEM公司合作	

序号	项目	鉴定与获奖情况	转让和生产情况
127	喹禾灵(禾草克)光学活性化工艺技术(精喹禾灵)	1997年1月23日国家教委组织技术鉴定达国际先进水平,获天津市科技进步二等奖	转让厂家南通江山农药化工股份有限公司,江苏丰山集团,山东京博集团股份有限公司,合肥丰乐农化厂,大连松辽化工公司,直到现在精喹灵仍是江苏丰山,山东京博,合肥丰乐等厂的主打产品,山东京博的产品每年都出口至美国杜邦
128	右旋骠马及威霸小试技术	1997年1月21日天津市科委组织鉴定达国际先进水平	转让厂家：浙江海正集团(浙江海门药业)、杭州威尔达化工有限公司、江苏江阴农药厂、青岛农药厂、天津农药药试验厂等
129	肟基苯乙酮	确定合成路线、完成中试设计	1998年转让、连云港立本农药化工有限公司、完成中试
130	SL-950中间体磺酸胺	完成合成工艺条件试验及中试设计	2000年转让中试技术四面体化学有限公司,2001年转吉化集团农药化工有限公司合作共同产业化
131	味鲜胺	经合成研究,毒性试验完成小试,1998年1月通过专家鉴定	转让南通江山农药化工股份有限公司
132	虎威(氟磺胺草醚)	完成小试,获大连优秀新产品一等奖,1999年江苏省科委组织中试鉴定	转让大连松辽化工公司、连云港第二农药厂中试及生产,2004转南通江山农药化工有限公司
133	三氟羧草醚	完成小试,获大连市优秀新产品一等奖	转让大连松辽化工有限公司

序号	项目	鉴定与获奖情况	转让和生产情况
134	磺酰脲类除草剂单嘧磺隆	国家"九五""十五"攻关项目。我国第一个获得新农药正式登记的创制除草剂品种，填补了我国此领域的技术空白，该成果在国内外均产生了重要影响。该成果"对环境友好超高效除草剂的创制与开发研究"荣获了2007年中国国家技术发明二等奖	
135	定向分子设计与结构活性关系研究	"九五"国家科技攻关计划专题(97-563-02-01)国家石油和化学工业局科技办公室验收 本专题圆满完成了攻关任务，达到了预定目标及主要技术经济指标。	提出了几类除草剂的受授体相互作用模型，磺酰脲活性结构三要素。创新品种92825通过中试鉴定，获临时登记，对H-9201进行了毒性、田间小式等的前期开发。首次引入组合化学技术，建立化合物库的筛选方法。设计合成约2500个化合物，进行构效关系研究，总结构效规律性，发现先导结构10个，除草剂9717和植物生长调节剂NK-298进行了田间小区试验

序号	项目	鉴定与获奖情况	转让和生产情况
136	创制新农药生物活性筛选及生测方法研究	"九五"国家重点科技攻关计划专题(97-563-01-01) 国家石油和化学工业局科技办公室验收 本专题良好完成了攻关任务,达到了预期目的	采用商品化农药品种为标准药剂,围绕规范化试材、处理条件和用药方法及结果评价几方面,研究了各因素对试材及药效的影响,确定了农药生物活性筛选规范化方法,撰写了一套标准操作规程。并建立了ALS酶抑制剂生物鉴定法、光合系统Ⅱ电子传递抵制剂的生物鉴定法、防治病毒病活性"半叶枯斑法"、利用超氧化物上歧化酶(SOD)筛选抗旱剂定向筛选法、害虫拒食活性鉴定法等五种新的生测方法。同时针对农药生物测定中常用的统计分析方法编写了一套计算机程序。期间筛选样品1815个,发现一批有前景的化合物
137	烟嘧磺隆	完成合成工艺条件试验及中试设计	1998年转让中试技术与连云港第二农药厂合作实现产业化,产品质量,原料成本达合同指标
138	固光法制苯磺隆	完成合成工艺条件试验及中试设计,江苏省科委组织中试鉴定,可降低原料成本,提高安全性,简化工艺。	1999年转让中试技术,与连云港第二农药厂合作实现产业化,质量、原料成本达标
139	核苷合成	完成未知物的合成	1997年美国马里兰大学化学系委托研究

序号	项目	鉴定与获奖情况	转让和生产情况
140	苯基丙酮	确定合成路线,工艺简单,总收率提高25%,原料成本大大下降	转让连云港第二农药厂
141	曼拉托尼	完成小试研究及中试设计	1997年转让广东汕头信宝药业公司合作实现产业化,产品质量、原料成本达合同指标。1999年转让天津四面体化学有限公司
142	新法制甲氨基三嗪	新法以乙腈为起始原料的合成路线克服原工艺的缺点,2000年江苏省科委组织中试鉴定	转让中试技术,2000年转让连云港第二农药厂生产,2001年转让河北宣化农药公司
143	杀虫剂锐劲特	完成合成工艺条件试验	1999年江苏南通江山农药厂委托研究
144	烟酸铬	确定合成路线,完成工艺条件试验及中试设计	2000年转让中试技术,与天津阿尔发保健品公司及四面体化学有限公司合作实施产业化,质量及原料成本达标

序号	项目	鉴定与获奖情况	转让和生产情况
145	化学生物技术创新农药的研究	"十五"国家科技攻关课题,化学工程与生物技术相结合的创制方法的研究的专题,2001BA308A05-03 2003年11月国家科技部委托中化化工科学技术研究总院组织专家评审,通过验收	本专题通过化学与生物相结合的手段,建立了乙酰乳酸合成酶ALS及乙酰胆碱酶AChE的批量纯化体系,运用生物合理设计方法合成了目标化合物,建立农药生物探针及其技术体系的模型;研究除草剂与靶标酶的相互作用,形成两者的共价加合物。构建家蝇AChE的基因表达体系及突变酶系,创建有机磷和氨基甲酸酯类杀虫剂的动力学筛选模型,达到利用化学生物技术进行农药的生物合理设计,发现先导化合物2个,发表在SCI的国际学术刊物3篇,圆满完成攻关任务及达到预期目标
146	高效低毒农药微乳剂产品的生产技术开发	2006年通过云南省科技厅验收,评定为优秀,2003年授予国家发明专利	2001年云南省与我校的合作项目,完成了溴虫腈微乳剂,烯酰吗啉水乳剂等新制剂的研究开发,登记投产,圆满完成了实施合同的各项技术经济指标。项目的实施增加了高效低毒农药制剂新品种,提高了云南省在水基化农药制剂的研发产业化水平,促进了云南省农药事业的发展,经济与社会效益显著

序号	项目	鉴定与获奖情况	转让和生产情况
147	甲氨基阿维菌素苯甲酸盐项目技术	2001天津小试鉴定成果，国内领先。2006年河北省省校合作基金：甲维菌素中试研究。2002年天津市科技进步二等奖第一完成人	先后与山东京博集团、大连瑞泽农药股份有限公司、江苏红太阳集团、北海国发公司等八家企业合作，每年有5～10亿元的直接经济效益，给社会带来巨大的经济与社会效益
148	创制新农药生物活性评价SOP体系的建立	"十五"攻关科技攻关课题2001BA308A16中的子课题，2003年11月国家科技部委托中化化工科学技术研究总院组织专家评审，通过验收	南开大学元素所具体负责的工作为建立植物病毒的分离与提纯，杀虫剂和除草剂生理生化测定的SOP以及植物生长调节剂活性测定的SOP。本专题圆满完成了攻关任务，达到了预期目标
149	植物生长调节剂78201的开发研究	国家"十五"科技攻关项目，2005年10月中化化工科学技术研究总院组织专家评审，通过验收	完成各项计划研究任务及考核指标，78201价格低，使用方便，用药剂量少，低毒安全，田间试验表明，对大豆、花生增产效果明显，增幅可稳定在10%，应用前景良好
150	二嗪磷小试合成工艺研究	2001年6月天津市科委组织小试鉴定	
151	二嗪磷中试合成工艺研究	2001年10月由江苏省科委组织中试鉴定，达国际先进水平	
152	快灭灵	完成合成工艺条件试验及中试设计	2002年转让河北宣化农药厂，实现产业化，质量和原料成本达标。

序号	项目	鉴定与获奖情况	转让和生产情况
153	地亚农的产业化	国家"十五"重大科技攻关项目，2005年4月国家科技部委托中化化工科学技术研究总院组织鉴定验收，达国际先进水平，研发了高效催化剂，提出了一条高收率、高质量、低成本、连续化生产羟基嘧啶的生产方法；发现了一种高收率、高质量缩合生产二嗪磷的方法；采用自动化控制设备；基本实现了二嗪磷生产过程中的原子经济性及过程清洁化，生产过程基本无废气排放，废水大部分可循环使用。获国家发明专利ZL03144513.6.	该成果转让南通江山农药化工股份有限公司、河北奇峰化工有限公司等企业生产，到2005年实现了近两亿元的销售额，实现利税两千万元左右。
154	新型水旱两用除草剂H-9201的研究与开发	2003年12月天津市科委组织鉴定，达国际先进水平	
155	创制水旱两用除草剂H-9201的研究开发	国家"十五"重大科技攻关项目，2003.11国家科技部委托中化化工科学技术研究总院组织鉴定验收，达国际先进水平。该除草剂是在多年的新农药创制理论研究基础上，设计创制出来的，获国家发明专利ZL96114746.6, CN1269139, CN1269971, 是具有自主知识产权的创制农药品种；制备工艺采用自己的发明技术，使生产成本降低，并减少了对环境的污染；该除草剂具有广谱、高效、安全等特点，能用于多种作物田除草。	由南通江山农药化工股份有限公司开发生产，获得创制新农药品种临时登记，登记号：原药20051937，制剂20051935

序号	项目	鉴定与获奖情况	转让和生产情况
156	氰基丙烯酸酯等先导化合物的优化研究	国家"十五"科技项目,2005年10月国家科技部委托中化化工科学技术研究总院组织鉴定验收,达国际先进水平。本专题完成了攻关任务和目标,取得了良好的效果	本专题共完成了十多个类型先导化合物的设计合成,近千个新化合物,进行了室内离体及活体的生物测试,较高活性的化合物进行了复筛,安排了田间小区药效试验和第一阶段毒性试验及Ames试验。发现了几类结构全新的、先导化合物;十个具有进一步开发价值的农药品种候选化合物;申请国家发明专利8项,获得授权专利2项;发表具有国际影响的论文几十篇;培养了数十名博士及硕士研究生。锻炼了一批从事新农药创制研究的学术骨干和专家,造就了一支实力较雄厚的新农药创制研究队伍
157	创制新型除草剂H03006的研究	国家"十五"科技攻关项目,2005年10月国家科技部委托中化化工科学技术研究总院组织鉴定验收达国际先进水平。本专题完成了攻关任务和目标,取得了良好的效果	开展了H—0360的室内生物活性研究、对作物安全性研究、第一和第二阶段毒性研究、合成工艺研究及田间小区药效试验,对该化合物进行了比较全面的综合性评价。有望开发成为玉米田候选除草剂
158	创制超高效除草剂单嘧磺酯的产业化	国家"十一五"支撑计划项目于2008年11月通过了科技部和天津市验收和鉴定,技术综合评定达国际先进水平,认为该课题研究内容的实施对于加速我国具有自主知识产权的创制品种的产业化开发具有重要意义。	

元素所部分专利目录(1985-2012)

序号	授权专利名称	发明人	专利号
1	制取三唑醇的方法	王笃祜、彭永冰	ZL85102944
2	磷酸三丁酯的生产过程	张正之、王序昆、廖仁安、张增佑、李金山、王明德、孙丽娟	ZL85104673
3	3-(2′-吡啶基)丙醇的制备	杨石先、陈茹玉、陈金龙	ZL85102587
4	叶青双胶悬剂	刘同英、张大诩、王广远、李忠坚、罗明科	ZL85103035
5	多霉净的制备及应用	成俊然、石素娥、李正名、方仁慈、彭永冰、张素华、李树正、贺水济、张森、李振山	ZL85103016
6	粉锈宁胶悬剂	刘同英、张大诩、王广远、李忠坚、罗明科	ZL85103032
7	利用麦饭石制备低度白酒	魏玉清、只秉文、王雁飞、马锦秋、张经坤、姚风仪	ZL87100543
8	高效喷雾干洗剂	林㸅、徐谨民、王永泰	ZL85104993
9	顺式和IR顺式二溴菊酸酰氯的制备	邵瑞链、李广仁、倪音海、成俊然、黄润秋、金桂玉、唐除痴、戴桂玲、贺水济	ZL86107672.9
10	蒈醛酸内酯的制法	李广仁、成俊然、邵瑞链、倪音海、金桂玉、黄润秋、董希阳、柴有新、李国炜	ZL87100039.3
11	金属印制板	邵瑞链、李广仁、倪音海、成俊然、黄润秋、金桂玉、唐除痴、戴桂玲、贺水济	ZL89216575.8
12	三唑醇的制备	李煜昶	ZL87104783.7
13	顺反体高效氯氰菊酯制造方法的改进	黄润秋、柴有新、钱宝英、魏云亭、孙致远、董希阳	ZL89108304.9

序号	授权专利名称	发明人	专利号
14	顺反体高效氯氰菊酯的制备	黄润秋、柴有新、钱宝英、魏云亭、孙致远、董希阳	ZL88106197.2
15	粉锈宁烟雾剂	王广远、刘同英、张祖新、李忠先、姚秀琼、梁格、章大诩、张春造、贾志芬	ZL86103076
16	一种植物生长调节剂和杀菌剂的制备方法	李煜昶	ZL87106378.6
17	萃取-蒸馏器	么恩云、平霄飞、李正名	ZL92203123.1
18	麦饭石辐射板及其制备方法	魏玉清、王满华、徐谨民、曹金平、李兴、郭虎森、刘宏梅、蔡沐	ZL90103842.3
19	甲胺磷的合成方法	唐除痴、吴桂萍	ZL91101697.X
20	O-烷基O-芳基S-丙基磷酸酯的合成方法	唐除痴、吴桂萍	ZL91101698.8
21	膦脲衍生物的合成及除草活性	陈茹玉、冯克胜、程慕茹	ZL92100375.7
22	1-环己基二丁基锡-1,2,4-三氮唑合成方法	谢庆兰、梁格、杨志强、陈学仁、张祖新、朱兰惠	ZL91101933.2
23	顺式菊酸的拆分	唐除痴、吴桂萍、成俊然、李广仁、邵瑞链、金桂玉	ZL91102249.X
24	防治玉米田杂草组合物	李正名、贾国锋、王玲秀、杨志强、赖成明	ZL93101976.1
25	磺酰脲类化合物及其除草用途	李正名、贾国锋、王玲秀、范传文、杨焰	ZL94118793.4
26	O,S-二烷基二硫代磷酰氯的合成方法	刘纶祖、曹如珍、史晓东、付岚冰、李国炜	ZL94106602.9
27	有机磷杀虫剂丙溴磷的合成方法	唐除痴、刘纶祖、吴桂萍、李真、朱昌寿	ZL94108485.X

序号	授权专利名称	发明人	专利号
28	磷(膦)酸酯类杀菌剂	唐除痴、金桂玉、李树正、吴桂萍、张素华、李秉武	ZL94103709.6
29	蚊虫驱避剂	么恩云、李正石、平霄飞、毕富春	ZL92114094
30	α-三唑基频哪酮的制备方法	郑健禹、李煜昶、成俊然	ZL96101759.7
31	水旱田两用硫代磷酰胺酯类除草剂	杨华铮、邹小毛、程慕茹	ZL96114746.6
32	α-三唑基频呐酮的提取方法	李煜昶	ZL96101080
33	4-芳基肟醚基喹唑啉类化合物及其合成方法和应用	黄润秋、邱德文、李慧英、马军安、刘昕	ZL95115631.4
34	一种新的除草剂复配制剂	王玲秀、李正名、郭武棣、张瑞亭、贾国铎、程慕如、李永红、姜斌、黑中一、周惠中、詹福康、杨艳华、董广新	ZL96106731.4
35	含烃硫基吡啶甲胺基的氰基丙烯酸醋类化合物及生物活性	黄润秋、程慕如、刘昕、赵毅刚、李慧英	ZL98117840.5
36	独角隆在谷田中的应用	王玲秀、李正名、贾国锋、陈俊鹏	ZL98100257.9
37	磷脂缀合物类化合物的合成及抗癌活性	陈茹玉、张成祥、王士贤	ZL99125281.0
38	甲氰菊酯的制备方法	汪清民、黄润秋、柴有新	ZL00134156.1
39	双硫酰肼类化合物及其应用	汪清民、黄润秋、毕富春	ZL00105642.5
40	5-阿依维菌素B#-[1a]酯的合成及生物活性	廖联安、李正名、方红云、范志金	ZL00134157.X
41	二茂铁甲酰基化合物的制备方法	汪清民、黄润秋	ZL00102500.7

序号	授权专利名称	发明人	专利号
42	一种植物生长调节剂	李正名、贾强、黄桂琴	ZL00131571.4
43	甲氰菊酯的制备方法	汪清民、黄润秋、柴有新	ZL00134156.1
44	含杂环甲胺基氰基丙烯酸酯类化合物及除草活性	汪清民、黄润秋、曹焕岩、孙会凯、李姮、程慕知、李永红	ZL03130523.7
45	杀虫剂地亚农的制备方法	邹小毛、杨华铮、傅翠荣	ZL03144513.6
46	氰戊菊酯的制备方法	汪清民、黄润秋	ZL200310106703.4
47	一种植物生长调节剂的应用	陈永正、金桂玉、黄桂琴、武威、陈彬、方建新	ZL200410018712.2
48	大豆田的田间除草方法	李正名、马宁、李永红、王建国、王玲秀、王素华、范传文	ZL200410018791.7
49	用于制备N-(D)-脱氧核糖醇基-3,4-二甲基苯胺的催化剂	李正名、张津枫、邓国才	ZL200410019058.7
50	氟代吡啶甲氨基的氰基丙烯酸酯类化合物及生物活性	邹小毛、杨华铮、郁丽敏、刘斌、胡方中、高颖、裴江、李华斌、施欢乐、李慧芳	ZL200410019757.1
51	N-取代芳氧草酰基-N,N'-二酰肼类化合物及制备和应用	毛春晖、汪清民、黄润秋、毕富春、刘玉秀	ZL200410019875.2
52	磺酰胺类化合物及其制备方法和用途	席真、程晓峰、张弘、崔东亮、牛聪伟、陈文彬、刘婧	ZL200410019223.9
53	磺酰脲化合物水溶盐的除草剂组合物	李正名、寇俊杰、陈俊鹏、王秀玲、王素华	ZL200510013223.2
54	高分子负载的非均相催化剂制备环状碳酸酯的方法	何良年、杜亚、蔡飞、张洪学	ZL200410093952.9

序号	授权专利名称	发明人	专利号
55	嘧啶衍生物及其制备方法	席真、班树荣、李正名、崔东亮、张弘、罗丁、牛聪伟、李志念、李峰、吴丽欢	ZL200310106640.2
56	1,2,3,6-四氢酞酰亚胺类化合物及其制备和用途	席真、班树荣、陈文彬、李康、施捷、王勇	ZL200510015167.6
57	六氢酞酰亚胺类化合物及其制备和用途	席真、班树荣、陈文彬、李康、施捷、王勇	ZL200510015168.0
58	一种酰亚胺类化合物及其制备方法	席真、班树荣、王勇、陈文彬、李康、施捷	ZL200510014748.8
59	磺酰脲化合物及除草活性	李正名、穆小丽、范志金、李永红、刘斌、赵卫光、王建国、王素华、王宝雷	ZL200510013913.8
60	新型苯并噻二唑衍生物及其合成方法和诱导烟草抗烟草花叶病毒的活性	范志金、刘凤丽、刘秀峰、范志银、鲍丽丽、张勇刚、苑建勋、石祖贵	200510014378.8
61	磺酰脲类化合物及其制备方法和用途	席真、班树荣、李正名、崔东亮、张弘、罗丁、牛聪伟、陈文彬、吴丽欢	200410019224.3
62	用作除草剂的1-嘧啶酮基-4-氯-5-苯甲酸酯类化合物及其制备方法	李斌、杨华铮、刘斌、胡方中、邹小毛	200510013324.X
63	[1,2,3]噻二唑衍生物及其合成方法和用途	范志金、石祖贵、刘秀峰、范志银、艾应伟	200610013185.5
64	苯并噻二唑衍生物及其合成方法和诱导抗病活性的筛选	范志金、刘凤丽、刘秀峰、聂开晟、范志银、鲍丽丽、张永刚、李正名	ZL200510013111.7
65	一种羧酰胺类化合物及其制备方法和用途	席真、程晓峰、王勇、曹力强、陈文彬	ZL200510122239.7

序号	授权专利名称	发明人	专利号
66	氰基丙烯酸酯类化合物及在农药上的应用	汪清民、刘玉秀、蔡保理、刘少华、张永林、赵奇奇、李永红、程慕如、黄润秋	ZL200710056935.1
67	3-酰基吡咯烷-2,4-二酮类化合物及除草活性	杨华铮、朱有全、邹小毛、胡方中、刘斌、杨秀凤	ZL200510013206.9
68	Z-2-氰基-3-(N-(S)-α-甲基对氟苄胺基)-2-戊烯酸乙氧乙酯合成及除草活性	胡方中、杨华铮、刘斌、邹小毛、常永强、许寒	ZL200510015323.9
69	噻二唑甲酰胺衍生物及其合成方法和生物活性	范志金、石祖贵、刘秀峰、苑建勋、贾俊超、吴琼、左翔、马琳	ZL200710056433.9
70	含噁二唑环的噻二唑衍生物及其合成方法和生物活性	范志金、石祖贵、刘秀峰、徐政专、左翔、马琳	ZL200710056435.8
71	具有诱导金丝桃属植物次生代谢活性的化合物	范志金、刘晓娜、孙君社、石祖贵、吴琼、刘秀峰、巴库勒夫·瓦西里耶·阿勒克什维奇	ZL200710056909.9
72	苯并[1,2,3]噻二唑衍生物及其合成方法和用途	范志金、鲍丽丽、刘秀峰、范志银、张永刚、苑建勋、聂开晟、石祖贵	ZL200510122338.5
73	芳基吡咯N-草酸脂类衍生物及制备和作为杀虫剂的应用	汪清民、毛春晖、赵毓、黄润秋、毕富春	ZL200510014385.8
74	N-(2,3-二氢-2,4-二甲基苯并呋喃-5-酰基)-N'-叔丁基-N'-(取代苯甲酰基)肼类杀虫剂的制备及应用	汪清民、黄治强、刘玉秀、毛春晖、毕富春、黄润秋	ZL200610129554.7
75	具有除草活性的3-取代氨基哒嗪类衍生物及其制备方法	杨华铮、许寒、胡绪红、邹小毛、刘斌、朱有全、胡方中	ZL200710057564.9

序号	授权专利名称	发明人	专利号
76	非天然3,4-二氢异香豆素衍生物的制备和用途	范志金、瓜勒姆·瓜弟尔、那斯姆·汗山·拉姆	ZL200710110582.9
77	4-取代苯基哒嗪类化合物及除草活性	杨华铮、许寒、邹小毛、胡方中、刘斌、杨秀凤	ZL200510013207.3
78	硫酸氢氯吡格雷的制备方法	杨华铮、宋洪海	ZL200710059626.X
79	具有除草活性的3-取代氧基哒嗪类衍生物及制备方法	杨华铮、许寒、胡绪红、邹小毛、刘斌、朱有全、胡方中	ZL200710057565.3
80	苯并[1,2,3]噻二唑衍生物及其合成方法和用途	范志金、鲍丽丽、刘秀峰、范志银、张永刚、苑建勋、聂开晟、石祖贵	ZL200710090312.6
81	4-取代苯基哒嗪类化合物及除草活性	杨华铮、许寒、邹小毛、胡方中、刘斌、杨秀凤	ZL200710084270.5
82	[1,2,3]噻二唑衍生物及其合成方法和用途	范志金、石祖贵、刘秀峰、范志银、艾应伟	ZL200710110980.0
83	利用提高植物免疫力防治植物病毒害的方法及其用途	范志金、张海科、马琳、范志银、左翔、米娜	ZL200810053082.0
84	含噻二唑的杂环化合物及其合成方法和用途	范志金、左翔、吴琼、张海科、马琳、杨知昆、郑琴香、贾俊超	ZL200810052547.0
85	乙酰乳酸合成酶AHAS抑制剂组合物	王建国、李正名、李永红、谭海忠	ZL200810052445.9
86	噻二唑甲酰胺衍生物及其合成方法和用途	范志金、吴琼、范志银、张海科、左翔、马琳、杨知昆、郑琴香	ZL200810052546.6
87	利用提高植物免疫力防治植物病害的方法及其用途	范志金、马琳、张海科、杨知昆、贾俊超、左翔、米娜	ZL200810053081.6
88	1,2,3-噻二唑类衍生物及其合成方法和用途	范志金、杨知昆、张海科、左翔	ZL200810054335.6

序号	授权专利名称	发明人	专利号
89	三唑并噻二唑类化合物及其制备方法和用途	范志金、杨知昆、米娜、张海科、马琳、左翔、郑琴香	ZL200810054334.1
90	杂环杀菌剂及其组合物	范志金、刘秀峰、贾俊超、石祖贵、苑建勋、范志银	ZL200710056434.3
91	N-硫代氨基苯甲酰基苯基脲类化合物的制备和应用	汪清民、陈莉、黄润秋、毕富春、黄治强	ZL200510014387.7
92	三唑类化合物及其制备与应用	范志金、张海科、米娜、贝尔斯卡娅·娜特丽娅·帕沃洛娃、巴库勒夫·瓦西里耶·阿勒克什维奇	ZL200810053717.7
93	N-次磺酸酯基二芳酰肼类衍生物及制备和应用	汪清民、尚坚、赵奇奇、刘玉秀、黄润秋、毕富春	ZL200610014393.7
94	甲噻酰胺的合成工艺	范志金、杨知昆、左翔、范志银、吴琼、郑琴香、张海科	ZL200810052548.5
95	菲并吲哚里西啶衍生物的制备	汪清民、王开亮、吕茂云、刘玉秀、黄润秋	ZL200710058173.9
96	噻二唑亚胺衍生物及其合成方法和用途	范志金、吴琼、张海科、范志银、左翔、马琳、杨知昆、郑琴香	ZL200810052553.6
97	菲并吲哚里西啶和菲并喹喏里西啶衍生物及其盐在农药上的应用	汪清民、王开亮、黄治强、刘玉秀、李昊、胡天顺、金钟、范志金、黄润秋	ZL200610129555.1
98	新结构磺酰脲化合物水溶盐的除草剂组合物	李正名、郑占英、李永红、王素华、童军、严东文、陈建宇、寇俊杰、刘幸海、张树军	ZL200710151155.5
99	含1,2,3-噻二唑环并具有抗乙肝病毒活性的丙烯酰胺类化合物	赵卫光、李正名、刘征骁、李玉新	ZL200810052812.5
100	苯并[1,2,3]噻二唑衍生物及其合成方法和用途	范志金、鲍丽丽、刘秀峰、范志银、张永刚、苑建勋、聂开晟、石祖贵	ZL200710090312.6

序号	授权专利名称	发明人	专利号
101	非天然3,4-二氢异香豆素衍生物的制备和用途	范志金、瓜勒姆·瓜弟尔、那斯姆·汗山·拉姆	ZL200710110582.9
102	[1,2,3]噻二唑衍生物及其合成方法和用途	范志金、石祖贵、刘秀峰、范志银、艾应伟	ZL200710110980.0
103	利用提高植物免疫力防治植物病毒害的方法及其用途	范志金、张海科、马琳、范志银、左翔、米娜	ZL200810053082.0
104	噻二唑甲酰胺衍生物及其合成方法和用途	范志金、吴琼、范志银、张海科、左翔、马琳、杨知昆、郑琴香	ZL200810052546.6
105	含噻二唑的杂环化合物及其合成方法和用途	范志金、左翔、吴琼、张海科、马琳、杨知昆、郑琴香、贾俊超	ZL200810052547.0
106	乙酰乳酸合成酶AHAS抑制剂组合物	王建国、李正名、李永红、谭海忠	ZL200810052445.9
107	1,2,3-噻二唑类衍生物及其合成方法和用途	范志金、杨知昆、张海科、左翔	ZL200810054335.6
108	三唑并噻二唑类化合物及其制备方法和用途	范志金、杨知昆、米娜、张海科、马琳、左翔、郑琴香	ZL200810054334.1
109	利用提高植物免疫力防治植物病害的方法及其用途	范志金、马琳、张海科、杨知昆、贾俊超、左翔、米娜	ZL200810053081.6
110	杂环杀菌剂及其组合物	范志金、刘秀峰、贾俊超、石祖贵、苑建勋、范志银	ZL200710056434.3
111	N-硫代氨基苯甲酰基苯基脲类化合物的制备和应用	汪清民、陈莉、黄润秋、毕富春、黄治强	ZL200510014387.7
112	新结构磺酰脲化合物水溶盐的除草剂组合物	李正名、郑占英、李永红、王素华、童军、严东文、陈建宇、寇俊杰、刘幸海、张树军	ZL200710151155.5

序号	授权专利名称	发明人	专利号
113	含1,2,3-噻二唑环并具有抗乙肝病毒活性的丙烯酰胺类化合物	赵卫光、李正名、刘征骁、李玉新	ZL200810052812.5
114	N-次磺酸酯基二芳酰肼类衍生物及制备和应用	汪清民、尚坚、赵奇奇、刘玉秀、黄润秋、毕富春	ZL200610014393.7
115	菲并吲哚里西啶和菲并喹喏里西啶衍生物及其盐在农药上的应用	汪清民、王开亮、黄治强、刘玉秀、李昊、胡天顺、金钟、范志金、黄润秋	ZL200610129555.1
116	非天然异香豆素衍生物的制备和用途	范志金、瓜勒姆·瓜弟尔、那斯姆·汗山·拉姆	ZL200510122353.X
117	菲并吲哚里西啶衍生物的制备	汪清民、王开亮、吕茂云、刘玉秀、黄润秋	ZL200710058173.9
118	单嘧磺酯类化合物的复配除草剂组合物	李正名、寇俊杰、王满意、鞠国栋、王素华、张晓光、李永红、王建明	ZL200710150519.8
119	一种抑制靶基因表达的组合物	席真、张强哲、张彩虹	ZL200810210398.X
120	三唑类化合物及其制备与应用	范志金、张海科、米娜、贝尔斯卡娅·娜特丽娅·帕沃洛娃、巴库勒夫·瓦西里耶·阿勒克什维奇	ZL200810053717.7
121	甲噻酰胺的合成工艺	范志金、杨知昆、左翔、范志银、吴琼、郑琴香、张海科	ZL200810052548.5
122	4,6,4'-三羟基-3',5'-二甲氧基橙酮及衍生物的合成和应用	徐效华、张敏、崔艳、谢龙观、孔垂华	ZL200810153170.8
123	噻二唑亚胺衍生物及其合成方法和用途	范志金、吴琼、张海科、范志银、左翔、马琳、杨知昆、郑琴香	ZL200810052553.6
124	联1,2,3-噻二唑-5-甲酸及其制备方法和用途	范志金、米娜、王唤、杨知昆、左翔、国丹丹、赵晖	ZL200910069469.X

序号	授权专利名称	发明人	专利号
125	有机锡四唑乙酸酯的合成方法和用途	唐良富、谢运甫、于洋、范志金、马琳	ZL200910068897.0
126	噻二唑类杂环羧酸酯有机锡衍生物合成方法和用途	王志宏、郭彦召、马琳、范志金、米娜、王唤	ZL200910068779.X
127	一种3-甲氧基苯甲醛的合成方法	徐凤波、金艳娟、董建兰、敖丽华、张奉志	ZL200910069203.5
128	光学纯左旋三尖杉碱和分离提纯方法	李卫东、陈莉	ZL200910068015.0
129	联1,2,3-噻二唑-5-甲酸及其制备方法和用途	范志金、米娜、王唤、杨知昆、左翔、国丹丹、赵晖	ZL200910069469.X
130	有机锡四唑乙酸酯的合成方法和用途	唐良富、谢运甫、于洋、范志金、马琳	ZL200910068897.0
131	噻二唑类杂环羧酸酯有机锡衍生物合成方法和用途	王志宏、郭彦召、马琳、范志金、米娜、王唤	ZL200910068779.X
132	1-芳基-3,5-二甲基吡唑-4-甲酸有机锡衍生物合成方法和用途	王志宏、郭彦召、范志金、马琳、王贺、米娜、王唤	ZL200910068896.6
133	一类1,2,3-噻二唑甲酰胺衍生物的制备和用途	范志金、郑琴香、米娜、张海科、马琳、杨知昆、左翔、王唤、贝尔斯卡娅·娜特丽娅·帕沃洛娃、巴库勒夫·瓦西里耶·阿勒克什维奇	ZL200910068660.2
134	一类1,2,3-噻二唑甲酰胺衍生物的制备和用途	范志金、郑琴香、米娜、张海科、马琳、杨知昆、左翔、王唤、贝尔斯卡娅·娜特丽娅·帕沃洛娃、巴库勒夫·瓦西里耶·阿勒克什维奇	ZL200910068660.2

序号	授权专利名称	发明人	专利号
135	1-芳基-3,5-二甲基吡唑-4-甲酸有机锡衍生物合成方法和用途	王志宏、郭彦召、范志金、马琳、王贺、米娜、王唤	ZL200910068896.6
136	一种3-甲氧基苯甲醛的合成方法	徐凤波、金艳娟、董建兰、敖丽华、张奉志	ZL200910069203.5
137	光学纯左旋三尖杉碱和分离提纯方法	李卫东、陈莉	ZL200910068015.0
138	噻二唑类杂环化合物及其合成方法和用途	范志金、左翔、米娜、张海科、马琳、杨知昆、郑琴香、王唤、贝尔斯卡娅·娜特丽娅·帕沃洛娃、巴库勒夫·瓦西里耶·阿勒克什维奇	ZL200910068659.X
139	N-取代基-O-硅基取代-丝氨酸三氯乙酯化合物及其合成	李卫东、崔佳、陈莉	ZL200910071005.2
140	卡宾诱导的卤代硅烷脱卤化氢制备硅烯的方法	崔春明、崔海燕、邵延军、李晓斐、孔令兵、张建颖	ZL200910069613.X
141	一种含乙螨唑·甲维盐复合物的高效低毒绿色杀虫杀螨剂	李永强、汪清民	ZL200910228031.1
142	具有除草活性的天然产物AB5046A和AB5046B的合成方法	徐效华、崔庆、王娇、杨海申、谢龙观	ZL200910068506.5
143	菲并吲哚里西啶生物碱衍生物及其盐和抗癌活性	汪清民、蒙凌华、张翱、吴萌、李峥、王开亮、王兹稳、刘玉秀	ZL201010515383.8
144	含1,2,3-噻二唑的双三唑并噻二唑类化合物及其制备方法和用途	范志金、王守信、付一峰、张海科、王唤、米娜、国丹丹、赵晖、姜申德、黄云	ZL201010179821.8

序号	授权专利名称	发明人	专利号
145	含4-(1,2,2-四氟乙氧基)-3,5-二氯苯胺基的4-甲基-1,2,3-噻二唑的衍生物及其合成方法和用途	范志金、王守信、王唤、付一峰、米娜、黄杰、李岳东、房震、赵晖、国丹丹	ZL201010270390.6
146	一类4-卤代甲基-1,2,3-噻二唑类化合物及其制备方法和用途	范志金、赵晖、付一峰、王守信、国丹丹、王唤、米娜、黄杰	ZL201010236733.7
147	三唑类化合物及其制备与应用	范志金、张海科、米娜、贝尔斯卡娅·娜特丽娅·帕沃洛娃、巴库勒夫·瓦西里耶·阿勒克什维奇	ZL201010151995.3
148	一类5-卤代甲基-1,2,3-噻二唑类化合物及其制备方法和用途	范志金、王守信、付一峰、赵晖、国丹丹、王唤、米娜、黄杰	ZL201010236695.5
149	Salinosporamide A 及其类似物的不对称全合成	李卫东、白迎军、陈莉	ZL201010203965.2
150	一种含4-甲基-1,2,3-噻二唑基团的双酰肼类化合物及其制备方法和用途	范志金、王唤、付一峰、杨知昆、米娜、王守信、左翔、郑琴香、国丹丹、赵晖、张海科、范谦、杨维清	ZL201010187048.X
151	三唑并噻二唑类化合物及其制备方法和用途	范志金、杨知昆、米娜、张海科、马琳、左翔、郑琴香	ZL201010152027.4
152	三唑并噻二唑类化合物及其制备方法和用途	范志金、杨知昆、米娜、张海科、马琳、左翔、郑琴香	ZL201010152027.4
153	菲并吲哚里西啶和菲并喹喏里西啶衍生物及其盐在农药上的应用	汪清民、王开亮、黄治强、刘玉秀、李昊、胡天顺、金钟、范志金、黄润秋	ZL201110060446.1

四、永恒的瞬间

部分老相片集锦

奠基人和老同志

1923年冬,杨石先(右二)在南开大学西村与张伯苓校长(左三)等人合影

解放初期,化学系师生合影
前排:高振衡教授(左1),杨石先教授(左2)
二排:邱宗岳教授(左3),朱剑寒教授(左4)
后排:戴树桂(左2)

1958年杨石先校长(左二)参加中国科学院代表团
赴苏联科学院与苏联专家座谈

1959年5月中苏科学院院长共同主持北京中苏科学家座谈会
杨石先校长(右1)、郭沫若院长(右3)、涅斯米杨诺夫院长在座谈会上

1964年化学系、元素所全体教授与研究生合影

左起：李赫宣1、陈茹玉2、何炳林3、陈天池5、杨石先6、邱宗岳7、高振衡8、朱剑寒9、王积涛10、陈荣悌11、贾同方12

杨石先教授和陈天池教授讨论元素所工作

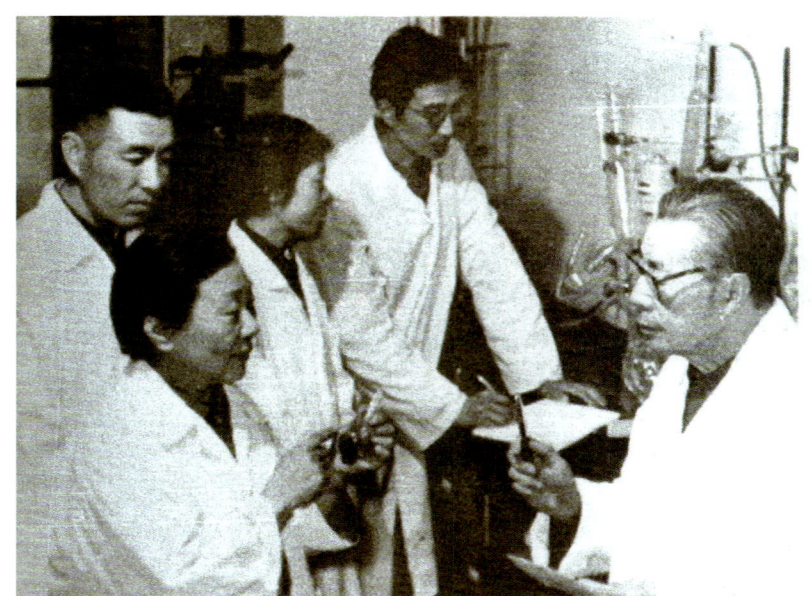

1974年，杨石先所长听取陈茹玉教授工作汇报
左起：魏玉清、陈茹玉、李毓桂、李正名、杨石先

1960年陈天池教授（中）指导实验工作
左起：王琴荪、陈天池、李毓桂

陈天池教授与青年教师合影
一排左起：陈天池(2)、沈含熙(3)
二排左起：潘静芬(3)

1961年苏联科学院 kabachnik 院士来南开大学元素所讲学
前排左起：Kabachnik 院士、杨石先教授、陈天池教授
后排左起：陈茹玉教授、高振衡教授、袁承业教授、陈其杰、李毓桂

元素所新成员来到南开园报到(1963年春)

1962年,元素所刚创建时的部分工作人员合影

前排左起:金桂玉、么恩云、王惠林、邵瑞链、胡庆美、陈天池

后排左起:刘天麟、董希杨、李正名、王琴荪、唐除痴、李毓桂、黄润秋

1965年春节期间陈天池先生与所里留校同志们一起合影
前排左起：邱孝培(2)、陈天池(3)、陈金龙(4)、邵瑞链(5)
前排左起：唐除痴(2)、彭永冰(3)

元素所刚建立时期的女教师
左起：邵瑞链、金桂玉、王惠林、胡庆美、么恩云、李毓桂

1965年国家科委九局赵石英局长来所视察
左起：李平英、李正名、赵石英、范恩滂、金桂玉

元素所建立初期的老师们
一排左起：申泮文、陈茹玉、杨石先、何炳林
二排左起：杨光伟、叶挺镐、刘准、俞耀庭、王明德

高振衡教授（左1）、王积涛教授（左2）和杨石先校长谈笑风生

杨老与老前辈合影

左起：高振衡、王积涛、杨石先、申泮文、陈茹玉、何炳林

五位老前辈

前排左起：陈茹玉、何炳林、申泮文

后排左起：陈荣悌、王积涛

陈茹玉与杨石先校长、范恩滂副校长合影
左起：陈茹玉、杨石先、范恩滂

有机硼化学研究室（前排）主任高振衡教授
后排左起：周一民、王序昆、潘家杏

有机氟化学研究室主任王积涛教授(左2),有机硅化学研究室主任周秀中副教授(左3)

1978年全国科学大会隆重开会
左起:何炳林(2)、杨石先(3)、高振衡(5)

1978年主管全国科技工作的聂荣臻同志主持科技工作会议
(杨石先校长左6、聂荣臻左7)

杨石先校长与家人合影

陈天池教授与家人合影

何炳林、陈茹玉与家人合影

母国光校长沉重主持杨石先骨灰布撒仪式（周总理纪念碑旁）（1986年10月4日）

严纯华副校长主持纪念杨石先先生诞辰120周年敬献花圈仪式（2017年1月8日）

校党委书记魏大鹏（左2）、校长龚克（左5）隆重主持『石先楼』命名仪式（2017年1月8日）

元素所重要活动摘录

元素所新植物激素"7481"科技成果鉴定会合影(1981)

1983年元旦第三研究室合影纪念

1987年元素所25周年庆祝

四十周年所庆女教师合影

前排左起：谢龙观、吴贵萍、付岚冰、刘向明、曹秋文、谭惠芬、杨秀凤、彭永冰、
张莹芳、杨 艳、叶春芝、玄镇爱、李 英、马叔琴、于 华

后排左起：付丽娅、王素华、戴桂玲、刘淑芬、王俊芬、程慕如、王玲秀、邵瑞链、
姚秀琼、岳铭秀、王文丽、王立坤、刘凤萍、柴有新、钱宝英、高如瑜

生测研究室（一）

前排左起：张素华、王文丽、贾志芬、尚稚珍、王玲秀、郑巧兰

后排左起：朱兰蕙、杨秀凤、姚秀琼、刘淑芬、程慕如、黄桂琴、韩玉芬

生测研究室（二）

左起前排：王银淑、王雯丽、郑巧兰、杨秀凤、程慕如、张素华

二排左起：李树正、黄桂琴、李永红、王佩珍、韩玉芬、杨淑华（赵仲仁的学生）、朱兰蕙

三排左起：张祖新、李炳武、陈学仁、黄兴盛、于维强、徐建华（尚稚珍的学生）、毕富春

四排左起：杨炤、武振亮

生测研究室(三)

一排左起：刘淑芬、朱兰蕙、尚稚珍、贾志芬、张素华、郑巧兰、王玲秀、杨秀凤

二排左起：赵仲仁、毕富春、李炳武、陈学仁、李树正、黄兴盛、于维强、姚秀琼、黄桂琴、程慕如、韩玉芬

三排左起：武振亮、张祖新

师生合影(1989)

1994年12月中国化学会第二十三、二十四届理事会联席会议留念

历届元素所领导

杨石先先生在办公室

陈天池教授在实验室

杨石先先生与所党政领导班子合影
前排左起：彭永冰、陈茹玉、杨石先、范恩滂
后排左起：史延年、李正名、李应峰、李平英

杨石先先生与所党政班子商讨工作
左起：彭永冰、史延年、杨石先、李应峰、李平英

陈茹玉教授主持所工作会议
左起：王积涛、陈茹玉、李正名、金桂玉

李正名主持所工作会议
左起：廖仁安、金桂玉、李靖、李正名、张岳军

李靖主持所工作会议

左起：靖迎春、李靖、徐效华、钱颖

周其林主持所工作会议

左起：徐效华、周其林、靖迎春、何良年

金桂玉主持国家重点实验室工作(1996)

崔春明和领导班子成员
左起：崔春明、柳凌艳、何良年

重点实验室主任崔春明、副主任梁广鑫
（2014－）

重点实验室剪影

第二届国家重点实验室学术委员会会议(1993)

前排左起：李裕林、徐广智、陈万义、金声(主任)、陈茹玉、吴世辉、黄宪

后排左起：金桂玉、王琴荪、李正名(副主任)、宋礼成、李宗成、李靖、廖仁安

国家重点实验室学术会议合影(1997)

前排左起：戴立信1，刘孟英2，张允什4，赵善欢5，胡秉方6，
金声8．卓仁禧9．李裕林10．陈茹玉11，王积涛12

重点实验室第五届学术委员会第四次会议
前排左起：刘 育、赵玉芬、林国强、程津培、张礼和、戴立信、宋礼成、朱晓晴、李 靖
后排左起：周其林、席 真、席振峰、佟振合、李正名、王梅祥

2000年重点实验室学术委员会会议
前排左起：程津培、张礼和、戴立信、黄志镗、王乃正
中排左起：吴云东4、杜灿萍5、李正名7
后排左起：佟振合

重点实验室召开学术会议

左起：李正名、杜灿萍、陈洪渊

参加重点实验室会议

左起：林国强、杜灿萍、陆熙焱、李正名

重点实验室学术委员会会议

重点实验室学术委员会主任张礼和院士主持会议
（前排：杜灿萍、张礼和、侯自新）

国家重点实验室学术委员会主任戴立信院士(左)主持学术报告会

重点实验室谢庆兰教授向贵宾介绍金属有机化学研究工作

重点实验室委员复旦大学化学系主任吴世辉教授(左一)主持学术报告会

第二届重点实验室学术委员会委员杭州大学化学系主任黄宪教授(左一)
和其他委员在一起

1998年重点实验室聘任上海有机所所长林国强(前排右起五)为特聘教授

2015年元素有机化学国家重点实验室学术委员会会议
前排左起：黄乃正、林国强、佟振合、李正名、程津培、张礼和、周其林、涂永强、冯小明
后排左起：刘育、王梅祥、席振峰、麻生明、席真、崔春明、梁广鑫、朱晓晴

2016年元素有机化学国家重点实验室学术委员会会议
前排左起：林国强、佟振合、程津培、崔春明、黄乃正、周其林
后排左起：梁文平、席真、钱旭红、王梅祥、席振峰、刘育、朱晓晴、梁广鑫

2017年元素有机化学国家重点实验室学术委员会会议
左起：朱晓晴、崔春明、王梅祥、麻生明、黄乃正、李正名、
程津培、张礼和、佟振合、席真、梁广鑫

2018年元素有机化学国家重点实验室第七届学术委员会第五次学术委员会成员合影

前排左起：朱晓晴、刘育、崔春明、钱旭红、黄乃正、李正名、

程津培、佟振合、林国强、席振峰、李靖、梁广鑫

后排左起：席真

对外学术交流

1978年改革开放后南开大学首次邀请IUPAC
（国际理论化学与应用化学联合会）专家进行国际学术交流

1981年元素所赴美农药科技考察团
（左起：魏玉清、陈茹玉、李毓桂，汤兆达、王琴荪）

参加国际有机磷化学国际学术会议(1981, Duke 大学)

(左起：唐除痴、刘有成、袁承业、张景龄、李正名)

1982年德国麦格尔教授来所讲学

程津培副校长与德国Bayer公司Monheim研究中心专家
及新农药合作研究组成员合影

"苏联科学院元素有机化学研究所"所址标牌

1999年李正名应Mactryukova院士邀请访问俄罗斯科学院元素有机化学研究所（墙上为kabachnik院士纪念碑）

同赴德国拜尔公司蒙罕姆(Monheim)作物保护研究中心签订新农药创制合作协议

1994年第7届中日农药学术会议与日本农药学会前会长
京都大学Fujita教授和九州大学Eto教授等合影

1998年第9届中日农药学术会议在南开大学隆重召开

1998年第9届中日农药学术会议与会代表合影

1999年英国Copping博士（后排左二）与生测研究室进行学术交流

日本京都大学藤田稔夫教授(前排左四)来我所学术交流

战斗在基层第一线

杨石先先生亲自视察田间药效实验

五十年代后期,杨老到实验室看望青年教师

陈茹玉院士在实验室

李正名在小麦地检查新药药效试验

各课题组组长开会

左起：黄润秋、刘同英、李克东、邵瑞链

李正名陪同程津培副部长看望何炳林、陈茹玉教授

黄润秋教授在实验室

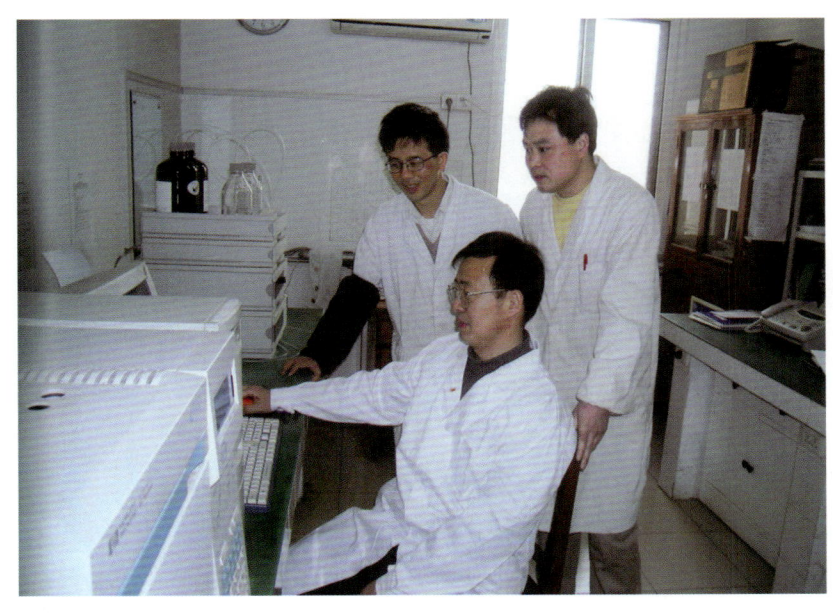

周其林院士在实验室

国家溴氰菊酯新工艺攻关小组会议
（金桂玉、唐除痴、李广仁、成俊然）

南开大学农药学科迎新座谈会

分析室同志聚会合影

前排左起：钱宝英、冯秀琼、高如瑜、戴桂玲、贺水济、李国炜

后排左起：张殿坤、张玲、李琥、朱昌寿、马建新、王者福、王永泰、陈式棣、王培兰

陈茹玉院士和科研助手陈金龙

师生之情 毕生难忘

杨石先与他早期究生在杭州会议(1982)
前排左起：胡笑形、杨石先、石得中、李铭瑞
后排左起：王律先、李正名、叶挺镐、刘挺仰

1983级研究生合影
前排左起：刘子平2、郭海生3、邓世现4、刘会友5
后排左起：邓波、蔡宝中、蔡建平、程镇庄、陈林志、徐宝元

1985级研究生合影

1989年师生合影

1989级同学合影

元素所硕士毕业生合影留念

1992级研究生合影

1994元素所硕士毕业生照片

2009年8月欢迎叶挺镐校友聚会合影

左起：高如瑜、金桂玉、唐除痴、李正名、叶挺镐、杨华铮、邵瑞链、黄润秋

2012年元素所研究生毕业师生合影

铁杆所友：2017年美国波士顿校友手捧"元素所老同志回忆录"合影

左起：1. 乔立新(90级硕士，导师：李正名)

2. 黄震年(88级硕士，导师：史延年；91级博士，导师：李正名)

3. 胡志根(87级硕士，导师：史延年)

4. 王天生(82级硕士，85级博士，导师：李正名)

5. 冯克胜(85级硕士，导师：金桂三；88级博士，导师：陈茹玉)

6. 张　磊(85级硕士，导师：陈其杰；88-92年，史延年课题组)

陈茹玉院士课题组师生合影

前排处五起：李慧英、马缚鹏、陈茹玉、尚雅珍、杨华铮、李英、彭永冰、刘秀真

二排右起：1谢庆兰、2廖仁安、3黄润秋、4马军安、18刘天麟

三排左边：1贺峥杰、6唐除痴、8李正名、9张锦华、10张正之、11刘华银

金桂玉课题组师生合影

左起：陈波、付煜、赵国锋、金桂玉、刘建兵、陈文彬、

刘莹、张晓弘、邹霞娟、周迎春、尹标林

李正名课题组师生合影

前排左起：王美怡、董卫莉、杨二冰、李玉新、王素华、

李正名、赵卫光、王宝雷、王建国、王浩安

后排左起：程海英、唐蜜、姚红伟、孙小军、孙蕊、王雷、李文明、刘幸海、

何凤琦、陈沛全、马瑞典、郭万成、苏娜、乌靖、肖勇军

杨华铮课题组师生合影

前排左起：杨光富、朱有全、任康大、杨华铮、王建武、赵国锋、沙印林、邹小毛

二排左起：李 明、李全仲、宋洪海、徐凤波、李俊飞、刘 岷、许 寒、李华斌

后排左起：程永浩、赵 建、张桂峰、付岚冰、付 娜、林大勇、施欢乐、肖玉红、孙志存、宁 宇、王 鑫、李公春、常永强、胡绪红、王 欣、牛子霞、尹 飞

李靖课题组师生合影

前排左起：黄苹苹、王 婵

二排左起：杨 毅、苗萍萍、柳凌艳、李 靖、田 思、张 华、王俊英

三排左起：黄开盟、常卫星、李 涛、姜 健、陈浩亮、张 明

刘育课题组师生合影

一排右起：王聪慧、关欣然、张彩彩、许巧燕、申芳芳、张依、刘江华、王慧娟、许文师、张冰、牛杰

二排右起：冯立、张伟、徐德奥、张瀛溟、喻其林、张衡益、陈湧、刘育、李晶晶、李凤清、王镜、赵轩、孙俊馥

三排右起：张浩洋、吴璇、常永朕、陈磊、戴震、张治元、周维磊、付洪光、柳志学、虞华江

周其林课题组师生合影

一排右起：李林萍、王国鹏、杨吉民、王立新、朱守非、谢建华、周其林、郭淑敏、钟 壮、逄 越、陈 沫、李子奇、陈梦青、张新羽

二排右起：李义盼、赵乾坤、程 磊、李茂霖、文成丹阳、樊 超、于 坤、李文涛、黄明耀、胡梦阳、曹 晋、王 宸、吴 雄、熊 滢

三排右起：张洋铭、宾怀玉、李校根、杨亮亮、赵天元、吕欣阳、周敏杰、黄 强、李 游、李明朋、冯威民、顾雪松

卜显和课题组师生合影

一排右起：姚兆全、付登临、陈荣英、温荣梅、苗晓红、杨东辉、李光宇、王婷婷、张 萍、姜 雪、赵晓琳、王 琳、徐月玲、刘彦情、周婷婷、崔 雨

二排右起：韩松德、周勃宇、屈扬坤、高强、刘秀明、张大帅、轩志宏、翁俊迎、庄占忠、卜显和、陈 强、刘遂军、王 浩、章应辉、任国建、李国榕、刘晓静、谢晨超、常 泽

席真课题组师生合影

一排右起：谢永辉、张营营、祁豪曼、刘丹丹、刘伊南、朱 青、王松慧、陈姗姗

二排右起：周传政、黄金宇、欧阳砥、牛聪伟、文 欣、李艳艳

三排右起：安钰坤、席 真、王润雨、姬小敏、马德君、孙永梅、刘晓露、Hank T. Li、陈 成

四排右起：程隆淮、王正华、周小平、刘建兵

郑健禹课题组师生合影

前排左起：段方平、卫慧波、张经明、刘 妍、施秀英、朱 岩、郭 震、张少春、陈晨

后排左起：李云超、欧阳勤、朱义州、郑健禹、黄薇薇、谢朝阳、赵海英

崔春明课题组师生合影

一排左起：李建峰、李 洋、刘兆才、朱德兆、陈培兴、白云平、

娄 珂、高 晶、李天昊、崔春明、Kuldeep Jaiswal

二排左起：黄华南、刘金玺、潘泽雄、常凯伦、刘德帅、孔佳骏、

庞潇潇、朱里昭、张 震、王振东、张建颖

何良年课题组师生合影

前排左起:吕琪妍,李晓雅,张啸,周智华,王美岩,夏书梅,李红茹,杜亚,蔡飞,何良年,苗成霞,刁振凤,马然,汤红英,吴颖

第二排左起:姚向阳,何兴,窦晓勇,宋清文,田杰生,彭士勇,赵凤革,赵元,张帅,王宁,陈凯宏

后排左起:vincenzo rosario Ia franca pitarresi,宋禹,於兵,游飞,张洪学,王金泉,汪靖伦,付洪臣

陈永胜课题组师生合影

后排左起:易袁秋强、阚斌、任爱、葛震、黄智宇、孙振贺、王艳波、张会京、赵恺、张强、陈宏辉、常美佳

三排左起:任宇欣、肖培双、随东、张洪涛、陈永胜、李晨曦、赵锐奇、邱乃亮、刘永胜、柯鑫

二排左起:冯焕然、秦希婷、张雅敏、马延凤、孟令贤、王雪婷、孙延娜、高欢欢、周颖、吴蔓蔓、刘婷婷、覃彬

前排左起:张腾飞、谢玉青、杨扬、覃吉丽、常慧聪、张苗、韩宇、燕晶、李旋、池慧

汪清民课题组师生合影

按顺时针方向依次为：汪清民（正面穿兰色衬衣者）、张辉、谢佳林、李刚、董吉、王玆稳、王振、宋红健、黄源琼、吕雪丽、国忠林、张钰、刘玉秀、武林刚、刘强、胡展、郭金铖、陈仕林、牛凯凯、董建洋、田浩、何如、曲艺、李丽丽、夏青

王忠文课题组师生合影

左起：胡豹、房杰、邢思洋、王忠文、鲍吉来、李林遐、任军、潘文艳、朱文举

梁广鑫课题组师生合影

一排左起：2董长明、3李申振、4毕 欣、7李子宁、8张芙豪、9王 涛、10姚 征

二排左起：1梁广鑫、3乔天骄、4柴蔚巍、6聂 鹏、7张霄、8曹同祥、11胡乃峰、13侯金国、12吕哲

徐凤波课题组师生合影

前排左起：黄坊坊、王泽春、李 娇、刘伟杰

后排左起：王红学、岳 凯、边瑞斌、徐凤波、李庆山、贺凯、陈辉

张弛课题组师生合影

前排左起：刘丹，沈会杰，韩永超，张弛，夏海东，任静

后排左起：郑轲，邱立军，杨晓光，张艳东，贺家豪，王艳慧

苗志伟课题组师生合影

从左起：汤 啸、王泊然、苗心宇、郑伟平、于吉攀、于成彬、苗志伟、

　　　　蔡 岩、胡臣飞、葛海红、孙宇超、蔡国伟、喻 佳

范志金课题组师生合影
第一排左起：郭晓凤、杨冬燕、朱玉洁、王海霞、周爽
第二排左起：吴启凡、陈来、范志金、张乃楼、于斌

赵卫光课题组师生合影
前排左起：李欢欢、姚红伟、董卫莉、赵卫光、苏娜、武瑞、黄广英
后排左起：田雷、杜秀江、王振军、高扬、王志鹏、侯艳玲、崔灿、张成、朱聪、杨会会

2007三八节老同志南开爱大会馆聚会

前排左起：孙丽娟、韩玉芬、高如瑜、王素华、岳铭秀、刘凤萍、翟宝英、戴桂玲、尚稚珍

二排左起：程慕如、邵瑞链、彭永冰、冯秀琼、叶春芝、金桂玉、扬华铮、成按然、柴有新、张秀春、李 英、玄镇爱、于 华、幺恩云、陈式棣、钱宝英、王立坤

后排左起：张莹芳、王培兰、张玉芬、李毓桂、谭惠芬、王佩珍，刘燕华、马叔琴、王文丽、张素华

生物活性测定研究室
左起：谭慧芬、程慕如

元素所剂型课题组

左起：李忠先、章大玥、王广远、张春造

元素所的专业资料室（备有全套《美国化学文摘》和全套《德国化学学报》等重要期刊）

前排左起：谢龙观、岳明秀、李英

来宾在重点实验室主任李靖（左5）陪同下听取马翼高工（左6）有关计算机辅助分子设计案例介绍

原生测室主任邱德文和后勤张森、刘景森讨论实验装备验收问题

我们刚参加排球联赛取得好成绩，
嗨：一起来轻松一下拍个照留念吧！
前排左起：王志宏、白图雅、纽宏禹、刘玉秀、
丁蕙、渠瑾、靖迎春、任军、王丽华
后排左起：李鑫、赵毓、刘长顺、李琥、
李伟、黄有、王忠文、何良年、张洪学、刘斌、
王佰全、张弛、李华斌、郭东生、崔永亮

当回忆我们还年轻的时候……
左起：刘淑芬、谢龙观

编后记

自2012年庆祝元素所成立50周年以来我脑海中不断涌现的一个悬念总算有了着落。当时一个自愿组织起来的老同志编写小组乘50周年所庆的东风，想将元素所半个世纪以来的历史追述下来。当时面临信息严重匮乏，很多老同志退休身体欠佳，严重缺乏活动经费等困难，但在热爱元素所的坚强信念下启动了编写工作，获得各方热情支持。经过诸多加班辛劳和熬夜苦战，一本有关我所的史录终于整理出版了，这是多么令人高兴的时刻。

为了还原建元素所的历史足迹，老同志回忆了20世纪60年代在我国经济困难时期，中央领导高瞻远瞩地下达给杨石先先生一个重要的任务：把我国高校中第一个专业研究所建设起来。杨石先校长身先士卒，带领一批老前辈(主要是解放初期他动员从国外回来的学生们)开始艰苦创业，克服重重困难，从无到有，一个崭新的元素有机化学研究所屹立在南开园。虽然元素所在发展中历经过无数磨难与考验，即使在那特殊历史阶段的跌宕起伏险涉解散，我们全体同志顶着各种压力，保持整体队形没被打乱，坚定不移地砥砺前进。半个世纪以来我们在各自岗位上勤奋工作，在教学和科研方面都做出了应有的成绩，使得元素所在国内开辟出新天地。在"文革"后我国历经改革开放、科教兴国、人才强国、科技创新等时期，在各级领导的指导下元素所获得很大发展，迎来了我所历史上最好时机。

　　回忆元素所的历史，不能不提到我所创始人杨石先老先生，当时他重任在身，本着强烈的使命感，坚决执行中央各项方针政策，在困难面前不畏艰辛、勇于开拓、敢于担当、聚集人才，很好地完成了党中央授予的使命。正是杨老的高尚思想和人格魅力，引领大家始终走在正确的道路上，很好地诠释了"允公允能，日新月异"的内涵。从更高层次来看，爱国主义是南开的光荣传统。正如**习近平总书记**在最近南开之行所说："**爱国主义是中华民族的民族心、民族魂。南开大学具有光荣的爱国主义传统，这是南开的魂**"。杨石先先生从青年就学时代起就树立起强烈的爱国主义思想，这样就更好地理解他对我国科教进步事业的执着进取、义无反顾、誓言报国的坚强动力。现在我们可以告慰前辈在天之灵，十九大后我国已进入新时代，正在向政治、经济、军事、教育、科技强国迈进，他们的理想将由新的一代接班人继承下来。以杨老为代表的老一代先进知识分子永远是我们的学习榜样，他们传给我们的爱国敬业的优良传统将由我们继承和发扬下去。

　　南开大学有幸先后有**毛泽东主席、周恩来总理、习近平总书记**等中央主要领导人来视察化学系、元素所、国家重点实验室，在全国研究单位受此殊荣并不多见，使南开人特别感到光荣！我们要牢记他们的凝重嘱托，领会他们的谆谆教导，积极贯彻到各自工作中去。

　　时光荏苒，斗转星移，我们老同志在元素所度过难忘的青年和中年期，对元素所的一草一木都怀有深厚的感情，这种纯朴的情愫往往不易被他人所理解。我所历史的一页即将翻过去，我们面对历史应该感恩各届领导和先辈们的无私奉献，留给我们这样具有光荣传统的优质的有形和无形资产，值得大家十分珍惜。

随着时代的发展，我们要努力把南开大学办成国际上一流大学和世界上一个重要的研究基地。正像**习近平总书记**告诉我们："**幸福都是奋斗出来的**"。当看到年轻的一代英才在元素所以新的面貌出现时，深感他们将以青春之奋斗，担时代之使命，薪火代代相传，元素所的前途将更加光辉灿烂。

总书记在视察时要求我们："**在新的起点作出你们这一代人的历史贡献，成为南开大学新的骄傲**"。在新时代元素所将更活跃于国际教育战线的最前线，作出新的历史贡献。这就是我们新一代的新使命！

今天元素所的故事没有讲完，还在继续着，随着新时代的飞速发展，毫无疑问这个故事的新内容将更加璀璨纷飞、精湛出彩！

我们满怀信心期望着。

李正名 谨识于南开园
2019-5-4